中華古籍保護計劃

ZHONG HUA GU JI BAO HU JI HUA CHENG GUO

·成果·

# 厦門市圖書館等四家收藏單位

# 古籍普查登記目録

全國古籍普查登記目録

國家圖書館出版社
National Library of China Publishing House

圖書在版編目（CIP）數據

廈門市圖書館等四家收藏單位古籍普查登記目録/《廈門市圖書館等四家收藏單位古籍普查登記目録》編委會編. —北京：國家圖書館出版社，2020.10
（全國古籍普查登記目録）
ISBN 978 - 7 - 5013 - 7036 - 8

Ⅰ.①廈… Ⅱ.①廈… Ⅲ.①古籍—圖書目録—彙編—廈門 Ⅳ.①Z838

中國版本圖書館 CIP 數據核字（2020）第 167582 號

書　名　廈門市圖書館等四家收藏單位古籍普查登記目録
著　者　《廈門市圖書館等四家收藏單位古籍普查登記目録》編委会　編
責任編輯　王　雷　張珂卿

出版發行　國家圖書館出版社（北京市西城區文津街 7 號　100034）
　　　　　（原書目文獻出版社 北京圖書館出版社）
　　　　　010 - 66114536　63802249　nlcpress@ nlc.cn（郵購）
網　址　http://www.nlcpress.com
排　版　京荷（北京）科技有限公司
印　裝　河北三河弘翰印務有限公司
版次印次　2020 年 10 月第 1 版　2020 年 10 月第 1 次印刷

開　本　787×1092（毫米）　1/16
印　張　23
字　數　464 千字
書　號　ISBN 978 - 7 - 5013 - 7036 - 8
定　價　230.00 圓

# 《全國古籍普查登記目錄》

## 工作委員會

主　任：周和平

副主任：張永新　詹福瑞　劉小琴　李致忠　張志清

委　員（按姓氏筆畫排序）：

# 《全國古籍普查登記目錄》

# 序　言

全國古籍普查登記工作是"中華古籍保護計劃"的首要任務,是全面開展古籍搶救、保護和利用工作的基礎,也是有史以來第一次由政府組織、參加收藏單位最多的全國性古籍普查登記工作。

2007 年國務院辦公廳發布《關於進一步加强古籍保護工作的意見》(國辦發〔2007〕6 號),明確了古籍保護工作的首要任務是對全國公共圖書館、博物館和教育、宗教、民族、文物等系統的古籍收藏和保護狀況進行全面普查,建立中華古籍聯合目録和古籍數字資源庫。2011 年 12 月,文化部下發《文化部辦公廳關於加快推進全國古籍普查登記工作的通知》(文辦發〔2011〕518 號),進一步落實了全國古籍普查登記工作。根據文化部 2011 年 518 號文件精神,國家古籍保護中心擬訂了《全國古籍普查登記工作方案》,進一步規範了古籍普查登記工作的範圍、内容、原則、步驟、辦法、成果和經費。目前進行的全國古籍普查登記工作的中心任務是通過每部古籍的身份證——"古籍普查登記編號"和相關信息,建立古籍總臺賬,全面瞭解全國古籍存藏情况,開展全國古籍保護的基礎性工作,加强各級政府對古籍的管理、保護和利用。

《全國古籍普查登記工作方案》規定了全國古籍普查登記工作的三個主要步驟:一、開展古籍普查登記工作;二、在古籍普查登記基礎上,編纂出版館藏古籍普查登記目録,形成《全國古籍普查登記目録》;三、在古籍普查登記工作基本完成的前提下,由省級古籍保護中心負責編纂出版本省古籍分類聯合目録《中華古籍總目》分省卷,由國家古籍保護中心負責編纂出版《中華古籍總目》統編卷。

在黨和政府領導下,在各地區、各有關部門和全社會共同努力下,古籍普查登記工作得以扎實推進。古籍普查已在除臺、港、澳之外的全國各省級行政區域開展,普查内容除漢文古籍外,還包括各少數民族文字古籍,特别是於 2010 年分別啓動了新疆古籍保護和西藏古籍保護專項,因地制宜,開展古籍普查登記工作;國家古籍保護中心研製的"全國古籍普查登記平臺"已覆蓋到全國各省級古籍保護中心,并進一步研發了"中華古籍索引庫",爲及時展現古籍普查成果提供有力支持;截至目前,已有 11375 部古籍進入《國家珍貴古籍名録》,浙江、江蘇、山東、河北等省公布了省級《珍貴古籍名録》，古籍分級保護機制初步形成。

《全國古籍普查登記目録》是古籍普查工作的階段性成果，旨在摸清家底，揭示館藏，反映古籍的基本信息。原則上每申報單位獨立成册，館藏量少不能獨立成册者，則在本省範圍内幾個館目合并成册。無論獨立成册還是合并成册，均編製獨立的書名筆畫索引附於書後。著録的必填基本項目有：古籍普查登記編號、索書號、題名卷數、著者（含著作方式）、版本、册數及存缺卷數。其他擴展項目有：分類、批校題跋、版式、裝幀形式、叢書子目、書影、破損狀况等。有條件的收藏單位多著録的一些擴展項目，也反映在《全國古籍普查登記目録》上。目録編排按古籍普查登記編號排序，内在順序給予各古籍收藏單位較大自由度，可按分類排列古籍普查登記編號，也可按排架號、按同書名等排列古籍普查登記編號，以反映各館特色。

此次全國古籍普查登記工作，克服了古籍數量多、普查人員少、普查難度大等各種困難，也得到了全國古籍保護工作者的極大支持。在古籍普查登記過程中，國家古籍保護中心、各省古籍保護中心爲此舉辦了多期古籍普查、古籍鑒定、古籍普查目録審校等培訓班，全國共 1600 餘家單位參加了培訓，爲古籍普查登記工作培養了大量人才。同時在古籍普查登記工作中，也鍛煉了普查員的實踐能力，爲將來古籍保護事業發展奠定了良好的基礎。

《全國古籍普查登記目録》的出版，將摸清我國古籍家底，爲古籍保護和利用工作提供依據，也將是古籍保護長期工作的一個里程碑。

國家古籍保護中心

2013 年 10 月

# 《全國古籍普查登記目録》

## 編纂凡例

一、收録範圍爲我國境内各收藏機構或個人所藏,産生於 1912 年以前,具有文物價值、學術價值和藝術價值的文獻典籍,包括漢文古籍和少數民族文字古籍以及甲骨、簡帛、敦煌遺書、碑帖拓本、古地圖等文獻。其中,部分文獻的收録年限適當延伸。

二、以各收藏機構爲分册依據,篇幅較小者,適當合并出版。

三、一部古籍一條款目,複本亦單獨著録。

四、著録基本要求爲客觀登記、規範描述。

五、著録款目包括古籍普查登記編號、索書號、題名卷數、著者、版本、册數、存缺卷等。古籍普查登記編號的組成方式是:省級行政區劃代碼—單位代碼—古籍普查登記順序號。

六、以古籍普查登記編號順序排序。

# 《廈門市圖書館等四家收藏單位古籍普查登記目録》

# 編委會

# 《厦門市圖書館等四家收藏單位古籍普查登記目録》

## 前　言

　　2007 年,國家啓動了"中華古籍保護計劃",在全國範圍内組織開展古籍普查登記工作,以全面瞭解和掌握我國各級圖書館、博物館等單位及民間所藏古籍的數量、價值、保存環境和破損等情況,建立《全國古籍普查登記目録》,摸清家底,以實施全面、科學、規範的保護工作。

　　"中華古籍保護計劃"啓動之後,厦門市先後有三家公共圖書館與兩家高校圖書館參加古籍普查目録登記工作。其中,厦門市圖書館、厦門市同安區圖書館、集美圖書館和集美大學圖書館等四家收藏單位古籍普查登記目録合为一册出版。厦門市圖書館藏古籍 27000 多册,2011 年至 2015 年間開展古籍普查登記;厦門市同安區圖書館藏古籍 7003 册,2011 年至 2017 年間對館藏古籍開展普查登記;集美圖書館藏古籍綫裝書 13290 册,至 2015 年完成館藏古籍普查平臺資料的草著;集美大學圖書館藏清代古籍近 800 册,於 2016 年對古籍進行整理分編。至 2018 年,上述四家單位完成了各館古籍普查平臺的數據登記及 EXCEL 表格導出工作,并在福建省古籍保護中心的指導下,積極開展古籍普查登記目録的出版工作。在各館提交數據的基礎上,福建省古籍保護中心又進行了仔細審校,指導修改。

　　全書收録上述四館共計 4497 條數據,包括厦門市圖書館 2147 條、厦門市同安區圖書館 1833 條、集美圖書館 495 條、集美大學圖書館 22 條,登記項目主要有普查編號、索書號、題名卷數、撰著者、版本、册數和存(缺)卷數,較爲全面完整地展現厦門四家圖書館館藏古籍的基本狀況,反映了各館古籍收藏種類、版本、存藏狀況,基本厘清了家底。集美大學圖書館古籍多爲清光緒年間的刻本,藏清末《欽定二十四史》《百子全書》等大套叢書。集美圖書館館藏多爲清同光版古籍,最早的古籍爲明嘉靖六年(1527)王元貞刻的《藝文類聚》,集部書收藏較多,館藏完整性較好。厦門市同安區圖書館藏最早古籍是明天順六年(1462)的王十朋撰《梅溪先生廷試策》一卷《奏議》四卷《文集》二十卷《後集》二十九卷《附録》一卷,尤以明嘉靖六年刻《[安徽祁門]陳氏大成宗譜》八卷最爲珍貴(入選《國家珍貴古籍名録》)。還藏有不少珍稀地方文獻,如清康熙至雍正年間刻《同安許鍾斗先生制義一集》不分卷《二集》不分卷《三集》不分卷、清乾隆三十五年(1770)刻《漁城詩草》一卷,所藏子部書多,以醫學類較爲突出。廈門市圖書館藏最早古籍爲元至正十四年(1354)劉氏翠巖精舍刻《注陸宣公奏議》十五卷,還有宋刻元明遞修本《通鑑紀事本末》,共有 11 部善本入選《國家珍貴古籍名録》,相對其他三館,叢書收藏較多,約有近 200 部,爲此工作人員做了大量叢書子目的合并工作。本書揭示四館館藏古籍品種、數量以及特色,有利於古籍資源的社會共享與開發利用,反映廈門地區古籍普查階段性成果。

最後,感謝國家古籍保護中心和福建省古籍保護中心的指導和幫助,尤其感謝省古籍保護中心老師的細緻審校,感謝廈門市圖書館原副館長陳峰的指導,感謝爲古籍普查工作付出艱辛勞動的全體古籍工作者和提供幫助的有關單位和個人!

本書編委會
2020 年 3 月 6 日

# 目　錄

# 厦门市图书馆古籍普查登记目录

全国古籍普查登记目录

国家图书馆出版社
National Library of China Publishing House

吴丝蜀桐张高秋　空山凝云颓不飞

愁李凭中国弹箜篌

昆山玉碎凤凰叫　芙蓉泣露香

兰笑十二门前融冷光二十三丝动紫篁女娲

补天处石破天惊逗秋雨梦入神山教神妪老鱼跳

波瘦蛟舞吴质不眠倚桂树露脚斜飞湿寒兔

残丝曲

垂杨叶老莺哺儿残丝欲断黄蜂归绿鬓少年金钗

350000－2002－0000001　52/2677

**淵鑒齋御纂朱子全書六十六卷**　（清）熊賜履
等纂修　清康熙五十三年(1714)武英殿刻本
三十二冊

350000－2002－0000002　22/7444

**註陸宣公奏議十五卷**　（唐）陸贄撰　元至正
十四年(1354)劉氏翠巖精舍刻本　四冊

350000－2002－0000003　51/8740

**九通**　（清）□□輯　清光緒浙江書局刻本
九百九十一冊　存二千三百十四卷(通典一
至二百、欽定續通典一百五十卷、皇朝通典一
百卷、通志一至二百、欽定續通志六百四十
卷、皇朝通志一百二十六卷、文獻通考一至三
百四十八、欽定續文獻通考二百五十卷、皇朝
文獻通考三百卷)

350000－2002－0000004　21.3/4041

**通鑑紀事本末四十二卷**　（宋）袁樞編纂　宋
刻元明遞修本(原缺卷四十二)　四十冊　存
四十卷(一至十四、十六至四十一)

350000－2002－0000005　19/7426

**埤雅二十卷**　（宋）陸佃撰　清康熙刻本　十
冊

350000－2002－0000006　15/6044

**孝經衍義一百卷首二卷**　（清）葉方藹　（清）
張英等撰　清康熙江南刻本　二十二冊

350000－2002－0000007　13/1500＝1

**儀禮圖六卷**　（清）張惠言撰　清同治九年
(1870)崇文書局刻本　三冊

350000－2002－0000008　12.2/7331＝1

**毛詩稽古編三十卷附考一卷**　（清）陳啓源述
　（清）龐佑清校　清光緒九年(1883)同文書
局石印本　四冊　存十六卷(一至四、十七至
二十八)

350000－2002－0000009　14/3400＝1

**春秋大事表五十卷輿圖一卷附錄一卷**　（清）
顧棟高輯　清乾隆十三年至十四年(1748－
1749)萬卷樓刻本　八冊　存四十二卷(一至
五、十五至五十,附錄一卷)

350000－2002－0000010　17/1030

**四書地理考十五卷**　（清）王鎏撰　清道光十
五年(1835)鑒舟園刻本　四冊

350000－2002－0000011　19/2640

**六書精蘊六卷**　（明）魏校撰　**六書精蘊音釋
舉要一卷**　（明）徐官撰　明嘉靖十九年
(1540)魏希明刻本　六冊

350000－2002－0000012　14/4744d＝1

**評點春秋綱目左傳句解彙雋六卷**　（清）韓菼
重訂　清末上海掃葉山房石印本　六冊

350000－2002－0000013　17/2540e＝1

**論語十卷**　（宋）朱熹集註　清末商務印書館
鉛印本　一冊　存五卷(六至十)

350000－2002－0000014　19/7650

**新增說文韻府群玉二十卷**　（元）陰時夫編
（元）陰中夫注　（明）王元貞校正　明萬曆十
八年(1590)王元貞刻本　十冊

350000－2002－0000015　21.5/0622

**請纓日記十卷**　（清）唐景崧撰　清光緒十九
年(1893)臺灣布政使署刻得一山房四種本
四冊

350000－2002－0000016　42.5/4055

**李氏焚書六卷**　（明）李贄撰　明刻朱墨套印
本　二冊

350000－2002－0000017　22/4695

**經略疏稿二卷**　（明）楊博撰　明嘉靖三十二
年(1553)刻本　二冊

350000－2002－0000018　23/4440

**續表忠記八卷**　（清）趙吉士纂　（清）盧宜彙
輯　清康熙三十七年(1698)趙吉士寄園刻本
四冊

350000－2002－0000019　25.2/2147

**方輿互考八卷**　（明）盧若騰著　（清）盧勗吾
彙抄　（清）林樹梅校訂　清道光抄本　八冊

350000－2002－0000020　25.2/4736

**禹貢錐指二十卷圖一卷**　（清）胡渭撰　清康
熙四十四年(1705)漱六軒刻雍正印本　十二

册

350000－2002－0000021　25.2/7122

閩中摭聞十二卷　（清）陳雲程輯　清乾隆刻
本　四冊

350000－2002－0000022　27/4377

博物典彙二十卷　（明）黃道周纂輯　明崇禎
刻清重修本　六冊　存十九卷（一至十九）

350000－2002－0000023　15/8700

孝經一卷　（漢）鄭玄注　（清）嚴可均輯　清
光緒三十三年（1907）江楚編譯局石印本　一
冊

350000－2002－0000024　27/4424

文獻通考三百四十八卷　（元）馬端臨撰　明
正德十一年至十四年（1516－1519）刻十六年
（1521）劉洪慎獨齋重修本（目錄及序抄補）
九十二冊

350000－2002－0000025　28/4693

藏書紀事詩七卷　葉昌熾撰　清宣統二年
（1910）朱印本　十二冊

350000－2002－0000026　29/4055

藏書六十八卷　（明）李贄輯撰　（清）陳仁錫
評正　明天啓刻本　十八冊

350000－2002－0000027　31/3412

聖學格物通一百卷　（明）湛若水撰　明嘉靖
十二年（1533）陳陛刻本　十六冊

350000－2002－0000028　36/3337

使閩雜誌不分卷　（清）貴恒撰　清光緒十六
年（1890）稿本　一冊

350000－2002－0000029　22/3424

舌擊編五卷　（清）沈儲撰　清光緒四年
（1878）刻本　一冊　存三卷（一至三）

350000－2002－0000030　36/4000

甕牖閒評八卷　（宋）袁文撰　清同治十三年
（1874）江西書局刻武英殿聚珍版書本　二冊
存六卷（一至六）

350000－2002－0000031　35.2/7172

陵尹氏藏清代信劄不分卷　題陵尹氏編　清
末至民國稿本　一冊

350000－2002－0000032　36/4921

穀山筆塵十八卷　（明）于慎行撰　明萬曆于
緯刻清康熙十六年（1677）補刻本　四冊

350000－2002－0000033　42.1/4117

毘陵集二十卷　（唐）獨孤及撰　明抄本　二
冊　存十二卷（一至十二）

350000－2002－0000034　42.2/4021

崧庵集六卷　（宋）李處權撰　清乾隆翰林院
抄本（四庫底本）　二冊　存四卷（一至四）

350000－2002－0000035　22/3412

甘泉獻納編三卷　（明）湛若水撰　明嘉靖十
三年（1534）史際刻本　一冊

350000－2002－0000036　42.2/1310

臨川先生文集一百卷目錄二卷　（宋）王安石
撰　明嘉靖三十九年（1560）何遷刻本　二十
八冊　存一百卷（臨川先生文集一百卷）

350000－2002－0000037　42.2/4017

大隱集十卷　（宋）李正民撰　清乾隆翰林院
抄本（四庫底本）　三冊　存八卷（三至十）

350000－2002－0000038　42.2/0777

雲溪集十二卷　（宋）郭印撰　清乾隆翰林院
抄本（四庫底本）　四冊

350000－2002－0000039　42.2/4620

楊大年先生武夷新集二十卷　（宋）楊億撰
清康熙四十四年（1705）陳璋刻本　八冊

350000－2002－0000040　35.2/2527v

簡易明經通譜不分卷（宣統己酉科）各行省優
貢全錄不分卷　題（清）龍雲齋主人輯　清宣
統二年（1910）京師琉璃廠刻本　三冊

350000－2002－0000041　42.3/7438

劍南詩鈔不分卷　（宋）陸游撰　（清）楊大鶴
選　清康熙二十四年（1685）刻本　四冊

350000－2002－0000042　42.1/4453

集千家註杜工部詩集二十卷杜工部文集二卷
附錄一卷　（唐）杜甫撰　（宋）黃鶴補注　明
嘉靖十五年（1536）玉几山人刻本　十一冊

存二十一卷(詩集一至二、五至二十,文集二卷;附錄一卷)

350000－2002－0000043　42.5/4435
**蔡文莊公集八卷太極圖說一卷河洛私見一卷艾庵密箴一卷**　(明)蔡清撰　(清)蔡廷魁校梓　(清)徐居敬編校　清乾隆七年(1742)溫陵蔡氏遜敏齋刻本　四冊

350000－2002－0000044　42.5/4468＝1
**黃吾野先生詩集五卷**　(明)黃克晦撰　清康熙四十一年(1702)刻乾隆二十五年(1760)補刻本　五冊

350000－2002－0000045　42.5/4468
**黃吾野先生詩集五卷**　(明)黃克晦撰　清康熙四十一年(1702)刻乾隆二十五年(1760)補刻本　六冊

350000－2002－0000046　42.5/4934
**左忠毅公集三卷**　(明)左光斗撰　**左忠毅公[光斗]年譜二卷**　(清)左宰撰　**左侍御公集一卷**　(明)左光先撰　清刻本　四冊　存四卷(左忠毅公集三卷、左侍御公集一卷)

350000－2002－0000047　42.6/1033
**夢樓詩集二十四卷**　(清)王文治撰　清乾隆六十年(1795)食舊堂刻本　十二冊

350000－2002－0000048　42.6/1150
**文貞公集十二卷**　(清)張玉書撰　清乾隆五十七年(1792)張氏松蔭堂刻本　六冊

350000－2002－0000049　42.6/2212
**梅崖居士文集三十卷首一卷外集八卷**　(清)朱仕琇撰　清乾隆四十七年(1782)刻本　六冊　存三十七卷(文集一至五、七至三十,外集八卷)

350000－2002－0000050　42.6/4187
**挹奎樓選稿十二卷**　(清)林雲銘撰　(清)仇兆鰲選　(清)陳一夔訂　清康熙六十年(1721)書林聚升堂刻本　四冊

350000－2002－0000051　42.6/4477
**香聞遺集四卷附錄一卷**　(清)薛起鳳撰

(清)汪縉　(清)彭紹升錄　清乾隆三十九年(1774)刻本　一冊

350000－2002－0000052　42.6/4627
**歸田集不分卷**　(清)黃日紀撰　(清)黃貞煥編校　清乾隆三十二年(1767)刻本　一冊

350000－2002－0000053　42.6/4921
**敬業堂詩集五十卷**　(清)查慎行撰　清康熙五十八年(1719)刻雍正增刻本　十二冊

350000－2002－0000054　42.6/7425b
**東山草堂文集二十卷首一卷**　(清)邱嘉穗撰　清康熙刻本(部分目錄為補抄)　八冊

350000－2002－0000055　42.6/7488
**近道齋文集六卷詩集四卷附錄一卷**　(清)陳萬策撰　清乾隆刻本　二冊　存六卷(文集三至四、詩集四卷)

350000－2002－0000056　42.6/8027
**小石帆亭著錄六卷**　(清)翁方綱撰　清乾隆五十七年(1792)刻本　二冊

350000－2002－0000057　43/3027
**唐四家詩八卷**　(清)汪立名編　清康熙三十四年(1695)天都汪氏刻本　四冊

350000－2002－0000058　43/2821
**御定全唐詩錄一百卷**　(清)徐倬　(清)徐元正輯　清康熙四十五年(1706)刻重修本(有抄補)　二十四冊

350000－2002－0000059　43/3231
**明詩別裁集十二卷**　(清)沈德潛　(清)周準輯　清乾隆四年(1739)刻本　四冊

350000－2002－0000060　43/1226
**時齋倡和詩集一卷附行樂十二圖詩一卷**　(清)張允和選　(清)張錫麟輯　清乾隆三十三年(1768)時齋刻本　一冊

350000－2002－0000061　43/4420
**六家文選六十卷**　(南朝梁)蕭統輯　(唐)李善等注　明嘉靖十三年至二十八年(1534－1549)袁褧嘉趣堂刻本　三十冊

350000－2002－0000062　43/4944

榕村詩選八卷首一卷　（清）李光地輯　清雍正八年(1730)杭州臬署刻本　六冊

350000－2002－0000063　43/6430

經傳子史集覽不分卷　（清）呂世宜輯并評點　清道光十七年(1837)呂世宜抄本　二冊

350000－2002－0000064　43/7777

歷朝翰墨選註十四卷　（明）屠隆輯　明萬曆二十四年(1596)唐廷仁世德堂刻本　四冊　存四卷(一至四)

350000－2002－0000065　43/2818

新安文獻志一百卷先賢事略二卷目錄二卷　（明）程敏政編　明弘治刻本　十二冊　存九十五卷(一至九十五)

350000－2002－0000066　15/7286

孝經輯註便覽一卷　（明）陳仁錫註　（清）林學曾訂　（清）蔣敏生輯　清光緒十四年(1888)泉州綺文居刻本　一冊

350000－2002－0000067　27/4424b

杜氏通典二百卷　（唐）杜佑撰　明嘉靖李元陽刻本　四十一冊　存一百六十四卷(一至二十一、二十六至五十一、五十五至五十八、七十至七十九、九十至一百十一、一百十七至一百八十一、一百八十五至二百)

350000－2002－0000068　16/4944

欽定篆文六經四書十種　（清）李光地等纂　清光緒九年(1883)上海同文書局石印本　十冊

350000－2002－0000069　11/1060

周易述傳二卷　（清）丁晏撰　清同治元年(1862)刻本　二冊

350000－2002－0000070　13/1000

周禮政要二卷　（清）孫詒讓撰　清光緒二十八年(1902)瑞安普通學堂刻本　二冊

350000－2002－0000071　11/0437

心易溯原二十四卷首一卷　（清）謝若潮撰　清光緒二十年(1894)刻本　八冊

350000－2002－0000072　52/1500

張皋文箋易詮全集十六種　（清）張惠言撰　清嘉慶、道光間刻本　十六冊　存十五種五十二卷(周易虞氏義九卷,周易虞氏消息二卷,虞氏易禮二卷,虞氏易候一卷,虞氏易言二卷,周易鄭氏注三卷,周易荀氏九家三卷,周易鄭荀義三卷,易義別錄十四卷,易緯畧義三卷,易圖條辨一卷,讀儀禮記二卷,茗柯文初編一卷、二編二卷、三編一卷、四編一卷,茗柯詞一卷,擬名家制藝一卷)

350000－2002－0000073　11/2173

寄傲山房塾課纂輯御案易經備旨七卷　（清）鄒聖脈輯　（清）鄒廷猷編　（清）鄒景揚　（清）鄒克襄訂　清嘉慶連城霧閣鄒氏刻本　三冊

350000－2002－0000074　11/2647

周易闡翼不分卷　（清）詹國樑撰　清道光刻本　五冊

350000－2002－0000075　12.2/7248

魯詩遺說考六卷　（清）陳壽祺撰　敘錄一卷　（清）陳喬樅述　清咸豐刻左海續集本　六冊

350000－2002－0000076　13/4877

欽定儀禮義疏四十八卷首二卷　（清）朱軾等纂　清同治七年(1868)合肥李翰章刻本　二十八冊

350000－2002－0000077　11/4021

周易義海撮要十二卷　（宋）李衡撰　清同治十二年(1873)粵東書局刻通志堂經解本　四冊

350000－2002－0000078　12.2/2540

詩經八卷　（宋）朱熹集傳　清光緒刻本　四冊

350000－2002－0000079　16/8052

十三經古注　（明）金蟠　（明）葛鼒校　明崇禎十二年(1639)永懷堂刻本　三十九冊　存十二種二百七十九卷(書經二十卷、詩經二十卷、周禮四十二卷、儀禮十七卷、禮記四十九卷、春秋左傳三十卷、春秋公羊傳二十八卷、

春秋穀梁傳二十卷、爾雅十一卷、論語二十卷、孝經一至八、孟子十四卷)

350000－2002－0000080　12.1/4434

**書經六卷**　(宋)蔡沈集傳　清刻本　三冊

350000－2002－0000081　16/8043

**茶香室經說十六卷**　(清)俞樾撰　清光緒十八年(1892)廣東學院刻本　四冊

350000－2002－0000082　16/7110

**皇清經解一百八十種**　(清)阮元輯　清光緒十三年(1887)上海書局石印本　二十七冊存七十種五百四十八卷(學春秋隨筆十卷,毛詩稽古編一至十六,仲氏易三十卷,春秋毛氏傳三十六卷,春秋簡書刊誤二卷,春秋屬辭比事記四卷,經問十四卷、補一卷,論語稽求篇七卷,四書賸言四卷、補二卷,詩說三卷、附錄一卷,湛園札記一卷,經義雜記十卷,易說四至六,禮說一至六,白田草堂存稿一卷,周禮疑義舉要七卷,深衣考誤一卷,春秋地理考實四卷,群經補義五卷,鄉黨圖考十卷,儀禮章句十七卷,春秋正辭十一卷、春秋舉例一卷、春秋要指一卷,鍾山札記一卷,龍城札記一卷,尚書後案一至十五,說文解字注十五卷,廣雅疏證十卷,禮學卮言六卷,大戴禮記補注十三卷,經學卮言五卷,溉亭述古錄二卷,群經識小八卷,問字堂集一卷,儀禮釋官九卷,周禮校勘記十二卷、釋文校勘記二卷,春秋左傳校勘記一至三十六、釋文校勘記一至五,考工記車制圖解二卷,積古齋鐘鼎彝器款識二卷,疇人傳九卷,揅經室集七卷,撫本禮記鄭注考異二卷,易章句十二卷,孟子正義三十卷,周易補疏二卷,尚書補疏二卷,毛詩補疏五卷,禮記補疏三卷,春秋左傳補疏五卷,論語補疏二卷,周易述補四卷,拜經日記八卷,拜經文集一卷,瞥記一卷,經義述聞二十八卷,經傳釋詞十卷,五經異義疏證三卷,左海經辨二卷,左海文集二卷,鑑止水齋集二卷,爾雅義疏十九卷,春秋異文箋十三卷,寶甓齋札記一卷,寶甓齋文集一卷,夏小正疏義四卷、附異字記一卷,秋槎雜記一卷,吾亦廬稿四卷,論語偶記一卷,經書算學天文攷一卷,

四書釋地辨證二卷,漢石經攷異一卷、魏石經攷異一卷、唐石經攷異一卷、蜀石經攷異一卷、北宋石經攷異一卷,三家詩異文疏證二卷)

350000－2002－0000083　12.2/7331

**毛詩稽古編三十卷附考一卷**　(清)陳啓源撰　(清)龐佑清校　清光緒九年(1883)同文書局石印本　八冊

350000－2002－0000084　13/3421

**朱子家禮四卷**　(清)汪右衡撰　清文德堂刻本　一冊

350000－2002－0000085　16/6044

**有竹石軒經句說□□卷**　(清)吳英撰　清乾隆、嘉慶間有竹石軒刻本　一冊　存一卷(一)

350000－2002－0000086　11/4410＝1

**重鐫易經存疑全稿十二卷**　(明)林希元撰　清光緒三十二年(1906)廈門會文堂刻本　四冊　存八卷(一至三、六至七、十至十二)

350000－2002－0000087　11/2691

**周易本義爻徵二卷**　(清)吳曰慎撰　清道光二十六年(1846)宏道書院刻惜陰軒叢書本　二冊

350000－2002－0000088　11/4736

**易圖明辨十卷**　(清)胡渭輯撰　清咸豐二年(1852)刻粵雅堂叢書本　六冊

350000－2002－0000089　16/2527

**十三經注疏附考證**　(□)□□撰　清同治十年(1871)廣東書局刻本　一百二十冊

350000－2002－0000090　12.2/2540b

**詩經八卷**　(宋)朱熹集傳　清宣統石印本　一冊　存二卷(三至四)

350000－2002－0000091　12.2/4421b

**詩經精華十卷**　(清)薛嘉穎編　清嘉慶二十四年(1819)光螷堂刻道光五年(1825)重印本　五冊

350000－2002－0000092　12.2/2027

詩經旁訓辨體合訂四卷 （清）徐立綱輯 清光緒八年（1882）崇經堂刻本 四冊

350000－2002－0000093 12.2/4238

變雅斷章衍義一卷 （清）郭柏蔭撰 清刻本 一冊

350000－2002－0000094 11/4410＝2

重鐫易經存疑全稿十二卷 （明）林希元撰 清光緒三十二年（1906）廈門會文堂刻本 六冊

350000－2002－0000095 12.1/4434c

書經六卷首一卷末一卷 （宋）蔡沈集傳 清李光明莊刻本 四冊

350000－2002－0000096 14/4744

評點春秋綱目左傳句解彙雋六卷 （清）韓葵重訂 清光緒十三年（1887）綺文居刻本 五冊 存五卷（一至五）

350000－2002－0000097 12.2/3481

詩經類考三十卷 （明）沈萬鈳輯 明崇禎十一年（1638）刻本 五冊 存九卷（十七至二十三、二十六至二十七）

350000－2002－0000098 11/4421b

易經精華六卷首一卷末一卷 （清）薛嘉穎輯 清道光元年（1821）光霽堂刻本 二冊 存四卷（一至四）

350000－2002－0000099 12.2/3508

御纂詩義折中二十卷 （清）傅恒等纂 清刻本 八冊

350000－2002－0000100 12.1/1060

尚書餘論一卷 （清）丁晏撰 清咸豐七年（1857）刻本 一冊

350000－2002－0000101 17/2540k＝2

四書集註十九卷 （宋）朱熹撰 清光緒三十二年（1906）上海商務印書館鉛印本 二冊 存四卷（孟子四至七）

350000－2002－0000102 14/2477

公穀選二卷 （清）儲欣評 清乾隆三十八年（1773）受祉堂刻本 一冊

350000－2002－0000103 11/7517

陳紫峰先生周易淺說五卷 （明）陳琛撰 （清）施世瑚等校訂 清乾隆五十四年（1789）刻本 五冊

350000－2002－0000104 13/5230

禮記疏意二十三卷 （明）秦繼宗集 禮記疏意參新大全二十三卷 （明）陳郊輯 清刻本 三冊 存六卷（禮記疏意三、七至八，禮記疏意參新大全三、七至八）

350000－2002－0000105 51/2120

後知不足齋叢書四十七種 （清）鮑廷爵輯 清光緒常熟鮑氏刻本 二十八冊 存十五種六十七卷（鄭氏遺書五種九卷；沈氏經學六種二十卷；五經文字三卷；新加九經字樣一卷；石經殘字考一卷；干祿字書一卷；班馬字類二卷；九經補韻一卷、附錄一卷；許氏說文雙聲疊韻譜一卷；積古齋鐘鼎彝器款識十卷；兩漢五經博士考三卷；漢魏六朝志墓金石例三卷、唐人志墓諸例一卷；金石訂例四卷；稽瑞一卷；崇文總目二至三、五，補遺一卷，附錄一卷）

350000－2002－0000106 11/7037

周易爻變義蘊四卷 （元）陳應潤註釋 清光緒二十四年（1898）翁氏刻續台州叢書本 四冊

350000－2002－0000107 12.2/3508c

御纂詩義折中二十卷 （清）傅恆等纂 清宣統石印本 七冊 存十八卷（一至十八）

350000－2002－0000108 14/4411b

左繡三十卷首一卷 （清）馮李驊 （清）陸皓評輯 春秋經傳集解三十卷 （晉）杜預撰 （唐）陸德明音釋 （宋）林堯叟附注 （清）馮李驊增訂 清華川書屋刻本 十六冊

350000－2002－0000109 11/7337

周易象義集成三卷 （清）陳洪冠纂輯 清咸豐八年（1858）刻本 三冊

350000－2002－0000110 14/4430

春秋穀梁傳二十卷 （晉）范寧集解 （明）金

蠡校訂　清刻本　四冊

350000－2002－0000111　13/7441b

**周禮精華六卷**　（清）陳龍標編　清同治刻本
　六冊

350000－2002－0000112　14/4744d

**評點春秋綱目左傳句解彙雋六卷**　（清）韓菼
重訂　清末上海掃葉山房石印本　六冊

350000－2002－0000113　13/4877b

**欽定三禮義疏一百八十二卷**　（清）鄂爾泰等
撰　清刻御纂七經本　九十八冊　存九十八
卷(欽定周官義疏一、九至十一、十四至二十
五、二十七、三十七至四十八,首一卷;欽定儀
禮義疏三至六、八至十、十三至十八、二十至
二十四、二十六至三十八、四十至四十一、四
十七,首上;欽定禮記義疏十至十二、十五至
十八、二十四至二十七、三十八至五十五、六
十二、七十六、八十至八十一)

350000－2002－0000114　14/4767

**春秋左傳五十卷**　（春秋）左丘明撰　（晉）杜
預　（宋）林堯叟註釋　（唐）陸德明音義
(明)鍾惺等評點　清末商務印書館石印本
九冊　存四十卷(三至八、十四至三十九、四
十三至五十)

350000－2002－0000115　19/2445

**小學鉤沈十九卷**　（清）任大椿輯　（清）王念
孫校　清光緒十年(1884)龍氏刻本　四冊

350000－2002－0000116　14/4408

**春秋左傳杜注三十卷首一卷**　（清）姚培謙輯
　清乾隆十一年(1746)陸氏小鬱林刻道光七
年(1827)洪都漱經堂增刻朱墨套印本　九冊
　存二十八卷(三至三十)

350000－2002－0000117　35.2/0477d

**顏氏家廟碑**　（唐）顏真卿編撰　清末至民國
拓本　一冊

350000－2002－0000118　16/5324

**通志堂經解一百四十種**　（清）納蘭性德輯
清同治十二年(1873)粵東書局刻本　四冊
存三種十八卷(六經正誤六卷、熊先生經說七

卷、十一經問對五卷)

350000－2002－0000119　14/3400

**春秋大事表五十卷輿圖一卷附錄一卷**　（清）
顧棟高輯　清乾隆萬卷樓刻本　二十四冊

350000－2002－0000120　11/4230

**易經大全會解四卷**　（清）來爾繩輯　（清）朱
采治　（清）朱之澄編　清道光二十六年
(1846)古香齋刻標題精選五經體註大全本
二冊

350000－2002－0000121　14/1059

**欽定春秋傳說匯纂三十八卷首二卷**　（清）王
掞等纂　清刻本　十七冊　存三十五卷(五
至三十八、首一)

350000－2002－0000122　11/4944b

**御纂周易折中二十二卷首一卷**　（清）李光地
等撰　清刻本　十冊

350000－2002－0000123　12.2/2540c

**詩經八卷**　（宋）朱熹集傳　清宣統石印本
一冊　存一卷(三)

350000－2002－0000124　12.2/4421c

**詩經精華十卷**　（清）薛嘉穎編　清光緒九年
(1883)芸成齋刻本　八冊

350000－2002－0000125　11/4944

**御纂周易折中二十二卷首一卷**　（清）李光地
等撰　清康熙刻本　十二冊

350000－2002－0000126　12.1/4421

**書經精華六卷**　（清）薛嘉穎編　清嘉慶二十
四年(1819)光霽堂刻本　三冊

350000－2002－0000127　12.1/8364

**融堂書解二十卷**　（宋）錢時撰　清同治十三
年(1874)江西書局刻武英殿聚珍版書本　五
冊

350000－2002－0000128　16/2527d

**御纂七經**　（□）□□撰　清同治十年(1871)
崇文書局刻本　一百五十一冊　存七種二百
六十二卷(御纂周易折中二十二卷,欽定書經
傳說彙纂二十一卷、首二卷、書序一卷,欽定

詩經傳說彙纂二十一卷、首二卷、詩序二卷,
欽定春秋傳說彙纂三十八卷、首二卷,欽定周
官義疏四十八卷、首一卷,欽定儀禮義疏四十
八卷、首二卷,欽定禮記義疏一至五十一、首
一卷)

350000－2002－0000129　13/3144
**禮記節本十卷**　(清)汪基鈔撰　(清)江永校
纂　清石印本　二冊

350000－2002－0000130　13/7534
**禮記十卷**　(元)陳澔集說　清光緒十九年
(1893)江南書局刻本　十冊

350000－2002－0000131　13/2136
**禮記集說一百六十卷**　(宋)衛湜撰　清康熙
刻通志堂經解本　二十五冊　存一百三十七
卷(九至一百四十五)

350000－2002－0000132　14/2477b
**左傳選十四卷目錄一卷**　(清)儲欣評　清同
治二年(1863)刻本　六冊

350000－2002－0000133　12.1/8438
**書經體注大全合參六卷圖一卷**　(清)范翔鑒
定　(清)張聖度訂　(清)錢希詳參　**書經六
卷**　(宋)蔡沈集傳　清光緒三年(1877)刻本
四冊

350000－2002－0000134　14/8408
**列國左傳要詮八卷**　(清)饒謙輯纂　清乾隆
四十三年(1778)刻本　八冊

350000－2002－0000135　12.2/4421d
**詩經精華十卷**　(清)薛嘉穎編　清道光五年
(1825)光韡堂刻本　二冊

350000－2002－0000136　11/5028
**周易口訣義六卷**　(唐)史徵撰　清乾隆四十
二年(1777)福建刻道光、同治遞修光緒二十
一年(1895)增刻武英殿聚珍版書本　二冊

350000－2002－0000137　12.2/7331b
**毛詩稽古編三十卷**　(清)陳啓源撰　**附考一
卷**　(清)費雲倬輯　清嘉慶十八年(1813)刻
本　八冊

350000－2002－0000138　13/4944
**三禮述註七十一卷**　(清)李光坡述註　清乾
隆八年至三十二年(1743－1767)李氏清白堂
刻本　六冊　存十九卷(儀禮述註一至十九)

350000－2002－0000139　12.2/4421
**詩經精華十卷**　(清)薛嘉穎編　清刻本　三
冊　存八卷(三至十)

350000－2002－0000140　13/2490
**讀禮通考一百二十卷**　(清)徐乾學撰　清康
熙三十五年(1696)昆山徐樹轂刻本　四十冊

350000－2002－0000141　52/4210＝1
**鹿洲全集八種附一種**　(清)藍鼎元撰　清雍
正刻光緒六年(1880)藍佐補修本　三冊　存
二種三卷(東征集一、脩史試筆二卷)

350000－2002－0000142　13/2027
**禮記增訂旁訓六卷**　(清)徐立綱撰　清廈門
文德堂刻本　六冊

350000－2002－0000143　14/1223
**春秋左傳綱目杜林詳注十四卷首一卷**　(明)
張岐然撰　清崇文堂刻本　十冊

350000－2002－0000144　19/2101
**字學三種三卷**　(清)傅雲龍輯　清同治十三
年(1874)德清傅氏味腴山館刻本　一冊

350000－2002－0000145　12.1/8440
**尚書離句六卷**　(清)錢在培輯解　清寒香草
堂刻本　一冊

350000－2002－0000146　12.1/4434b
**書經六卷首一卷末一卷**　(宋)蔡沈集傳　清
光緒七年(1881)金陵書局刻本　一冊　存三
卷(一至二、首一卷)

350000－2002－0000147　13/4877c
**欽定禮記義疏八十二卷首一卷**　(清)允祿等
撰　清刻御纂七經本　十二冊　存三十一卷
(五十二至八十二)

350000－2002－0000148　11/4421
**易經精華六卷首一卷末一卷**　(清)薛嘉穎輯
清光韡堂刻本　三冊　存七卷(易經精華

六卷、末一卷）

350000－2002－0000149　13/6151

**酬世錦囊正家禮大成八卷**　（清）呂子振輯
清刻本　二冊

350000－2002－0000150　13/1280

**新定三禮圖二十卷**　（宋）聶崇義集註　清康
熙刻通志堂經解本　二冊

350000－2002－0000151　16/2527b

**十三經注疏附考證**　（□）□□撰　清乾隆四
年(1739)武英殿刻本　七十二冊　存九種二
百二十一卷（周禮注疏四十二卷附考證、儀禮
注疏十七卷附考證、春秋左傳注疏六十卷附
考證、春秋公羊傳注疏二十八卷附考證、春秋
穀梁注疏二十卷附考證、論語注疏二十卷附
考證、孝經注疏九卷附考證、爾雅注疏十一卷
附考證、孟子注疏十四卷附考證）

350000－2002－0000152　12.1/4808

**尚書考異六卷**　（明）梅鷟撰　清光緒十八年
(1892)浙江書局刻本　四冊

350000－2002－0000153　12.1/4432

**書六卷**　（宋）蔡沈集傳　清光緒十六年
(1890)刻本　四冊　存四卷（一至二、四至
五）

350000－2002－0000154　11/7427

**周易明報三卷首一卷末一卷**　（清）陳懋侯撰
清光緒八年(1882)刻本　三冊

350000－2002－0000155　16/1238

**皇清經解續編二百九種**　王先謙輯　清光緒
十五年(1889)上海蜚英館石印本　二十一冊
存一百十一種九百三十六卷（九經誤字一
卷，周易稗疏四卷，詩經稗疏四卷，春秋稗疏
二卷，四書稗疏三卷，春秋占筮書三卷，續詩
傳鳥名三卷，白鷺洲主客說詩一卷，郊社禘祫
問一卷，大小宗通繹一卷，孝經問一卷，禮記
偶箋三卷，禮記訓義擇言八卷，春秋大事表六
十六卷、輿圖一卷，天子肆獻祼饋食禮纂二
卷，朝廟宮室考竝圖一卷附田賦考，易例二
卷，易漢學八卷，明堂大道錄八卷，禘說二卷，

晚書訂疑三卷，卦氣解一卷，周官記一至四，
深衣釋例三卷，詩聲類十二卷、詩聲分例一
卷，經傳小記一卷，國語補校一卷，逸周書雜
志四卷，爾雅古義二卷，爾雅釋地四篇注一
卷，車制攷一卷，羣經義證八卷，釋服二卷，孟
子四攷四卷，詩書古訓十卷，春秋左傳詁一至
十七，毛詩傳箋通釋三十二卷，毛詩後箋三十
卷，儀禮古今文疏義十三至十七，讀書叢錄一
卷，爾雅匡名二十卷，周官故書攷四卷，儀禮
古今文異同疏證五卷，論語魯讀攷一卷，頑石
廬經說十卷，周禮學二卷，儀禮學二卷，易經
異文釋一至四，詩經異文釋十六卷，春秋左傳
異文釋十卷，春秋公羊傳異文釋一卷，春秋穀
梁傳異文釋一卷，夏小正分箋四卷，夏小正異
義二卷，春秋左氏古義六卷，春秋左氏傳補注
十二卷，春秋左氏傳地名補注十二卷，儀禮經
注疏正譌十七卷，周易虞氏略例一卷，論語孔
注辨偽二卷，國語發正二十一卷，說文諧聲譜
九卷，春秋穀梁傳時月日書法釋例四卷，求古
錄禮說十五卷、補遺一卷，鄉黨正義一卷，說
文解字音均表十七卷、首一卷，齊詩翼氏學四
卷，公羊禮疏十一卷，公羊問答二卷，春秋繁
露注十七卷，周易姚氏學十六卷，春秋公羊傳
曆譜十一卷，論語古注集箋二十卷，虞氏易消
息圖說一卷，大誓答問一卷，春秋決事比一
卷，輪輿私箋二卷、附圖一卷，儀禮私箋八卷，
巢經巢經說一卷，禹貢圖一卷，東塾讀書記十
卷，春秋古經說二卷，穀梁禮證一，說文聲讀
表七卷，學禮管釋十八卷，開有益齋經說五
卷，穀梁大義述三十卷，春秋釋一卷，攷工記
攷辨八卷，逸周書集訓校釋十卷、逸文一卷，
詩地理徵七卷，喪服會通說四卷，讀儀禮錄一
卷，論語正義二十四卷，釋穀四卷，今文尚書
經說攷三十八卷，尚書歐陽夏侯遺說攷一卷，
三家詩遺說攷四十九卷，毛詩鄭箋改字說四
卷，詩經四家異文攷五卷，齊詩翼氏學疏證二
卷，禮堂經說二卷，禮記鄭讀攷一至五，爾雅
經注集證三卷，公羊義疏七十六卷，白虎通疏
證十二卷，周易爻辰申鄭義一卷，禹貢鄭氏略
例一卷，書古微十二卷，詩古微十七卷，讀書
偶識一至九）

350000－2002－0000156　13/1160

白虎通疏證十二卷　（清）陳立撰　清光緒元年(1875)淮南書局刻本　四冊

350000－2002－0000157　13/1500

儀禮圖六卷　（清）張惠言撰　清同治九年(1870)崇文書局刻本　三冊

350000－2002－0000158　14/4744b

評點春秋左傳綱目句解彙雋六卷　（清）韓菼重訂　清末石印本　二冊　存二卷(四至五)

350000－2002－0000159　14/7797

春秋氏族圖一卷　（清）陳厚耀撰　清道光二十四年(1844)福州王書雲刻本　二冊

350000－2002－0000160　14/4411

春秋經傳集解三十卷　（晉）杜預注　清刻本　十冊

350000－2002－0000161　13/3081

稱謂錄三十二卷　（清）梁章鉅撰　清光緒元年至十年(1875－1884)刻本　八冊

350000－2002－0000162　51/2099b

金石全例四種　（清）朱記榮輯　清光緒十八年(1892)吳縣朱記榮槐廬刻匯印本　十六冊

350000－2002－0000163　12.1/4434d

書經□□卷　（宋）蔡沈集傳　清刻本　一冊　存一卷(三)

350000－2002－0000164　12.2/2540d

詩經八卷　（宋）朱熹集傳　清文正堂刻本　四冊

350000－2002－0000165　12.2/3508b

御纂詩義折中二十卷　（清）傅恒等纂　清光緒如山刻本　六冊

350000－2002－0000166　13/4277

禮書通故五十卷　（清）黃以周撰　清光緒十九年(1893)黃氏試館刻本　十六冊　存二十八卷(一至四、九至十二、十七至二十三、三十五至四十五、四十八至四十九)

350000－2002－0000167　11/3821

需時眇言十卷　（清）沈善登撰　清光緒豫恕

堂刻本　九冊

350000－2002－0000168　13/7534b

禮記十卷　（元）陳澔集說　清道光刻本　十冊

350000－2002－0000169　11/4410

重鎸易經存疑全稿十二卷　（明）林希元撰　清光緒三十二年(1906)廈門會文堂刻本　六冊

350000－2002－0000170　14/4408b

春秋左傳杜注補輯三十卷首一卷　（清）姚培謙撰　清同治五年(1866)金陵書局刻十三經讀本本　十冊

350000－2002－0000171　14/2077

春秋本義三十卷首一卷　（元）程端學撰　（清）納蘭性德校訂　清康熙十九年(1680)刻通志堂經解本　九冊

350000－2002－0000172　11/4390

鄭氏爻辰補六卷　（清）戴棠撰　清刻本　六冊

350000－2002－0000173　13/7441

周禮精華六卷　（清）陳龍標編　清光韡堂刻本　三冊

350000－2002－0000174　12.2/7588

毛詩古音考四卷附讀詩拙言一卷　（明）陳第編輯　（明）焦竑訂正　（清）徐時作重訂　清乾隆二十七年(1762)徐時作崇本山堂刻本　四冊

350000－2002－0000175　12.2/4421b＝1

詩經精華十卷　（清）薛嘉穎編　清嘉慶二十四年(1819)光韡堂刻道光五年(1825)重印本　一冊　存二卷(一至二)

350000－2002－0000176　13/3130

禮記精華十卷　（清）汪基　（清）江永訂　清刻本　一冊　存二卷(三至四)

350000－2002－0000177　14/0323

春秋釋經十二卷　（清）高澍然撰　清道光五年(1825)刻本　二冊　存六卷(一至六)

350000－2002－0000178　14/1622

**春秋四傳管窺三十二卷**　（清）張星徽評點
清乾隆元年至四年（1736－1739）藏書堂刻本
九冊　存二十六卷（一至二十六）

350000－2002－0000179　14/4744c

**評點春秋綱目左傳句解彙雋六卷**　（清）韓菼
重訂　清末章福記書局石印本　四冊　存四
卷（一、三至五）

350000－2002－0000180　14/3414

**古文詳解四卷**　（清）過琪詳注　（清）林雲銘
評定　（清）吳楚材匯定　清道光二十一年
（1841）文德堂刻本　一冊　存二卷（一至二）

350000－2002－0000181　16/7267

**經典釋文三十卷**　（唐）陸德明撰　**經典釋文
考證三十卷**　（清）盧文弨輯　清同治八年
（1869）崇文書局刻本　九冊

350000－2002－0000182　16/6022

**易堂問目四卷**　（清）吳鼎輯　清乾隆三十七
年（1772）鄒容成刻本　二冊

350000－2002－0000183　16/2527c

**十三經注疏附考證**　（□）□□撰　清同治十
年（1871）廣東書局刻本　八冊　存四種十八
卷（毛詩注疏附考證二十一至二十四、二十六
至三十，尚書注疏附考證七至九，周禮注疏附
考證七至九，春秋左傳注疏附考證十六至十
八）

350000－2002－0000184　16/4377

**石齋先生經傳九種**　（明）黃道周輯　（清）鄭
開極訂　清康熙三十二年（1693）刻本　十一
冊　存六種三十三卷（孝經集傳四卷，三易洞
璣十六卷，洪範明義四卷，表記集傳二卷、春
秋表記問業一卷，坊記集傳二卷，緇衣集傳四
卷）

350000－2002－0000185　17/1177

**四書翼註論文十六卷**　（清）張甄陶撰　清刻
本　十二冊　存十三卷（一至七、九、十二至
十六）

350000－2002－0000186　17/2540

**論語十卷**　（宋）朱熹集註　清光緒十八年
（1892）浙江書局刻本　二冊

350000－2002－0000187　17/0834

**四書闡旨合喙鳴十卷**　（明）許獬撰　清光緒
九年（1883）許氏刻本　十冊

350000－2002－0000188　17/7744

**四書講義困勉錄三十七卷續編六卷附錄一卷**
　（清）陸隴其纂輯　（清）陸公鏐編　清康熙
三十八年（1699）刻本　三十冊　存四十三卷
（四書講義困勉錄三十七卷、續編六卷）

350000－2002－0000189　19/2044

**駢雅訓纂十六卷首一卷**　（明）朱謀㙔撰
（清）魏茂林訓纂　清光緒十二年（1886）後知
不足齋刻後知不足齋叢書本　八冊

350000－2002－0000190　17/2540f

**孟子七卷**　（宋）朱熹集註　清同治六年
（1867）崇文書局刻本　三冊

350000－2002－0000191　17/6450

**四書家塾讀本句讀十九卷**　（清）羅大春訂
清光緒十三年（1887）宗德堂刻本　六冊

350000－2002－0000192　19/4318

**李氏音鑑六卷**　（清）李汝珍撰　清嘉慶十五
年（1810）寶善堂刻本　八冊

350000－2002－0000193　19/1190

**隸篇十五卷續十五卷再續十五卷附金石目一
卷續一卷再續一卷字目一卷續一卷再續一卷**
　（清）翟雲升輯　清道光十七年至十八年
（1837－1838）刻本　十二冊

350000－2002－0000194　17/4155

**四書反身錄八卷**　（清）李顒撰　（清）王心敬
輯　清末掃葉山房石印本　四冊

350000－2002－0000195　17/2540h

**孟子七卷**　（宋）朱熹集註　清日升書莊刻本
　一冊　存一卷（七）

350000－2002－0000196　17/1430d

**繪圖四書速成新體讀本二十卷**　（清）彪蒙編
譯所校訂　清光緒三十四年（1908）彪蒙書室

石印本　十册　存十卷（論語一至十）

350000－2002－0000197　17/2540i

**孟子七卷**　（宋）朱熹集注　清刻本　二册
存五卷（一至三、六至七）

350000－2002－0000198　17/1430

**繪圖四書速成新體讀本二十卷**　（清）彪蒙編
譯所編　清光緒三十一年（1905）彪蒙書室石
印本　二册　存三卷（大學一、中庸一至二）

350000－2002－0000199　17/4310

**四書朱子異同條辨四十卷**　（清）李沛霖
（清）李禎訂　清康熙近譬堂刻本　十四册
存十六卷（中庸一、三，論語六、九至二十，孟
子一）

350000－2002－0000200　19/2834

**閩音千字文集字一卷**　（清）贊善社集　清光
緒八年（1882）贊善社刻本　一册

350000－2002－0000201　19/3247

**爾雅正郭三卷**　（清）潘衍桐撰　清光緒十七
年（1891）刻本　一册

350000－2002－0000202　17/0291

**監本辨字音注圈點句讀四書白文不分卷**
（□）□□撰　清廈門文德堂書坊刻本　一册
存大學、中庸

350000－2002－0000203　17/2353

**繪圖四書速成新體讀本二十卷**　（清）彪蒙編
譯所編　清光緒三十一年（1905）彪蒙書室石
印本　一册　存三卷（大學一、中庸一至二）

350000－2002－0000204　17/2540e

**論語十卷**　（宋）朱熹集註　清末商務印書館
鉛印本　一册　存五卷（六至十）

350000－2002－0000205　17/2527

**監本辨字圈點句讀四書白文不分卷**　（□）
□□撰　清光緒十六年（1890）泉州綺文居刻
本　一册　存大學、中庸

350000－2002－0000206　19/2527

**字彙入門□□卷**　（□）□□撰　清光緒二十
八年（1902）廈門鼓浪嶼萃經堂鉛印本　一册

存一卷（二）

350000－2002－0000207　17/1744

**新訂四書補註備旨十卷**　（明）鄧林撰　（清）
祁文友重校　（清）杜定基增訂　清道光二十
六年（1846）刻本　三册

350000－2002－0000208　17/7520

**論語古訓十卷附一卷**　（清）陳鱣撰　清光緒
九年（1883）浙江書局刻本　二册

350000－2002－0000209　17/2540k

**四書集註十九卷**　（宋）朱熹撰　清光緒三十
二年（1906）上海商務印書館鉛印本　四册
存九卷（大學一、中庸一、孟子一至七）

350000－2002－0000210　17/4944

**讀論語劄記二卷**　（清）李光地撰　清康熙六
十一年（1722）安溪李馥刻四書解義本　一册

350000－2002－0000211　17/2540b

**論語十卷**　（宋）朱熹集註　清末商務印書館
鉛印本　五册

350000－2002－0000212　19/3913＝1

**音學五書**　（清）顧炎武撰　清光緒十六年
（1890）思賢講舍刻本　八册　存二種二十二
卷（唐韻正二十卷、古音表二卷）

350000－2002－0000213　19/4312

**說文辨字正俗八卷**　（清）李富孫撰　清嘉慶
刻本　四册

350000－2002－0000214　17/2540k＝1

**四書集註十九卷**　（宋）朱熹撰　清光緒三十
二年（1906）上海商務印書館鉛印本　三册
存七卷（孟子一至七）

350000－2002－0000215　17/1250

**四書朱子本義匯參四十三卷首四卷**　（清）王
步青輯　（清）王士鼇編　清刻本　一册　存
二卷（孟子集注本義匯參三至四）

350000－2002－0000216　17/1430b

**繪圖四書速成新體讀本二十卷**　（清）彪蒙編
譯所編　清光緒三十四年（1908）彪蒙書室石
印本　十四册　存七卷（孟子一至七）

350000－2002－0000217　17/2540g

孟子七卷　（宋）朱熹集註　清光緒十八年（1892）浙江書局刻本　二冊

350000－2002－0000218　17/2160

四書古注十種　（三國魏）何晏等集解　清光緒三十一年（1905）慎記石印本　二十冊

350000－2002－0000219　17/2540c

論語十卷　（宋）朱熹集註　清道光刻本　一冊　存五卷（一至五）

350000－2002－0000220　17/1250b

四書朱子本義匯參四十三卷首四卷　（清）王步青輯　（清）王士鼇編　清乾隆敦復堂刻本　十冊　存二十二卷（論語集注本義匯參一至十五、首一卷；孟子集注本義匯參一至二、九至十、十三,首一卷）

350000－2002－0000221　17/4435

蔡虛齋先生四書蒙引十五卷　（明）蔡清撰　清光緒十八年（1892）蔡群英刻本　十五冊

350000－2002－0000222　19/4010

然犀志二卷　（清）李調元撰　清乾隆四十四年（1779）李氏萬卷樓刻函海本　一冊

350000－2002－0000223　17/4487

漱芳軒合纂四書體註不分卷　（清）范翔參訂　四書章句集註十九卷　（宋）朱熹撰　清咸豐刻本　三冊　存六卷（大學一、中庸一、孟子四至七）

350000－2002－0000224　17/4344

溾嗳存愚二卷　（清）李清植撰　清乾隆三十一年（1766）刻榕村全書本　一冊

350000－2002－0000225　17/2540d

論語十卷　（宋）朱熹集註　清同治六年（1867）崇文書局刻本　二冊

350000－2002－0000226　17/4155b

四書反身錄八卷　（清）李顒撰　（清）王心敬輯　清同治浙江書局刻本　四冊

350000－2002－0000227　17/1430c

繪圖四書速成新體讀本二十卷　（清）王有宗

等校訂　清末彪蒙書室石印本　八冊　存八卷（論語一至六、八至九）

350000－2002－0000228　17/8038

四書味根錄三十七卷　（清）金澂輯　清光緒十二年（1886）上海積山書局石印本　六冊

350000－2002－0000229　17/2540j

學庸不分卷　（宋）朱熹章句　清同治六年（1867）崇文書局刻本　一冊

350000－2002－0000230　17/4487b

漱芳軒合纂四書體註不分卷　（清）范翔參訂　四書章句集註十九卷　（宋）朱熹撰　清乾隆三十四年（1769）三槐堂刻本　六冊

350000－2002－0000231　17/3174

四書辯訛六卷　（清）汪陞撰　清康熙三十三年（1694）學誨堂刻本　五冊

350000－2002－0000232　17/4008

陳明卿先生訂正四書人物備考四十八卷　（明）薛應旂輯　（清）朱焯註　（清）薛寀增補　清刻本　五冊　存三十三卷（十至二十四、三十一至四十八）

350000－2002－0000233　19/4428

說文解字義證五十卷　（清）桂馥撰　清同治九年（1870）湖北崇文書局刻本　十五冊　存二十二卷（一至二、四至五、七至十、十三至十四、十七至十八、二十五至二十六、三十一至三十二、三十四、四十六至五十）

350000－2002－0000234　19/7547

釋字百韻一卷　（清）陳勘撰　清光緒三年（1877）張氏刻本　一冊

350000－2002－0000235　19/4312b

說文辨字正俗八卷　（清）李富孫撰　清末刻本　二冊

350000－2002－0000236　19/4444

和文漢譯讀本八卷　（日本）坪內雄藏編　（日本）長尾槇太郎譯校　清光緒三十二年（1906）上海商務印書館鉛印本　八冊

350000－2002－0000237　17/3247

朱子論語集注訓詁考二卷　（清）潘衍桐輯
清光緒十七年(1891)浙江書局刻本　一冊

350000 – 2002 – 0000238　19/3913

音學五書　（清）顧炎武撰　清光緒十六年
(1890)思賢講舍刻本　十二冊

350000 – 2002 – 0000239　19/0222

彙集雅俗通十五音八卷　（清）謝秀嵐編　清
會文堂刻朱墨套印本　一冊

350000 – 2002 – 0000240　19/1427

六書賦一卷六書賦音義二十卷　（明）張士佩
纂　明萬曆三十年(1602)刻本　六冊　存十
一卷(六書賦音義一至十一)

350000 – 2002 – 0000241　19/3440

隸辨八卷　（清）顧藹吉撰　清乾隆八年
(1743)天都黃晟刻本　八冊

350000 – 2002 – 0000242　19/0909

小學答問一卷　（清）章炳麟撰　清宣統元年
(1909)刻本　一冊

350000 – 2002 – 0000243　19/0222b

彙集雅俗通十五音八卷　（清）謝秀嵐編　清
廈門會文堂刻朱墨套印本　三冊　存六卷
(三至八)

350000 – 2002 – 0000244　19/2527b

增補彙音六卷　（□）□□撰　清宣統石印本
一冊　存一卷(六)

350000 – 2002 – 0000245　19/8326

輶軒使者絕代語釋別國方言箋疏十三卷
（清）錢繹撰集　清光緒十六年(1890)紅蝠山
房刻本　六冊

350000 – 2002 – 0000246　19/3610

大廣益會玉篇三十卷附札記一卷　（南朝梁）
顧野王撰　（唐）孫強增字　（宋）陳彭年重修
清道光三十年(1850)邵州鄧顯鶴東山精舍
刻本　三冊

350000 – 2002 – 0000247　19/0546

汗簡七卷目錄一卷　（北周）郭忠恕撰　（清）
鄭珍箋正　清光緒十六年(1890)黎庶昌石印

本　二冊

350000 – 2002 – 0000248　19/0831

新刻正板千字文一卷　（南朝梁）周興嗣撰
百家姓不分卷　（宋）□□撰　清同治十年
(1871)泉州懷古堂刻本　一冊

350000 – 2002 – 0000249　19/1144

說文拈字七卷補遺一卷　（清）王玉樹撰　清
光緒十九年(1893)石印本　三冊

350000 – 2002 – 0000250　32.1/6034

洴澼百金方十四卷首一卷　題（清）惠麓酒民
編　清乾隆五十三年(1788)榕城嘉魚堂刻本
八冊

350000 – 2002 – 0000251　19/1242

說文楬原二卷　（清）張行孚撰　（清）余澍校
清光緒十年(1884)常熟鮑氏刻後知不足齋
叢書本　二冊

350000 – 2002 – 0000252　19/4927

字學舉隅不分卷　（清）龍光甸　（清）龍啓瑞
撰　清同治十年(1871)刻本　一冊

350000 – 2002 – 0000253　19/2527c

改良增註官話國語新學要覽一卷　（□）□□
撰　清末石印本　一冊

350000 – 2002 – 0000254　19/1150c

康熙字典十二集檢字一卷辨似一卷等韻一卷
總目一卷備考一卷補遺一卷　（清）張玉書纂
清道光七年(1827)刻本　八冊　存三集
(未中下、申、酉)

350000 – 2002 – 0000255　35.2/2623

秦漢印存不分卷　（清）吳峻輯　清同治四年
(1865)刻鈐印本　二冊

350000 – 2002 – 0000256　19/0712

爾雅三卷　（晉）郭璞注　（唐）陸德明音義
清嘉慶二十二年(1817)順德張清選刻本　一
冊

350000 – 2002 – 0000257　21.2/1208d

東華錄一百九十五卷(天命朝至雍正朝)東華
續錄二百三十卷(乾隆朝至道光朝)　王先謙

編　清光緒十七年(1891)上海廣百宋齋鉛印本　四十四冊　存二百三十卷(東華續錄二百三十卷)

350000－2002－0000258　19/2143

**說文解字注三十卷六書音均表二卷**　(清)段玉裁撰　**說文部目分韻**　(清)陳煥撰　清乾隆、嘉慶間段氏經韻樓刻本　八冊　存十六卷(一至十六)

350000－2002－0000259　19/8247

**爾雅六卷**　(清)姜兆錫註疏參義　清光緒二十五年(1899)刻本　一冊

350000－2002－0000260　16/8027

**經義考補正十二卷**　(清)翁方綱撰　清道光三十年(1850)刻粵雅堂叢書本　四冊

350000－2002－0000261　19/4408

**新鐫彙音妙悟全集一卷**　(清)黃謙纂　清光緒三十一年(1905)上海書局石印本　一冊

350000－2002－0000262　19/7071

**韻綜十二集附檢字一卷集字五卷**　(清)陳詒厚編輯　清嘉慶十七年(1812)琴心書屋刻本　八冊

350000－2002－0000263　19/2527d

**增補彙音六卷**　題(清)壺麓主人校訂補正　清宣統三年(1911)廈門會文堂書局石印本　一冊

350000－2002－0000264　19/7141

**許氏說文解字雙聲疊韻譜一卷**　(清)鄧廷楨撰　清光緒七年(1881)常熟鮑氏刻後知不足齋叢書本　二冊

350000－2002－0000265　19/4012

**初學檢韻袖珍十二集**　(清)姚文登輯　(清)姚炳章校　清光緒石印本　一冊

350000－2002－0000266　19/0210

**詩韻類錦十二卷**　(清)郭化霖編　清同治四年(1865)緯文堂刻本　二冊　存四卷(一至四)

350000－2002－0000267　19/1731

**通俗編三十八卷**　(清)翟灝撰　清乾隆仁和翟灝無不宜齋刻本　十二冊

350000－2002－0000268　19/0891

**說文解字十五卷**　(漢)許慎撰　(宋)徐鉉校　清初毛氏汲古閣刻本　六冊

350000－2002－0000269　19/4408b

**新鐫彙音妙悟全集一卷**　(清)黃謙纂　清光緒三十一年(1905)石印本　一冊

350000－2002－0000270　22/4286

**文學興國策二卷**　(美國)林樂知譯　清光緒二十二年(1896)上海廣學會圖書集成局鉛印本　二冊

350000－2002－0000271　19/0222c

**彙集雅俗通十五音八卷**　(清)謝秀嵐編　清光緒十四年(1888)芸成齋刻朱墨套印本　八冊

350000－2002－0000272　19/1150

**康熙字典十二集檢字一卷辨似一卷等韻一卷備考一卷補遺一卷**　(清)張玉書編　清光緒元年(1875)湖北崇文書局刻本　四十冊　存十二集(康熙字典十二集)

350000－2002－0000273　25.2/7033

**秣陵集六卷圖考一卷金陵歷代紀年事表一卷**　(清)陳文述撰　清光緒十年(1884)淮南書局刻本　三冊

350000－2002－0000274　19/4408c

**新鐫彙音妙悟全集一卷**　(清)黃謙纂輯　清道光十一年(1831)刻本　二冊

350000－2002－0000275　19/4439

**戚參軍八音字義便覽四卷**　(清)蔡士泮彙輯　**太史林碧山先生珠玉同聲四卷**　(清)陳他彙輯　清光緒二年(1876)集新堂刻本　一冊

350000－2002－0000276　19/0217

**正字通十二集末一卷**　(清)廖文英輯　(清)張自烈增補　清刻本　十三冊

350000－2002－0000277　19/4927b

**增補字學舉隅不分卷**　(清)龍光甸　(清)龍

啓瑞輯　清光緒十七年(1891)刻本　一冊

350000－2002－0000278　19/7477

**澄衷蒙學堂字課圖說四卷**　(清)劉樹屏編
(清)吳子城繪圖　清光緒三十一年(1905)澄
衷蒙學堂石印本　六冊

350000－2002－0000279　19/5042

**漢隸字源五卷碑目一卷附字一卷**　(宋)婁機
撰　明末毛氏汲古閣刻本　六冊

350000－2002－0000280　25.2/4091

**廣輿記二十四卷**　(清)陸應陽纂　(清)蔡方
炳增輯　清嘉慶七年(1802)聚文堂刻本　十
二冊

350000－2002－0000281　19/0028

**字典考證十二集**　(清)奕繪等輯　清光緒二
年(1876)崇文書局刻本　六冊

350000－2002－0000282　19/0222d

**彙集雅俗通十五音八卷**　(清)謝秀嵐編　清
同治八年(1869)顏錦華刻朱墨套印本　四冊

350000－2002－0000283　19/6430

**古今文字通釋十四卷**　(清)呂世宜撰　(清)
莊中正校　清光緒五年(1879)龍溪林維源刻
本　七冊

350000－2002－0000284　19/0028b

**字典考證十二集**　(清)奕繪等輯　清光緒二
年(1876)崇文書局刻本　六冊

350000－2002－0000285　27/7038

**日本維新政治彙篇十二卷**　(清)劉慶汾集譯
清光緒二十八年(1902)蓉城刻本　六冊

350000－2002－0000286　19/4927c

**臨文便覽不分卷**　(清)龍光甸　(清)龍啓瑞
輯　清同治十三年(1874)刻本　一冊

350000－2002－0000287　19/2210

**新鐫三千字歷代文輯一卷**　(清)徐崑玉撰
清咸豐六年(1856)刻本　一冊

350000－2002－0000288　19/1150b

**康熙字典十二集檢字一卷辨似一卷等韻一卷
總目一卷備考一卷補遺一卷**　(清)張玉書編

清刻本　十五冊　存十卷(丑上、寅、卯上
下、辰下、巳中下、午下、未下、申上下、亥中，
等韻一卷)

350000－2002－0000289　19/0891b

**說文解字十五卷**　(漢)許慎撰　(宋)徐鉉等
校　清乾隆三十八年(1773)朱筠椒華吟舫刻
本　八冊

350000－2002－0000290　19/7334

**操風瑣錄四卷**　(清)劉家謀纂　清同治、光
緒間抄本　一冊

350000－2002－0000291　19/0894

**說文解字句讀十五卷**　(清)王筠撰　(清)陳
山嵋等訂正　清道光稿本　十四冊　存十四
卷(一至十四)

350000－2002－0000292　19/2377

**洪武正韻十六卷**　(明)樂韶鳳　(明)宋濂等
撰　明萬曆十一年(1583)衡藩刻本　五冊

350000－2002－0000293　43/4467

**嘉禾名勝記二卷**　(清)黃日紀輯　(清)張廷
儀編校　清乾隆三十二年(1767)黃日紀刻本
二冊

350000－2002－0000294　21.1/4464

**後漢書一百二十卷**　(南朝宋)范曄撰　(唐)
李賢注　**續志**　(晉)司馬彪撰　(南朝梁)劉
昭注　清光緒十三年(1887)金陵書局刻本
十六冊

350000－2002－0000295　19/0831b

**新鐫千字文一卷**　(南朝梁)周興嗣撰　**百家
姓不分卷**　(宋)□□撰　清同治八年(1869)
漳州顏錦源刻本　一冊

350000－2002－0000296　19/4408d

**新鐫彙音妙悟全集一卷**　(清)黃謙纂　清末
石印本　一冊

350000－2002－0000297　25.2/4400

**[咸豐]臺灣府噶瑪蘭廳志八卷**　(清)薩廉修
(清)陳淑均纂　(清)董正官續修　(清)
李祺生續纂　清咸豐二年(1852)刻本　八冊

350000－2002－0000298　19/4428b

說文解字義證五十卷　（清）桂馥撰　清同治
九年(1870)湖北崇文書局刻本　三十二冊

350000－2002－0000299　19/2428

康熙甲子史館新刊古今通韻十二卷首一卷
（清）毛奇齡撰　清康熙二十四年(1685)刻本
四冊　存八卷(一至二、七至十二)

350000－2002－0000300　19/6094

字林七卷首一卷　（晉）呂忱撰　（清）任大椿
考逸　（清）任兆麟補正　（清）曾釗校增　清
嘉慶二十四年(1819)南海曾氏刻面城樓叢刊
本　二冊

350000－2002－0000301　19/7480

廣韻五卷　（宋）陳彭年修　玉篇校刊札記一
卷　（清）鄧顯鶴撰　清道光三十年(1850)邵
州新化鄧顯鶴東山精舍刻本　三冊

350000－2002－0000302　21.2/1208e

東華續錄(咸豐朝)六十九卷　（清）潘頤福編
（清）盧秉政校　清光緒十八年(1892)上海
圖書集成印書局鉛印本　十六冊

350000－2002－0000303　35.1/6430c

西漢古甎記　（清）呂世宜編撰　清光緒元年
至二年(1875－1876)刻清末至民國拓本　二
十張

350000－2002－0000304　21.5/0020b＝1

明季稗史彙編十六種　題（清）留雲居士輯
清光緒二十二年(1896)上海圖書集成印書局
鉛印本　六冊

350000－2002－0000305　25.2/4360

[康熙]山東通志六十四卷　（清）趙祥星修
（清）錢江等纂　清康熙十七年(1678)刻四十
一年(1702)增修本　八冊　存三十一卷(一
至四、三十八至六十四)

350000－2002－0000306　21.2/2391

歷代通鑑輯覽一百二十卷　（清）傅恆等撰
清上海錦章書局石印本　二十六冊　存一百
十二卷(一至九十四、一百三至一百二十)

350000－2002－0000307　21.5/0020b

明季稗史彙編十六種　題（清）留雲居士輯
清光緒二十二年(1896)上海圖書集成印書局
鉛印本　六冊

350000－2002－0000308　25.2/2631b

海國圖志一百卷首一卷　（清）魏源撰　海國
圖志續集二十五卷首一卷　（英國）麥高爾輯
撰　（英國）裴路撰　清光緒二十一年(1895)
上海書局石印本　十六冊

350000－2002－0000309　21.2/2822

小腆紀年坿攷二十卷　（清）徐鼒撰　清光緒
十二年(1886)扶桑使廨鉛印本　六冊

350000－2002－0000310　27/2277b

欽定大清會典一百卷首一卷　（清）崑岡等纂
修　清宣統三年(1911)上海商務印書館石印
本　十冊

350000－2002－0000311　21.3/1188

西夏紀事本末三十六卷首二卷　（清）張鑑撰
清光緒十一年(1885)金陵刻半厂叢書初編
本　三冊

350000－2002－0000312　23/4100

國朝先正事略六十卷　（清）李元度纂　清同
治五年(1866)循陔草堂刻本　二十四冊

350000－2002－0000313　29/1133

歷代史論十二卷宋史論三卷元史論一卷明史
論四卷　（明）張溥論正　左傳史論二卷
（清）高士奇論正　清光緒二十四年(1898)滬
江寄廬草堂石印本　五冊

350000－2002－0000314　25.2/0038

[正德]武功縣志三卷首一卷　（明）康海撰
（清）孫景烈評注　清同治十二年(1873)湖北
崇文書局刻本　一冊

350000－2002－0000315　23/4030

左忠毅公[光斗]年譜二卷　（清）左宰輯　清
道光二十九年(1849)左輝春刻本　一冊

350000－2002－0000316　21.2/1790

資治通鑑二百九十四卷　（宋）司馬光撰

（元）胡三省音註　**通鑑釋文辯誤十二卷**
（元）胡三省撰　清嘉慶二十一年（1816）鄱陽胡克家刻本　六十冊　存一百八十六卷（六十一至一百八十、二百四十一至二百九十四，通鑑釋文辯誤十二卷）

350000－2002－0000317　21.1/7180

**南唐書三十卷**　（宋）馬令編　清同治十三年（1874）盱南三餘書屋刻南唐書合刻本　五冊

350000－2002－0000318　28/7512

**直齋書錄解題二十二卷**　（宋）陳振孫撰　清江蘇刻武英殿聚珍版書本　八冊

350000－2002－0000319　27/1010b

**熙朝紀政八卷**　（清）王慶雲述　清光緒二十八年（1902）石印本　二冊

350000－2002－0000320　21.1/4877b

**遼金元三史語解三種**　（清）高宗弘曆撰　清光緒四年（1878）江蘇書局刻本　十冊

350000－2002－0000321　24.1/8100

**廿一史約編八卷首一卷**　（清）鄭元慶述　清康熙三十五年（1696）刻本　八冊

350000－2002－0000322　21.5/2527

**戰國策選四卷**　（清）儲欣評　清嘉慶十年（1805）同文堂刻本　二冊

350000－2002－0000323　25.2/1834＝1

**小方壺齋輿地叢鈔十二帙補編十二帙再補編十二帙**　（清）王錫祺輯　清光緒十七年至二十三年（1891－1897）上海著易堂鉛印本　二冊　存十帙五十四種五十四卷（黑龍江述略一卷、新疆疆域總敘一卷、後出塞錄一卷、庫爾卡啦烏蘇沿革攷一卷、塔爾巴哈臺沿革攷一卷、巴馬紀略一卷、帕米爾分界私議一卷、漁通問俗一卷、俄羅斯國志略一卷、中俄交界續記一卷、中俄交界線簡明說一卷、遊中岳記一卷、遊北岳記一卷、西山遊記一卷、翠微山說一卷、穿山小識一卷、穿山記一卷、天柱刊崖記一卷、遊林慮記一卷、遊勞山記一卷、崑崙說一卷、三省黃河圖說一卷、浙遊日記一卷、百色志略一卷、雲南勘界籌邊記一卷、閩

遊偶記一卷、臺灣地輿圖說一卷、奉使朝鮮日記一卷、暹羅政要一卷、亞剌伯沿革考一卷、俾路芝沿革考一卷、天外歸槎錄一卷、泰西各國采風記一卷、海防餘論一卷、天下大勢通論一卷、塞爾維羅馬尼蒲加利三國合考一卷、過波蘭記一卷、革雷德志略一卷、歐洲各國開闢非洲考一卷、庚哥國略說一卷、美理哥國志略一卷、古巴述略一卷、出使美日祕國日記一卷、每月統紀傳一卷、貿易通志一卷、萬國地理全圖集一卷、四洲志一卷、外國史畧一卷、地球說略一卷、地理志略一卷、地理全志一卷、三十一國志要一卷、萬國風俗考略一卷、瀛環志略訂誤一卷）

350000－2002－0000324　21.2/0413

**支那史要六卷**　（日本）市村瓚次郎著　陳毅譯　清光緒二十八年（1902）上海廣益書局鉛印本　四冊

350000－2002－0000325　22/3165

**經略洪承疇奏對筆記二卷**　（清）洪承疇撰　清光緒石印本　一冊

350000－2002－0000326　42.6/3231

**歸愚詩鈔二十卷**　（清）沈德潛撰　清乾隆十六年（1751）刻沈歸愚詩文全集本　四冊

350000－2002－0000327　37/2224c

**新增繪圖幼學故事瓊林四卷首一卷**　（清）程登吉撰　（清）鄒聖脈增補　（清）謝梅林（清）鄒可庭參訂　（清）石韞秉校印　清末上海章福記石印本　一冊　存一卷（三）

350000－2002－0000328　21.1/1160c

**前漢書一百卷**　（漢）班固撰　（唐）顏師古注　清韓江書局刻本　十二冊　存七十六卷（八至二十、二十六至八十二、九十二至九十七）

350000－2002－0000329　25.2/1133

**[道光]重纂福建通志二百七十八卷首六卷**（清）孫爾準等修　（清）陳壽祺纂　（清）程祖洛等續修　（清）魏敬中續纂　清同治七年至十年（1868－1871）正誼書院刻本（卷一百三十五至一百三十七抄補）　一百八十冊

350000－2002－0000330　42.6/3113b

**堯峰文鈔五十卷**　(清)汪琬撰　(清)林佶編
　清康熙三十二年(1693)林佶刻本　三冊
存三十四卷(一至二、九至四十)

350000－2002－0000331　23/1200

**國朝畫徵錄三卷續錄二卷**　(清)張庚撰　清
宣統二年(1910)上海中國書畫會石印本　二
冊

350000－2002－0000332　21.2/2391g

**御批歷代通鑑輯覽一百二十卷**　(清)傅恆等
撰　清光緒三十年(1904)上海錦章書局石印
本　二十八冊

350000－2002－0000333　27/5791

**比較國法學四編**　(日本)末岡精一撰　(清)
商務印書館編譯所譯述　清光緒三十二年
(1906)上海商務印書館鉛印本　一冊

350000－2002－0000334　25.1/5404

**月令粹編二十一卷圖說一卷**　(清)秦嘉謨編
　清嘉慶十七年(1812)江都秦嘉謨琳琅仙館
刻本　四冊

350000－2002－0000335　29/3126

**史學叢書四十三種**　(清)□□輯　清光緒二
十八年(1902)上海煥文書局點石齋石印本
三十一冊　存四十一種三百十一卷(史記志
疑三十六卷、史表功比說一卷、史記天官書補
目一卷、楚漢諸侯疆域志三卷、史漢駢枝一
卷、人表考九卷、漢書辨疑二十二卷、漢書注
校補五十六卷、後漢書補表八卷、補續漢書藝
文志一卷、後漢書辨疑十一卷、後漢郡國令長
考一卷、續漢書辨疑九卷、後漢書注補正八
卷、後漢書注又補一卷、後漢書補注續一卷、
三史拾遺五卷、補三國疆域志二卷、補三史藝
文志一卷、三國志辨疑三卷、三國志攷證八
卷、三國志旁證三十卷、三國志補注續一卷、
補三國藝文志四卷、宋遼金元四史朔閏考二
卷、晉書校勘記一至三、東晉疆域志四卷、補
晉兵志一卷、晉宋書故一卷、補梁疆域志四
卷、魏書校勘記一卷、新舊唐書互證二十卷、
宋州郡志校勘記一卷、宋史藝文志補一卷、補

宋書刑法志一卷、補宋書食貨志一卷、補遼金
元藝文志一卷、十六國疆域志十六卷、讀史舉
正八卷、諸史拾遺五卷、諸史考異十八卷)

350000－2002－0000336　22/4360

**通商各國條約不分卷**　(清)總理各國事務衙
門編　清光緒鉛印本　十一冊

350000－2002－0000337　23/4140b

**孔孟編年三種**　(清)狄子奇輯　清道光安雅
齋刻本　四冊　存二種八卷(孔子編年四卷、
孟子編年四卷)

350000－2002－0000338　22/7512

**同治中興京外奏議約編八卷**　(清)陳弢纂
清光緒元年(1875)篋劍囊琴之室刻本　三冊
　存六卷(一至六)

350000－2002－0000339　21.2/7244

**增兩朝御批正續通鑑類纂□□卷**　(清)馬佳
松椿纂　清和記書莊石印本　四冊　存六卷
(五、八至九、十三至十五)

350000－2002－0000340　21.1/1160e

**前漢書一百卷**　(漢)班固撰　(唐)顏師古注
　清光緒三十一年(1905)久敬齋石印本　十
二冊

350000－2002－0000341　21.5/3248

**榕城紀聞一卷**　題(清)海外散人撰　清抄本
　一冊

350000－2002－0000342　27/4091b

**廣治平略三十六卷**　(清)蔡方炳編　清刻本
　六冊

350000－2002－0000343　29/1011b

**古今史論大觀前編十五卷後編十七卷**　(清)
雷瑨編輯　清光緒二十七年(1901)硯耕山莊
石印本　六冊

350000－2002－0000344　25.2/5050

**[嘉慶]安陽縣志二十八卷首一卷金石錄十二
卷**　(清)貴泰修　(清)武穆淳纂　清嘉慶二
十四年(1819)刻本　十冊　存二十九卷(安
陽縣志二十八卷、首一卷)

350000－2002－0000345　21.4/4100

泰西新史攬要二十四卷附人地諸名表　（英國）馬懇西撰　（英國）李提摩太譯　蔡爾康述稿　清光緒二十八年（1902）美華書館鉛印本　八冊

350000－2002－0000346　21.2/1521

袁王綱鑑合編三十九卷首一卷　（明）袁黃輯　（明）王世貞編　御撰明紀綱目二十卷（清）張廷玉等編　清光緒三十年（1904）上海商務印書館鉛印本　十六冊

350000－2002－0000347　21.5/4450

去毒社第一週年紀述撮要一卷　（清）去毒社編　清光緒鉛印本　一冊

350000－2002－0000348　23/7110

疇人傳四十六卷　（清）阮元撰　續六卷（清）羅士琳續補　三編七卷附近代疇人著述記一卷　（清）諸可寶纂錄　清光緒二十二年（1896）上海璣衡堂石印本　一冊

350000－2002－0000349　27/4110

從政雜錄一卷　（清）蘇廷玉撰　清咸豐三年（1853）刻本　一冊

350000－2002－0000350　25.2/6080

［乾隆］同安縣志三十卷首一卷　（清）吳鏞修　（清）陶元藻總纂　清乾隆三十三年（1768）刻本　十四冊　存二十九卷（一至二十三、二十六至三十,首一卷）

350000－2002－0000351　28/2767

欽定四庫全書簡明目錄二十卷　（清）紀昀等撰　清同治七年（1868）廣東書局刻本　十六冊

350000－2002－0000352　21.5/3928

明季續聞一卷　（明）汪光復撰　清宣統三年（1911）上海商務印書館鉛印本　一冊

350000－2002－0000353　25.2/2117

環瀛誌險一卷　（奧地利）愛孫孟撰　清光緒三十二年（1906）上海商務印書館鉛印本　一冊

350000－2002－0000354　25.1/3210

皇朝輿地沿革攷一卷　（清）遁天撰　清光緒二十八年（1902）上海廣智書局鉛印本　一冊

350000－2002－0000355　21.5/8483

洗海近事二卷　（明）俞大猷撰　（清）李杜編　清道光二十三年（1843）味古書室刻本　二冊

350000－2002－0000356　22/7444c

唐陸宣公奏議讀本四卷首一卷　（唐）陸贄撰　（清）汪銘謙編　（清）馬傳庚評點　清光緒二十六年（1900）會稽馬氏石印本　二冊

350000－2002－0000357　28/3937

史姓韻編二十四卷　（清）汪輝祖輯　清光緒二十九年（1903）上海文瀾書局石印本　八冊

350000－2002－0000358　23/2541

歷代名臣言行錄二十四卷　（清）朱桓輯　清刻本　十一冊　存二十二卷（一至十二、十五至二十四）

350000－2002－0000359　21.3/1244

日俄戰史四卷　（日本）邴仲共譚　（清）應雄圖編　（清）雷啓中修　（清）任衣洲譯　日俄戰紀二卷　（清）任衣洲譯　（清）壽永康編（清）雷啓元修　清宣統二年（1910）石印本七冊

350000－2002－0000360　25.2/7288

埃及近事考一卷　（清）劉鑑譯　清光緒三十三年（1907）金陵江楚編譯官書局石印本　一冊

350000－2002－0000361　21.5/7542

萬國史略六卷　（清）陳壽彭譯　清光緒三十二年（1906）江楚編譯官書局石印本　四冊

350000－2002－0000362　21.5/4622c

萬國通史三編十卷附人地諸名表一卷校勘記一卷續編校勘記補遺一卷　（英國）李思倫白約翰輯譯　（清）曹曾涵纂述　清光緒三十一年（1905）上海廣學會鉛印本　十冊

350000－2002－0000363　25.2/3140

[康熙]湖廣通志八十卷圖考一卷 （清）徐國相 （清）丁思孔修 （清）宮夢仁 （清）姚淳燾纂 清康熙二十三年（1684）刻本 十五冊 存五十六卷（二至二十、二十四至三十、三十七至三十八、五十二至七十九）

350000－2002－0000364 21.5/3234

西行日記二卷 （清）池仲祐撰 清光緒三十四年（1908）商務印書館鉛印本 一冊

350000－2002－0000365 29/1530

宋論十五卷 （清）王夫之撰 清光緒二十四年（1898）申昌書莊石印本 一冊

350000－2002－0000366 23/2627b

昭代名人尺牘小傳二十四卷 （清）吳修采輯 清光緒十六年（1890）新會藏修書屋刻藏修堂叢書本 二冊

350000－2002－0000367 29/1133＝1

歷代史論十二卷宋史論三卷元史論一卷明史論四卷 （明）張溥論正 左傳史論二卷 （清）高士奇論正 清光緒二十四年（1898）滬江寄廬草堂石印本 一冊 存五卷（歷代史論一至五）

350000－2002－0000368 21.1/1772

後漢書九十卷 （南朝宋）范曄撰 （唐）李賢注 續漢書八志三十卷 （晉）司馬彪撰 （南朝梁）劉昭注 清光緒十三年（1887）金陵書局刻本 二冊 存三十卷（續漢書八志三十卷）

350000－2002－0000369 45/4444

詞律二十卷 （清）萬樹論次 清康熙二十六年（1687）堆絮園刻本 四冊 存八卷（七至八、十一至十二、十五至十八）

350000－2002－0000370 25.2/6041

宸垣識略十六卷 （清）吳長元輯 清光緒二年（1876）刻本 八冊

350000－2002－0000371 25.2/2700

[康熙]貴州通志三十六卷 （清）衛既齊修 （清）薛載德纂 清康熙三十一年（1692）刻本 十六冊 存三十四卷（一至十五、十七至二

十九、三十一至三十六）

350000－2002－0000372 21.4/2234

名山藏一百九卷 （明）何喬遠輯 （明）沈猶龍校刻 明崇禎刻本 二十一冊 存六十二卷（一至二十三、三十三至三十六、三十九至四十二、五十至五十五、五十八至六十一、六十四至六十五、七十至七十三、七十八至七十九、八十二至八十四、八十七至九十二、九十六至九十九）

350000－2002－0000373 21.5/0000

南爐紀聞不分卷 （宋）□□撰 清抄本 四冊

350000－2002－0000374 29/8050

歷代史論十二卷宋史論三卷元史論一卷 （明）張溥論正 明史論四卷 （清）谷應泰論正 左傳史論二卷 （清）高士奇撰 清光緒五年（1879）西江裴氏刻本 四冊 存十卷（宋史論三卷、元史論一卷、明史論四卷、左傳史論二卷）

350000－2002－0000375 25.2/2280

瀛環志略四卷 （清）徐繼畬輯 清光緒二十三年（1897）上海書局石印本 四冊

350000－2002－0000376 23/2541c

歷代名臣言行錄二十四卷 （清）朱桓編輯 清石印本 三冊 存九卷（八至十一、十七至二十一）

350000－2002－0000377 21.5/2637b

埃及近世史二十六章 （日本）柴四郎著 （清）麥鼎華譯 清光緒二十八年（1902）廣智書局鉛印本 一冊

350000－2002－0000378 27/7521

三通考詳節三種 （清）□□輯 清光緒二十七年（1901）鴻寶齋書局石印本 十二冊 存三種五十一卷（文獻通考詳節一至十一、十四至十六、二十至二十四，欽定續文獻通考詳節四至十七，皇朝文獻通考詳節一至三、十二至二十六）

350000－2002－0000379 21.1/3277

漢書評林一百卷　（明）凌稚隆輯校　明刻本
一冊　存六卷（四十至四十五）

350000－2002－0000380　21.4/1021

東都事略一百三十卷　（宋）王稱撰　清光緒
九年（1883）淮南書局刻本　八冊

350000－2002－0000381　29/7477

二十四史論贊七十八卷　（清）陳闓編輯　清
光緒二十八年（1902）文淵山房石印本　八冊

350000－2002－0000382　52/1060

頤志齋叢書二十一種　（清）丁晏撰　清咸豐
至同治間山陽丁氏六藝堂刻同治元年（1862）
彙印本　一冊　存二種四卷（淮安北門城樓
金天德年大鍾款識一卷、附一卷，子史粹言二
卷）

350000－2002－0000383　21.3/2631b

聖武記十四卷　（清）魏源撰　清道光刻本
十冊

350000－2002－0000384　23/1028

先聖生卒年月日考二卷　（清）孔廣牧述　清
光緒十九年（1893）浙江書局刻本　一冊

350000－2002－0000385　25.2/4282

石鍾山志十六卷首一卷　（清）李成謀　（清）
丁義方輯　（清）方宗誠　（清）胡傳釗校訂
清光緒九年（1883）聽濤眺雨軒刻本　八冊

350000－2002－0000386　25.2/4637

臨汀匯考四卷　（清）楊瀾編　清光緒四年
（1878）刻本　四冊

350000－2002－0000387　25.2/8560

[乾隆]福清縣志二十卷圖一卷　（清）饒安鼎
（清）邵應龍修　（清）林昂　（清）李修卿
纂　清光緒二十四年（1898）劉玉璋刻本　十
二冊

350000－2002－0000388　39.3/3248

新約全書不分卷　（英國）湛約翰　（瑞士）韶
瑪亭譯　清光緒二十三年（1897）香港文裕堂
鉛印本　一冊

350000－2002－0000389　32.4/4453b

蘇沈良方八卷　（宋）蘇軾　（宋）沈括撰　清
乾隆四十二年（1777）福建刻道光增修武英殿
聚珍版書本　一冊

350000－2002－0000390　22/4353

庸盦尚書奏議十六卷　（清）陳夔龍撰　（清）
俞陛雲等編　清宣統三年（1911）鉛印本　八
冊

350000－2002－0000391　33/1009

玉海二百卷附辭學指南四卷詩攷一卷詩地理
攷六卷漢藝文志攷證十卷通鑑地理通釋十四
卷漢制攷四卷踐阼篇集解一卷急就篇補注四
卷姓氏急就篇二卷小學紺珠十卷六經天文編
二卷周易鄭康成注一卷周書王會補注一卷通
鑑答問五卷　（宋）王應麟撰　王深寧先生
[應麟]年譜一卷　（清）張大昌撰　清光緒九
年（1883）浙江書局刻本　二冊　存二卷（六
經天文編二卷）

350000－2002－0000392　21.2/2391f

御批歷代通鑑輯覽一百二十卷　（清）傅恆等
撰　（清）周子璋　（清）程則莊校字　清光緒
二十七年（1901）上海經香閣石印本　十六冊

350000－2002－0000393　25.2/4034

揚州畫舫錄十八卷　（清）李斗撰　清宣統古
今書室石印本　七冊　存十六卷（一至二、五
至十八）

350000－2002－0000394　29/1530b

讀通鑑論三十卷末一卷　（清）王夫之撰　清
光緒二十四年（1898）申昌書莊石印本　五冊
存二十五卷（六至三十）

350000－2002－0000395　21.2/1208g

十朝東華錄五百二十五卷　王先謙編　清光
緒二十年（1894）上海積山書局石印本　六十
四冊

350000－2002－0000396　22/3444

校邠廬抗議二卷　（清）馮桂芬撰　清光緒二
十三年（1897）鉛印本　二冊

350000－2002－0000397　25.2/7584

[乾隆]海澄縣志二十四卷首一卷　（清）陳鍈

等修 （清）葉廷推等纂 清乾隆二十七年（1762）刻本 八冊

350000－2002－0000398 25.2/7746＝3
莫愁湖志六卷首一卷 （清）馬士圖輯 清光緒八年至十七年（1882－1891）刻本 一冊 存二卷（五至六）

350000－2002－0000399 28/3357
彙刻書目不分卷 （清）顧修輯 清光緒十二年至十五年（1886－1889）上海福瀛書局刻本 二十冊

350000－2002－0000400 26/7724
共城從政錄一卷海陵從政錄一卷廣陵從政錄一卷 （清）周際華撰 清道光十九年（1839）貴筑周氏刻家蔭堂彙刻本 一冊 存一卷（共城從政錄一卷）

350000－2002－0000401 29/7282
史通削繁四卷 （清）紀昀編 清道光十三年（1833）兩廣節署刻朱墨套印本 四冊

350000－2002－0000402 25.2/6321
[嘉慶]惠安縣志三十六卷首一卷 （清）吳裕仁纂修 清嘉慶八年（1803）刻本 五冊

350000－2002－0000403 23/1437
理學宗傳二十六卷 （清）孫奇逢輯 （清）魏一鰲 （清）孫立雅編 清光緒六年（1880）浙江書局刻本 十二冊

350000－2002－0000404 21.1/1324
明史稿三百十卷目錄三卷 （清）王鴻緒纂 清敬慎堂刻本 八十冊

350000－2002－0000405 27/4091
廣治平略三十六卷續廣治平略八卷 （清）蔡方炳編 清榮晉齋刻本 八冊 存三十四卷（廣治平略一至十七、二十三至三十一,續廣治平略八卷）

350000－2002－0000406 21.5/5240
五洲史略四十六章 （英國）賴白奇著 （清）丁雄口譯 （英國）李提摩太修輯 （清）裴熙琳筆述 清光緒三十年（1904）上海廣學會鉛印本 一冊

350000－2002－0000407 27/1790
通鑑論三卷稽古錄論一卷 （宋）司馬光撰 （清）伍耀光輯錄 清光緒二十七年（1901）上海文淵山房石印本 一冊

350000－2002－0000408 33/0076
秋水堂算法□□卷 （清）莊亨陽撰 清光緒十五年（1889）刻本 二冊 存二卷（上、中）

350000－2002－0000409 25.2/4560b
啟東錄六卷 （清）林壽圖撰 清光緒五年（1879）林壽圖歐齋刻本 二冊

350000－2002－0000410 21.1/1160b
前漢書一百卷 （漢）班固撰 （唐）顏師古注 清刻本 十九冊 存九十六卷（一至九十四、九十九至一百）

350000－2002－0000411 23/2527e
[福建泉州]延陵錦霞吳氏族譜一卷 □□纂 清末刻本 一冊

350000－2002－0000412 25.2/7680
清波小志補一卷 （清）陳景鐘輯 清嘉慶四年（1799）桐川顧氏刻讀書齋叢書本 一冊

350000－2002－0000413 25.2/2337
遊記十卷外編一卷補編一卷 （明）徐弘祖撰 （清）葉廷甲補編 清嘉慶十三年（1808）江陰葉氏水心齋刻本 十冊

350000－2002－0000414 27/0200b
列國政要一百三十二卷首一卷 （清）戴鴻慈 （清）端方輯 清光緒三十三年（1907）上海商務印書館石印本 三十二冊

350000－2002－0000415 27/0200c
列國政要續編九十四卷首一卷 （清）戴鴻慈 （清）端方輯 清宣統三年（1911）上海商務印書館石印本 三十二冊

350000－2002－0000416 33/0717
化學源流論四卷 （英國）方尼司輯 （清）王汝騑譯 清光緒二十六年（1900）江南製造總局鉛印江南製造局叢書本 二冊

350000－2002－0000417　43/1477c

**四六法海十二卷**　（明）王志堅論次　（明）王
偲等編校　明天啓七年（1627）刻清乾隆二十
三年（1758）王鶚補修本　十二冊

350000－2002－0000418　23/1028b＝1

**於越先賢傳一卷**　（清）王齡撰　（清）任熊繪
清光緒十二年（1886）上海同文書局石印任
渭長先生畫傳四種本　一冊

350000－2002－0000419　51/0757

**廣雅書局叢書一百六十一種**　（清）廣雅書局
輯　清光緒廣雅書局刻民國九年（1920）番禺
徐紹棨彙編重印本　十三冊　存十六種二十
五卷（易林釋文二卷、毛詩天文考一卷、爾雅
補注殘本一卷、急就章攷異一卷、史表功比說
一卷、史記毛本正誤一卷、後漢郡國令長攷一
卷、晉書校勘記五卷、晉書校勘記三卷、晉宋
書故一卷、後漢三公年表一卷、五代紀年表一
卷、補五代史藝文志一卷、宋史藝文志補一
卷、補遼金元史藝文志一卷、范石湖詩集注三
卷）

350000－2002－0000420　21.5/4380

**行朝錄六卷**　（清）黃宗羲撰　鄧實校錄　清
光緒三十四年（1908）國學保存會鉛印國粹叢
書本　一冊

350000－2002－0000421　21.5/4638

**書記洞詮一百十六卷目錄十卷**　（明）梅鼎祚
纂輯　明萬曆二十五年至二十七年（1597－
1599）汝南郡刻本　三十一冊　存一百二十
三卷（一至四十六、五十至一百十六，目錄十
卷）

350000－2002－0000422　24.2/4332

**諸番志二卷**　（宋）趙汝適撰　（清）李調元校
清刻本　一冊

350000－2002－0000423　21.5/4286

**全地五大洲女俗通考二十一卷首一卷**　（美
國）林樂知輯譯　（清）任保羅譯述　清光緒
二十九年至三十年（1903－1904）上海廣學會
鉛印本　二十冊　存二十一卷（一至二十、首
一卷）

350000－2002－0000424　21.5/4077b

**古世文明二卷**　（英國）華立熙撰并譯　張翰
述　清光緒二十九年至三十年（1903－1904）
上海廣學會鉛印本　二冊

350000－2002－0000425　21.2/1208c

**東華錄一百九十四卷（天命朝至雍正朝）**　王
先謙編　清光緒十三年（1887）廣百宋齋鉛印
本　三十二冊

350000－2002－0000426　25.1/3081

**農候雜占四卷**　（清）梁章鉅撰　清同治十二
年（1873）浙江書局刻本　二冊

350000－2002－0000427　21.1/4150

**南史八十卷**　（唐）李延壽撰　清光緒十四年
（1888）上海圖書集成印書局鉛印欽定二十四
史本　十二冊

350000－2002－0000428　27/3531

**三通考輯要三種**　（清）湯壽潛輯　清光緒二
十五年（1899）上海圖書集成局鉛印本　三十
冊

350000－2002－0000429　24.2/7460

**酌中志餘二卷**　（明）劉若愚撰　清光緒七年
（1881）崇文書局刻正覺樓叢刻本　二冊

350000－2002－0000430　25.2/4844

**[康熙]四川總志三十六卷**　（清）蔡毓榮等修
（清）龔懋熙等纂　清康熙刻本　二十六冊

350000－2002－0000431　21.1/7730

**晉畧六十五卷序目一卷**　（清）周濟撰　（清）
周重庚校勘　清光緒二年（1876）味雋齋刻本
十冊

350000－2002－0000432　22/1225

**撫吳公牘五十卷**　（清）丁日昌撰　（清）沈葆
楨評選　清光緒三年（1877）林達泉刻本　十
冊

350000－2002－0000433　43/4327

**小影圖贊一卷**　（清）尤侗輯　清康熙刻西堂
全集本　一冊

350000－2002－0000434　25.2/1045

[乾隆]僊遊縣志五十三卷首一卷 （清）胡啓植 （清）王椿修 （清）葉和侃等纂 清同治十二年(1873)吳森刻本 十四冊

350000－2002－0000435 23/2553

歷代名臣傳三十五卷首一卷續編五卷 （清）朱軾 （清）蔡世遠訂 清雍正七年(1729)刻本 六冊 存三十六卷(歷代名臣傳三十五卷、首一卷)

350000－2002－0000436 21.3/4286

中東戰紀本末八卷首一卷末一卷續編四卷首一卷末一卷三編四卷 （美國）林樂知著譯 蔡爾康纂輯 清光緒二十二年至二十三年(1896－1897)上海圖書集成局鉛印本 八冊 存十卷(中東戰紀本末八卷、首一卷、末一卷)

350000－2002－0000437 42.6/4402＝1

緝齋文集八卷首一卷附錄二卷詩稿八卷首一卷 （清）蔡新撰 清乾隆刻本 二冊 存九卷(詩稿八卷、首一卷)

350000－2002－0000438 25.2/6427c

端溪硯史三卷 （清）吳蘭修編 （清）周以焯校 清道光二十八年(1848)懷米山房刻本 一冊

350000－2002－0000439 25.2/3301

西湖志纂十五卷首一卷 （清）沈德潛 （清）傅王露輯 （清）梁詩正纂 清乾隆二十年(1755)刻本 六冊

350000－2002－0000440 27/4424＝1

文獻通考三百四十八卷 （元）馬端臨撰 明正德十一年至十四年(1516－1519)刻十六年(1521)劉洪慎獨齋重修本 九冊 存三十六卷(三至七、十二至二十一、五十六至六十四、七十二至八十、九十三至九十五)

350000－2002－0000441 21.5/4920

平定粵匪紀略十八卷附記四卷 （清）杜文瀾纂 清同治九年(1870)刻本 十冊

350000－2002－0000442 25.2/5040

中國江海險要圖誌二十二卷首一卷補編五卷圖五卷 （英國）海軍海圖官局編 （清）陳壽彭譯 清光緒二十七年(1901)上海經世文社石印本 五冊 存五卷(圖五卷)

350000－2002－0000443 29/1488b

史論正鵠初集四卷二集四卷三集八卷四集八卷 張謇重校 清石印本 二冊 存三卷(初集一至三)

350000－2002－0000444 21.3/8050b

明史紀事本末八十卷 （清）谷應泰編輯 清光緒二十八年(1902)上海書局石印本 七冊 存七十二卷(一至七十二)

350000－2002－0000445 24.1/1731

史記菁華錄六卷 （漢）司馬遷撰 （清）苧田氏摘 清末上海錦章圖書局石印本 二冊 存二卷(一、六)

350000－2002－0000446 25.2/4337

歷代地理志韻編今釋二十卷 （清）李兆洛輯 清咸豐十一年(1861)上海鄧傳密憶蒼山館刻本 二冊 存六卷(三至八)

350000－2002－0000447 51/4533

竹柏山房叢書十五種附刻四種 （清）林春溥撰 清嘉慶、咸豐間刻本 五冊 存二種十一卷(竹書紀年補正四卷、本末一卷、後案一卷,四書拾遺一至五)

350000－2002－0000448 32.2/4511

韓非子集解二十卷首一卷 （清）王先慎撰 清光緒二十二年(1896)刻本 三冊

350000－2002－0000449 35.2/6430c

西邨先生法書真蹟一卷 （清）呂世宜書 清道光、咸豐間抄本 一冊

350000－2002－0000450 35.1/6091

自遠堂琴譜十二卷 （清）吳虹彙輯 清嘉慶七年(1802)廣陵吳虹自遠堂刻本 十三冊

350000－2002－0000451 26/4424

翰林記二十卷 （明）黃佐撰 清道光十一年(1831)南海伍氏粵雅堂文字歡娛室刻嶺南遺書本 四冊

350000－2002－0000452　28/2086

鑑史提綱四卷　（清）潘榮撰　（清）盧文錦註識　清同治四年(1865)刻本　二冊

350000－2002－0000453　27/1863

聖門禮誌一卷樂誌一卷　（清）孔令貽輯　清光緒十三年(1887)刻本　二冊

350000－2002－0000454　21.4/3040

皇朝藩部要略十八卷世系表四卷　（清）祁韻士纂　（清）毛嶽生編　清光緒十年(1884)浙江書局刻本　八冊

350000－2002－0000455　51/2010b

津逮秘書十五集一百四十四種　（明）毛晉輯　明崇禎虞山毛氏汲古閣刻本　一冊　存二種四卷(洛陽名園記一卷、大唐創業起居注三卷)

350000－2002－0000456　27/3531＝1

三通考輯要三種　（清）湯壽潛輯　清光緒二十五年(1899)上海圖書集成局鉛印本　二十冊　存三種六十八卷(文獻通考輯要二十四卷,欽定續文獻通考輯要一至五、九至十一、十七至二十六,皇朝文獻通考輯要二十六卷)

350000－2002－0000457　21.3/3144

國朝事略八卷　（清）江楚編譯官書局編　清光緒三十二年(1906)金陵江楚編譯官書局石印本　四冊

350000－2002－0000458　21.2/2038

皇朝政典挈要八卷　（日本）增田貢著　（清）毛淦補編　清光緒二十八年(1902)鉛印本　一冊

350000－2002－0000459　23/7227

列女傳七卷續一卷　（漢）劉向撰　（清）梁端校注　清宣統二年(1910)上海會文堂書局石印本　一冊

350000－2002－0000460　21.2/1421

袁王綱鑑合編三十九卷首一卷　（明）袁黃（明）王世貞輯　清宣統三年(1911)育文書局石印本　十一冊　存三十二卷(一至二十四、三十三至三十九,首一卷)

350000－2002－0000461　28/3240

學古堂藏書目六卷　（清）□□撰　清光緒刻本　一冊

350000－2002－0000462　25.2/1540

閩中沿革表五卷　（清）王捷南撰　清道光十九年(1839)刻本　四冊

350000－2002－0000463　25.2/7110b

[道光]廣東通志三百三十四卷首一卷　（清）阮元等修　（清）陳昌齊等纂　清同治三年(1864)刻本　八十九冊　存二百四十九卷(一至二十一、二十四至二十九、四十六至六十五、八十二至一百五、一百二十五至一百三十一、一百三十六至一百五十八、一百六十六至一百七十五、一百八十一至一百九十八、二百十六至三百三十四,首一卷)

350000－2002－0000464　25.2/3040

咸淳臨安志一百卷　（宋）潛說友纂修　札記三卷　（清）黃士珣撰　清道光十年(1830)汪氏振綺堂刻本　二十六冊　存九十九卷(一至八十九、九十一至九十七,札記三卷)

350000－2002－0000465　26/1170

入幕須知五種附一種　（清）張廷驤撰　清光緒十八年(1892)浙江書局刻本　六冊

350000－2002－0000466　27/2648

明刑管見錄一卷　（清）穆翰撰　清光緒三十年(1904)浙江官書局刻本　一冊

350000－2002－0000467　23/8041

金正希先生[聲]年譜一卷　（清）程錫類編（清）劉洪烈注　清光緒二十三年(1897)兩湖書院木活字印本　一冊

350000－2002－0000468　23/4244

明貢舉考略二卷　（清）黃崇蘭輯　國朝貢舉考略三卷　（清）黃崇蘭輯　（清）趙學曾續編　清道光二十四年(1844)刻本　四冊

350000－2002－0000469　23/4587

日本維新名人言行錄四卷　（清）李盛鐸編輯　清光緒三十年(1904)三樂書屋石印本　二冊

350000－2002－0000470　21.3/2631

聖武記十四卷　（清）魏源撰　清道光二十六年(1846)古微堂刻本　十二冊

350000－2002－0000471　21.4/3611

蒙古史二卷　（日本）河野元三述　歐陽瑞驊譯　清宣統三年(1911)江南圖書館鉛印本二冊

350000－2002－0000472　21.1/1731

史記一百三十卷附史記補一卷　（漢）司馬遷撰　（明）陳子龍　（明）徐孚遠測議　（南朝宋）裴駰集解　（唐）司馬貞索隱　（唐）張守節正義　明刻本　十七冊　存一百六卷（一至六、十三至九十六、一百七至一百二十二）

350000－2002－0000473　22/4098

福建學務處章程一卷　（清）李興銳撰　清光緒刻本　一冊

350000－2002－0000474　21.3/2099

歷朝紀事本末九種　（清）陳如升　（清）朱記榮輯　清光緒十四年(1888)上海書業公所鉛印本　五十六冊

350000－2002－0000475　21.5/9283

東洋史要四卷年表一卷　（日本）小川銀次郎撰　（清）屠長春譯　清光緒二十八年(1902)南潯潯溪公學附屬印書所鉛印本　一冊

350000－2002－0000476　21.2/2540c

通鑑綱目三種　（明）陳仁錫評閱　清同治十二年(1873)大文堂刻本　九十三冊　存二種八十三卷（資治通鑑綱目前編二十五卷,資治通鑑綱目一至三十四、三十六至五十九）

350000－2002－0000477　21.2/0047

續資治通鑑綱目二十七卷末一卷　（明）商輅等纂修　（明）陳仁錫評閱　清同治十二年(1873)大文堂刻本　三十三冊

350000－2002－0000478　21.5/9283＝1

東洋史要四卷年表一卷　（日本）小川銀次郎撰　（清）屠長春譯　清光緒二十八年(1902)南潯潯溪公學附屬印書所鉛印本　一冊

350000－2002－0000479　23/2894＝1

合刻延平四先生年譜四卷　（清）毛念恃輯清乾隆十年(1745)刻本　二冊

350000－2002－0000480　25.2/8934

古田縣鄉土志略一卷　（清）曾光禧纂　清光緒三十二年(1906)鉛印本　一冊

350000－2002－0000481　25.2/3344

山東州縣歌畧并圖一卷　（清）潘清蔭撰并繪清光緒二十八年(1902)石印本　一冊

350000－2002－0000482　24.2/7460＝1

酌中志餘二卷　（明）劉若愚撰　清光緒七年(1881)刻正覺樓叢刻本　二冊

350000－2002－0000483　23/0086

意將軍加里波的傳一卷　（清）上海廣智書局編譯　清光緒二十九年(1903)上海廣智書局鉛印傳記小叢書本　一冊

350000－2002－0000484　25.2/7746＝1

莫愁湖志六卷首一卷　（清）馬士圖輯　清光緒八年至十七年(1882－1891)刻本　二冊

350000－2002－0000485　23/2223

新纂氏族箋釋八卷　（清）熊峻運撰　（清）楊煌義編　清刻本　四冊

350000－2002－0000486　23/1035

先船山公[王夫之]年譜前編一卷後編一卷（清）王之春輯　清光緒十九年(1893)刻本二冊

350000－2002－0000487　52/0082

賭棋山莊全集八種　（清）謝章鋌撰　清光緒至民國間刻本　二十一冊　存四種五十九卷（賭棋山莊集文七卷、文續二卷、文又續二卷、詩十四卷、酒邊詞八卷,賭棋山莊餘集文三卷、詩一卷、詞一卷,賭棋山莊詞話十二卷、續五卷,賭棋山莊筆記一種四卷）

350000－2002－0000488　17/2220

大學集編二卷中庸集編三卷論語集編十卷孟子集編十四卷　（宋）真德秀撰　清嘉慶浦城祝氏留香室刻浦城遺書本　六冊　存二十七

卷(中庸集編三卷、論語集編十卷、孟子集編十四卷)

350000－2002－0000489　25.2/4091＝1

廣輿記二十四卷　（清）陸應陽纂　（清）蔡方炳增輯　清嘉慶七年(1802)聚文堂刻本　十二冊

350000－2002－0000490　23/2894

合刻延平四先生年譜四卷　（清）毛念恃輯　清乾隆十年(1745)刻本　二冊

350000－2002－0000491　21.1/2628

十七史　（明）毛晉編　明崇禎元年至十七年(1628－1644)毛氏汲古閣刻清順治印本　二十八冊　存三種二百七卷(隋書一至四、六至八十五,南齊書五十九卷,三國志二至六十五)

350000－2002－0000492　35.2/0823h

爨龍顏碑　（南朝宋）爨鱗紹等造立　爨道慶編撰　清末拓本　一冊

350000－2002－0000493　35.2/2527n

華延年室所藏金石拓本　（清）傅以禮藏并編　清同治、光緒間傅氏華延年室拓本　一冊

350000－2002－0000494　21.1/4877c

二十四史　（清）□□編　清同治、光緒間五省官書局刻光緒五年(1879)湖北書局彙印本(後漢書配清光緒三年金陵書局刻本)　五百三十六冊　存二十四種三千二百十六卷(史記一百三十卷,漢書一百卷,後漢書一百二十卷,三國志六十五卷,晉書一百三十卷、音義三卷,宋書一百卷,南齊書五十九卷,梁書五十六卷,陳書三十六卷,魏書一百十四卷,北齊書五十卷,周書五十卷,隋書八十五卷附考異,南史八十卷,北史一百卷,舊唐書二百卷,唐書二百二十五卷,舊五代史一百五十卷附考證,五代史七十四卷,宋史四百九十六卷,遼史一百十五卷附考證,金史一百三十五卷附考證、欽定國語解一卷,元史二百十卷附考證,明史三百三十二卷)

350000－2002－0000495　25.2/5097

[康熙]詔安縣志十二卷志餘一卷　（清）秦炯纂修　清同治十三年(1874)刻本　六冊

350000－2002－0000496　23/3144

國朝漢學師承記八卷國朝經師經義目錄一卷　（清）江藩纂　國朝宋學淵源記二卷附記一卷　（清）江藩輯　清光緒二十二年(1896)成都志古堂刻本　四冊

350000－2002－0000497　23/4100b

國朝先正事略六十卷　（清）李元度纂　清光緒二十八年(1902)上海點石齋石印本　八冊

350000－2002－0000498　25.2/8134

[光緒]續修浦城縣志四十二卷首一卷　（清）翁天祐　（清）呂渭英修　（清）翁昭泰纂　清光緒二十六年(1900)南浦書院刻本　二十冊

350000－2002－0000499　25.2/6280

端溪研志三卷首一卷　（清）吳繩年甄錄　清乾隆楚州王永熙刻本　一冊

350000－2002－0000500　52/4628

林文忠公遺集四種　（清）林則徐撰　清光緒三山林氏刻本　十三冊

350000－2002－0000501　21.1/3486

南北史補志十四卷　（清）汪士鐸撰　清光緒四年(1878)淮南書局刻本　六冊

350000－2002－0000502　25.2/1310

水經注四十卷　（北魏）酈道元注　清乾隆十八年(1753)黃晟槐蔭草堂刻古閩晏湖張氏勵志書屋重修本　十冊

350000－2002－0000503　23/4380b

宋元學案一百卷首一卷　（明）黃宗羲撰　（清）黃百家纂輯　（清）全祖望補本　清光緒五年(1879)長沙寄廬刻本　三十一冊　存六十九卷(八至九、十一至十二、十五至十六、十七至三十五、四十二至四十八、五十一至五十三、五十五至六十二、六十五至六十六、七十四至八十二、八十六至一百)

350000－2002－0000504　23/3347

李鴻章十二章　梁啓超撰　清光緒石印本

一冊

350000－2002－0000505　21.1/2527

**二十四史**　（□）□□編　清光緒三十三年（1907）上海華商集成圖書公司鉛印本　一百十五冊　存四種八百八十三卷（晉書一百三十卷、附音義三卷，舊唐書二百卷，唐書二百二十五卷、釋音二十五卷，明史二十五至二百九十七、三百六至三百三十二）

350000－2002－0000506　22/4237

**正教奉傳不分卷**　（清）黃伯祿輯　清光緒三十四年（1908）上海慈母堂鉛印本　二冊

350000－2002－0000507　21.5/1122

**北征日記一卷**　（清）王廷鼎輯　清光緒十七年（1891）刻紫薇花館集本　一冊

350000－2002－0000508　25.2/4110

**武夷山志二十四卷首一卷**　（清）董天工編　清乾隆十六年（1751）觀光樓刻本　十五冊

350000－2002－0000509　25.2/4021

**西湖志四十八卷**　（清）李衛等修　（清）傅王露等纂　清光緒四年（1878）浙江書局刻本　二十冊

350000－2002－0000510　27/1250

**欽定三通考證三種**　（清）□□輯　清光緒二十年（1894）浙江書局刻本　七冊

350000－2002－0000511　24.1/1400

**彎史四十八卷**　（清）王希廉輯　清光緒二年（1876）申報館鉛印申報館叢書本　四冊

350000－2002－0000512　29/6308

**增批輯注東萊博議四卷**　（宋）呂祖謙撰　（清）劉紫山輯注　**註釋一卷**　（清）劉紫山輯注　清光緒上海中新書局鉛印本　一冊

350000－2002－0000513　25.2/0220

**南嶽志八卷**　（清）高自位重編　（清）曠敏本同輯　清乾隆十八年（1753）開雲樓刻本　四冊

350000－2002－0000514　21.5/0040

**明季北略二十四卷南略十八卷**　（清）計六奇

編輯　清都城半松居士木活字印本　十四冊

350000－2002－0000515　21.5/7334

**荊駝逸史五十一種附一種**　題（清）陳湖逸士編　清宣統三年（1911）中國圖書館石印本　十六冊

350000－2002－0000516　23/1028b

**於越先賢傳一卷**　（清）王齡撰　（清）任熊繪　清光緒十二年（1886）上海同文書局石印任渭長先生畫傳四種本　一冊

350000－2002－0000517　21.1/5452

**金史一百三十五卷**　（元）托克托聖等修　清光緒二十九年（1903）上海點石齋石印本　八冊

350000－2002－0000518　21.1/7286＝1

**史緯三百三十卷首一卷**　（清）陳允錫刪修　清光緒二十九年（1903）文來書局石印本　六十冊

350000－2002－0000519　23/4230

**貳臣傳十二卷逆臣傳四卷**　（清）蔣千之編輯　（清）陳俠君校正　清上海六藝書局石印本　四冊

350000－2002－0000520　52/0010

**幼學操身一卷**　（英國）慶丕　（清）翟汝舟編著　清光緒二十九年（1903）鉛印本　一冊

350000－2002－0000521　21.1/7331

**宋史翼四十卷**　（清）陸心源輯　清光緒歸安陸氏十萬卷樓刻本　十冊

350000－2002－0000522　27/1010

**石渠餘紀六卷**　（清）王慶雲述　清末刻本　六冊

350000－2002－0000523　25.2/7033＝2

**秣陵集六卷圖考一卷金陵歷代紀年事表一卷**　（清）陳文述撰　清光緒十年（1884）淮南書局刻本　三冊

350000－2002－0000524　28/2086b

**鑑史提綱四卷**　（清）潘榮撰　（清）盧文錦補註　清刻朱墨套印本　二冊

350000－2002－0000525　29/2540

通鑑綱目一百十二卷　（明）陳仁錫評閱　清嘉慶八年（1803）大文堂刻本　一百二十冊

350000－2002－0000526　23/2527

閣鈔彙編不分卷　（清）□□編　清末鉛印本　一冊　存光緒三十二年六月十一日至六月二十日

350000－2002－0000527　21.2/2391e

御批歷代通鑑輯覽一百二十卷　（清）傅恆等纂　清宣統鉛印本　二十四冊　存七十卷（四十二至五十九、六十六至六十九、七十三至一百二十）

350000－2002－0000528　28/2767c

欽定四庫全書總目二百卷首四卷　（清）紀昀等纂修　清乾隆武英殿刻本　六十六冊　存一百四卷（一至七、三十一至三十三、三十七至四十五、四十七至五十六、五十八至六十七、九十三至九十八、一百十二、一百十四至一百三十六、一百四十四至一百四十七、一百六十七、一百七十至一百七十七、一百八十至一百八十八、一百九十一至一百九十七、一百九十九至二百,首四卷）

350000－2002－0000529　27/4480

愛國送別編一卷　（清）□□撰　清宣統元年（1909）鉛印本　一冊

350000－2002－0000530　21.5/7545

粵東剿匪紀略五卷　（清）陳坤編　（清）鄭洪溎輯錄　（清）王雲書參訂　清同治十年（1871）刻本　五冊

350000－2002－0000531　52/4628b

林文忠公遺集四種　（清）林則徐撰　清刻本　一冊　存二種二卷（滇軺紀程一卷、荷戈紀程一卷）

350000－2002－0000532　42.5/8767

崈陽草堂詩集二十卷文集十六卷　（明）鄭鄤撰　清木活字印本　八冊

350000－2002－0000533　28/6680

鐵琴銅劍樓藏書目錄二十四卷　（清）瞿鏞撰清光緒二十四年（1898）常熟瞿氏刻本　十冊

350000－2002－0000534　25.2/2848

大興徐氏三種　（清）徐松撰　清光緒十九年（1893）寶善書局石印本　六冊　存二種六卷（西域水道記五卷、新疆賦一卷）

350000－2002－0000535　21.4/2232

綏寇紀略十二卷附補遺三卷　（清）吳偉業撰清嘉慶九年至十四年（1804－1809）虞山張氏照曠閣刻學津討原本　六冊

350000－2002－0000536　25.2/4483

廣雁蕩山志二十八卷首一卷末一卷　（清）曾唯纂　清乾隆五十五年（1790）刻嘉慶十三年（1808）補刻本　八冊

350000－2002－0000537　35.1/1353b

增像第六才子書五卷首一卷　（元）王實甫撰（清）金聖歎評　清末上海錦章書局石印本　一冊　存五卷（一至四、首一卷）

350000－2002－0000538　21.2/0047b

續資治通鑑綱目二十七卷　（明）商輅等纂修（明）陳仁錫評閱　明刻本　二十七冊

350000－2002－0000539　21.1/7550

三國志六十五卷　（晉）陳壽撰　（南朝宋）裴松之注　清光緒十三年（1887）江南書局刻本　八冊

350000－2002－0000540　21.1/1731b

史記一百三十卷　（漢）司馬遷撰　（南朝宋）裴駰集解　清光緒四年（1878）金陵書局刻二十四史本　十六冊

350000－2002－0000541　21.2/2391d

御批歷代通鑑輯覽一百二十卷　（清）傅恒等撰　清同治十年（1871）浙江書局刻朱墨套印本　四十八冊

350000－2002－0000542　21.4/4100b

泰西新史攬要二十四卷附人地諸名表　（英國）馬懇西撰　（英國）李提摩太譯　蔡爾康述稿　清光緒美華書館鉛印本　六冊　存十

六卷(四至十九)

350000－2002－0000543　25.2/7209
歷代地理沿革圖不分卷　(清)六嚴繪　(清)馬徵麟增輯　清同治十年(1871)金陵刻本　一冊

350000－2002－0000544　29/6460
加批增註集評史論撮要便讀不分卷總論不分卷　(清)吳其昌評選　清光緒二十八年(1902)凌雲社刻本　八冊

350000－2002－0000545　21.1/3126
史記志疑三十六卷附錄三卷　(清)梁玉繩撰　清光緒十三年(1887)刻廣雅書局叢書本　二十冊

350000－2002－0000546　21.1/1731c
史記一百三十卷附史記補一卷　(漢)司馬遷撰　(明)陳子龍　(明)徐孚遠測議　(南朝宋)裴駰集解　(唐)司馬貞索隱　(唐)張守節正議　清道光十四年(1834)三元堂刻本　十四冊　存四十卷(一至三十九、補一卷)

350000－2002－0000547　25.2/2631
海國圖志五十卷　(清)魏源撰　清道光二十四年(1844)古微堂木活字印本　九冊　存二十卷(一、八至十二、十五至十九、三十二至三十五、三十八、四十三至四十四、四十九至五十)

350000－2002－0000548　25.2/1834
小方壺齋輿地叢鈔十二帙補編十二帙再補編十二帙　(清)王錫祺輯　清光緒十七年至二十三年(1891－1897)上海著易堂鉛印本　八十四冊

350000－2002－0000549　35.1/1353
繪像第六才子書八卷　(明)金聖歎評　才子西廂醉心篇一卷　(清)陳維崧訂　清光緒十年(1884)廣州刻朱墨套印本　六冊

350000－2002－0000550　35.2/1111
魯孔子廟之碑　(東魏)王長孺書寫　清道光拓本　一冊

350000－2002－0000551　23/3480
清秘述聞十六卷　(清)法式善編　清嘉慶刻本　六冊

350000－2002－0000552　22/4012
泉郡賑災徵信錄四卷首一卷續編一卷泉郡施賑獎敘錄一卷　(清)黃謀烈記　清光緒三十二年至三十三年(1906－1907)刻本　六冊

350000－2002－0000553　25.2/5671＝1
溫陵事考三卷　(清)史景臣輯　清乾隆刻本　一冊

350000－2002－0000554　29/7323
陳澹然三種　陳澹然撰　清光緒二十八年(1902)長沙刻本　十六冊

350000－2002－0000555　23/2448＝1
文廟通考六卷首一卷　(清)牛樹梅編　清同治十一年(1872)浙江書局刻本　二冊

350000－2002－0000556　42.6/7497
切問齋文鈔三十卷　(清)陸燿輯　清乾隆蘇州吳門劉萬傳局刻本　十冊

350000－2002－0000557　35.2/1210
二如亭群芳譜二十九卷首一卷　(明)王象晉纂輯　(明)毛鳳苞等校　清康熙刻本　十四冊

350000－2002－0000558　25.2/8644
[乾隆]汀州府志四十五卷首一卷　(清)曾曰瑛等修　(清)李紱等纂　清乾隆十七年(1752)刻本　二十冊

350000－2002－0000559　27/2527
聖諭廣訓直解一卷附大清刑律圖　(清)聖祖玄燁撰　(清)世宗胤禛廣訓　(清)□□直解　清刻本　一冊

350000－2002－0000560　25.2/6427
端溪硯史三卷　(清)吳蘭修編　清同治、光緒間刻榆園叢刻本　一冊

350000－2002－0000561　21.5/7631
保華全書四卷續編一卷　(英國)貝思福撰　(美國)林樂知譯　清光緒二十八年(1902)上

海廣學會鉛印本　一冊　存二卷(二至三)

350000－2002－0000562　25.2/4650

[乾隆]龍溪縣志二十四卷首一卷　(清)吳宜燮修　(清)黃惠　(清)李疇纂　新增補二卷　(清)吳聯薰等增補　清光緒五年(1879)刻本　十二冊

350000－2002－0000563　25.2/2197

[乾隆]延平府志四十六卷首一卷　(清)傅爾泰修　(清)陶元藻纂　(清)徐震耀補刻　清乾隆三十年(1765)刻同治十二年(1873)補刻本　二十四冊

350000－2002－0000564　21.1/1160

前漢書一百二十卷　(漢)班固撰　(唐)顏師古注　清光緒十三年(1887)金陵書局刻本　十六冊

350000－2002－0000565　25.1/5404b

月令粹編二十四卷圖說一卷　(清)秦嘉謨編　清嘉慶十七年(1812)江都秦嘉謨琳琅仙館刻本　六冊

350000－2002－0000566　23/2527d

帝王廟諡年諱譜一卷　(清)陸費墀撰　清刻本　一冊

350000－2002－0000567　29/1530c

讀通鑑論三十卷宋論十五卷　(清)王夫之撰　清光緒二十七年(1901)簡青齋書局石印本　七冊　存三十九卷(讀通鑑論七至三十、宋論十五卷)

350000－2002－0000568　25.2/4424

皇朝直省府廳州縣歌括一卷　(清)蔣升撰　清光緒二十九年(1903)上海慈母堂鉛印本　一冊

350000－2002－0000569　23/1621

晏子春秋七卷　(春秋)晏嬰撰　音義二卷　(清)孫星衍撰　校勘二卷　(清)黃以周撰　清光緒元年(1875)浙江書局刻本　四冊

350000－2002－0000570　21.2/1421b

御撰明紀綱目二十卷　(清)張廷玉等編　清

宣統三年(1911)育文書局石印本　二冊

350000－2002－0000571　23/2990

歷代名人年譜十卷附存疑及生卒年月無攷一卷　(清)吳榮光撰　(清)瞿樹辰　(清)吳彌光編校　清光緒元年(1875)南海念初思滿齋刻本　十冊

350000－2002－0000572　23/7542

外國列女傳八卷　(清)陳壽彭譯　(清)薛紹徽編　清光緒三十二年(1906)金陵江楚編譯官書總局石印本　三冊

350000－2002－0000573　44/4437

藝苑名言八卷首一卷　(清)蔣瀾輯　清乾隆刻本　四冊

350000－2002－0000574　25.2/7746

莫愁湖志六卷首一卷　(清)馬士圖輯　清光緒刻本　二冊

350000－2002－0000575　52/3744

萬物炊暴室類稿甲編二種乙編二種外編一種　(清)沈同芳編　清宣統三年(1911)上海中國圖書公司鉛印本　三冊

350000－2002－0000576　21.3/8050b＝1

明史紀事本末八十卷　(清)谷應泰編輯　清光緒二十八年(1902)上海書局石印本　一冊　存三十三卷(三十四至六十六)

350000－2002－0000577　21.1/2230

史記探源八卷　崔適撰　清宣統二年(1910)鉛印本　二冊

350000－2002－0000578　27/4110＝1

從政雜錄一卷　(清)蘇廷玉撰　清咸豐三年(1853)刻本　一冊

350000－2002－0000579　25.2/0326

閩雜記十二卷　(清)施鴻保輯　清光緒四年(1878)申報館鉛印申報館叢書本　四冊

350000－2002－0000580　25.2/3913

天下郡國利病書一百二十卷　(清)顧炎武輯　(清)龍萬育訂　清嘉慶十四年(1809)成都龍萬育敷文閣活字印本　四十冊

350000－2002－0000581　25.2/6618

說嵩三十二卷例目一卷　（清）景日昣纂　清康熙嶽生堂刻本　十冊

350000－2002－0000582　27/4431

皇朝經世文續編一百二十卷　（清）葛士濬輯　清光緒十四年(1888)圖書集成局鉛印本　二十二冊　存七十九卷（一至十四、二十四至四十三、六十一至七十八、八十三至九十三、九十八至一百四、一百七至一百十五）

350000－2002－0000583　45/7731

鴻雪詞二卷　（清）周之琦撰　清咸豐十一年(1861)江西南埜官廨刻本　一冊

350000－2002－0000584　21.5/1737

湘軍志十六卷　王闓運撰　清刻本　四冊

350000－2002－0000585　28/2086＝1

鑑史提綱四卷　（清）潘榮撰　（清）盧文錦註識　清同治四年(1865)刻本　四冊

350000－2002－0000586　21.3/4163

靖海志四卷　（清）彭孫貽撰　（清）李延昰補編　清抄本　二冊

350000－2002－0000587　28/3340

洪氏晦木齋叢書二十一種　（清）洪汝奎輯　清同治至宣統間刻本　八冊　存三種四十九卷（隸釋二十七卷、隸續二十一卷、汪本隸釋刊誤一卷）

350000－2002－0000588　23/2541b

歷代名臣言行錄二十四卷　（清）朱桓編輯　（清）潘永季校定　清光緒二十八年(1902)上海文林局石印本　八冊

350000－2002－0000589　23/3140

岳廟志略十卷首一卷　（清）馮培輯　清光緒五年(1879)浙江書局刻本　四冊

350000－2002－0000590　21.5/2637

埃及近世史二十六章　（日本）柴四郎著　（清）麥鼎華識　清光緒二十八年(1902)廣智書局鉛印本　一冊

350000－2002－0000591　27/1842

幸魯盛典四十卷　（清）孔毓圻修　（清）金居敬等纂　清康熙刻本　十八冊

350000－2002－0000592　25.2/4244

[康熙]壽寧縣誌八卷　（清）趙廷璣　（清）王錫卣等編　（清）柳上芝　（清）范大廷等纂輯　清康熙二十五年(1686)刻重印本　二冊

350000－2002－0000593　23/1337

一齋集十四種　（明）陳第編輯　清道光二十八年(1848)刻本　一冊　存二種二卷（七世祖一齋公年譜一卷、伏羲圖贊上）

350000－2002－0000594　42.6/7148b

午亭文編五十卷　（清）陳廷敬撰　（清）林佶輯錄　清乾隆四十三年(1778)刻本　十六冊

350000－2002－0000595　21.2/4041

資治通鑑綱目前編二十五卷　（明）南軒撰　（明）陳仁錫評閱　明刻本　三冊　存九卷（十七至二十五）

350000－2002－0000596　25.2/0690

[光緒]長汀縣志三十三卷首一卷末一卷　（清）王曇等修　（清）楊瀾等纂　（清）謝昌霖再續修　（清）劉國光等再續纂　清光緒五年(1879)刻本　十冊　存二十三卷（一至七、十三、二十至三十三,末一卷）

350000－2002－0000597　21.5/4286＝1

全地五大洲女俗通考二十一卷首一卷　（美國）林樂知輯譯　（清）任保羅譯述　清光緒二十九年至三十年(1903－1904)上海廣學會鉛印本　十七冊　存十八卷（二至七、十、十二至二十一,首一卷）

350000－2002－0000598　27/1331

會典簡明錄一卷　（清）張祥河輯　清道光刻小重山房叢書本　一冊

350000－2002－0000599　22/4353b

出使奏疏二卷　（清）薛福成撰　清光緒二十年(1894)刻庸庵全集本　一冊

350000－2002－0000600　25.2/6944

朝鮮志二卷　（清）吳省蘭輯　（清）徐以垣校

清刻本　一册

350000－2002－0000601　27/2700

皇朝諡法考五卷續編一卷補編一卷續補編一卷　（清）鮑康輯　（清）徐士鑾續補　清富文齋刻本　一册

350000－2002－0000602　21.1/0267

舊唐書二百卷　（五代）劉昫撰　清同治十一年（1872）浙江書局刻本　四十册

350000－2002－0000603　32.4/2326b

本草從新六卷　（清）吳儀洛輯　清乾隆四十三年（1778）刻吳氏醫學述本　六册

350000－2002－0000604　35.2/1480

海山仙館藏真十六卷　（清）潘仕成輯　清道光九年至二十七年（1829－1847）番禺潘氏海山仙館刻拓本　一册　存一卷（卷六龔璸宣城詩、跋，聶大年尺牘詩卷、跋）

350000－2002－0000605　35.2/2527o

大唐故尚書右僕射特進開府儀同三司上柱國贈司徒并州都督衛景武公之碑并序　（唐）許敬宗編撰　（唐）王知敬書寫　清嘉慶拓本　一册　殘缺

350000－2002－0000606　25.2/7024

[乾隆]山西志輯要十卷首一卷　（清）雅德修　（清）汪本直纂　清乾隆四十五年（1780）刻本　十册

350000－2002－0000607　26/2527

中興館閣錄十卷續錄十卷　（宋）陳騤撰　清抄本　四册　存八卷（中興館閣錄七至十、續錄七至十）

350000－2002－0000608　35.2/1830

經訓堂法書　（清）畢沅編撰　（清）錢泳（清）孔千秋鐫刻　清拓本　十四册

350000－2002－0000609　25.2/7124

[乾隆]蘇州府志八十卷首一卷　（清）雅爾哈善　（清）傅椿修　（清）習寯　（清）王峻纂　清乾隆十三年（1748）刻本　四十册

350000－2002－0000610　21.3/0813

靖海紀事二卷　（清）施琅撰　（清）施葆修輯　清光緒元年（1875）刻本　二册

350000－2002－0000611　27/4026

大清通禮五十卷　（清）李玉鳴等纂修　清乾隆二十一年（1756）刻本　八册

350000－2002－0000612　25.2/4330

籌海圖編十三卷　（明）胡宗憲輯議　（明）胡維極重校　明末刻本　五册　存十二卷（二至十三）

350000－2002－0000613　31/7323

塾言一卷　（清）陳澹然撰　清光緒二十八年（1902）金陵宜春閣活字印本　一册

350000－2002－0000614　21.1/1160d

漢書一百卷　（漢）班固撰　（唐）顏師古注　清末點石齋石印本　四册　存二十五卷（十六至三十、九十一至一百）

350000－2002－0000615　43/1044

初唐四傑集三十七卷　（清）項家達輯　清乾隆四十六年（1781）星渚項氏刻本　十一册　存三十四卷（王子安集十六卷、楊盈川集十卷、盧昇之集一至四、駱丞集四卷）

350000－2002－0000616　35.1/8250＝1

無聲詩史七卷　（清）姜紹書輯　清宣統二年（1910）杭州雲林閣石印本　六册

350000－2002－0000617　23/0900

凝香室鴻雪因緣圖記三集　（清）麟慶撰　清光緒二十二年（1896）上海點石齋石印本　六册

350000－2002－0000618　25.2/5453

[道光]重纂光澤縣志三十卷首一卷　（清）盛朝輔等修　（清）高澍然等纂　清道光二十年（1840）刻同治九年（1870）補刻本　四册

350000－2002－0000619　25.2/8300

侯官縣鄉土志八卷　（清）胡之楨修　（清）鄭祖庚纂　清光緒三十二年（1906）鉛印本　四册

350000－2002－0000620　21.4/2271

十國春秋一百十四卷 （清）吳任臣撰 **拾遺一卷備考一卷** （清）周昂輯 清乾隆五十三年(1788)刻嘉慶四年(1799)周氏補刻本 十冊

350000－2002－0000621 23/7400
[福建同安]潁川陳氏族譜集成三卷 （清）陳有文編 清光緒二十九年(1903)石蘭堂石印本 六冊

350000－2002－0000622 44/8045
全閩詩話十二卷 （清）鄭方坤編輯 清乾隆鄭氏詩話軒刻本（卷六、十一補鈔） 十二冊

350000－2002－0000623 51/2160
懷豳雜俎十二種 徐乃昌輯 清光緒至宣統間南陵徐氏刻本 十冊

350000－2002－0000624 28/7604
皕宋樓藏書源流攷一卷 （日本）島田翰撰 清光緒三十三年(1907)武進董康刻本 一冊

350000－2002－0000625 22/4300
李肅毅伯奏議二十卷 （清）李鴻章撰 （清）章洪鈞 （清）吳汝綸輯 清光緒二十五年(1899)上海鴻文書局石印本 十九冊 存十九卷(一、三至二十)

350000－2002－0000626 23/1404b
朱子年譜四卷考異四卷附錄二卷校勘記二卷 （清）王懋竑纂訂 清光緒九年(1883)湖北武昌書局刻本 四冊

350000－2002－0000627 22/2104
孤忠錄二卷 （清）袁祖志輯 清光緒十二年(1886)還讀樓刻本 二冊

350000－2002－0000628 21.5/1622
戰國策十七卷 （清）張星徽評點 清雍正塞翁亭刻乾隆聚賢堂印本 八冊

350000－2002－0000629 23/4300
西湖三祠名賢考畧三卷首一卷 （清）戴啟文纂輯 清光緒三十年(1904)刻本 二冊

350000－2002－0000630 21.5/4767
國語選八卷 （清）儲欣評 清同治元年(1862)刻古文七種本 二冊

350000－2002－0000631 21.1/1731d
史記選六卷 （清）儲欣評 （清）徐永勳等校訂 清刻本 四冊

350000－2002－0000632 25.2/0444
烏石山志九卷首一卷 （清）郭柏蒼 （清）劉永松纂輯 清道光二十二年(1842)于麓古天開圖畫樓刻光緒九年(1883)增修本 六冊

350000－2002－0000633 25.2/2280b
瀛環志略十卷 （清）徐繼畬輯 清同治五年(1866)刻本 六冊

350000－2002－0000634 28/4041
國朝耆獻類徵初編總目十九卷 （清）李桓輯 清光緒七年(1881)刻本 一冊

350000－2002－0000635 29/2114
上古三代史論略二卷 （清）何琪編 清光緒二十七年(1901)紹興會文堂刻本 一冊

350000－2002－0000636 37/1144＝1
淵鑑類函四百五十卷目錄四卷 （清）張英等纂輯 清康熙四十九年(1710)內府刻本 一百二十三冊 存三百九十二卷(一至三、七至二十七、三十二至一百三十四、一百三十八至一百七十三、一百八十四至一百九十九、二百三至二百二十九、二百五十八至三百四十六、三百五十三至三百九十三、三百九十八至四百七、四百十二至四百五十,目錄四卷)

350000－2002－0000637 21.2/2391c
御批歷代通鑑輯覽一百二十卷 （清）傅恆等撰 清光緒上海商務印書館鉛印本 四十冊

350000－2002－0000638 27/7187
故唐律疏議三十卷 （唐）長孫無忌等撰 **律音義一卷** （宋）孫奭等撰 **宋提刑洗冤集錄五卷** （宋）宋慈撰 清光緒十七年(1891)江蘇書局刻本 八冊

350000－2002－0000639 21.1/8240
三國志證聞三卷 （清）錢儀吉撰 清光緒十一年(1885)江蘇書局刻本 二冊

350000 - 2002 - 0000640　52/0637b

管注秋水軒尺牘四卷　（清）許思湄撰　（清）婁世瑞注釋　（清）管斯駿補注　清光緒十年（1884）刻本　二冊　存二卷（二至三）

350000 - 2002 - 0000641　21.5/0020

明季稗史彙編十六種　題（清）留雲居士輯　清刻本　十二冊

350000 - 2002 - 0000642　23/2627

昭代名人尺牘小傳二十四卷　（清）吳修輯　清光緒三十四年（1908）西泠印社石印本　二冊

350000 - 2002 - 0000643　25.2/4337b

歷代地理志韻編今釋二十卷皇朝輿地韻編二卷　（清）李兆洛輯　清光緒上海蜚英館石印本　四冊

350000 - 2002 - 0000644　42.2/0138

盧陵宋丞相信國公文忠烈先生全集十六卷　（宋）文天祥撰　清雍正三年（1725）刻本　十六冊

350000 - 2002 - 0000645　33/6623

大唐開元占經一百二十卷　（唐）瞿曇悉達等修　清抄本　三十四冊　存九十九卷（一至十二、十六至八十七、九十六至一百、一百十一至一百二十）

350000 - 2002 - 0000646　21.1/2527d

二十四史　（□）□□編　清光緒上海圖書集成印書局鉛印本　四十四冊　存三種三百四十四卷（史記一百三十卷、魏書一百十四卷、宋書一百卷）

350000 - 2002 - 0000647　21.2/2005

竹書紀年統箋十二卷前編一卷雜述一卷　（清）徐文靖統箋　清光緒三年（1877）浙江書局刻本　四冊　存十二卷（竹書紀年統箋十二卷）

350000 - 2002 - 0000648　25.2/8334

爛柯山志十三卷　（清）鄭永禧補輯　清光緒三十二年（1906）刻本　四冊

350000 - 2002 - 0000649　37/1144 = 2

淵鑑類函四百五十卷目錄四卷　（清）張英等纂輯　清康熙四十九年（1710）內府刻本　四十二冊　存一百三十八卷（八十八至一百三十二、一百四十四至一百五十六、一百六十一至二百二十五、二百三十四至二百四十一、二百四十六至二百四十九、二百六十三至二百六十五）

350000 - 2002 - 0000650　25.2/8030

吳山伍公廟志六卷首一卷　（清）金文淳纂修　（清）沈永青增輯　清光緒二年（1876）刻本　一冊

350000 - 2002 - 0000651　51/1611

寒松閣集五種　（清）張鳴珂撰　清光緒嘉興張氏刻本　二冊　存二種六卷（說文佚字考四卷、疑年賡錄二卷）

350000 - 2002 - 0000652　25.2/1310c

水經注匯校四十卷首一卷　（北魏）酈道元撰　（清）楊希閔校　附錄二卷　（清）趙一清輯　清光緒七年（1881）福州刻本　十冊

350000 - 2002 - 0000653　33/1630

西學大成十二編五十六種　（清）王西清（清）盧梯青輯　清石印本　一冊　存三種二十四卷（汽機入門八卷、汽機新制八卷、汽機發軔八卷）

350000 - 2002 - 0000654　29/1653

十七史商榷一百卷　（清）王鳴盛撰　清光緒二十九年（1903）點石齋石印本　四冊

350000 - 2002 - 0000655　25.2/6427b

端溪硯史三卷　（清）吳蘭修撰　清道光三十年（1850）南海伍氏粵雅堂文字歡娛室刻嶺南遺書本　一冊

350000 - 2002 - 0000656　51/2057

崇文書局彙刻書三十三種　（清）崇文書局輯　清光緒湖北崇文書局刻本　六冊　存二種二十五卷（涑水記聞十六卷、補遺一卷，古列女傳七卷、續列女傳一卷）

350000 - 2002 - 0000657　22/4390

左恪靖伯奏稿三十八卷 （清）左宗棠撰 清
同治七年(1868)刻本 三十八冊

350000－2002－0000658 21.4/2237

增訂漢魏叢書九十種 （清）王謨輯 清光緒
六年(1880)三餘堂刻本 二冊 存二種十七
卷(十六國春秋十六卷、鄴中記一卷)

350000－2002－0000659 23/1404

朱子年譜四卷考異四卷附朱子論學切要語二
卷 （清）王懋竑撰 清咸豐三年(1853)刻粵
雅堂叢書本 十三冊

350000－2002－0000660 25.2/3430

[淳熙]三山志四十二卷 （宋）梁克家纂修
清抄本 五冊 存十五卷(七至九、三十至三
十一、三十三至四十二)

350000－2002－0000661 24.2/7327

中朝故事一卷 （五代）尉遲偓撰 清光緒刻
隨盦徐氏叢書本 一冊

350000－2002－0000662 21.5/4077

近世中國秘史二編 題(清)捫虱談虎客編
清光緒三十年至三十三年(1904－1907)上海
廣智書局鉛印本 二冊

350000－2002－0000663 25.2/1230

輿地紀勝二百卷首一卷 （宋）王象之編 清
咸豐五年(1855)南海伍氏粵雅堂刻本 十七
冊 存一百三十二卷(一至四十四、八十七至
一百三十五、一百三十七至一百三十九、一百
四十五至一百五十二、一百五十九至一百七
十一、一百七十三至一百八十六,首一卷)

350000－2002－0000664 25.2/1631

河海崑崙錄四卷 （清）裴景福撰 清宣統元
年(1909)上海文明書局鉛印本 四冊

350000－2002－0000665 23/1126

顧亭林先生[炎武]年譜一卷 （清）張穆編
清道光二十四年(1844)刻本 一冊

350000－2002－0000666 27/4322

輿論折衷社庚戌年報告一卷 戴肇熊編 清
宣統二年(1910)輿論折衷社鉛印本 一冊

350000－2002－0000667 21.1/4150b

北史一百卷 （唐）李延壽撰 清光緒二十八
年(1902)上海文瀾書局石印本 六冊

350000－2002－0000668 21.3/8050

明朝紀事本末八十卷 （清）谷應泰編 （清）
谷際科 （清）谷際第訂 清順治十五年
(1658)刻本 三十二冊

350000－2002－0000669 23/9223

光緒二十八年補行庚子辛丑各省鄉試同年全
錄十二卷 （清）□□輯 清光緒二十八年
(1902)刻本 一冊

350000－2002－0000670 23/7010

篆學瑣著二十八種 （清）顧湘輯 清道光二
十年(1840)海虞顧氏刻本 四冊 存二種十
一卷(印人傳三卷、續印人傳八卷)

350000－2002－0000671 25.2/4480

[道光]澎湖續編二卷 （清）蔣鏞纂修 清道
光十二年(1832)刻本 二冊

350000－2002－0000672 23/4380

紫光閣功臣小像並湘軍平定粵匪戰圖一卷
(清)彭鴻年編 清光緒二十七年(1901)點石
齋石印本 一冊

350000－2002－0000673 37/1144 ＝3

淵鑑類函四百五十卷目錄四卷 （清）張英等
纂輯 清康熙四十九年(1710)內府刻本 七
十八冊 存三百四十九卷(一至三十二、三十
七至八十、八十六至一百八十九、一百九十四
至三百五十八,目錄四卷)

350000－2002－0000674 22/6557

中外約章纂新十卷 （清）時中書局輯 清光
緒三十二年(1906)上海時中書局鉛印本 十
冊

350000－2002－0000675 21.5/2425

拳匪紀略八卷前編二卷後編二卷 （清）僑析
生撰 清光緒二十九年(1903)上洋書局石印
本 五冊 存九卷(拳匪紀略四至八、前編二
卷、後編二卷)

350000－2002－0000676　42.2/4400

宋端明殿學士蔡忠惠公文集三十六卷首一卷
　（宋）蔡襄撰　（清）蔡仕舢　（清）蔡廷魁
校梓　宋蔡忠惠公別紀補遺二卷　（明）徐𤏁
編　（明）宋玨增補　（清）蔡廷魁　（清）蔡
仕舢校梓　清光緒十九年（1893）刻本　六冊
存三十一卷（一至六、十三至三十六，首一
卷）

350000－2002－0000677　37/2527d

錦繡萬花谷前集四十卷後集四十卷續集四十
卷　（宋）□□編　明嘉靖十五年（1536）刻本
二十冊　存五十五卷（前集二十至四十、後
集一至三十四）

350000－2002－0000678　25.2/4282b

[道光]安徽通志二百六十卷首六卷　（清）陶
澍等修　（清）李振庸　（清）韓玫等纂　清道
光十年（1830）刻本　七十七冊　存二百七卷
（一至二十五、四十至六十二、六十五至七十
七、七十九至一百五十二、一百七十八至一百
九十七、二百四至二百二十、二百三十至二百
五十八，首六卷）

350000－2002－0000679　28/0360

小學考五十卷　（清）謝啓昆撰　清光緒十四
年（1888）浙江書局刻本　二十冊

350000－2002－0000680　51/2200

永嘉叢書十四種　（清）孫衣言輯　清同治、
光緒間瑞安孫氏詒善祠塾刻本　二十八冊
存八種一百二十卷（集韻考正十卷，劉給諫文
集五卷，劉左史文集四卷，橫塘集二十卷，艮
齋先生薛常州浪語集三十五卷，蒙川先生遺
稿四卷、補遺一卷，開禧德安守城錄一卷，禮記
二至十四、十八至三十七、四十八至五十四）

350000－2002－0000681　27/1780

十九世紀列國政治文編十四卷　邵羲選輯
清光緒二十九年（1903）教育世界社鉛印本
九冊　存十二卷（一、三至四、六至十四）

350000－2002－0000682　21.4/6850

鑑撮四卷　（清）曠敏本編　清光緒二十八年
（1902）亦西齋石印本　一冊

350000－2002－0000683　21.4/6033

重訂路史全本五種　（宋）羅泌輯　（明）吳弘
基訂　清嘉慶六年（1801）刻本　二十冊

350000－2002－0000684　22/7800

華洋戰略一卷　（清）關錦章輯　清光緒刻本
一冊

350000－2002－0000685　21.2/4127

鼎鍥趙田了凡袁先生編纂古本歷史大方綱鑑
補三十九卷首一卷　（宋）劉恕外紀　（明）金
履祥前編　（明）袁黃編纂　御撰資治通鑑綱
目三編二十二卷　（清）張廷玉等編　清光緒
二十九年（1903）上海博文書館石印本　五冊

350000－2002－0000686　25.2/4663

西湖佳話古今遺蹟十六卷　題（清）墨浪子搜
輯　清光緒十八年（1892）上海文選局石印本
一冊　存八卷（一至八）

350000－2002－0000687　25.2/4040

環遊地球新錄四卷　（清）李圭撰　清末鉛印
本　四冊

350000－2002－0000688　21.3/7173

繹史一百六十卷世系圖一卷年表一卷　（清）
馬驌撰　清康熙刻本　二十六冊

350000－2002－0000689　25.2/6290

[嘉慶]湖北通志一百卷首五卷　（清）吳熊光
（清）吳烜修　（清）陳詩等纂　清嘉慶九年
（1804）刻本　四十七冊　存八十一卷（一至
五十一、五十六至七十六、八十四至八十六、
一百，首五卷）

350000－2002－0000690　21.2/4320

東萊先生音註唐鑑二十四卷　（宋）范祖禹撰
（宋）呂祖謙註　清同治十三年（1874）刻本
四冊

350000－2002－0000691　21.2/2540b

資治通鑑綱目五十九卷　（宋）朱熹撰　（明）
陳仁錫評閱　明刻本　六十一冊　存五十六
卷（一至九、十一至十三、十五至五十一、五十
三至五十九）

350000－2002－0000692　21.5/4240

湖隱外史一卷　（明）葉紹袁纂　清光緒三十三年(1907)國學保存會鉛印國粹叢書本　一冊

350000－2002－0000693　23/7167

楓山章文懿公[懋]年譜二卷　（明）阮鶚撰　清同治、光緒間永康胡氏退補齋刻金華叢書本　一冊

350000－2002－0000694　25.2/0340

黑蠻風土記一卷　（英國）立溫斯敦著　（清）史錦鏞譯　（清）沈定年述　清光緒鉛印本　一冊

350000－2002－0000695　27/2351

美國教育制度二卷　（日本）納富忠一著　（清）人演社譯　清光緒二十九年(1903)開明書店鉛印本　一冊　存一卷（下）

350000－2002－0000696　21.2/6074

資治通鑑地理今釋十六卷　（清）吳熙載撰　清光緒二十三年(1897)廣樂經史閣刻本　四冊

350000－2002－0000697　25.2/1017

[光緒]重纂邵武府志三十卷首一卷　（清）張景祁等纂　（清）王琛　（清）徐兆豐等修　清光緒二十三年至二十四年(1897－1898)刻本　十九冊

350000－2002－0000698　37/1144＝4

淵鑑類函四百五十卷目錄四卷　（清）張英等纂輯　清康熙四十九年(1710)內府刻本　二十一冊　存六十六卷（三百六十七至三百八十九、三百九十四至四百三十六）

350000－2002－0000699　24.1/1731＝1

史記菁華錄六卷　（漢）司馬遷撰　（清）苧田氏摘　清末上海錦章圖書局石印本　一冊　存一卷（一）

350000－2002－0000700　38/2271

山海經廣注十八卷讀山海經語一卷雜述一卷圖五卷　（清）吳任臣撰　清乾隆五十一年(1786)刻本　六冊

350000－2002－0000701　21.2/6244

尺木堂綱鑑易知錄九十二卷　（清）周之炯等輯　清鉛印本　一冊　存六卷（四十七至五十二）

350000－2002－0000702　29/1488

史論正鵠初集四卷二集四卷三集八卷四集八卷　（清）王樹敏評點　清光緒二十七年至三十年(1901－1904)上海久敬齋石印本　二十四冊

350000－2002－0000703　36/2029

玉芝堂談薈三十六卷　（明）徐應秋輯　明刻清康熙四十二年(1703)補刻本　二十八冊

350000－2002－0000704　27/8397

中俄界約斠注七卷首一卷　（清）錢恂撰　清光緒二十年(1894)上海醉六堂刻本　一冊

350000－2002－0000705　25.2/6353

西湖游覽志二十四卷志餘二十六卷　（明）田汝成輯撰　明萬曆二十五年(1597)季東魯刻本　八冊

350000－2002－0000706　23/2527b

昭忠錄九十卷補遺二卷再續九卷三續五卷　（清）忠義局編　清同治四年至光緒二年(1865－1876)江蘇省忠義局刻本　三冊　存十二卷（十三至十七、五十至五十四，另有二卷卷次不詳）

350000－2002－0000707　43/4010

全五代詩九十卷補遺一卷五代帝王廟諡年諱譜一卷　（清）李調元編　清乾隆綿州李氏萬卷樓刻嘉慶十四年(1809)李鼎元重印函海本　十二冊

350000－2002－0000708　21.1/4877

武英殿本二十四史　（□）□□編　清同治八年(1869)嶺南莊古堂刻本　八百四十五冊　存二十四種三千二百六十一卷（史記一至六十八、七十五至一百三十，前漢書一百卷，後漢書一百二十卷，三國志六十五卷，晉書一百三十卷、附音義三卷，宋書一百卷，南齊書五十九卷，梁書一至二十八、三十六至五十六，

陳書三十六卷,魏書一百十四卷,北齊書五十卷,周書五十卷,隋書一至七十六、八十三至八十五,南史八十卷,北史一百卷,舊唐書二百卷,唐書二百二十五卷、釋音二十五卷,舊五代史一百五十卷,五代史七十四卷,宋史一至四百六十六、四百七十二至四百九十六,遼史一百十五卷,欽定遼史語解十卷,金史一百三十五卷、欽定金國語解一卷、欽定金史語解十二卷,元史二百十卷、欽定元史語解二十四卷,明史一至三百八、三百十一至三百三十二)

350000－2002－0000709　35.1/1844

**淳化秘閣法帖考正十卷附二卷**　(清)王澍撰　清乾隆三十三年(1768)刻本　八冊　存十卷(一至八、附二卷)

350000－2002－0000710　27/2527c

**三通**　(□)□□編　清乾隆十二年(1747)武英殿刻本　五冊　存二種二十二卷(通志一至三、文獻通考三百二十四至三百四十二)

350000－2002－0000711　21.5/4037

**蕩平發逆圖記二十二卷首一卷**　(清)杜文瀾撰　題(清)白雲山人繪　清光緒上海漱六山莊石印本　五冊　存二十一卷(二至二十二)

350000－2002－0000712　25.2/4038

**[光緒]澎湖廳志十四卷首一卷**　(清)蔡麟祥修　(清)林豪纂　清光緒二十年(1894)文石書院刻本　十冊

350000－2002－0000713　34/2428

**推易始末四卷**　(清)毛奇齡撰　清乾隆五十九年至嘉慶元年(1794－1796)石門馬氏大酉山房刻龍威秘書本　二冊

350000－2002－0000714　25.2/7727

**[道光]廈門志十六卷**　(清)周凱纂修　清道光十九年(1839)刻本　十一冊　存十四卷(一至十四)

350000－2002－0000715　29/0703

**文史通義八卷**　(清)章學誠撰　清道光十二年(1832)會稽章華紱刻浙江書局補刻章氏遺書本　一冊

350000－2002－0000716　25.2/2440

**[乾隆]泉州府志七十六卷首一卷**　(清)懷蔭布修　(清)黃任　(清)郭賡武纂　清同治九年(1870)章倬標刻民國十六年(1927)補刻本　四十八冊

350000－2002－0000717　25.2/8145

**曹江孝女廟誌八卷首一卷末一卷補遺一卷**　(清)金廷棟編輯　清光緒八年(1882)刻本　二冊

350000－2002－0000718　23/2448

**文廟通考六卷首一卷**　(清)牛樹梅編　清同治十一年(1872)浙江書局刻本　二冊

350000－2002－0000719　21.4/3046

**大金國志四十卷**　(宋)宇文懋昭撰　清嘉慶二年(1797)南沙席世臣掃葉山房刻本　四冊

350000－2002－0000720　35.2/8027

**兩漢金石記二十二卷**　(清)翁方綱編　清乾隆五十四年(1789)南昌使院刻本　八冊

350000－2002－0000721　23/2381

**宣統己酉科優拔同年齒錄不分卷**　(清)□□編　清宣統福州利福公司鉛印本　一冊

350000－2002－0000722　25.2/4109

**[雍正]浙江通志二百八十卷首三卷**　(清)李衛　(清)嵇曾筠等修　(清)沈翼機　(清)傅王露纂　清光緒二十五年(1899)浙江書局刻本　一百二十冊

350000－2002－0000723　27/2277

**欽定大清會典一百卷首一卷圖二百七十卷首一卷事例一千二百二十卷目錄八卷**　(清)崑岡等修　(清)吳樹梅等纂　清光緒二十五年(1899)清會典館石印本　四百九十四冊

350000－2002－0000724　21.2/2391b

**御批歷代通鑑輯覽一百二十卷**　(清)傅恆等撰　清光緒二十九年(1903)商務印書館鉛印本　二十四冊

350000－2002－0000725　21.1/1110

明史三百三十二卷目錄四卷 （清）張廷玉等纂修 清光緒三年(1877)湖北崇文書局刻二十四史本 七十二冊 存三百十三卷(一至七十三、七十八至一百三、一百六至一百七、一百十九至二百五十八、二百六十二至二百七十六、二百八十至三百三十二,目錄四卷)

350000－2002－0000726 25.2/4422

鼓山志十四卷首一卷 （清）黃任修輯 清乾隆刻光緒二年(1876)補刻本 六冊

350000－2002－0000727 31/7227

說苑二十卷 （漢）劉向撰 清光緒元年(1875)湖北崇文書局刻子書百家本 二冊 存十卷(六至十、十六至二十)

350000－2002－0000728 21.2/1208b

十一朝東華錄五百九十四卷 王先謙 （清）潘頤福編 清宣統三年至民國元年(1911－1912)存古齋鉛印本 五十二冊 存二百八十四卷(天命四卷,天聰十一卷,崇德八卷,順治三十六卷,康熙一至七、十四至六十二、八十三至九十二,雍正二十六卷,嘉慶一至二十六、三十一至五十,道光一至六十,同治六十四至九十)

350000－2002－0000729 25.2/4096

[光緒]清遠縣志十六卷首一卷 （清）李文炬 （清）羅煒修 （清）朱潤芳 （清）麥瑞芳纂 清光緒六年(1880)翰元樓刻本 八冊

350000－2002－0000730 24.1/0021

前漢書鈔四卷後漢書鈔二卷 （清）高墉集評 清乾隆五十三年(1788)刻本 六冊

350000－2002－0000731 28/6843

昭德先生郡齋讀書志二十卷 （宋）晁公武撰 （宋）姚應績編 附志二卷 （宋）趙希弁撰 （清）劉鉅覆校 校補一卷 王先謙撰 清光緒十年(1884)長沙王氏刻本 十冊

350000－2002－0000732 44/4428

碧溪詩話十卷 （宋）黃徹撰 清乾隆四十二年(1777)福建布政使司刻武英殿聚珍版書本 一冊

350000－2002－0000733 21.2/1208

東華續錄二百三十卷(乾隆朝至道光朝) 王先謙編 （清）周潤蕃校 清光緒刻本 十六冊 存三十六卷(嘉慶朝一至三十六)

350000－2002－0000734 21.5/1330

湘軍記二十卷 （清）王定安撰 清光緒十五年(1889)江南書局刻本 八冊

350000－2002－0000735 31/2527

子書廿五種 （清）□□輯 清光緒三十年(1904)上海育文書局石印本 二冊 存三種三十一卷(老子道德經二卷、附音義一卷,孔子集語十七卷,晏子春秋七卷、附音義二卷、校勘記二卷)

350000－2002－0000736 21.1/7286

史緯三百三十卷首一卷 （清）陳允錫刪修 清光緒二十九年(1903)文來書局石印本 六十冊

350000－2002－0000737 25.2/5671

溫陵事考三卷 （清）史景臣輯 清乾隆刻本 一冊

350000－2002－0000738 23/2553b

歷代名儒傳八卷 （清）朱軾 （清）蔡世遠訂 （清）李清植分纂 歷代名臣傳三十五卷首一卷續編五卷 （清）朱軾 （清）蔡世遠訂 (清)張江分纂 歷代循吏傳八卷首一卷 （清）朱軾 （清）蔡世遠訂 （清）張福昶分纂 清同治三年(1864)刻本 二十四冊

350000－2002－0000739 22/3180

聖諭像解二十卷 （清）梁延年編 清光緒北洋官報局石印本 十冊

350000－2002－0000740 23/1404c

朱子年譜四卷考異四卷附錄二卷 （清）王懋竑纂訂 清乾隆十七年(1752)白田草堂刻清末浙江書局補刻本 四冊

350000－2002－0000741 25.2/4097

廣東圖說九十二卷首一卷附總圖二十三卷 (清)毛鴻賓 （清）瑞麟繪編 （清）陳澧等繪圖 清同治五年(1866)刻本 二十一冊

350000－2002－0000742　29/3443

**史通通釋二十卷**　（清）浦起龍釋　（清）方懋福等參釋　清光緒二十五年(1899)上海寶文書局石印本　八冊

350000－2002－0000743　23/2910

**陸清獻公[隴其]年譜一卷**　（清）吳光酉編　（清）陸宸徵　（清）李鉉輯　清同治七年(1868)武林薇署刻本　一冊

350000－2002－0000744　29/3304

**御批資治通鑑綱目全書一百九卷**　（清）聖祖玄燁批　清康熙四十六年(1707)內府刻本　七十九冊　存一百四卷(御批資治通鑑綱目一至五、七至十三、十五至五十八，首一卷；御批資治通鑑綱目前編十八卷、外紀一卷；御批資治通鑑綱目前編舉要三卷；御批續資治通鑑綱目續編三至二十七)

350000－2002－0000745　52/1530b

**王船山先生經史論八種**　（清）王夫之撰　清光緒二十七年(1901)簡青齋書局石印本　四冊　存四種二十一卷(周易外傳七卷、尚書引義六卷、春秋家說三卷、春秋世論五卷)

350000－2002－0000746　23/4912

**廣元遺山[好問]年譜二卷**　（清）李光廷編　清同治五年(1866)刻本　二冊

350000－2002－0000747　35.2/8027＝1

**兩漢金石記二十二卷**　（清）翁方綱編　清乾隆五十四年(1789)南昌使院刻本　五冊　存十九卷(一至四、八至二十二)

350000－2002－0000748　25.2/0388

**閩嶠輶軒錄二卷**　（清）卞寶第撰　清光緒刻本　一冊

350000－2002－0000749　23/4140

**孔孟編年三種**　（清）狄子奇輯　清光緒十三年(1887)浙江書局刻本　二冊　存二種八卷(孔子編年四卷、孟子編年四卷)

350000－2002－0000750　23/1028＝1

**先聖生卒年月日考二卷**　（清）孔廣牧述　清光緒十九年(1893)浙江書局刻本　一冊

350000－2002－0000751　27/2527b

**丁未和會類要四卷**　（清）□□輯　清光緒三十四年(1908)中國圖書公司鉛印本　三冊

350000－2002－0000752　52/0218c

**定盦文集三卷續集四卷補五卷補編四卷**　（清）龔自珍撰　清宣統二年(1910)掃葉山房石印本　五冊　存十四卷(文集三卷、續集四卷、文集補一至三、補編四卷)

350000－2002－0000753　21.1/1731e

**史記一百三十卷附考證**　（漢）司馬遷撰　（南朝宋）裴駰集解　（唐）司馬貞索隱　（唐）張守節正義　清光緒三十一年(1905)上海久敬齋石印本　八冊

350000－2002－0000754　52/0218b

**定盦文集三卷續集四卷拾遺一卷補編四卷別集二卷補一卷**　（清）龔自珍撰　定盦先生[龔自珍]年譜一卷　吳昌綬編　清宣統元年(1909)上海國學扶輪社鉛印本　六冊

350000－2002－0000755　28/7110

**天一閣書目四卷**　（清）范邦甸等編　碑目一卷　（清）范懋敏撰　清嘉慶十三年(1808)阮氏文選樓刻本　五冊　存四卷(天一閣書目四卷)

350000－2002－0000756　44/4417

**甌北詩話十二卷**　（清）趙翼撰　清刻本　二冊

350000－2002－0000757　25.2/3943

**歷代宅京記二十卷**　（清）顧炎武撰　清抄本　二冊　存七卷(八至十四)

350000－2002－0000758　27/5207

**郵傳部第三次路政統計表不分卷**　（清）郵傳部編　清宣統元年(1909)鉛印本　二冊

350000－2002－0000759　25.2/4337c

**歷代地理志韻編今釋二十卷皇朝輿地韻編二卷**　（清）李兆洛輯　清咸豐十一年(1861)懷寧鄧傳密憶蒼山館刻本　一冊　存二卷(皇朝輿地韻編二卷)

350000－2002－0000760　21.5/4027

**李忠定公別集十卷**　（宋）李綱撰　清光緒十年(1884)邵武徐氏刻邵武徐氏叢書本　一冊　存三卷(靖康傳信錄一至三)

350000－2002－0000761　21.4/4330

**日本國志四十卷首一卷**　（清）黃遵憲編纂　清光緒二十四年(1898)浙江書局刻本　十冊

350000－2002－0000762　25.2/7334

**鶴場漫志二卷**　（清）劉家謀纂　清道光二十九年(1849)福州刻本　一冊

350000－2002－0000763　21.2/4408

**通鑑擥要前編二卷首一卷正編十九卷續編八卷明史擥要八卷**　（清）姚培謙　（清）張景星錄　清光緒二十八年(1902)刻本　十三冊　存三十一卷(通鑑擥要前編二卷、首一卷、正編一至十七、續編一至三,明史擥要八卷)

350000－2002－0000764　51/2267＝2

**粵雅堂叢書一百八十四種**　（清）伍崇曜輯　清道光至光緒間南海伍氏刻本　七冊　存二種十二卷(述古堂藏書目四卷、宋板書目一卷,崇文總目五卷、補遺一卷、附錄一卷)

350000－2002－0000765　27/0200

**歐美政治要義十八章**　（清）戴鴻慈　（清）端方撰　清光緒三十四年(1908)上海商務印書館石印本　四冊

350000－2002－0000766　25.2/1080

**[康熙]江南通志七十六卷**　（清）王新命　（清）薛柱斗修　（清）張九徵　（清）陳焯纂　清康熙二十三年(1684)江南通志局刻本　三十六冊

350000－2002－0000767　22/7800b

**近時名臣奏議一卷**　（清）關錦章輯　清粵東學院前守經堂刻本　一冊

350000－2002－0000768　51/7230

**龍威秘書一百六十九種**　（清）馬俊良輯　清乾隆五十九年至嘉慶元年(1794－1796)石門馬氏大酉山房刻本　八十冊　存一百六十八種三百二十五卷(小爾雅一卷,羣輔錄一卷,

南方草木狀三卷,西京雜記六卷,海內十洲記一卷,搜神記八卷,神仙傳十卷,神異經一卷,穆天子傳六卷,漢武帝內傳一卷,飛燕外傳一卷,雜事秘辛一卷,述異記二卷,別國洞冥記四卷,詩品三卷,鼎錄一卷,竹譜一卷,古今刀劍錄一卷,枕中書一卷,江淮異人錄一卷,離騷集傳一卷,離騷草木疏四卷,御覽闕史二卷,農書三卷,蠶書一卷,於潛令樓公進耕織二圖詩一卷、附錄一卷,江南餘載二卷,五國故事二卷,故宮遺錄一卷,赤雅三卷,平臺紀畧一卷,雲仙雜記一卷,二十四詩品一卷,本事詩一卷,雲溪友議一卷,本朝名家詩鈔小傳四卷,蓮坡詩話三卷,歸田詩話三卷,臨漢隱居詩話一卷,潯南詩話三卷,酉陽雜俎二卷,諾皋記一卷,博異志一卷,李泌傳一卷,仙吏傳一卷,英雄傳一卷,劍俠傳一卷,柳毅傳一卷,虬髯客傳一卷,馮燕傳一卷,蔣子文傳一卷,杜子春傳一卷,龍女傳一卷,妙女傳一卷,神女傳一卷,楊太真外傳二卷,長恨歌傳一卷,梅妃傳一卷,紅線傳一卷,劉無雙傳一卷,霍小玉傳一卷,牛應貞傳一卷,謝小娥傳一卷,李娃傳一卷,章臺柳傳一卷,非烟傳一卷,會真記一卷,黑心符一卷,南柯記一卷,枕中記一卷,高力士傳一卷,白猿傳一卷,任氏傳一卷,袁氏傳一卷,揚州夢記一卷,妝樓記一卷,雷民傳一卷,離魂記一卷,再生記一卷,夢遊錄一卷,三夢記一卷,幽怪錄一卷,續幽怪錄一卷,幻戲志一卷,幻異志一卷,靈應傳一卷,才鬼記一卷,靈鬼志一卷,玄怪記一卷,續玄怪錄一卷,昌黎雜說一卷,錄異記一卷,飛燕遺事一卷,趙后遺事一卷,窮怪錄一卷,搜神後記一卷,幽怪錄一卷,古鏡記一卷,楊娼傳一卷,轀軒絕代語一卷,臆乘一卷,吉凶影響錄一卷,桯史一卷,仇池筆記一卷,東齋記事一卷,漁樵閒話一卷,廬陵雜說一卷,遺史紀聞一卷,摭青雜說一卷,晰獄龜鑒一卷,搜神祕覽一卷,玉溪編事一卷,乘異記一卷,廣異記一卷,近異錄一卷,甄異記一卷,旌異記一卷,朕車志一卷,雞肋一卷,虎口餘生記一卷,陶說六卷,鬼董五卷,說郛雜著十種十卷,考槃餘事四卷,麗體金膏八卷,金鰲退食筆記

二卷，京東考古錄一卷，山東考古錄一卷，泰山紀勝一卷，隴蜀餘聞一卷，板橋雜記三卷，揚州鼓吹詞序一卷，匡廬紀游一卷，游雁蕩山記一卷，甌江逸志一卷，湖壖雜記一卷，峝谿纖志一卷，坤輿外紀一卷，嶺南雜記一卷，封長白山記一卷，使琉球紀一卷，閩小紀二卷，臺灣紀略一卷，臺灣雜記一卷，安南紀遊一卷，粵述一卷，粵西偶記一卷，滇黔紀遊一卷，滇行紀程一卷、續鈔一卷，東還紀程一卷、續鈔一卷，推易始末四卷，春秋屬辭比事記四卷，春秋占筮書三卷，韻學指要一卷，竟山樂錄四卷，李氏學樂錄二卷，論語稽求篇七卷，大學證文一卷，明堂問一卷，白鷺洲主客說詩一卷，續詩傳鳥名三卷，八紘譯史四卷，八紘荒史一卷，譯史紀餘四卷，西番譯語一卷，外國竹枝詞一卷，西藏記二卷，說文解字繫傳四十卷、附錄一卷）

350000－2002－0000769　28/4603

**行素草堂金石叢書十六種**　（清）朱記榮輯　清光緒吳縣朱氏刻十四年（1888）彙印本　十二冊　存三種四十五卷（集古錄跋尾十卷、集古目錄五卷、金石錄三十卷）

350000－2002－0000770　52/0218

**定盦文集三卷續集四卷文集補編四卷文集補六卷**　（清）龔自珍撰　清光緒二十三年（1897）萬本書堂刻本　六冊

350000－2002－0000771　21.5/5425

**畫舫餘譚三十六春小譜合刊五卷**　（清）捧花生撰　清咸豐石印本　一冊　存一卷（畫舫餘譚一卷）

350000－2002－0000772　25.2/6650

**［同治］嵊縣志二十六卷首一卷末一卷**　（清）嚴思忠　（清）陳仲麟修　（清）蔡以瑺纂　清同治九年（1870）刻本　十二冊

350000－2002－0000773　25.2/4410

**［乾隆］馬巷廳志十八卷首一卷**　（清）萬友正纂修　清光緒九年（1883）丁惠深刻本　八冊

350000－2002－0000774　21.5/4622

**萬國通史前編十卷附人地諸名表一卷**　（英國）李思倫白約翰輯譯　蔡爾康筆述　清光緒二十九年（1903）上海廣學會鉛印本　十冊

350000－2002－0000775　29/1011

**史事論甲編十卷乙編六卷丙編四卷丁編四卷**　（清）雷瑨編輯　清光緒二十九年（1903）硯耕山莊石印本　八冊　存八卷（丙編四卷、丁編四卷）

350000－2002－0000776　29/1011b＝1

**古今史論大觀前編十五卷後編十七卷**　（清）雷瑨編輯　清光緒二十七年（1901）硯耕山莊石印本　十冊

350000－2002－0000777　21.4/3278

**南疆繹史勘本三十卷首二卷**　（清）溫睿臨撰　（清）李瑤勘定　**繹史摭遺十八卷繹史卹謚攷八卷**　（清）李瑤纂　清刻本　十冊

350000－2002－0000778　29/6308b

**東萊博議四卷**　（宋）呂祖謙撰　清光緒三十年（1904）上海書局石印本　一冊

350000－2002－0000779　21.1/0044

**歸震川評點史記一百三十卷**　（明）歸有光撰　**方望溪評點史記四卷**　（清）方苞評點　清光緒二年（1876）武昌張氏刻本　一冊　存四卷（方望溪評點史記四卷）

350000－2002－0000780　51/6013

**古今逸史五十五種**　（明）吳琯編　明刻本　一冊　存二種三卷（吳地記一卷、後集一卷，洛陽名園記一卷）

350000－2002－0000781　42.2/4664

**楊龜山先生集四十二卷首一卷**　（宋）楊時撰　清康熙四十六年（1707）楊氏刻本　十冊

350000－2002－0000782　44/1031

**文章練要十卷**　（清）王源評訂　清康熙刻雍正補修本　六冊

350000－2002－0000783　21.1/2527b

**欽定二十四史**　（□）□□編　清光緒三十四年（1908）上海集成圖書公司鉛印本　一百九十冊　存十六種一千六百十七卷（史記一百

三十卷、前漢書一百卷、後漢書一百二十卷、三國志六十五卷、南齊書五十九卷、梁書五十六卷、陳書三十六卷、北齊書五十卷、魏書一百十四卷、周書五十卷、隋書八十五卷、南史八十卷、舊五代史一百五十卷、五代史七十四卷、遼史一百十六卷、明史三百三十二卷）

350000－2002－0000784　21.1/1110b
**明史三百三十二卷目錄四卷** （清）張廷玉等纂修　清光緒三十三年（1907）上海華商集成圖書公司鉛印本　四十冊

350000－2002－0000785　21.2/7677
**御批通鑑綱目全編四種** （明）陳仁錫評定　清光緒二十九年（1903）善成堂刻本　一百二十五冊　存四種一百三十一卷（資治通鑑綱目前編二十五卷，資治通鑑綱目一至三十七、三十九至五十九，續資治通鑑綱目二十七卷、末一卷，御撰資治通鑑綱目三編二十卷）

350000－2002－0000786　21.2/1521＝1
**袁王綱鑑合編三十九卷首一卷** （明）袁黃輯　（明）王世貞編　**御撰明紀綱目二十卷**（清）張廷玉等編　清光緒三十年（1904）上海商務印書館鉛印本　十六冊

350000－2002－0000787　21.2/1790b
**資治通鑑二百九十四卷** （宋）司馬光撰　（元）胡三省音註　**通鑑釋文辯誤十二卷**（元）胡三省撰　清刻本　九冊　存二十九卷（一百三十五至一百六十三）

350000－2002－0000788　21.1/1344
**廿二史精華錄十二卷** （清）夏之蓉編　清光緒二十八年（1902）石印本　二冊

350000－2002－0000789　21.1/1721
**史記索隱三十卷** （唐）司馬貞撰　明末毛氏汲古閣刻本　二冊

350000－2002－0000790　25.2/5097＝1
**[康熙]詔安縣志十二卷志餘一卷** （清）秦炯纂修　清同治十三年（1874）刻本　六冊

350000－2002－0000791　21.3/4041b
**通鑑紀事本末二百三十九卷** （宋）袁樞編

（明）張溥論正　清光緒二十八年（1902）上海捷記書局石印歷朝紀事本末本　十二冊

350000－2002－0000792　52/0380
**十年讀書之廬重刊韻史二卷補一卷** （清）許遴翁撰（清）朱玉岑撰　清光緒元年（1875）十年讀書之廬刻本　一冊

350000－2002－0000793　21.5/7174
**痛史二十一種** 樂天居士輯　清宣統三年（1911）上海商務印書館鉛印本　六冊　存六種十二卷（福王登極實錄一卷，過江七事一卷，金陵紀略一卷、南征記一卷；莊氏史案一卷，秋思草堂遺集一卷；研堂見聞雜記一卷；淮城紀事一卷，揚州變略一卷，京口變略一卷；浙東紀略一卷；蜀記一卷）

350000－2002－0000794　21.3/1167
**山東軍興紀略二十二卷** （清）徑北草堂編纂　清光緒十一年（1885）刻本　九冊　存二十一卷（二至二十二）

350000－2002－0000795　21.5/1033
**湘軍志十六篇** 王闓運撰　清光緒二十四年（1898）致知書局鉛印述廬叢書本　二冊

350000－2002－0000796　22/7444c＝1
**唐陸宣公奏議讀本四卷首一卷** （唐）陸贄撰　（清）汪銘謙編　（清）馬傳庚評點　清光緒二十六年（1900）會稽馬氏石印本　二冊

350000－2002－0000797　25.2/4110c
**武夷山志二十四卷首一卷** （清）董天工編　清道光二十七年（1847）尺木軒刻同治十一年（1872）丁承禧重修本　八冊

350000－2002－0000798　21.1/4877c＝1
**二十四史** （□）□□編　清同治、光緒間五省官書局刻光緒五年（1879）湖北書局彙印本　一百三十八冊　存六種七百二十七卷（宋書一百卷，南史三十九至八十，遼史一百十五卷附考證，金史一百三十五卷附考證，欽定國語解一卷，元史一至八十七，明史四十六至一百七十四、二百十五至三百三十二）

350000－2002－0000799　22/7044

名臣奏議一卷續刻一卷　（清）關奕基輯　清
粵東學院前守經堂刻本　二冊

350000－2002－0000800　25.2/7033＝1

秣陵集六卷圖考一卷金陵歷代紀年事表一卷
　（清）陳文述撰　清光緒十年（1884）淮南書
局刻本　三冊

350000－2002－0000801　24.1/4917

廿二史劄記三十六卷首一卷補遺一卷　（清）
趙翼撰　清光緒二十五年（1899）上海千頃堂
石印本　六冊

350000－2002－0000802　21.2/1208f

同治朝東華續錄一百卷　王先謙編　（清）張
式恭校　清光緒二十四年（1898）文瀾書局石
印本　二十四冊

350000－2002－0000803　52/0637

管注秋水軒尺牘四卷　（清）許思湄撰　（清）
婁世瑞注釋　（清）管斯駿補注　清光緒三十
三年（1907）廈門會文堂書局刻朱墨套印本
四冊

350000－2002－0000804　21.2/2540

通鑑綱目全書　（明）陳仁錫評閱　明春明堂
刻本　十八冊　存十八卷（資治通鑑綱目五
十三至五十九,續資治通鑑綱目一至十、末一
卷）

350000－2002－0000805　21.5/0032

戰國策三十三卷　（漢）高誘注　清宣統元年
（1909）鴻寶齋石印本　一冊　存十二卷（一
至十二）

350000－2002－0000806　22/2337

上諭內閣一百五十九卷　（清）允祿等編
（清）弘晝等續編　清刻本　三十二冊

350000－2002－0000807　21.5/1330＝1

湘軍記二十卷　（清）王定安撰　清光緒十五
年（1889）江南書局刻本　十一冊　存十九卷
（一至二、四至二十）

350000－2002－0000808　21.5/2425＝1

拳匪紀略八卷前編二卷後編二卷　（清）僑析

生撰　清光緒二十九年（1903）上洋書局石印
本　二冊　存九卷（四至八、前編二卷、後編
二卷）

350000－2002－0000809　21.5/2491

燼餘錄二卷　（元）徐大焯撰　清光緒三十二
年（1906）上海國學保存會鉛印國粹叢書本
一冊

350000－2002－0000810　21.5/3420

日本史綱二卷　（清）江楚編譯局輯　清金陵
江楚編譯官書總局石印本　一冊

350000－2002－0000811　21.5/2545

史略十三卷　（清）朱坤輯　清光緒二十八年
（1902）冬心壽堂鉛印本　五冊　存八卷（一
至二、五至六、九至十二）

350000－2002－0000812　21.5/4622＝1

萬國通史前編十卷　（英國）李思倫白約翰輯
譯　蔡爾康筆述　清光緒二十九年（1903）上
海廣學會鉛印本　十冊

350000－2002－0000813　21.5/4622＝2

萬國通史前編十卷　（英國）李思倫白約翰輯
譯　蔡爾康筆述　清光緒二十九年（1903）上
海廣學會鉛印本　十冊

350000－2002－0000814　21.5/4622b

萬國通史續編十卷　（英國）李思倫白約翰輯
譯　（清）曹曾涵纂述　清光緒三十年（1904）
上海廣學會鉛印本　九冊　存九卷（一至九）

350000－2002－0000815　21.5/4622b＝1

萬國通史續編十卷　（英國）李思倫白約翰輯
譯　（清）曹曾涵纂述　清光緒三十年（1904）
上海廣學會鉛印本　十冊

350000－2002－0000816　22/7121

憲政條議一卷　（清）劉子貞撰　清宣統元年
（1909）鉛印本　一冊

350000－2002－0000817　22/7444b

注陸宣公奏議十五卷　（唐）陸贄撰　（清）孫
心源校　清光緒四年（1878）陸氏十萬卷樓刻
本　二冊

350000－2002－0000818　29/4407

**讀史論略一卷**　（清）杜詔撰　（清）張再英校
閱　（清）莫健　（清）王孫芸箋　清趙三元刻
本　一冊

350000－2002－0000819　23/0175

**涵芬樓古今文鈔小傳四卷首一卷附錄一卷**
商務印書館編譯所編　清宣統三年（1911）商
務印書館鉛印本　一冊

350000－2002－0000820　23/0544

**漢學商兌三卷**　（清）方東樹撰　清光緒二十
六年（1900）浙江書局刻本　四冊

350000－2002－0000821　29/6308c

**東萊先生左氏博議二十五卷**　（宋）呂祖謙撰
　清光緒二十四年（1898）江左書林石印本
四冊

350000－2002－0000822　30/2527

**十子全書**　（清）王子興輯　清光緒二十三年
（1897）上海圖書集成局鉛印本　十六冊

350000－2002－0000823　31/0080

**小學纂注六卷**　（宋）朱熹撰　（清）高愈纂注
　清同治十一年（1872）浙江書局刻本　二冊

350000－2002－0000824　30/2527b

**二十五子彙函**　（清）鴻文書局輯　清光緒十
九年（1893）上海鴻文書局石印本　八冊　存
十一種一百五十三卷（管子二十四卷、尸子二
卷、存疑一卷、莊子十卷、晏子春秋七卷、附音
義二卷、校勘記二卷、鬼谷子一卷、孫子十家
注十三卷、敘錄一卷、遺說一卷、荀子二十卷、
校勘補遺一卷、呂氏春秋二十六卷、附考一
卷、韓非子二十卷、識誤三卷、文子纘義十二
卷、商君書五卷、附攷一卷）

350000－2002－0000825　30/2057

**子書百家一百一種**　（清）崇文書局輯　清光
緒元年（1875）湖北崇文書局刻本　七冊　存
三種三十二卷（孔子家語十卷、說苑二十卷、
顏氏家訓二卷）

350000－2002－0000826　31/0377

**蕺山先生人譜一卷人譜類記二卷**　（明）劉宗

周撰　（清）洪正治校編　清道光十五年
（1835）鍾祥刻本　二冊

350000－2002－0000827　31/1003

**新書十卷**　（漢）賈誼撰　清光緒元年（1875）
浙江書局刻本　二冊

350000－2002－0000828　31/1046

**女四書**　（明）王相箋注　清光緒六年（1880）
李光明莊刻本　二冊

350000－2002－0000829　31/1143

**正蒙二卷**　（宋）張載撰　清刻本　二冊

350000－2002－0000830　51/1221＝2

**正誼堂全書六十八種**　（清）張伯行輯　（清）
楊浚重輯　清同治五年（1866）福州正誼書局
刻八年至九年（1869－1870）正誼書院增補光
緒十三年（1887）續增補本　四十七冊　存二
十四種一百六十卷（周濂溪先生全集十三卷，
羅豫章先生文集十卷，李延平先生文集四卷，
張南軒先生文集七卷，黃勉齋先生文集八卷，
胡敬齋先生文集三卷，諸葛武侯文集四卷，唐
陸宣公文集四卷、首一卷，謝疊山先生集二
卷，上蔡先生語錄三卷，薛文清公讀書錄八
卷，胡敬齋先生居業錄八卷，道南源委六卷，
羅整庵先生困知記四卷，陸稼書先生問學錄
四卷，陸稼書先生松陽鈔存一卷，魏莊渠先生
集二卷，羅整庵先生存稾二卷，道統錄二卷、
附錄一卷，廣近思錄十四卷，困學錄集萃八
卷，伊洛淵源錄十四卷，居濟一得八卷，唐宋
八大家文鈔十九卷）

350000－2002－0000831　31/1221

**廣近思錄十四卷**　（清）張伯行輯　（清）柳椿
　（清）陳紹濂校　清同治五年（1866）福州正
誼書局刻正誼堂全書本　四冊

350000－2002－0000832　25.2/1310b

**水經注四十卷**　（北魏）酈道元注　（清）項絪
　（清）黃晟校　清康熙項絪刻乾隆黃晟補修
本　十三冊　存二十七卷（二至二十六、三十
七至三十八）

350000－2002－0000833　25.2/1450

[光緒]無錫金匱縣志四十卷首一卷附編六卷
（清）裴大中　（清）倪咸生修　（清）秦緗
業纂　清光緒七年(1881)刻本　二十冊

350000－2002－0000834　43/7121

古文精言詳註合編十六卷　（清）周聘侯評選
清乾隆刻本　十六冊

350000－2002－0000835　31/1221c

小學集解六卷首一卷　（清）張伯行纂輯　孝
經一卷　（唐）玄宗李隆基注　（宋）司馬光指
解　（宋）范祖禹說　清道光二十七年(1847)
番禺求是軒刻本　五冊

350000－2002－0000836　31/1221b

濂洛關閩書十九卷　（清）張伯行輯并注　清
同治五年(1866)福州正誼書局刻正誼堂全書
本　二冊　存九卷(一至四、十五至十九)

350000－2002－0000837　25.2/1637

[光緒]福安縣志三十八卷首一卷　（清）張景
祁修　（清）黃錦燦等纂　清光緒十年(1884)
刻本(卷十四至十六、二十至二十二、二十八、
三十至三十三、三十八補配油印本)　十二冊

350000－2002－0000838　51/4944b

李文貞公全集三十九種　（清）李光地撰　清
乾隆元年(1736)李清植刻嘉慶六年(1801)補
刻本　五冊　存二種八卷(二程子遺書纂二
卷、外書纂一卷,朱子語類四纂五卷)

350000－2002－0000839　31/2225

大學衍義四十三卷　（宋）真德秀彙輯　（明）
陳仁錫評閱　補一百六十卷首一卷　（明）丘
濬進呈　（清）陳仁錫評閱　清同治十三年
(1874)夔州郭氏家塾刻本　四十冊

350000－2002－0000840　31/2540

延平李先生師弟子答問一卷後錄補錄一卷
（宋）朱熹編　楊羅李朱四先生年譜　（清）毛
念恃編　清光緒五年(1879)延平府署刻本
二冊　存二卷(延平李先生師弟子答問一卷、
後錄補錄一卷)

350000－2002－0000841　31/2540＝1

延平李先生師弟子答問一卷後錄補錄一卷

（宋）朱熹編　楊羅李朱四先生年譜　（清）毛
念恃編　清光緒五年(1879)延平府署刻本
二冊　存二卷(延平李先生師弟子答問一卷、
後錄補錄一卷)

350000－2002－0000842　31/3081

古格言十二卷　（清）梁章鉅輯　清道光四年
(1824)刻本　二冊

350000－2002－0000843　31/3130

近思錄集注十四卷　（宋）朱熹　（宋）呂祖謙
編　（清）江永集注　（清）王鼎校　清光緒元
年(1875)香山何璟刻本　五冊

350000－2002－0000844　31/4104

繹志十九卷　（清）胡承諾撰　清同治十一年
(1872)浙江書局刻本　八冊

350000－2002－0000845　31/4210

棉陽學準五卷　（清）藍鼎元撰　清雍正十年
(1732)刻光緒五年(1879)漳浦藍謙補刻鹿洲
全集本　三冊

350000－2002－0000846　25.2/2214

廬山志十五卷　（清）毛德琦重訂　清康熙五
十九年(1720)刻乾隆、同治遞修本　十六冊

350000－2002－0000847　31/4700

性理會通正編七十卷續編四十二卷　（明）鍾
人傑輯　明崇禎刻本　八冊　存十四卷(二
十二至二十三、五十六至六十二、六十五至六
十九)

350000－2002－0000848　25.2/2231

御製圓明園圖詠四十篇　（清）高宗弘曆撰
（清）鄂爾泰等注　清光緒十三年(1887)天津
石印書屋石印本　二冊

350000－2002－0000849　31/7304

五種遺規　（清）陳弘謀編　清培遠堂刻本
四冊　存二種九卷(養正遺規二卷、補編一
卷,訓俗遺規四卷、補編二卷)

350000－2002－0000850　31/7304b

五種遺規　（清）陳弘謀輯　清光緒二十一年
(1895)浙江書局刻本　六冊　存四種九卷

（補編一卷,訓俗遺規四卷、補編一卷,從政遺
規下,在官法戒錄三至四）

350000－2002－0000851　31/7517

**如不及齋叢書十三種** （清）陳坤輯　清同治
至光緒鏠塘陳氏粵東刻本　十一冊　存十一
種二十八卷（為政忠告四卷、大學日程一卷、
幼訓一卷、虛字考一卷、鱷渚迴瀾記八卷、治
潮芻言一卷、如不及齋詩鈔一卷、如不及齋詠
史詩一卷、寒碧軒詩存一卷、嶺南雜事詩鈔八
卷、古井遺忠集一卷）

350000－2002－0000852　31/7530

**北溪字義二卷補遺一卷** （宋）陳淳撰　（清）
朱錫穀重校　清道光十三年(1833)怡山館刻
本　二冊

350000－2002－0000853　31/8043

**諸子平議三十五卷** （清）俞樾撰　清同治十
年(1871)德清俞氏刻光緒增刻春在堂全書本
　八冊

350000－2002－0000854　31/8064

**曾文正公家訓二卷** （清）曾國藩撰　清光緒
五年(1879)傳忠書局刻曾文正公全集本　二
冊

350000－2002－0000855　31/8064＝1

**曾文正公家訓二卷** （清）曾國藩撰　清光緒
五年(1879)傳忠書局刻曾文正公全集本　一
冊

350000－2002－0000856　31/8462

**十駕齋養新錄二十卷餘錄三卷** （清）錢大昕
撰　**錢辛楣先生[大昕]年譜一卷** （清）錢慶
曾注　**竹汀居士[錢大昕]年譜續一卷** （清）
錢慶曾述　清光緒二年(1876)浙江書局刻本
　八冊

350000－2002－0000857　31/8462＝1

**十駕齋養新錄二十卷餘錄三卷** （清）錢大昕
撰　**錢辛楣先生[大昕]年譜一卷** （清）錢慶
曾注　**竹汀居士[錢大昕]年譜續一卷** （清）
錢慶曾述　清光緒二年(1876)浙江書局刻本
　八冊

350000－2002－0000858　32.1/1213

**孫吳司馬灋七卷** （清）孫星衍輯　清光緒十
五年(1889)浙江書局刻本　一冊

350000－2002－0000859　32.1/1130

**車營扣答合編四卷** （清）郭會昌輯　清同治
八年(1869)武陟郭會昌刻本　四冊

350000－2002－0000860　32.1/1213＝1

**孫吳司馬灋七卷** （清）孫星衍輯　清光緒十
五年(1889)浙江書局刻本　一冊

350000－2002－0000861　32.1/1213b

**孫子十家註十三卷** （宋）吉天保輯　（清）孫
星衍　（清）吳人驥校　**遺說一卷** （清）鄭友
賢撰　**孫子敘錄一卷** （清）畢以珣撰　清光
緒二十三年(1897)文瑞樓鉛印本　四冊

350000－2002－0000862　25.2/2440b

**[乾隆]泉州府志七十六卷首一卷** （清）懷蔭
布修　（清）黃任　（清）郭賡武纂　清同治九
年(1870)章倬標刻民國十六年(1927)補刻十
七年(1928)印本　四十七冊　存七十六卷
（一至四十六、四十八至七十六,首一卷）

350000－2002－0000863　32.1/1497

**洋防輯要二十四卷** （清）嚴如熤編　清刻本
　十五冊

350000－2002－0000864　25.2/2440b＝1

**[乾隆]泉州府志七十六卷首一卷** （清）懷蔭
布修　（清）黃任　（清）郭賡武纂　清同治九
年(1870)章倬標刻民國十六年(1927)補刻十
七年(1928)印本(白紙本與黃紙本互相補配)
　四十八冊

350000－2002－0000865　32.1/2800

**武經集要一卷** （清）徐亦撰　清同治元年
(1862)刻本　一冊

350000－2002－0000866　32.1/2800＝1

**武經集要一卷** （清）徐亦撰　清同治元年
(1862)刻本　一冊

350000－2002－0000867　25.2/2440＝1

**[乾隆]泉州府志七十六卷首一卷** （清）懷蔭

布修　(清)黃任　(清)郭賡武纂　清同治九年(1870)章倬標刻民國十六年(1927)補刻本　四十五冊　存七十一卷(一至六十四、七十一至七十六,首一卷)

350000－2002－0000868　32.1/3100
**浙江磚錄四卷**　(清)馮登府輯　清道光、咸豐間鄭淳刻本　四冊

350000－2002－0000869　25.2/2440＝3
**[乾隆]泉州府志七十六卷首一卷**　(清)懷蔭布修　(清)黃任　(清)郭賡武纂　清同治九年(1870)章倬標刻民國十六年(1927)補刻本　九冊　存十四卷(二十七至四十)

350000－2002－0000870　32.1/3123
**戊笈談兵十卷首一卷**　(清)汪紱撰　**補校錄一卷**　(清)戴彭撰　**四翼附編四卷奇門遁甲啟悟一卷**　清光緒二十年(1894)刻汪雙池先生叢書本(原缺卷十)　十一冊　存十六卷(一至九、首一卷,補校錄一卷,附四翼附編四卷,奇門遁甲啟悟一卷)

350000－2002－0000871　25.2/2440＝2
**[乾隆]泉州府志七十六卷首一卷**　(清)懷蔭布修　(清)黃任　(清)郭賡武纂　清同治九年(1870)章倬標刻民國十六年(1927)補刻本　四十七冊　存七十六卷(泉州府志七十六卷)

350000－2002－0000872　32.1/4277
**軍禮司馬灋攷徵二卷**　(清)黃以周撰　清光緒十八年(1892)黃氏試館刻本　一冊

350000－2002－0000873　32.2/1146b
**重刊補註洗冤錄集證六卷**　(宋)宋慈撰　(清)王又槐增輯　(清)李觀瀾補輯　(清)阮其新補注　(清)張錫蕃重訂加丹　清光緒三年(1877)浙江書局刻四色套印本　五冊

350000－2002－0000874　25.2/2527
**福建瑣記一卷**　(清)□□輯　清抄本　一冊

350000－2002－0000875　32.1/4417
**讀史兵略十二卷**　(清)胡林翼纂　清光緒三十一年(1905)上海富文書局石印本　十二冊

350000－2002－0000876　25.2/2480
**天童寺志十卷**　(清)釋德介輯　清刻本　一冊　存二卷(一至二)

350000－2002－0000877　32.2/1146
**重刊補註洗冤錄集證六卷**　(宋)宋慈撰　(清)王又槐增輯　(清)李觀瀾補輯　(清)阮其新補註　(清)張錫蕃重訂加丹　清道光二十四年至二十七年(1844－1847)刻四色套印本　五冊

350000－2002－0000878　32.2/1146c
**重刊補註洗冤錄集證五卷**　(宋)宋慈撰　(清)王又槐增輯　(清)李觀瀾補輯　(清)阮其新補註　(清)張錫蕃重訂加丹　**續增洗冤錄辨正三卷**　(清)瞿中溶撰　(清)李璋煜重訂　清光緒三十三年(1907)上海書局石印本　四冊

350000－2002－0000879　32.2/1545
**從政緒餘錄七卷**　(清)陳坤輯　清光緒九年(1883)如不及齋刻本　四冊

350000－2002－0000880　32.2/3874
**檢驗合參不分卷檢驗集證不分卷**　(清)郎錦騏纂輯　清光緒九年(1883)貴州臬署刻本　一冊

350000－2002－0000881　32.2/1146c＝1
**重刊補註洗冤錄集證五卷**　(宋)宋慈撰　(清)王又槐增輯　(清)李觀瀾補輯　(清)阮其新補註　(清)張錫蕃重訂加丹　**續增洗冤錄辨正三卷**　(清)瞿中溶撰　(清)李璋煜重訂　清光緒三十三年(1907)上海書局石印本　一冊

350000－2002－0000882　32.2/4167
**洗冤錄摭遺二卷**　(清)葛元煦撰　**洗冤錄摭遺補一卷**　(□)□□撰　清光緒九年(1883)貴州臬署刻本　一冊

350000－2002－0000883　32.1/8416
**[江南製造局所刻書]一百五十六種**　(清)江南製造局編譯　清同治至民國江南製造總局刻本　二十冊　存十三種七十八卷(兵船礮

法六卷,製火藥法三卷,行軍測繪十卷、首一卷,克虜伯礮準心法一卷、輪船佈陣十二卷、首一卷,水師操練八至十八,防海新論八至十一,營城揭要二卷,汽機新制四至八,光學下、附一卷,聲學五至八,開煤要法十二卷,化學鑑原續編十六至十九)

350000－2002－0000884　25.2/2744

**[道光]新修羅源縣志三十卷首一卷** （清）盧鳳芩修　（清）林春溥纂　清道光十一年(1831)刻本　十冊

350000－2002－0000885　32.2/6460

**律法須知二卷** （清）呂芝田撰　清光緒九年(1883)貴州臬署刻本　一冊

350000－2002－0000886　32.2/5654

**各國憲法源泉三種合編** （德國）挨里捏克原著　（日本）美濃部達吉原譯　（清）林萬里（清）陳承澤重譯　（清）潘承鍔校訂　清光緒三十四年(1908)中國圖書公司鉛印本　一冊

350000－2002－0000887　51/2527

**學海堂叢刻十三種** （清）□□輯　清光緒刻本　十二冊　存十種二十六卷(石畫記五卷、讀律提綱一卷、桐花閣詞鈔一卷、樂志堂文略四卷、磨甋齋文存一卷、聽松廬詩略二卷、止齋文鈔二卷、面城樓集鈔四卷、續三十五舉一卷、周禮注疏小箋五卷)

350000－2002－0000888　25.2/3026

**英法俄德四國志略四卷** （清）沈敦和撰　清光緒鉛印本　一冊

350000－2002－0000889　32.2/7734

**憲法精理二卷** （清）周逵編譯　清光緒二十八年(1902)上海廣智書局鉛印本　一冊

350000－2002－0000890　32.2/7734b

**萬國憲法志三卷** （清）周逵編著　清光緒二十八年(1902)上海廣智書局鉛印本　一冊

350000－2002－0000891　32.2/8420

**各國交涉公法論三集十六卷** （英國）費利摩羅巴德撰　（英國）傅蘭雅口譯　（清）俞世爵筆述　（清）錢國祥覆校　清光緒二十年

(1894)江南製造局翻譯館鉛印本　五冊　存五卷(五至九)

350000－2002－0000892　32.2/8617

**新刻法家蕭曹兩造雪案鳴冤律四卷** （□）管見子注釋　清上海校經山房石印本　一冊

350000－2002－0000893　32.2/8825

**管子二十四卷** （春秋）管仲撰　（唐）房玄齡註釋　（唐）劉績增註　（明）朱長春通演（明）沈鼎新　（明）朱養純參評　（明）朱養和輯訂　明天啓五年(1625)朱養純花齋刻本　五冊

350000－2002－0000894　25.2/3309

**[乾隆]興化府莆田縣志三十六卷首一卷** （清）汪大經等修　（清）廖必琦　（清）林黌纂　清乾隆二十三年(1758)刻光緒五年(1879)潘文鳳增修民國十五年(1926)遞修本　二十冊

350000－2002－0000895　25.2/3347

**[康熙]寧化縣志七卷** （清）祝文郁修（清）李世熊纂　清同治八年(1869)蔣澤沄刻本　八冊

350000－2002－0000896　25.2/3347＝1

**[康熙]寧化縣志七卷** （清）祝文郁修（清）李世熊纂　清同治八年(1869)蔣澤沄刻本　八冊

350000－2002－0000897　25.2/3387

**[光緒]漳州府志五十卷首一卷** （清）沈定均續修　（清）吳聯薰增纂　清光緒三年(1877)芝山書院刻本　二十冊

350000－2002－0000898　25.2/3387＝1

**[光緒]漳州府志五十卷首一卷** （清）沈定均續修　（清）吳聯薰增纂　清光緒三年(1877)芝山書院刻本　七冊　存十二卷(一至八、十一、十四至十五、三十五)

350000－2002－0000899　25.2/3913b

**天下郡國利病書一百二十卷** （清）顧炎武輯　（清）龍萬育訂　清道光成都龍萬育木活字印本　六十冊

350000－2002－0000900　32.2/8825b

**管子二十四卷**　（春秋）管仲撰　清光緒元年（1875）崇文書局刻子書百家本　三冊　存十九卷（六至二十四）

350000－2002－0000901　32.2/8825c

**管子二十四卷**　（春秋）管仲撰　（唐）房玄齡注　清光緒二年（1876）浙江書局刻本　六冊

350000－2002－0000902　32.3/1210

**佩文齋廣羣芳譜一百卷目錄二卷**　（明）王象晉編　（清）汪灝等重編　清康熙四十七年（1708）刻本　四十八冊

350000－2002－0000903　25.2/4034b

**揚州畫舫錄十八卷**　（清）李斗撰　清同治十一年（1872）刻本　三冊　存十三卷（一至十三）

350000－2002－0000904　32.3/2140

**蠶桑萃編十五卷首一卷**　（清）衛杰編　清光緒二十五年（1899）刻本　八冊

350000－2002－0000905　32.3/2140b

**蠶桑萃編十五卷首一卷**　（清）衛杰編　清光緒二十六年（1900）浙江書局刻本　八冊

350000－2002－0000906　25.2/4038b

**[光緒]澎湖廳志十四卷首一卷**　（清）蔡麟祥修　（清）林豪纂　清光緒二十年（1894）文石書院刻本　十冊

350000－2002－0000907　25.2/4038b＝1

**[光緒]澎湖廳志十四卷首一卷**　（清）蔡麟祥修　（清）林豪纂　清光緒二十年（1894）文石書院刻本　十冊

350000－2002－0000908　42.6/0300

**鑑止水齋集二十卷**　（清）許宗彥撰　清咸豐八年（1858）德清許延礿刻本　六冊

350000－2002－0000909　32.3/3744

**漁業歷史一卷**　（清）沈同芳撰　清宣統三年（1911）上海中國圖書公司鉛印萬物炊累室類稿甲編本　一冊

350000－2002－0000910　23/1028c

**於越先賢像傳贊二卷**　（清）王齡撰　（清）任熊繪　清咸豐六年至光緒三年（1856－1877）蕭山王氏養龢堂刻任渭長四種本　一冊　存一卷（上）

350000－2002－0000911　23/2527c

**昭忠錄□□卷**　（清）□□編　清刻本　一冊　存三卷（四十九至五十一）

350000－2002－0000912　25.2/4110b

**武夷山志二十四卷首一卷**　（清）董天工編　清道光二十六年（1846）五夫尺木軒刻本　八冊

350000－2002－0000913　23/3937

**越女表微錄五卷**　（清）汪輝祖纂　清光緒十八年（1892）杭州浙江學院刻本　一冊

350000－2002－0000914　33/0728

**五十年中英曆日不分卷**　（清）香港新聞紙館編　清光緒三十二年（1906）鉛印本　一冊

350000－2002－0000915　23/8344

**海東逸史十八卷**　題（清）翁洲老民撰　清光緒刻邵武徐氏叢書本　一冊

350000－2002－0000916　33/1247

**繪地法原一卷**　（美國）金楷理口譯　（清）王德均筆述　清刻江南製造局叢書本　一冊

350000－2002－0000917　33/1860

**勾股演代五卷**　（清）王錫恩撰　清光緒二十九年（1903）鉛印本　一冊

350000－2002－0000918　23/4343

**儒門法語輯要一卷**　（清）彭定求原編　（清）湯金釗輯要　清光緒十六年（1890）浙江書局刻本　一冊

350000－2002－0000919　51/4944＝2

**榕村全書三十二種附十種**　（清）李光地撰　清道光九年（1829）安溪李維迪刻本　八冊　存四種十一卷（二程子外書纂一卷、朱子語類四纂五卷、榕村講授三卷、文貞公年譜二卷）

350000－2002－0000920　23/5360

**戚少保[繼光]年譜耆編十二卷首一卷**　（明）

戚祚國彙纂 （明）戚昌國集錄 （明）戚報國詳訂 （明）戚興國參校 清道光二十七年(1847)仙游崇勳祠刻本 十冊

350000－2002－0000921 23/7221

**鄂國金佗稡編二十八卷續編三十卷** （宋）岳珂編 清光緒九年(1883)浙江書局刻本 十二冊

350000－2002－0000922 23/7227b

**列女傳七卷續一卷** （漢）劉向撰 （清）梁端校注 清宣統上海會文堂粹記石印本 一冊

350000－2002－0000923 23/4477

**儒林宗派十六卷** （清）萬斯同撰 清宣統三年(1911)浙江圖書館刻本 二冊

350000－2002－0000924 32.4/0010

**外科圖說四卷** （清）高文晉輯 清上海江東書局石印本 一冊

350000－2002－0000925 32.4/0030

**劉涓子鬼遺方五卷** （南朝齊）龔慶宣撰 清光緒十二年(1886)楊浚冠悔堂刻本 一冊

350000－2002－0000926 32.4/1010

**當歸草堂醫學叢書初編十種附二種** （清）丁丙輯 清光緒四年(1878)錢塘丁氏當歸草堂刻本 十冊 存十種四十一卷(顱顖經二卷,傳信適用方四卷,衛濟寶書二卷,太醫局諸科程文九卷,產育寶慶集方二卷,濟生方八卷,產寶諸方一卷,急救仙方六卷,瑞竹堂經驗方五卷、補遺一卷,痎瘧論疏一卷)

350000－2002－0000927 33/2130

**幾何原本十五卷首九卷** （意大利）利瑪竇口譯 （明）徐光啟筆受 （英國）偉烈亞力續譯 （清）李善蘭續筆 清同治四年(1865)金陵曾國藩刻本 八冊

350000－2002－0000928 33/2420

**務民義齋算學七種** （清）徐有壬撰 清同治、光緒間長沙古荷花池精舍刻白芙堂算學叢書本 一冊 存二種四卷(用表推日食三差一卷,朔食九服里差三卷)

350000－2002－0000929 33/2527

**算法撮要二卷** （清）□□撰 清光緒十四年(1888)刻本 一冊

350000－2002－0000930 33/3236

**數學教科書不分卷** （英國）溫特沃思撰 （清）商務印書館編譯所編 清光緒三十三年(1907)鉛印本 一冊

350000－2002－0000931 33/3236＝1

**數學教科書不分卷** （英國）溫特沃思撰 （清）商務印書館編譯所編 清光緒三十三年(1907)鉛印本 一冊

350000－2002－0000932 33/3611

**測地繪圖十一卷附一卷表一卷** （英國）富路瑪撰 （英國）傅蘭雅口譯 （清）徐壽筆述 清光緒江南機器製造總局刻江南製造局所刻書本 四冊

350000－2002－0000933 32.4/0030b

**弦雪居重訂遵生八牋十九卷總目一卷** （明）高濂撰 （明）鍾惺校閱 清光緒十年(1884)刻本 十九冊 存十九卷(弦雪居重訂遵生八牋十九卷)

350000－2002－0000934 51/4944＝3

**榕村全書三十二種附十種** （清）李光地撰 清道光九年(1829)安溪李維迪刻本 三冊 存六種十一卷(握奇經註一卷,陰符經註一卷,離騷經註一卷,九歌註一卷,參同契註一卷,榕村字畫辨訛一卷,村韻書五卷)

350000－2002－0000935 16/2527e

**十三經注疏附考證** （□）□□撰 清同治十年(1871)廣東書局刻本 四冊 存四種十一卷(毛詩注疏附考證十九至二十、左傳注疏附考證三十七至三十九、春秋穀梁注疏八至十、爾雅注疏六至八)

350000－2002－0000936 32.4/0177

**增補萬病回春八卷** （清）龔延賢編 清石印本 一冊 存一卷(五)

350000－2002－0000937 32.4/1040

**唐王燾先生外臺秘要方四十卷** （唐）王燾撰

（宋）林億等進　（清）陸錫明校閲　（清）
程衍道訂　清光緒二十四年(1898)上海圖書
集成印書局鉛印本　十六冊

350000－2002－0000938　32.4/1074

**達生編二卷附集驗良方一卷**　（清）亟齋居士
編　清道光十六年(1836)晉江施大觀刻咸豐
六年(1856)晉江黃定山印本　一冊

350000－2002－0000939　32.4/1074b

**增註達生編二卷**　（清）亟齋居士撰　（清）毛
祥麟增註　清宣統元年(1909)毛氏石印本
一冊

350000－2002－0000940　32.4/1126

**儒門事親十五卷**　（金）張子和撰　（明）吳勉
學校　清宣統二年(1910)寧波汲綆齋書局石
印本　六冊

350000－2002－0000941　32.4/1440

**溫熱經緯五卷**　（清）王士雄纂　（清）楊照藜
　（清）汪曰楨評　（清）沈宗淦參　清同治十
三年(1874)湖北崇文書局刻本　四冊

350000－2002－0000942　32.4/1440b

**隨息居重訂霍亂論四卷**　（清）王士雄纂　清
光緒十三年(1887)刻本　一冊

350000－2002－0000943　35.1/1230

**二銘草堂金石聚十六卷**　（清）張德容箸錄
清同治衢州張氏二銘草堂刻本　十六冊

350000－2002－0000944　33/4340

**兼濟堂纂刻梅勿庵先生曆算全書二十九種**
（清）梅文鼎撰　（清）魏荔彤輯　（清）楊作
枚訂補　清雍正元年(1723)魏念庭刻咸豐九
年(1859)梅體萱補刻本　十二冊　存十六種
三十五卷(平三角舉要五卷,弧三解舉要五
卷,塹堵測量二卷,方圓冪積一卷,幾何補編
四卷、補遺一卷,解割圓之根一卷,曆學疑問
三卷,曆學疑問補二卷,交會管見一卷,交食
蒙求三卷,揆日候星紀要一卷,歲周地度合攷
一卷,冬至攷一卷,諸方節氣加時日軌高度表
一卷,五星紀要一卷,曆學駢枝一至二)

350000－2002－0000945　32.4/2100

**重刊巢氏諸病源候總論五十卷**　（隋）巢元方
等撰　清光緒十二年(1886)湖北官書處刻本
八冊

350000－2002－0000946　32.4/2185

**包氏喉證家寶一卷**　（清）包三鏞撰　（清）包
嚴編　清宣統歸安包氏刻本　一冊

350000－2002－0000947　32.4/2232

**傅氏眼科審視瑤函六卷首一卷**　（明）傅仁宇
纂輯　（清）林長生校補　（清）傅維藩編集
清裕元堂刻本　六冊

350000－2002－0000948　32.4/2322

**鼠疫彙編不分卷**　（清）吳宣崇　（清）羅汝蘭
撰　（清）李澍青校訂　**應驗雜症藥方一卷**
（清）守平盦主侗輯　清光緒二十六年(1900)
南安縣署刻本　一冊

350000－2002－0000949　33/4437

**天文歌略一卷**　（清）葉瀾撰　清刻本　一冊

350000－2002－0000950　33/4437＝1

**天文歌略一卷**　（清）葉瀾撰　清刻本　一冊

350000－2002－0000951　32.4/2326

**驗方新編十六卷**　（清）鮑相璈編　（清）鮑相
璧校　清同治四年(1865)定遠李玉宣刻本
八冊

350000－2002－0000952　33/4440

**筆算數學三卷**　（美國）狄考文輯　（清）鄒立
文述　清宣統二年(1910)上海美華書館鉛印
本　三冊

350000－2002－0000953　33/4444

**學算筆談十二卷**　（清）華蘅芳撰　清光緒二
十二年(1896)石印行素軒算學叢書本　一冊
存三卷(四至六)

350000－2002－0000954　32.4/2418

**驗方新編十八卷**　（清）鮑相璈編　（清）□□
增訂　清光緒三十一年(1905)鉛印本　一冊

350000－2002－0000955　33/4617

**代數術補式二十六卷首一卷**　（英國）華里司
輯　（英國）傅蘭雅口譯　（清）華蘅芳筆述

（清）解崇輝校補　清光緒二十六年（1900）上海順成書局石印本　四冊　存十四卷（十二至二十五）

350000－2002－0000956　32.4/2503

鍼灸甲乙經十二卷　（晉）皇甫謐集　（宋）林億等校　清上海江左書林石印本　五冊

350000－2002－0000957　33/4844

則古昔齋算學十三種　（清）李善蘭撰　清同治六年（1867）金陵李善蘭刻本　四冊

350000－2002－0000958　32.4/2527

新編女科指掌五卷　（清）葉其蓁編　清末上海江左書林石印本　一冊

350000－2002－0000959　33/7797

續增新法比例算術四十卷　（清）陳厚耀撰　清抄本　一冊　存一卷（四十）

350000－2002－0000960　32.4/3044

增訂童氏本草備要八卷　（清）汪昂輯　清光緒三十年（1904）上海六藝書局石印本　二冊

350000－2002－0000961　34/2410

百二漢鏡齋秘書四種　（清）程芝雲輯　清道光三年至四年（1823－1824）湖邊程氏百二漢鏡齋刻本　四冊　存三種四卷（火珠林一卷、靈棋經一卷、秘授命理須知滴天髓二卷）

350000－2002－0000962　34/1224

卜筮正宗十四卷　（清）王維德撰　清光緒三十一年（1905）上海江東書局石印本　一冊

350000－2002－0000963　34/2527

太古演禽一卷　（清）嘯道人訂　清光緒二年（1876）葛氏嘯園刻本　一冊

350000－2002－0000964　32.4/3044b

增訂本草備要四卷附經絡歌訣一卷醫方湯頭歌括一卷　（清）汪昂著輯　（清）汪端校　清刻本　五冊

350000－2002－0000965　34/2527b

大六壬苗公射覆鬼撮腳三卷　（□）□□撰　清渤海高氏刻續知不足齋叢書本　一冊

350000－2002－0000966　34/2527c

勘輿圖說不分卷　（清）□□鈔　清抄本　一冊

350000－2002－0000967　32.4/3044c

增評童氏醫方集解二十三卷　（清）汪昂著輯　（清）李保常批點　（清）費伯雄加評　清石印本　三冊　存二十一卷（三至二十三）

350000－2002－0000968　34/1431

銀河棹一卷　（清）張松源錄　清同治元年（1862）大文堂刻本　一冊

350000－2002－0000969　32.4/3160

素問靈樞類纂約註三卷　（清）汪昂纂輯（清）汪恒訂定　（清）汪端等校　清光緒二十一年（1895）刻本　三冊

350000－2002－0000970　32.4/3311

馮氏錦囊秘錄八種　（清）馮兆張撰　清刻本　十一冊　存二種二十八卷（馮氏錦囊秘錄痘疹全集十五卷，馮氏錦囊秘錄雜症痘疹藥性主治合參十二卷、首一卷）

350000－2002－0000971　34/2722

重鐫官板地理天機會元正篇體用括要三十五卷　（唐）卜應天撰　（唐）顧乃德集　（明）徐之謨重編　清末上海校經山房石印本　十九冊　存三十二卷（一至二十、二十四至三十五）

350000－2002－0000972　32.4/4060

雷公炮製藥性解六卷　（清）李中梓編　（清）王子接重訂　清末上海商務印書館鉛印本　一冊

350000－2002－0000973　34/3337

陽宅大全四卷　（明）許明輯　清末石印本　二冊

350000－2002－0000974　32.4/4144

達生福幼遂生合編三種　（清）少雲輯　清光緒九年（1883）廈門薈成齋書坊刻本　二冊

350000－2002－0000975　32.4/4144b

驚風辨證必讀書二種　（清）劉德馨輯　清光緒二十七年（1901）上元江氏刻本　一冊

350000－2002－0000976　32.4/4440

痧症全書三卷　（清）林森傳授　（清）王凱編
　清同治元年(1862)海山仙館刻本　一冊

350000－2002－0000977　32.4/4447

樂素齋醫學滙粂十卷　（清）林楓輯　清同治
十一年(1872)葉文瀾刻本　六冊　存六卷
（一至六）

350000－2002－0000978　32.4/4453

萬氏醫貫六卷　（明）萬咸撰　清同治十年
(1871)鷺門徵瑞堂葉氏刻本　六冊

350000－2002－0000979　32.4/4480

靜觀堂校正家傳幼科發揮秘方四卷　（明）萬
全撰　（清）鄭壽校正　清韓江張子謙刻本
一冊　存二卷（三至四）

350000－2002－0000980　32.4/5044

靈樞經集注九卷　（清）張志聰集註　清善成
堂刻本　五冊　存六卷（四至九）

350000－2002－0000981　32.4/5350

救偏瑣言十卷　（清）費啓泰撰　瑣言備用良
方一卷　（清）□□撰　清嘉慶元年(1796)刻
本　二冊

350000－2002－0000982　32.4/6344

鼠疫約編八篇　（清）吳宣崇撰　（清）鄭奮揚
參訂　（清）羅汝蘭增輯　清光緒二十八年
(1902)雙江袖海廬刻三十二年(1906)重印本
一冊

350000－2002－0000983　32.4/6648

太醫院增補青囊藥性直解十卷　（明）羅必煒
參訂　增訂醫門初學萬金一統要訣十卷
（□）□□撰　清光緒二十三年(1897)刻本
二冊　存八卷（太醫院增補青囊藥性直解一
至二、七至八，增訂醫門初學萬金一統要訣一
至二、七至八）

350000－2002－0000984　34/3800

星平大成七卷　（清）沈義方纂集　清嘉慶九
年(1804)刻本　四冊

350000－2002－0000985　32.4/6860

喻氏醫書三種　（清）喻昌撰　清末簡青齋書
局石印本　七冊　存三種十五卷(醫門法律
一至五，寓意草一卷，尚論篇四卷、首一卷、後
篇四卷)

350000－2002－0000986　34/4160

金彈子神寶真經傳心三集三卷　題(□)白髯
老人撰　（唐）袁天罡釋　玉彈子元樞真經傳
心三集一卷　（元）耶律楚材傳　清末上海校
經山房石印本　一冊

350000－2002－0000987　34/4222

地理六法大全二集六卷　（清）許榮校訂　清
末上海校經山房石印本　一冊　存三卷（一
至三）

350000－2002－0000988　34/4322

陽宅集成八卷　（清）姚廷鑾纂輯　清乾隆十
九年(1754)刻本　三冊　存三卷（六至八）

350000－2002－0000989　32.4/7837

陳修園先生公餘四種　（清）陳念祖撰　清泉
州綺文居刻本　七冊

350000－2002－0000990　32.4/7222

南雅堂醫書全集三十種　（清）陳念祖撰　清
末上海經香閣書莊石印本　十四冊　存二十
二種八十八卷(神農本草經讀四卷，醫學三字
經四卷，時方歌括二卷，景岳新方砭四卷，醫
學實在易八卷，醫學從眾錄八卷，金匱要略淺
註一至五，金匱歌括六卷，張仲景傷寒論原文
淺註六卷，長沙方歌括六卷、首一卷，靈素集
註節要一至十一，傷寒醫訣串解六卷，傷寒真
方歌括六卷，咽喉脈證通論一卷，洞主仙師白
喉治法忌表抉微一卷，急救喉疹要法一卷，喉
痧正的一卷，太乙神鍼方一卷，救迷良方一
卷，福幼編一卷，養生鏡一卷，瘄疾論三卷)

350000－2002－0000991　32.4/7260

陳修園醫書五十種　（清）陳念祖撰　清光緒
三十一年(1905)上海商務印書館鉛印本　二
十八冊

350000－2002－0000992　32.4/7371

醫學集成四卷　（清）劉仕廉纂輯　（清）李培

郁校正　清光緒十年(1884)刻本　六冊

350000－2002－0000993　34/4422

**管窺輯要八十卷**　(清)黃鼎纂　清順治刻本
九冊　存二十一卷(六十至八十)

350000－2002－0000994　34/4427

**地理五訣八卷**　(清)趙廷棟撰　清石印本
一冊

350000－2002－0000995　44/1177

**藤香館小品二卷**　(清)薛時雨撰　清光緒三
年(1877)刻本　一冊

350000－2002－0000996　51/4633

**善書彙編二十一種**　(清)楊浚編　清光緒十
一年至十二年(1885－1886)溫陵楊浚冠悔堂
刻本　三冊　存五種十二卷(太上感應篇箋
注一卷,觀音經咒神方彙刻四卷、首一卷、附
救苦經試帖一卷,大乘妙法蓮華經觀世音普
門品一卷,集錄誕育經驗資生篇一卷,集錄保
嬰經驗遂生篇一卷,霍亂論二卷)

350000－2002－0000997　32.4/8437

**重樓玉鑰一卷**　(清)鄭梅澗撰　**洞主仙師白
喉治法忌表抉微一卷**　(清)耐修子錄并注
清光緒二十六年(1900)刻本　一冊

350000－2002－0000998　34/4900

**六壬晆斯二卷**　(清)葉悔亭輯　清乾隆四十
年(1775)刻本　一冊

350000－2002－0000999　35.1/0828

**匋齋臧石記四十四卷首一卷匋齋臧甎記二卷**
　(清)端方編　清宣統二年(1910)上海商務
印書館石印本　十二冊

350000－2002－0001000　35.1/1205

**滄桑豔二卷**　(清)丁傳靖填詞　(清)游毅之
論文　(清)石凌漢正拍　清光緒三十四年
(1908)刻本　一冊

350000－2002－0001001　32.4/9392

**惡核良方釋疑一卷**　(清)勞守慎輯　清光緒
二十九年(1903)南海勞氏刻本　一冊

350000－2002－0001002　35.1/1281

**佩文齋書畫譜一百卷**　(清)孫岳頒等纂　清
光緒九年(1883)上海同文書局石印本　十六
冊

350000－2002－0001003　35.1/1281＝1

**佩文齋書畫譜一百卷**　(清)孫岳頒等纂　清
光緒九年(1883)上海同文書局石印本　十六
冊

350000－2002－0001004　35.1/1380

**庚子銷夏記八卷**　(清)孫承澤撰　清宣統三
年(1911)掃葉山房石印本　四冊

350000－2002－0001005　52/1621

**孫淵如先生全集二十三卷**　(清)孫星衍撰
清光緒十年至十二年(1884－1886)吳縣朱氏
槐廬家塾刻本　八冊

350000－2002－0001006　35.1/1830

**御刻三希堂石渠寶笈法帖不分卷**　(清)梁詩
正等編　**續刻三希堂法帖不分卷**　(清)蔣溥
等編　清宣統元年(1909)石印本　二十八冊
　缺七冊(一、三、五、十八、二十八至二十九、
三十二)

350000－2002－0001007　35.2/0223

**泊如齋重修宣和博古圖錄三十卷**　(宋)王黼
等輯　明萬曆十六年(1588)刻本　十冊

350000－2002－0001008　35.1/2221

**任渭長先生畫傳四種**　(清)任熊繪　(清)王
齡輯　清光緒十二年(1886)上海同文書局石
印本　五冊

350000－2002－0001009　35.1/2527

**草訣百韻歌一卷**　(晉)王羲之書　清光緒三
十一年(1905)京都文成堂石印本　一冊

350000－2002－0001010　35.2/0400

**宋拓黃庭經不分卷**　(清)鄭熙藏　清末影印
本　一冊

350000－2002－0001011　35.1/2527b

**縮摹泰山石經峪字六卷**　楊守敬縮摹　清宣
統元年(1909)刻本　六冊

350000－2002－0001012　35.2/0455

有明名賢遺翰二卷　（清）謝廣甫輯　清光緒
十三年(1887)刻本　四冊

350000－2002－0001013　35.1/3113

書法正傳十卷　（清）馮武編　清乾隆五十年
(1785)虞山馮氏世豸堂刻本　一冊　存一卷
（五）

350000－2002－0001014　35.2/0924

郭尚先書法冊頁　（清）郭尚先書　清郭尚先
抄本　一冊

350000－2002－0001015　35.1/3637

牡丹亭還魂記二卷　（明）湯顯祖編　清光緒
十二年(1886)同文書局石印本　四冊

350000－2002－0001016　35.1/3762

與古齋琴譜四卷　（清）祝鳳喈撰　清咸豐五
年(1855)浦城祝鳳喈刻本　一冊　存二卷
（三至四）

350000－2002－0001017　35.2/0712

郭□□臨虞公碑真蹟　（清）郭尚先臨　清郭
尚先抄本　一冊

350000－2002－0001018　35.1/4017

倚晴樓七種曲(韻珊外集七種)　（清）黃燮清
撰　清光緒七年(1881)刻本　十冊

350000－2002－0001019　35.2/1036

金石萃編一百六十卷　（清）王昶撰　清嘉慶
十年(1805)刻本　六十四冊

350000－2002－0001020　35.2/1036＝1

金石萃編一百六十卷　（清）王昶撰　清嘉慶
十年(1805)刻本　八冊　存十八卷(一百二
十四至一百四十一)

述古叢鈔四集二十九種　（清）劉晚榮輯　清
同治、光緒間古崗劉氏藏修書屋刻本　二冊
　存二種六卷(玉臺書史一卷、玉臺畫史一至
五)

350000－2002－0001022　35.1/3460

長生殿傳奇四卷　（清）洪昇填詞　（清）吳人
論文　清光緒十六年(1890)上海文瑞樓鉛印

本　二冊

350000－2002－0001023　35.2/1040

西清續鑑甲編二十卷附錄一卷　（清）王杰等
輯　清宣統三年(1911)影印本　三十八冊

350000－2002－0001024　35.1/4260

東觀餘論二卷附錄一卷　（宋）黃伯思撰　清
光緒刻邵武徐氏叢書本　二冊

350000－2002－0001025　35.2/1077

嶽雪樓書畫錄五卷　（清）孔廣陶編　清光緒
十五年(1889)羊城孔氏三十有三萬卷堂刻本
　九冊

350000－2002－0001026　35.1/4421

錢神志七卷　（清）李世熊撰　清同治十年
(1871)寧化縣署木活字印本　七冊

350000－2002－0001027　35.2/1130

潛園友朋書問十二卷　（清）李鴻章等撰　清
光緒三十三年(1907)石印本　六冊　存六卷
(一、三、五、七、九、十一)

350000－2002－0001028　35.2/1130b

張叔未解元所藏金石文字不分卷　（清）張廷
濟考釋　（清）嚴荄編　清光緒十年(1884)嚴
荄鶴緣齋石印本　二冊

350000－2002－0001029　35.1/4450

雪鴻初集十卷　（清）黃中選　清光緒六年
(1880)刻二十四年(1898)增修本　二冊

350000－2002－0001030　35.1/4450b

雪鴻續集七卷　（清）黃中選　清光緒十四年
(1888)刻本　一冊　存四卷(一至四)

350000－2002－0001031　35.2/1150

泉布統志九卷首一卷附錄一卷　（清）孟麟輯
　清道光十三年(1833)志古堂刻本　三十二
冊

350000－2002－0001032　35.1/4464

桃花泉弈譜二卷　（清）范世勳撰　清刻本
二冊

350000－2002－0001033　35.2/1248

神州國光集二十一集　鄧實編　清光緒三十

四年至民國元年（1908－1912）上海神州國光
社影印本　四冊　存四集（十四、十六、十九、
二十一）

350000－2002－0001034　35.1/4693
**語石十卷**　葉昌熾撰　清宣統元年（1909）長
洲葉昌熾刻本　四冊

350000－2002－0001035　35.2/1248b
**神州國光集二十一集**　鄧實編　清末至民國
上海神州國光社影印本　一冊　存一集（四）

350000－2002－0001036　35.1/6044
**董思白先生書法闡宗五卷**　（清）吳荃纂輯
清抄本　二冊

350000－2002－0001037　51/7110
**文選樓叢書三十二種**　（清）阮亨輯　清嘉
慶、道光間儀徵阮氏刻本　三冊　存二種十
卷（小琅嬛叢記二卷、石渠隨筆八卷）

350000－2002－0001038　35.1/7407
**草韻彙編二十五卷首一卷**　（清）陶南望輯
（清）陸祖彥補摹　清乾隆二十年（1755）刻本
五冊

350000－2002－0001039　35.1/7743
**紅豆樹館書畫記八卷**　（清）陶樑編　清光緒
八年（1882）吳趨潘氏韡園刻本　六冊

350000－2002－0001040　35.2/1310
**草千字文一卷草訣歌一卷**　（朝鮮）尹溪石書
清光緒二十二年（1896）刻本　一冊

350000－2002－0001041　35.2/1344
**芥子園畫傳初集六卷**　（清）王概摹并輯　清
光緒十三年（1887）石印本　二冊　存三卷
（四至六）

350000－2002－0001042　35.2/1344b
**芥子園畫傳三集四卷**　（清）王概摹并輯　**芥
子園畫傳續集二卷**　（清）任伯年等摹　清光
緒十三年（1887）石印本　一冊　存二卷（三
集四、續集一）

350000－2002－0001043　35.2/1344c
**芥子園畫傳三集**　（清）王概編　清光緒十三

年至十四年（1887－1888）上海天寶書局石印
本　四冊

350000－2002－0001044　35.1/8050
**博物要覽十二卷**　（清）谷應泰撰　清乾隆綿
州李氏萬卷樓刻嘉慶十四年（1809）李鼎元重
印函海本　一冊

350000－2002－0001045　35.1/8250
**無聲詩史七卷**　（清）姜紹書輯　清宣統二年
（1910）杭州雲林閣石印本　六冊

350000－2002－0001046　35.2/1344d
**芥子園畫傳四集四卷**　（清）王雲階繪　清光
緒九年（1883）石印本　二冊

350000－2002－0001047　35.1/8330
**點石齋叢畫十卷**　題（清）尊聞閣主人輯　清
光緒十一年（1885）上海點石齋石印本　一冊
存二卷（三、十）

350000－2002－0001048　35.2/1344e
**芥子園畫傳四集六卷**　（清）巢勳編　清光緒
二十三年（1897）石印本　四冊

350000－2002－0001049　35.2/1440
**隨息居飲食譜一卷**　（清）王士雄撰　清光緒
二十六年（1900）桐城張紹華刻本　一冊

350000－2002－0001050　35.2/1577
**望堂金石文字初集三十九種二集十八種**　楊
守敬摹刻　清同治至宣統宜都楊氏刻本　六
冊　存三十九種（初集宋拓石鼓文、壇山刻
石、琅邪臺刻石、泰山刻石、西嶽華山廟碑、涫
于長夏承碑、冀州刺史王純碑、冀州從事張表
碑、陳德殘碑、元儒先生婁壽碑、熹平石經殘
字、酸棗令劉熊殘碑、司徒殘碑、戚伯著碑、破
張郃銘、中牟魯君闕、卜君頌、廣平侯闕、司農
公碑額、征西大將軍楊瑾殘碑、大將軍曹真
碑、天璽紀功碑、定武蘭亭、許長史舊館壇碑、
新羅真興王定界碑、崔敬邕墓志、丁道護啟法
寺碑、宋拓左衛大將軍姚辯墓志、孔子廟堂
碑、化度寺邕禪師碑、宋拓九成宮醴泉銘、宋
拓虞恭公溫彥博碑、宋拓孟法師碑、明拓王居
士磚塔銘、日本題名殘碑、元拓雲麾將軍李秀

碑、宋拓郎官石記序、慧山寺石床題字、麻姑山仙壇記）

350000－2002－0001051　35.2/1717

霍邱裴氏所藏王麓臺扇冊十幀　王麓繪　清宣統元年（1909）上海文明書局影印本　一冊

350000－2002－0001052　35.2/2343

西泠六家印存六卷　（清）傅栻輯拓　清光緒九年（1883）傅氏華延年室刻鈐印本　四冊

350000－2002－0001053　27/0010

南巡盛典一百二十卷　（清）高晉等纂　清光緒八年（1882）上海點石齋石印本　八冊

350000－2002－0001054　27/0175

大清光緒新法令不分卷　（清）商務印書館編譯所編　清宣統二年（1910）上海商務印書館鉛印本　二十冊

350000－2002－0001055　27/0108

宦海指南五種　（清）許乃普輯　清咸豐九年（1859）錢塘許氏刻本　五冊　存四種七卷（州縣須知一卷，佐治藥言一卷、續一卷，學治臆說二卷、續說一卷，折獄便覽一卷）

350000－2002－0001056　27/1740

地方自治淺說三部　孟森撰　清宣統三年（1911）上海商務印書館鉛印本　一冊

350000－2002－0001057　27/2337

天子肆獻祼饋食禮三卷　（清）任啓運通纂　清光緒十一年（1885）浙江書局刻本　一冊

350000－2002－0001058　25.2/8145＝1

曹江孝女廟誌八卷首一卷末一卷補遺一卷（清）金廷棟編輯　清光緒八年（1882）刻本一冊　存四卷（一至三、首一卷）

350000－2002－0001059　27/2990＝1

吾學錄初編二十四卷　（清）吳榮光撰　清道光十五年（1835）刻本　八冊

350000－2002－0001060　27/2990

吾學錄初編二十四卷　（清）吳榮光撰　清道光十五年（1835）刻本　八冊

350000－2002－0001061　27/2990＝2

吾學錄初編二十四卷　（清）吳榮光撰　清道光十五年（1835）刻本　四冊　存十三卷（一至十三）

350000－2002－0001062　27/3341

明治法制史不分卷　（日本）清浦奎吾原著（清）商務印書館譯　（清）章起渭校　清光緒二十九年（1903）上海商務印書館鉛印政學叢書本　一冊

350000－2002－0001063　25.2/7444

芝城紀略一卷　（清）劉世英纂　清光緒抄本　一冊

350000－2002－0001064　27/4428

皇朝經世文編一百二十卷姓名總目二卷（清）賀長齡輯　清道光七年（1827）刻本　二十五冊　存四十一卷（一至三十九、姓名總目二卷）

350000－2002－0001065　27/4628b

林文忠公政書三集三十七卷　（清）林則徐撰　清光緒十一年（1885）刻本　十六冊

350000－2002－0001066　27/4628b＝1

林文忠公政書三集三十七卷　（清）林則徐撰　清光緒十一年（1885）刻本　十六冊

350000－2002－0001067　27/4628

林文忠公政書三集三十七卷蒐遺一卷　（清）林則徐撰　清光緒三山林氏刻林文忠公遺集本　一冊　存三卷（雲貴奏稿八至十）

350000－2002－0001068　27/7078

文獻通考紀要二卷　（清）□□輯　清刻本　二冊

350000－2002－0001069　25.2/7727b

［道光］廈門志十六卷　（清）周凱纂修　清道光十九年（1839）刻民國二十年（1931）重印本　十二冊

350000－2002－0001070　25.2/7727b＝1

［道光］廈門志十六卷　（清）周凱纂修　清道光十九年（1839）刻民國二十年（1931）重印本　十二冊

350000－2002－0001071　25.2/7727b＝2

[道光]廈門志十六卷　（清）周凱纂修　清道光十九年(1839)刻民國二十年(1931)重印本　十二冊

350000－2002－0001072　25.2/7727b＝3

[道光]廈門志十六卷　（清）周凱纂修　清道光十九年(1839)刻民國二十年(1931)重印本　十二冊

350000－2002－0001073　25.2/6650b

[嘉定]剡錄十卷　（宋）高似孫撰　清同治八年(1869)刻本　二冊

350000－2002－0001074　28/2767b

欽定四庫全書簡明目錄二十卷　（清）紀昀等撰　四庫未收書目提要五卷　（清）阮元撰　清光緒十五年(1889)上洋積山書局石印本　四冊

350000－2002－0001075　25.2/7110

兩浙防護陵寢祠墓錄不分卷　（清）阮元輯　清光緒十五年(1889)浙江書局刻本　二冊

350000－2002－0001076　25.2/7124b

[乾隆]潮州府志四十二卷首一卷　（清）周碩勳纂修　清光緒十九年(1893)潮郡保安總局刻本　二十五冊

350000－2002－0001077　25.2/7237

孤嶼志八卷首一卷　（清）陳舜咨訂修　清嘉慶十四年(1809)刻本　五冊

350000－2002－0001078　28/3357b

彙刻書目初編十卷補編一卷　（清）顧修編　清光緒元年(1875)刻本　六冊　存七卷(二至三、五、八至十,補編一卷)

350000－2002－0001079　28/4226

海源閣藏書目一卷　（清）楊紹和撰　清光緒十四年(1888)元和江氏師鄭室刻本　一冊

350000－2002－0001080　25.2/4825

重修南溪書院志四卷首一卷　（清）楊毓健等纂修　（清）劉鴻略等輯　清康熙五十六年(1717)刻同治九年(1870)重修本　四冊

350000－2002－0001081　28/8540

曝書雜記三卷　（清）錢泰吉撰　清同治七年(1868)嘉興錢氏刻本　二冊

350000－2002－0001082　25.2/6090

[嘉慶]同安縣志三十卷首一卷　（清）吳堂修　（清）劉光鼎等纂　清光緒十二年(1886)朱承烈刻民國八年(1919)高仙梅補刻本　十二冊

350000－2002－0001083　51/2412

藕香零拾三十九種　繆荃孫輯　清光緒二十二年至宣統二年(1896－1910)江陰繆荃孫刻本　三十二冊

350000－2002－0001084　25.2/7746＝2

莫愁湖志六卷首一卷　（清）馬士圖輯　清光緒八年至十七年(1882－1891)刻本　二冊

350000－2002－0001085　29/1488＝1

史論正鵠初集四卷二集四卷三集八卷四集八卷　（清）王樹敏評點　清光緒二十七年至三十年(1901－1904)上海久敬齋石印本　二十二冊　存二十二卷(史論正鵠初集四卷,二集四卷,三集八卷,四集一至二、四至六、八)

350000－2002－0001086　29/1488＝2

史論正鵠初集四卷二集四卷三集八卷四集八卷　（清）王樹敏評點　清光緒二十七年至三十年(1901－1904)上海久敬齋石印本　十三冊　存十三卷(史論正鵠初集一、三至四,二集三,三集二至三、六、八,四集三、五至八)

350000－2002－0001087　29/1488＝3

史論正鵠初集四卷二集四卷三集八卷四集八卷　（清）王樹敏評點　清光緒二十七年至三十年(1901－1904)上海久敬齋石印本　十六冊　存十六卷(史論正鵠初集四卷、二集四卷、三集八卷)

350000－2002－0001088　29/1488＝4

史論正鵠初集四卷二集四卷三集八卷四集八卷　（清）王樹敏評點　清光緒二十七年至三十年(1901－1904)上海久敬齋石印本　十五冊　存十五卷(史論正鵠初集四卷,二集四

卷,三集一、三至八)

350000 - 2002 - 0001089　29/1488 = 5

史論正鵠初集四卷二集四卷三集八卷四集八卷　（清）王樹敏評點　清光緒二十七年至三十年(1901 - 1904)上海久敬齋石印本　十四冊　存十四卷(史論正鵠初集一、三至四,二集四卷,三集二至八)

350000 - 2002 - 0001090　29/1488 = 6

史論正鵠初集四卷二集四卷三集八卷四集八卷　（清）王樹敏評點　清光緒二十七年至三十年(1901 - 1904)上海久敬齋石印本　三冊　存三卷(史論正鵠二集二至四)

350000 - 2002 - 0001091　36/1009

困學紀聞注二十卷　（宋）王應麟撰　（清）翁元圻注　清道光五年(1825)餘姚翁氏守福堂刻本　十二冊　存十二卷(一至十二)

350000 - 2002 - 0001092　36/0440

缺一不可六章　（英國）高葆真撰　清光緒二十九年(1903)上海廣學會鉛印本　一冊

350000 - 2002 - 0001093　36/0444

竹閒十日話六卷　（清）郭柏蒼輯　清光緒十二年(1886)刻本　三冊

350000 - 2002 - 0001094　36/0680

亦園脞牘八卷　（清）龔顯曾撰　清光緒四年(1878)晉江龔顯曾木活字印本　一冊　存二卷(七至八)

350000 - 2002 - 0001095　36/1000

論衡三十卷　（漢）王充撰　清上海掃葉山房石印本　六冊

350000 - 2002 - 0001096　25.2/4422b

鼓山志十四卷首一卷　（清）黃任修輯　清乾隆二十六年(1761)刻光緒二年(1876)補刻本　六冊

350000 - 2002 - 0001097　25.2/4422b = 1

鼓山志十四卷首一卷　（清）黃任修輯　清乾隆二十六年(1761)刻光緒二年(1876)補刻本　四冊　存八卷(五至十二)

350000 - 2002 - 0001098　36/1009b

校訂困學紀聞集證二十卷　（宋）王應麟撰　（清）閻若璩等校補　清嘉慶十八年(1813)刻本　十二冊

350000 - 2002 - 0001099　36/1142

息影偶錄八卷　（清）張埏輯　清咸豐元年(1851)刻本　七冊　存七卷(一至七)

350000 - 2002 - 0001100　25.2/4424b

[宣統]新疆圖志一百十六卷首一卷　袁大化修　王樹枬　王學曾纂　清宣統三年(1911)木活字印本　一百十七冊

350000 - 2002 - 0001101　36/1160

學林十卷　（宋）王觀國撰　清光緒二十五年(1899)廣雅書局刻武英殿聚珍版書本　四冊　存八卷(三至十)

350000 - 2002 - 0001102　36/1431

香祖筆記十二卷　（清）王士禎撰　清宣統二年(1910)掃葉山房石印本　四冊

350000 - 2002 - 0001103　36/1812

讀書雜志八十二卷餘編二卷　（清）王念孫撰　清同治九年(1870)金陵書局刻本　二十四冊

350000 - 2002 - 0001104　36/2022

易餘籥錄二十卷　（清）焦循撰　清光緒十二年(1886)刻木犀軒叢書本　三冊

350000 - 2002 - 0001105　36/2024

課餘彙鈔八卷　（清）何文綺編纂　（清）馮汝蕃　（清）李培元參訂　清咸豐元年(1851)南海何氏刻本　四冊

350000 - 2002 - 0001106　36/2144

春渚紀聞十卷　（宋）何薳撰　清嘉慶十六年(1811)刻浦城遺書本　二冊

350000 - 2002 - 0001107　36/2288

申報館叢書□□種　（清）尊聞閣主輯　清光緒申報館鉛印本　九冊　存七種四十七卷(東槎紀略五卷、東征集六卷、訂譌雜錄十卷、女才子十二卷、在園雜志四卷、笑笑錄六卷、

四夢彙談四種四卷)

350000－2002－0001108　36/2548
三水小牘二卷逸文一卷附錄一卷　（唐）皇甫枚撰　繆荃孫校補　清光緒十七年(1891)江陰繆氏刻雲自在龕叢書本　一冊

350000－2002－0001109　25.2/4453
元和郡縣志四十卷目錄一卷　（唐）李吉甫撰　清福建刻武英殿聚珍版書本　十二冊

350000－2002－0001110　36/2676
雲林別墅新輯酬世錦囊四集十九卷　（清）謝梅林　（清）鄒可庭定　（清）鄒景楊輯　清光緒二十九年(1903)石印本　二冊　存十五卷(初集八卷、二集七卷)

350000－2002－0001111　36/2676b
雲林別墅新輯酬世錦囊四集十九卷　（清）謝梅林　（清）鄒可庭定　（清）鄒景楊輯　清石印本　一冊　存二卷(三集二卷)

350000－2002－0001112　36/2676c
雲林別墅新輯酬世錦囊四集十九卷　（清）謝梅林　（清）鄒可庭定　（清）鄒景楊輯　清宣統二年(1910)上海漢讀樓石印本　六冊

350000－2002－0001113　36/2033
南野堂筆記十二卷　（清）吳文溥撰　（清）王嵩高定　清宣統三年(1911)中華國粹書社石印本　四冊

350000－2002－0001114　36/2817
鬼谷子三卷篇目考一卷附錄一卷　（戰國）鬼谷子撰　（南朝梁）陶弘景注　清嘉慶十年(1805)江都秦氏石研齋刻本　一冊

350000－2002－0001115　36/3014
富貴錦囊三卷　（清）守玉軒輯　清同治十二年(1873)泉州文寶堂刻本　一冊

350000－2002－0001116　52/3037
荔隱山房集七種　（清）涂慶瀾撰　清光緒莆陽涂氏刻宣統二年(1910)增修本　五冊

350000－2002－0001117　36/3067
菜根談一卷　（明）洪應明撰　清宣統三年

(1911)釋步颸福州鼓山涌泉禪寺刻本　一冊

350000－2002－0001118　36/3067b
菜根談一卷　（明）洪應明撰　（清）釋清鎔校　清常州天寧寺刻本　一冊

350000－2002－0001119　36/3081
二思堂叢書六種　（清）梁章鉅編　清光緒元年(1875)浙江書局刻本　十二冊　存四種三十五卷(退菴自訂年譜一卷、退菴隨筆二十二卷、南省公餘錄八卷、閩川閨秀詩話四卷)

350000－2002－0001120　25.2/4560
羅浮野乘六卷　（明）韓晃編輯　清康熙刻本　一冊

350000－2002－0001121　36/3081b
浪跡叢談十一卷續談八卷　（清）梁章鉅撰　清道光二十七年至二十八年(1847－1848)刻本　八冊

350000－2002－0001122　36/3081c
浪跡三談六卷　（清）梁章鉅撰　清咸豐七年(1857)福州梁氏刻本　二冊

350000－2002－0001123　36/3081c＝1
浪跡三談六卷　（清）梁章鉅撰　清咸豐七年(1857)福州梁氏刻本　二冊

350000－2002－0001124　36/3401
增廣智囊補二十八卷　（明）馮夢龍輯　清文盛書局石印本　六冊

350000－2002－0001125　25.2/4650＝1
[乾隆]龍溪縣志二十四卷首一卷　（清）吳宜燮修　（清）黃惠　（清）李疇纂　新增補一卷　（清）吳聯薰等纂修　清光緒五年(1879)刻本　十二冊

350000－2002－0001126　36/3401b
智囊補二十八卷　（明）馮夢龍輯　明末刻本　十一冊　存二十六卷(三至二十八)

350000－2002－0001127　36/3452
夢溪筆談二十六卷末一卷補筆談三卷續筆談一卷　（宋）沈括撰　夢溪筆談校字記一卷（清）陶福祥訂　清光緒三十二年(1906)陶氏

愛廬刻本　四冊

350000－2002－0001128　37/0077

**御定駢字類編二百四十卷**　（清）張廷玉等編
清光緒十三年(1887)上海同文書局石印本
四十八冊

350000－2002－0001129　36/3460

**消暑隨筆四卷**　（清）潘世恩輯　清宣統三年
(1911)海左書局石印本　三冊

350000－2002－0001130　37/0077＝1

**御定駢字類編二百四十卷**　（清）張廷玉等編
清光緒十三年(1887)上海同文書局石印本
二十三冊　存一百十一卷（七至十一、十六
至二十一、二十七至四十、四十七至八十二、
九十九至一百三、一百九至一百十一、一百十
八至一百三十三、一百六十一至一百六十五、
二百四至二百十七、二百二十五至二百二十
八、二百三十三至二百三十五）

350000－2002－0001131　36/3913

**日知錄集釋三十二卷**　（清）顧炎武撰　（清）
黃汝成集釋　**刊誤二卷續刊誤二卷**　（清）黃
汝成撰　清光緒十三年(1887)同文書局石印
本　四冊

350000－2002－0001132　36/3913b

**日知錄三十二卷之餘四卷菰中隨筆一卷**
(清)顧炎武撰　清道光十二年(1832)鄂山刻
本　十六冊　存三十二卷（日知錄三十二卷）

350000－2002－0001133　36/3913c

**日知錄集釋三十二卷**　（清）顧炎武撰　（清）
黃汝成集釋　**刊誤二卷續刊誤二卷**　（清）黃
汝成撰　清同治八年(1869)廣州述古堂刻本
十六冊

350000－2002－0001134　37/0386

**增廣尚友錄統編二十二卷**　（清）應祖錫編輯
清光緒二十八年(1902)鴻寶齋石印本　十
二冊　存十九卷（一至四、七至十九、二十一
至二十二）

350000－2002－0001135　36/3913d

**日知錄集釋三十二卷**　（清）顧炎武撰　（清）

**黃汝成集釋**　**刊誤二卷續刊誤二卷**　（清）黃
汝成撰　清同治十一年(1872)崇文書局刻本
十六冊

350000－2002－0001136　36/3913e

**日知錄集釋三十二卷**　（清）顧炎武撰　（清）
黃汝成集釋　**刊誤二卷續刊誤二卷**　（清）黃
汝成撰　清光緒元年(1875)崇文書局刻本
十六冊

350000－2002－0001137　37/0424

**西藝新知二十二卷**　（英國）諾格德撰　（英
國）傅蘭雅口譯　（清）徐壽筆述　清光緒二
十二年(1896)上海璣衡堂石印本　六冊

350000－2002－0001138　37/0524

**古事比五十二卷**　（清）方中德輯　清光緒三
十年(1904)上海通時書局石印本　五冊　存
四十四卷（一至三十五、四十四至五十二）

350000－2002－0001139　36/4144

**海南雜著二卷**　（清）蔡廷蘭撰　清道光刻本
一冊　存一卷（上）

350000－2002－0001140　36/4244

**止齋遺書十六卷**　（清）黃俊苑撰　清光緒元
年(1875)福州刻六年(1880)補刻本　八冊

350000－2002－0001141　36/4287

**三才略三卷**　（清）蔣德均輯　清光緒二十三
年(1897)刻本　二冊

350000－2002－0001142　36/4287b

**三才略三卷**　（清）蔣德均輯　清光緒二十八
年(1902)上海緯文閣刻本　一冊

350000－2002－0001143　36/4341

**梨園娛老集不分卷**　（清）胡禮垣撰　清宣統
二年(1910)大公報館鉛印本　一冊

350000－2002－0001144　37/1009

**玉海二百卷附辭學指南四卷詩攷一卷詩地理
攷六卷漢藝文志攷證十卷通鑑地理通釋十四
卷周書王會補注一卷漢制攷四卷踐阼篇集解
一卷急就篇四卷姓氏急就篇二卷小學紺珠十
卷六經天文編二卷周易鄭康成注一卷通鑑答**

問五卷 （宋）王應麟撰　清嘉慶十一年（1806）刻本　九十六冊　存二百十六卷（一、七至十三、二十二至五十六、五十九至一百十九、一百二十三、一百二十六至一百六十一、一百六十三至一百七十六、一百七十九至二百,辭學指南四卷,詩攷一卷,詩地理攷二至六,漢藝文志攷證十卷,通鑑地理通釋十一至十四,周書王會補注一卷,漢制攷二至四、踐阼篇集解一卷,急就篇四卷,姓氏急就篇上,小學紺珠一、五至六,通鑑答問四至五）

350000 - 2002 - 0001145　36/4390

東游紀念九卷 （清）李宗棠撰　清光緒鉛印本　五冊

350000 - 2002 - 0001146　36/4287c

三才略三卷 （清）蔣德均輯　清上海文華山房石印本　一冊　存二卷（步天歌一卷、括地略一卷）

350000 - 2002 - 0001147　37/1040

[連珠]□□卷 （□）□□編輯　清刻本　四冊　存二十三卷（一至十七、二十六至三十一）

350000 - 2002 - 0001148　36/4100

草木子四卷 （明）葉子奇撰　清光緒元年（1875）處州府署刻本　二冊

350000 - 2002 - 0001149　37/1100

瑞雪齋官商便覽九百六十種 （清）□□編輯　清光緒三十三年（1907）石印本　一冊

350000 - 2002 - 0001150　37/1120

增廣試帖三萬選五卷續集二卷三集四卷 （清）鄧雲航編　清光緒十七年（1891）石印本　十二冊

350000 - 2002 - 0001151　36/4130

竹葉亭雜記八卷 （清）姚元之撰　清光緒二十九年（1903）上海掃葉山房石印本　一冊　存四卷（一至四）

350000 - 2002 - 0001152　36/4436

荀子二十卷附校勘補遺一卷 （戰國）荀況撰　（唐）楊倞注　清光緒二年（1876）浙江書局

刻二十二子本　六冊

350000 - 2002 - 0001153　36/4477

餘師錄前集十四卷後集十卷續集八卷 （清）楊希閔纂　清光緒四年（1878）福州刻本　十四冊　存二十六卷（前集十四卷,後集一至二、五至十,續集五至八）

350000 - 2002 - 0001154　36/4525

東西哲衡二卷 （清）李春生輯　清光緒三十四年（1908）福州美華書局鉛印本　一冊

350000 - 2002 - 0001155　36/4525 = 1

東西哲衡二卷 （清）李春生輯　清光緒三十四年（1908）福州美華書局鉛印本　一冊

350000 - 2002 - 0001156　36/4525b

哲衡續編一卷 （清）李春生輯　清宣統三年（1911）福州美華書局鉛印本　一冊

350000 - 2002 - 0001157　36/4525b = 1

哲衡續編一卷 （清）李春生輯　清宣統三年（1911）福州美華書局鉛印本　一冊

350000 - 2002 - 0001158　36/4610

訂譌雜錄十卷 （清）胡鳴玉撰　清光緒申報館鉛印申報館叢書本　一冊

350000 - 2002 - 0001159　36/4633

島居隨錄十卷續錄十卷三錄十卷 （清）楊浚撰　清光緒十三年至十四年（1887－1888）養雲書屋刻本　二冊　存二十四卷（島居隨錄十卷、續錄十卷、三錄一至四）

350000 - 2002 - 0001160　35.2/2244

何紹基書多寶寺碑 （唐）李儼編撰　（清）何紹基書寫　（清）李祺鐫刻　清末至民國間拓本　一冊

350000 - 2002 - 0001161　37/1144

淵鑑類函四百五十卷目錄四卷 （清）張英等纂輯　清康熙四十九年（1710）內府刻本　一百七十一冊　存三百九十卷（一至五、九至十八、五十一至七十一、七十四至一百七、一百十至一百二十六、一百三十一至一百三十三、一百三十六至一百五十三、一百五十六至

一百七十七、一百八十五至一百九十三、一百
九十九至二百四十三、二百五十至二百九十
七、三百二至三百十、三百十二至三百五十
七、三百六十三至三百八十六、三百九十一至
四百八、四百十二至四百十四、四百二十七至
四百五十,目錄四卷)

350000－2002－0001162　37/1144b

淵鑑類函四百五十卷目錄四卷　(清)張英等
纂輯　清刻本　十五冊　存四十二卷(一至
十二、二十三至二十七、一百十二至一百三十
二,目錄四卷)

350000－2002－0001163　37/1144c

淵鑑類函不分卷　(清)張英等纂輯　清光緒
二十三年(1897)上海點石齋石印本　十冊

350000－2002－0001164　36/6430

愛吾廬筆記二卷續卷一卷　(清)呂世宜撰
清道光二十八年(1848)以古為鑑之齋刻本
三冊

350000－2002－0001165　37/1144d

淵鑑類函不分卷　(清)張英等纂輯　清光緒
九年(1883)上海點石齋石印本　十五冊

350000－2002－0001166　36/6430b

愛吾廬題跋一卷　(清)呂世宜撰　清光緒五
年(1879)林維源刻本　一冊

350000－2002－0001167　36/6440

五十年泰西實學衍義補一卷　(英國)約翰羅
勃克編　(清)陸震摘譯　清光緒二十九年
(1903)上海美華書館鉛印本　一冊

350000－2002－0001168　36/6650

增訂一夕話新集六卷　題(清)咄咄夫輯　題
(清)嘻嘻子增訂　清乾隆五十八年(1793)三
德堂刻本　一冊

350000－2002－0001169　36/6745

嘯亭雜錄八卷續錄二卷　(清)昭槤撰　清光
緒二十七年(1901)掃葉山房石印本　四冊

350000－2002－0001170　36/6745＝1

嘯亭雜錄八卷續錄二卷　(清)昭槤撰　清光

緒二十七年(1901)掃葉山房石印本　四冊

350000－2002－0001171　36/7034

郎潛紀聞十四卷　(清)陳康祺撰　清光緒十
年(1884)琴川刻本　六冊

350000－2002－0001172　36/7034b

燕下鄉脞錄十六卷　(清)陳康祺撰　清光緒
十一年(1885)暨陽刻本　六冊

350000－2002－0001173　37/1150

佩文韻府一百六卷　(清)張玉書　蔡元升等
輯　韻府拾遺一百六卷　(清)汪灝　(清)何
焯等輯　清康熙刻本　一百十冊

350000－2002－0001174　36/7144

文昌雜錄六卷補遺一卷　(清)龐元英撰　清
乾隆二十一年(1756)刻雅雨堂叢書本　一冊
存四卷(一至三、補遺一卷)

350000－2002－0001175　36/7234

退思軒隨筆不分卷　(清)陳肇波撰　清道光
十六年(1836)粵西博文堂刻本　二冊

350000－2002－0001176　36/7238

俗語指謬三卷　題(清)醫俗道人撰　清末刻
本　一冊

350000－2002－0001177　36/7462

何喬遠先生著名山藏目錄一卷　(清)陳國仕
鈔　清光緒二十二年(1896)南安陳國仕抄本
一冊

350000－2002－0001178　36/7535

東塾讀書記十五卷　(清)陳澧撰　清光緒二
十七年(1901)煥文書局石印本　三冊

350000－2002－0001179　36/7543

酉陽雜俎二十卷續集十卷　(唐)段成式撰
明崇禎汲古閣刻本　六冊

350000－2002－0001180　36/7543b

酉陽雜俎二十卷續集十卷　(唐)段成式撰
清光緒三年(1877)崇文書局刻本　五冊

350000－2002－0001181　36/7747

清異錄二卷　(宋)陶穀撰　表異錄二十卷
(明)王志堅輯　清康熙四十七年(1708)陳世

修刻本　一冊　存二卷(清異錄二卷)

350000－2002－0001182　36/7913
**日知錄三十二卷之餘四卷首一卷**　(清)顧炎武撰　清道光元年(1821)刻本　三冊　存七卷(日知錄十六至十九、之餘一至二,首一卷)

350000－2002－0001183　36/7944
**菽園著書五種**　邱煒菱撰　清光緒二十七年(1901)鉛印本　一冊　存四種十卷(菽園贅談七卷、答粵督書一卷、庚寅偶存一卷、壬辰冬興一卷)

350000－2002－0001184　37/1208
**記事珠十卷**　(清)張以謙輯　(清)王燮廷原校　(清)王剛重訂　清同治十三年(1874)刻本　十冊

350000－2002－0001185　36/7944b
**菽園贅談十四卷**　邱煒菱輯　清光緒二十三年(1897)鉛印菽園著書三種本　一冊　存四卷(一至四)

350000－2002－0001186　36/8026
**格言聯璧一卷**　(清)金纓輯　清光緒四年(1878)刻本　一冊

350000－2002－0001187　36/8026＝1
**格言聯璧一卷**　(清)金纓輯　清光緒四年(1878)刻本　一冊

350000－2002－0001188　36/8199
**癸巳存稿十五卷**　(清)俞正燮撰　清光緒十年(1884)刻本　六冊

350000－2002－0001189　36/8712
**觚賸八卷續編四卷**　(清)鈕琇輯　清康熙四十一年(1702)臨野堂刻本　六冊　存十卷(觚賸八卷、續編一至二)

350000－2002－0001190　36/8644
**曾文正公手書日記不分卷**　(清)曾國藩撰　清宣統元年(1909)上海中國圖書公司石印本　四十冊

350000－2002－0001191　36/8644b
**求闕齋日記類鈔二卷**　(清)曾國藩隨筆

(清)王啓原編　清上海文瑞樓石印本　一冊

350000－2002－0001192　36/8199b
**癸巳類稿十五卷**　(清)俞正燮撰　清道光十三年(1833)求日益齋刻本　八冊

350000－2002－0001193　38/0214
**新刻鍾伯敬先生批評封神演義二十卷一百回**　(明)許仲琳編輯　(明)鍾惺評　清光緒九年(1883)刻本　二十冊

350000－2002－0001194　38/0712
**山海經十八卷**　(晉)郭璞傳　(清)畢沅校正　清光緒二十三年(1897)圖書集成局鉛印子書二十二種本　一冊

350000－2002－0001195　38/0340
**瓊林霏屑八卷**　題(清)望海樓主人撰　清光緒三十二年(1906)上海鴻文書局石印本　二冊　存五卷(一至五)

350000－2002－0001196　38/0824
**續省身鑑二卷**　(清)施鍾德輯　清光緒十七年(1891)刻本　一冊

350000－2002－0001197　38/1013
**新編前明正德白牡丹傳八卷四十六回**　(清)石琼編　清光緒十七年(1891)刻本　一冊　存二卷(一至二)

350000－2002－0001198　38/1030
**搜神記二十卷**　(晉)干寶撰　清光緒元年(1875)崇文書局刻本　二冊

350000－2002－0001199　38/1052
**遯窟讕言十二卷**　(清)王韜撰　清石印本　二冊　存四卷(三至四、七至八)

350000－2002－0001200　36/7780
**陳眉公先生註釋日記故事一卷**　(明)陳繼儒註釋　清光緒十七年(1891)福省素位堂刻本　一冊

350000－2002－0001201　38/1061
**今世說八卷**　(清)王晫撰　清刻本　二冊

350000－2002－0001202　38/1124
**增像全圖西漢演義四卷一百回**　(清)□□撰

清光緒三十年(1904)觀瀾閣書局石印本
二冊　存二卷(一、四)

350000－2002－0001203　38/1274
**繪圖湘軍平逆傳八回**　題(清)醴泉居士撰
清宣統三年(1911)上海日新書局石印本　一
冊

350000－2002－0001204　38/1338
**槐西雜誌四卷**　(清)紀昀撰　清刻本　二冊

350000－2002－0001205　38/1431b
**池北偶談二十六卷**　(清)王士禛撰　(清)王
廷掄校　清宣統二年(1910)上海震東學社石
印本　六冊

350000－2002－0001206　38/1431
**野叟曝言二十卷一百五十四回**　(清)夏敬渠
撰　清石印本　三冊　存十二卷(九至二十)

350000－2002－0001207　38/1625
**居士饒舌二卷**　(清)□□撰　清末刻本　一
冊　存一卷(下)

350000－2002－0001208　37/1444
**時務通考三十一卷**　題(清)杞廬主人等編輯
清光緒二十三年(1897)上海點石齋石印本
十三冊

350000－2002－0001209　38/2228
**繡像第一才女傳十六回**　(清)崔象以輯　清
石印本　一冊

350000－2002－0001210　37/1444＝1
**時務通考三十一卷**　題(清)杞廬主人等編輯
清光緒二十三年(1897)上海點石齋石印本
二十三冊

350000－2002－0001211　37/2224
**新增繪圖幼學故事瓊林四卷首一卷**　(清)程
登吉撰　(清)鄒聖脈增補　(清)石秉楠增輯
清光緒三十年(1904)石印本　四冊　存四
卷(一至二、四,首一卷)

350000－2002－0001212　38/2527
**大明正統牧馬奇冤四卷四十回**　(清)□□撰
清宣統三年(1911)上海文新社石印本　一
冊　存二卷(三至四)

350000－2002－0001213　37/2224b
**綺文居重校訂亦陶書室新增幼學故事群芳四
卷首一卷**　(清)程登吉撰　(清)周達用新增
(清)王宣補注　清珠玉樓刻本　二冊

350000－2002－0001214　38/2527b
**繪圖鳳凰山七卷七十二回**　(清)□□撰　清
宣統二年(1910)上海章福記書局石印本　二
冊　存二卷(三、五)

350000－2002－0001215　38/2527c
**新鐫繡像後宋慈雲太子逃難走國全傳八卷三
十五回**　(清)□□輯　清道光二十年(1840)
刻本　八冊

350000－2002－0001216　38/2527d
**繪圖定國志八卷**　(清)□□撰　清宣統二年
(1910)上海章福記書局石印本　一冊　存一
卷(一)

350000－2002－0001217　37/2400
**萬國政治藝學全書一編一百八十卷二編一百
二十卷附編八十卷**　(清)朱大文編輯　(清)
凌賡颺編輯　清光緒二十八年(1902)上海鴻
文書局石印本　二十四冊　存一百八十卷
(一編一百八十卷)

350000－2002－0001218　37/2437
**廣事類賦四十卷**　(清)華希閔撰　清刻本
一冊　存六卷(十至十五)

350000－2002－0001219　38/2527e
**劍俠傳一卷續一卷**　(清)任熊繪　(清)王齡
輯　清光緒十二年(1886)上海同文書局石印
任渭長先生畫傳四種本　二冊

350000－2002－0001220　37/2440
**北堂書鈔一百六十卷首一卷**　(唐)虞世南輯
(清)孔廣陶校註　清光緒十四年(1888)南
海孔氏三十有三萬卷堂刻本　二十冊

350000－2002－0001221　37/2448
**海國名人類類韻編二十四卷目錄一卷首二卷**
(清)阮冰炎纂輯　清光緒二十九年(1903)

文來書局石印本　八冊

350000－2002－0001222　38/2527f＝1

孫龐演義四卷二十回新編批評繡像後七國樂
田演義四卷十八回　（清）□□編　清宣統元
年(1909)上海文元書莊石印本　一冊

350000－2002－0001223　38/2527f

孫龐演義四卷二十回新編批評繡像後七國樂
田演義四卷十八回　（清）□□編　清宣統元
年(1909)上海文元書莊石印本　一冊

350000－2002－0001224　38/2527g

繡像劉公案全傳二卷　（清）□□編　清宣統
元年(1909)上海申昌書莊石印本　一冊

350000－2002－0001225　38/2748

新刻京臺公餘勝覽國色天香十卷　（明）吳所
敬編輯　清石蘭書屋刻本　四冊

350000－2002－0001226　37/2527

詩韻全璧五卷　題(清)惜陰主人編　（清）暢
懷書屋校　初學檢韻袖珍一卷　（清）姚文登
輯　虛字韻藪一卷　（清）潘維城輯　清光緒
石印本　二冊　存二卷(詩韻全璧三、初學檢
韻袖珍一卷)

350000－2002－0001227　37/2527b

詩韻合璧五卷　（清）湯文璐編　清末石印本
一冊　存一卷(二)

350000－2002－0001228　38/2767

閱微草堂筆記二十四卷　（清）紀昀撰　清章
福記書局石印本　三冊　存十四卷(二、七至
十二、十八至二十四)

350000－2002－0001229　38/2836

繡像京本雲合奇蹤玉茗英烈全傳十卷八十回
（明）徐渭編　清同治十一年(1872)刻本
十冊

350000－2002－0001230　37/2527c

增廣試律大觀彙編四卷附韻語驪珠一卷詩裁
駢玉一卷　題(清)補蠹書屋主人編　清光緒
石印本　一冊　存二卷(韻語驪珠一卷、詩裁
駢玉一卷)

350000－2002－0001231　38/3017

虎口日記一卷(清咸豐十一年九月至十二月)
（清）魯叔容撰　清光緒二十二年(1896)福
州刻本　一冊

350000－2002－0001232　37/2622

古今紀始通考四卷　（清）魏崧撰　清光緒二
十八年(1902)佑廉樞記石印本　二冊

350000－2002－0001233　38/3113

顧氏明朝四十家小說四十種　（明）顧元慶輯
清宣統三年(1911)上海國學扶輪社鉛印本
八冊

350000－2002－0001234　37/2717

重編留青新集二十四卷　（清）馮善長等輯
清光緒三十四年(1908)上海廣益書局鉛印本
十二冊

350000－2002－0001235　37/2717＝1

重編留青新集二十四卷　（清）馮善長等輯
清光緒三十四年(1908)上海廣益書局鉛印本
十二冊

350000－2002－0001236　37/2717＝2

重編留青新集二十四卷　（清）馮善長等輯
清光緒三十四年(1908)上海廣益書局鉛印本
十冊　存十九卷(一至二、七至十六、十八
至二十四)

350000－2002－0001237　37/2717＝3

重編留青新集二十四卷　（清）馮善長等輯
清光緒三十四年(1908)上海廣益書局鉛印本
四冊　存十一卷(十三、十五至二十四)

350000－2002－0001238　37/2717＝4

重編留青新集二十四卷　（清）馮善長等輯
清光緒三十四年(1908)上海廣益書局鉛印本
二冊　存五卷(十六至二十)

350000－2002－0001239　37/2717＝5

重編留青新集二十四卷　（清）馮善長等輯
清光緒三十四年(1908)上海廣益書局鉛印本
六冊　存九卷(六至十、十五、二十至二十
二)

350000 – 2002 – 0001240　38/3322

**新刻瓦崗寨演義全傳五卷二十回**　（清）□□
編　清光緒二十七年(1901)醉經堂刻本　二
冊

350000 – 2002 – 0001241　38/3401

**繡像東周列國志二十七卷首一卷一百八回**
（明）馮夢龍編　（清）蔡奡評點　清末上海商
務印書館鉛印本　四冊

350000 – 2002 – 0001242　38/3401b

**東周列國志二十七卷首一卷**　（明）馮夢龍編
（清）蔡奡評點　清末上海錦章圖書局石印
本　十四冊

350000 – 2002 – 0001243　37/3248

**宦鄉要則八卷首一卷**　（清）張鑒瀛編　清光
緒三十一年(1905)石印本　四冊

350000 – 2002 – 0001244　37/3360

**宋稗類鈔三十六卷**　（清）潘永因編　清宣統
三年(1911)上海藜光社石印本　十二冊

350000 – 2002 – 0001245　37/3743

**詩韻全璧五卷**　題（清）惜陰主人編　（清）暢
懷書屋校正　**初學檢韻袖珍一卷**　（清）姚文
登輯　**虛字韻藪一卷**　（清）潘維城輯　清光
緒十七年(1891)上海錦章圖書局石印本　一
冊　存一卷(詩韻全璧一)

350000 – 2002 – 0001246　37/3743 = 1

**詩韻全璧五卷**　題（清）惜陰主人編　（清）暢
懷書屋校正　**初學檢韻袖珍一卷**　（清）姚文
登輯　**虛字韻藪一卷**　（清）潘維城輯　清光
緒十七年(1891)上海錦章圖書局石印本　三冊

350000 – 2002 – 0001247　38/3401c

**東周列國全志二十三卷一百八回**　（明）余邵
魚撰　（明）馮夢龍改編　（清）蔡奡評點　清
咸豐四年(1854)書成山房刻朱墨套印本　十
二冊

350000 – 2002 – 0001248　38/3401c = 1

**東周列國全志二十三卷一百八回**　（明）余邵
魚撰　（明）馮夢龍改編　（清）蔡奡評點　清
咸豐四年(1854)書成山房刻朱墨套印本　一

冊　存一卷(八)

350000 – 2002 – 0001249　38/3401d

**增像全圖東周列國志二十七卷一百八回**
（明）馮夢龍編　（清）蔡奡評點　清上海中新
書局鉛印本　十三冊

350000 – 2002 – 0001250　37/4060a

**太平御覽一千卷目錄十五卷**　（宋）李昉等纂
（清）鮑崇城重校　清光緒南海李氏刻本
七十五冊　存六百十七卷(一至六百二、目錄
十五卷)

350000 – 2002 – 0001251　38/3401e

**增像全圖東周列國志二十七卷首一卷一百八
回**　（清）蔡奡評點　清上海會文堂書局鉛印
本　十六冊

350000 – 2002 – 0001252　38/3445

**繪圖筆生花十六卷三十二回**　題（清）心如女
史撰　清光緒二十五年(1899)上海書局石印
本　四冊

350000 – 2002 – 0001253　38/3660

**臺灣外紀三十卷**　（清）江日昇識　清康熙四
十三年(1704)求無不獲齋刻本　一冊　存八
卷(十三至二十)

350000 – 2002 – 0001254　38/4048

**新齊諧五卷續新齊諧三卷**　（清）袁枚編　清
宣統上海萃英書局石印本　二冊

350000 – 2002 – 0001255　37/4060b

**太平御覽一千卷目錄十五卷**　（宋）李昉等纂
（清）鮑崇城重校　清刻本　四十六冊　存
四百三卷(二百五十九至二百七十六、四百八
十八至四百九十五、六百五至六百三十三、六
百五十三至一千)

350000 – 2002 – 0001256　38/4113

**吹網錄六卷**　（清）葉廷琯撰　清同治八年
(1869)姑蘇謝文翰齋刻本　二冊

350000 – 2002 – 0001257　38/4113b

**鷗陂漁話六卷**　（清）葉廷琯撰　清同治八年
至九年(1869－1870)姑蘇謝文翰齋刻本　二

冊

350000－2002－0001258　45/0700

**新做商輅歌一卷**　（清）敦厚齋校　清光緒十九年(1893)敦厚齋抄本　一冊

350000－2002－0001259　37/4316

**類林新咏三十六卷**　（清）姚之駰纂輯　清康熙四十六年至四十七年(1707－1708)刻本　十四冊

350000－2002－0001260　38/4427

**南史演義三十二卷**　（清）杜綱編　（清）許寶善批評　清刻本　一冊　存十六卷(九至二十四)

350000－2002－0001261　37/4411

**廣博物志五十卷**　（明）董斯張纂　（明）楊鶴訂　清光緒五年(1879)學海堂刻本　十六冊

350000－2002－0001262　38/4428

**聊齋志異評註十六卷**　（清）蒲松齡撰　（清）但明倫　（清）王士禎評　（清）呂湛恩註釋　清宣統上海商務印書館鉛印本　八冊

350000－2002－0001263　38/4428b

**聊齋志異十六卷**　（清）蒲松齡撰　（清）王士禎評　清乾隆三十一年(1766)趙起杲青柯亭刻本　十六冊

350000－2002－0001264　38/4428d

**詳註聊齋志異圖詠十六卷首一卷**　（清）蒲松齡撰　（清）呂湛恩註　清光緒十二年(1886)上海同文書局石印本　四冊　存九卷(一至二、十一至十六,首一卷)

350000－2002－0001265　38/4428e

**詳註聊齋志異圖詠十六卷首一卷**　（清）蒲松齡撰　（清）呂湛恩註　清光緒二十六年(1900)中西書局石印本　四冊　存九卷(一至八、首一卷)

350000－2002－0001266　37/4440

**增補事類統編九十三卷首一卷**　（清）黃葆真輯　（清）何立中校字　清道光二十六年(1846)丹陽黃氏敦好堂刻本　四十七冊　存

九十二卷(二至九十三)

350000－2002－0001267　38/4428f

**聊齋志異新評十六卷**　（清）蒲松齡撰　（清）王士禎評　（清）但明倫新評　清光緒二十四年(1898)粵東天寶樓刻朱墨套印　十六冊

350000－2002－0001268　37/5421

**四書人物類典串珠十卷**　（清）臧志仁編輯　清光緒六年(1880)聚文堂刻本　五冊

350000－2002－0001269　38/4428g

**詳註聊齋志異圖詠十六卷首一卷**　（清）蒲松齡撰　（清）呂湛恩注　清末錦章圖書局石印本　一冊　存一卷(三)

350000－2002－0001270　37/4500

**朝市叢載八卷**　（清）楊士安原編　（清）李虹若重編　清光緒十三年(1887)刻本　七冊　存七卷(一至七)

350000－2002－0001271　38/4428c

**詳註聊齋志異圖詠十六卷首一卷**　（清）蒲松齡撰　（清）呂湛恩註　清光緒三十三年(1907)上海章福記書局石印本　一冊　存八卷(一至八)

350000－2002－0001272　38/4428d＝1

**詳註聊齋志異圖詠十六卷首一卷**　（清）蒲松齡撰　（清）呂湛恩註　清光緒十二年(1886)上海同文書局石印本　二冊　存五卷(一至二、十三至十四,首一卷)

350000－2002－0001273　38/5144c

**增評補圖石頭記一百二十卷首一卷**　（清）曹雪芹　（清）高鶚撰　題（清）護花主人評　題（清）大某山民評　清光緒鉛印本　十二冊

350000－2002－0001274　38/5048

**繪圖今古奇觀六卷四十回**　題（明）抱甕老人輯　清光緒三十二年(1906)上海石印書局石印本　六冊

350000－2002－0001275　38/5144

**欠愁集一卷**　（清）史震林撰　清宣統元年(1909)番禺沈氏石印香豔小品本　一冊

350000－2002－0001276　38/5144b

西青散記四卷　（清）史震林撰　清光緒三十三年（1907）上海廣智書局鉛印本　二冊

350000－2002－0001277　37/7057

策府統宗六十五卷目錄一卷　（清）劉昌齡輯　清光緒十四年（1888）同文書局石印本　二十冊　存六十四卷（一至四十四、四十七至六十五，目錄一卷）

350000－2002－0001278　38/5144d

增評補圖石頭記一百二十卷首一卷　（清）曹雪芹　（清）高鶚撰　題（清）護花主人評　題（清）大某山民加評　清光緒鉛印本　三冊　存十五卷（八十三至八十九、一百七至一百十三，首一卷）

350000－2002－0001279　37/7213

隸韻十卷碑目一卷　（宋）劉球撰　隸韻考證二卷碑目考證一卷　（清）翁方綱撰　清嘉慶十五年（1810）江都秦恩復刻本　六冊

350000－2002－0001280　38/5144e

紅樓夢一百二十卷一百二十回　（清）曹雪芹　（清）高鶚撰　（清）王希濂評　清刻本　二冊　存十卷（六十七至七十一、八十二至八十六）

350000－2002－0001281　38/6041

新刻三寶太監西洋記通俗演義二十卷一百回　（明）羅懋登撰　清光緒七年（1881）上海申報館鉛印本　一冊　存二卷（三至四）

350000－2002－0001282　38/6430

精訂綱鑑廿四史通俗衍義六卷四十四回　（清）呂撫撰　清光緒二十一年（1895）珍藝書局鉛印本　三冊

350000－2002－0001283　37/7300

佩文詩韻釋要五卷　（清）周兆基撰　清宣統三年（1911）商務印書館石印本　二冊

350000－2002－0001284　38/6750

第一才子書十六卷首一卷一百二十回　（明）羅貫中撰　（清）金聖嘆　（清）毛宗崗評　清光緒二十九年（1903）上海錦章書局石印本二冊　存四卷（一、十五至十六,首一卷）

350000－2002－0001285　37/7344

佩文詩韻釋要五卷　（清）孫詒經重輯　清光緒四年（1878）刻本　一冊

350000－2002－0001286　37/7737

藝文類聚一百卷　（唐）歐陽詢撰　（明）王元貞校　清光緒五年（1879）華陽宏達堂刻本四十冊

350000－2002－0001287　38/6750b

第一才子書六十卷一百二十回　（明）羅貫中撰　（清）毛宗崗評　清鉛印本　一冊　存六卷（六至十一）

350000－2002－0001288　37/7900

天中記六十卷　（明）陳耀文纂　（明）屠隆校　清光緒四年（1878）聽雨山房刻本　六十冊

350000－2002－0001289　38/6750c

第一才子書六十卷首一卷一百二十回　（明）羅貫中撰　（清）毛宗崗評　清光緒十一年（1885）上海同文書局石印本　十二冊

350000－2002－0001290　38/7513

燕山外史註釋八卷　（清）陳球撰　（清）傅聲谷輯註　（清）項震新參校　清光緒三十三年（1907）上海書局石印本　一冊

350000－2002－0001291　38/7513b

燕山外史註釋八卷　（清）陳球撰　（清）傅聲谷輯註　（清）項震新參校　清光緒十二年（1886）刻本　二冊　存四卷（一至二、七至八）

350000－2002－0001292　38/7513c

燕山外史註釋二卷　（清）陳球撰　（清）傅聲谷輯註　清宣統上海鑄記書局石印本　一冊

350000－2002－0001293　38/7735

搜神後記十卷　（晉）陶潛撰　清光緒元年（1875）湖北崇文書局刻本　一冊

350000－2002－0001294　38/8234

南遊志傳四卷　（明）余象斗編　清光緒十四年（1888）刻本　一冊

350000－2002－0001295　38/8258

質直談耳八卷　（清）錢肇鼇撰　清道光四年(1824)刻本　四冊

350000－2002－0001296　39.1/0024

成唯識論十卷　（唐）釋玄奘譯　清光緒二十二年(1896)金陵刻經處刻本　二冊

350000－2002－0001297　38/8322

繪圖精忠說岳全傳八卷八十回　（清）錢彩撰　清光緒三十二年(1906)上海簡青齋書局石印本　一冊

350000－2002－0001298　39.1/0483

迪吉錄八卷首一卷　（明）顏茂猷編輯　（明）顧錫疇評定　清光緒八年(1882)長沙遐齡精舍刻本　十冊　存五卷(一、六至八,首一卷)

350000－2002－0001299　41/7771

屈原賦注七卷通釋二卷音義三卷　（清）戴震撰　清光緒十七年(1891)廣雅書局刻本　一冊

350000－2002－0001300　42.1/0020

庚子山集十六卷總釋一卷　（北周）庾信撰（清）倪璠釋　清光緒十六年(1890)廣州經史閣刻本　十二冊

350000－2002－0001301　39.1/0832

梁武帝問誌公禪師因果經一卷　（□）□□撰　清宣統二年(1910)鼓山湧泉寺刻本　一冊

350000－2002－0001302　42.1/0400

忠武侯諸葛孔明先生全集五種　（三國蜀）諸葛亮撰　（清）張澍纂輯　清同治元年(1862)聚珍齋木活字印本　十六冊

350000－2002－0001303　39.2/2004

老子翼八卷首一卷　（明）焦竑輯　清光緒二十一年(1895)刻本　四冊

350000－2002－0001304　43/3990

三唐人集　（清）馮焌光輯　清光緒南海馮氏讀有用書齋刻本　六冊

350000－2002－0001305　39.1/2414

大佛頂如來密因修證了義諸菩薩萬行首楞嚴經十卷　（唐）釋般刺密帝譯　（清）吳芝瑛書　清光緒三十四年至宣統元年(1908－1909)杭州小萬柳堂影印本　一冊

350000－2002－0001306　42.1/1038

麟角集一卷附錄一卷　（唐）王棨撰　清嘉慶十七年(1812)王遐春麟後山房刻王氏彙刻唐人集本　一冊

350000－2002－0001307　39.1/2527

正一朝天三八謝罪法懺不分卷　（清）□□鈔　清抄本　一冊

350000－2002－0001308　39.1/2527＝1

正一朝天三八謝罪法懺不分卷　（清）□□鈔　清抄本　一冊

350000－2002－0001309　39.1/2527b

高王經一卷　（東魏）釋瞿曇般若流支譯　清光緒五年(1879)南海普陀山刻本　一冊

350000－2002－0001310　39.1/2527d

高王經一卷　（東魏）釋瞿曇般若流支譯　清光緒八年至三十一年(1882－1905)上海鴻文書局刻本　一冊

350000－2002－0001311　42.1/1707

孟東野集十卷附一卷　（唐）孟郊撰　追昔遊集三卷　（唐）李紳撰　（明）毛晉訂　清宣統二年(1910)上海著易堂石印本　四冊

350000－2002－0001312　42.1/1707＝1

孟東野集十卷附一卷　（唐）孟郊撰　追昔遊集三卷　（唐）李紳撰　（明）毛晉訂　清宣統二年(1910)上海著易堂石印本　四冊　存十卷(五至十、附一卷,追昔遊集三卷)

350000－2002－0001313　51/1133＝2

漢魏六朝百三名家集　（明）張溥輯　清刻本　一冊　存二種二卷(薛司隸集一卷、牛奇章集一卷)

350000－2002－0001314　39.1/2527c

太華山紫金鎮兩世修行劉香寶卷全集二卷（□）□□撰　清同治九年(1870)上海翼化堂刻本　一冊　存一卷(上)

350000－2002－0001315　42.1/3088

**溫飛卿詩集七卷別集一卷集外詩一卷**　（唐）溫庭筠撰　（清）曾益原注　（清）顧予咸補注　（清）顧嗣立重校　清光緒八年(1882)萬軸山房刻本　一冊

350000－2002－0001316　42.1/4072＝3

**李義山詩集三卷詩譜一卷附錄諸家詩評一卷**　（唐）李商隱撰　（清）朱鶴齡箋注　（清）沈厚墭輯評　清同治九年(1870)廣州倅署刻三色套印本　三冊　存三卷(詩集三卷)

350000－2002－0001317　42.1/4026

**李太白文集三十卷**　（唐）李白撰　清光緒元年(1875)湖北崇文書局刻本　四冊

350000－2002－0001318　44/4300b＝1

**全唐詩話六卷**　（宋）尤袤輯　（明）毛晉訂　清宣統三年(1911)上海朝記書莊石印本　三冊

350000－2002－0001319　42.1/4046

**李長吉集四卷外一卷**　（唐）李賀撰　（明）黃淳耀評　（清）黎簡批點　清宣統元年(1909)掃葉山房石印本　二冊

350000－2002－0001320　42.1/4046b

**李長吉歌詩四卷首一卷外集一卷**　（唐）李賀撰　（清）王琦彙解　清宣統元年(1909)掃葉山房石印本　四冊

350000－2002－0001321　42.1/3088b

**溫飛卿詩集九卷**　（唐）溫庭筠撰　（清）曾益原注　（清）顧予咸補注　（清）顧嗣立重校　清宣統二年(1910)國學扶輪社石印本　四冊

350000－2002－0001322　42.1/4072

**李義山詩集三卷詩譜一卷附錄諸家詩評一卷**　（唐）李商隱撰　（清）朱鶴齡箋注　（清）沈厚墭輯評　清同治九年(1870)廣州倅署刻三色套印本　三冊

350000－2002－0001323　42.1/4072＝1

**李義山詩集三卷詩譜一卷附錄諸家詩評一卷**　（唐）李商隱撰　（清）朱鶴齡箋注　（清）沈厚墭輯評　清同治九年(1870)廣州倅署刻三色套印本　四冊

350000－2002－0001324　42.1/4072＝2

**李義山詩集三卷詩譜一卷附錄諸家詩評一卷**　（唐）李商隱撰　（清）朱鶴齡箋注　（清）沈厚墭輯評　清同治九年(1870)廣州倅署刻三色套印本　四冊

350000－2002－0001325　42.1/4072b

**玉谿生詩詳注三卷首一卷樊南文集詳注八卷首一卷**　（唐）李商隱撰　（清）馮浩編訂　清乾隆四十五年(1780)桐鄉馮浩刻嘉慶元年(1796)增刻同治七年(1868)桐鄉馮寶圻修補本　八冊

350000－2002－0001326　42.1/4310

**河東先生文集六卷**　（唐）柳宗元撰　清宣統二年(1910)上海會文堂粹記書局石印本　六冊

350000－2002－0001327　42.1/4310b

**唐大家柳柳州文鈔十二卷**　（唐）柳宗元撰　（明）茅坤批評　明崇禎四年(1631)茅著刻唐宋八大家文抄本　三冊

350000－2002－0001328　42.1/4410

**蘇許公文集十二卷首一卷**　（唐）蘇環撰　**罋上記一卷**　（唐）蘇頲纂　**許公逸事一卷**　（清）蘇廷玉輯　清道光二十三年(1843)同安蘇氏刻本　四冊

350000－2002－0001329　42.1/4453c

**杜詩鏡銓二十卷附錄一卷年譜一卷**　（唐）杜甫撰　（清）楊倫編　**讀書堂杜工部文集註解二卷**　（清）張溍評註　清同治十一年(1872)望三益齋刻本　十冊

350000－2002－0001330　42.1/4453d

**御選唐宋詩醇四十七卷目錄二卷**　（清）高宗弘曆選　（清）梁詩正等校對　清乾隆刻本　五冊　存十卷(九至十八)

350000－2002－0001331　42.1/4453e

**杜工部集二十卷附錄一卷**　（唐）杜甫撰　（清）錢謙益箋註　**唱酬題詠附錄一卷**　（□）□□撰　**諸家詩話一卷**　（□）□□撰　**少陵**

年譜一卷 (□)□□撰 清宣統三年(1911)時中書局石印本 八冊

350000－2002－0001332 42.1/4453b

讀書堂杜工部文集註解二卷 (唐)杜甫撰 (清)張溍評註 清著易堂書局石印本 一冊

350000－2002－0001333 42.1/4480

重刊五百家註音辯昌黎先生文集四十卷 (唐)韓愈撰 清刻本 二十冊

350000－2002－0001334 42.1/4480b

昌黎先生詩集注十一卷 (唐)韓愈撰 (清)顧嗣立刪補 (清)朱彝尊 (清)何焯評 昌黎先生[韓愈]年譜一卷 清光緒九年(1883)廣州翰墨園刻三色套印本 四冊

350000－2002－0001335 42.1/4480c

韓昌黎詩集編年箋注十二卷 (唐)韓愈撰 (清)方世舉考訂 清宣統二年(1910)石印本 十二冊

350000－2002－0001336 42.1/7160

陳伯玉文集三卷詩集二卷首一卷附錄一卷 (唐)陳子昂撰 清咸豐四年(1854)刻本 四冊

350000－2002－0001337 39.1/2530

大佛頂如來密因修證了義諸菩薩萬行首楞嚴經十卷 (唐)釋般剌密帝 (□)釋彌伽釋迦譯 (□)釋懷迪證譯 (唐)房融筆述 清刻本 五冊

350000－2002－0001338 42.1/7310

駱臨海集十卷首一卷末一卷 (唐)駱賓王撰 (清)陳熙晉箋註 (清)駱祖攀校訂 清咸豐三年(1853)刻本 八冊

350000－2002－0001339 42.1/7447

唐陸宣公集二十二卷首一卷增輯一卷附錄一卷 (唐)陸贄撰 清光緒二年(1876)江蘇書局刻本 五冊 存十九卷(一至六、十三至二十二,首一卷,增輯一卷,附錄一卷)

350000－2002－0001340 42.1/7610

昌黎先生集四十卷外集十卷遺文一卷 (唐)

韓愈撰 (宋)廖瑩中輯注 朱子校昌黎先生集傳一卷 (宋)朱熹考異 韓集點勘四卷 (清)陳景雲撰 清同治九年(1870)江蘇書局刻本 一冊 存四卷(韓集點勘四卷)

350000－2002－0001341 42.1/7731

陶詩彙評四卷 (晉)陶潛撰 (清)溫汝能纂訂 東坡和陶合箋四卷 (宋)蘇軾撰 (清)溫汝能纂訂 清宣統二年(1910)掃葉山房石印本 四冊

350000－2002－0001342 39.1/3231

大方廣佛華嚴經八十卷 (唐)釋實叉難陀譯 華嚴普賢行願懺儀一卷 (高麗)釋淨源編集 復菴和尚華嚴綸貫一卷 (□)釋復菴撰 大方廣佛華嚴經入不思議解脫境界普賢行願品一卷 (唐)釋般若譯 清同治七年(1868)杭城昭慶慧空經房刻本 二十八冊

350000－2002－0001343 42.1/7731b

陶淵明集十卷 (晉)陶潛撰 清道光二十一年(1841)溫陵李廷鈺刻本 一冊 存四卷(一至四)

350000－2002－0001344 39.1/3410

翻譯名義集二十卷 (宋)釋法雲編 清光緒四年(1878)合肥蒯氏帶耕草堂刻本 六冊

350000－2002－0001345 39.1/3844

法苑珠林一百卷 (唐)釋道世撰 清道光七年(1827)蔣氏燕園刻光緒三年(1877)常熟三峰釋照塵重修本 三十二冊

350000－2002－0001346 42.1/7731c

陶淵明集八卷首一卷末一卷 (晉)陶潛撰 清光緒五年(1879)廣東翰墨園刻四色套印本 二冊

350000－2002－0001347 42.1/9000

制詔集二十卷 (唐)常袞撰 (清)郭柏蒼校刊 清光緒七年(1881)郭柏蒼沁泉山館刻本 四冊

350000－2002－0001348 42.1/7731d

陶淵明文集十卷 (晉)陶潛撰 清宣統元年(1909)著易堂石印本 四冊

350000－2002－0001349　42.1/7731d＝1

陶淵明文集十卷　（晉）陶潛撰　清宣統元年（1909）著易堂石印本　四冊

350000－2002－0001350　42.2/1310b

王臨川全集一百卷目錄二卷　（宋）王安石撰　清光緒九年（1883）溧陽繆氏小峽山館刻本　十五冊　存九十五卷（一至七十一、七十九至一百，目錄二卷）

350000－2002－0001351　42.1/7310b

駱賓王文集十卷考異一卷　（唐）駱賓王撰　清宣統三年（1911）上海文瑞樓石印本　二冊

350000－2002－0001352　42.2/2232

吳詩集覽二十卷目錄一卷補注二十卷　（清）吳偉業撰　（清）靳榮藩補注　談藪二卷　（清）靳榮藩撰　清刻本　六冊　存五卷（吳詩集覽二至六）

350000－2002－0001353　42.2/2880

徐騎省集三十卷補遺一卷　（宋）徐鉉撰　校勘記一卷　（清）李英元纂　清光緒十六年至十九年（1890－1893）黟縣李宗煝刻本　八冊

350000－2002－0001354　39.1/4276

最上一乘慧命經不分卷　（清）柳華陽撰　清光緒十四年至十五年（1888－1889）香山鄭官應刻本　一冊

350000－2002－0001355　42.2/3000

元憲集三十六卷　（宋）宋庠撰　清乾隆四十二年（1777）福建布政使司刻武英殿聚珍版書本　二冊　存十卷（一至十）

350000－2002－0001356　42.2/3030

寇忠愍公詩集三卷　（宋）寇準撰　清宣統三年（1911）中華圖書館影印本　二冊　存二卷（一至二）

350000－2002－0001357　39.1/7092

大乘起信論直解二卷　（明）釋德清撰　清光緒十六年（1890）金陵刻經處刻本　一冊

350000－2002－0001358　42.2/4287

蘇學士文集十六卷　（宋）蘇舜欽撰　清宣統

三年（1911）北京龍文閣石印本　六冊

350000－2002－0001359　39.1/7722

釋氏稽古略四卷　（元）釋覺岸編集　釋鑑稽古略續集三卷　（明）釋大聞續集　清光緒十二年（1886）刻本　五冊

350000－2002－0001360　42.2/4433

林和靖詩集四卷酬唱題詠附錄一卷拾遺一卷　（宋）林逋撰　清宣統二年（1910）上海文瑞樓石印本　二冊

350000－2002－0001361　42.2/4453b

蘇文忠公詩集五十卷目錄二卷　（宋）蘇軾撰　（清）紀昀評點　清同治八年（1869）韞玉山房刻朱墨套印本　十冊

350000－2002－0001362　42.2/4453b＝1

蘇文忠公詩集五十卷目錄二卷　（宋）蘇軾撰　（清）紀昀評點　清同治八年（1869）韞玉山房刻朱墨套印本　二冊　存十二卷（一至十、目錄二卷）

350000－2002－0001363　39.1/8067

重刻觀世音菩薩本行經簡集二卷　（宋）釋普明編　清刻本　一冊

350000－2002－0001364　39.1/8868

法界聖凡水陸普度大齋勝會儀軌會本六卷　（南朝梁）釋寶誌等撰　（宋）釋志磐重訂　（明）釋袾宏補儀　清同治八年（1869）刻本　三冊

350000－2002－0001365　39.2/0371

玉皇宥罪寶懺三卷　（□）辛漢臣撰　清光緒二十六年（1900）樂善山房刻本　一冊

350000－2002－0001366　39.2/0371＝1

玉皇宥罪寶懺三卷　（□）辛漢臣撰　清光緒二十六年（1900）樂善山房刻本　一冊

350000－2002－0001367　39.2/0371＝2

玉皇宥罪寶懺三卷　（□）辛漢臣撰　清光緒二十六年（1900）樂善山房刻本　一冊

350000－2002－0001368　39.2/1017

老子道德經一卷　（三國魏）王弼注　清上海

江東書局石印本　一冊

350000－2002－0001369　42.3/0012

**高東溪先生遺集三卷**　(宋)高登撰　(清)盧蘭陔輯刊　清光緒二十三年(1897)漳州素位堂刻本　三冊

350000－2002－0001370　39.2/1017b

**老子道德經一卷**　(三國魏)王弼注　清宣統三年(1911)上海埽葉山房石印本　一冊

350000－2002－0001371　42.3/0138

**文山別集四種**　(宋)文天祥撰　清宣統二年(1910)東雅社鉛印本　四冊

350000－2002－0001372　39.2/1208

**莊子集解八卷**　王先謙輯　清宣統元年(1909)上海掃葉山房石印本　三冊　存六卷(一至二、五至八)

350000－2002－0001373　39.2/1230

**列子八卷**　(戰國)列禦寇撰　(晉)張湛注　(唐)殷敬順釋文　清光緒二年(1876)浙江書局刻本　一冊　存四卷(一至四)

350000－2002－0001374　42.3/0427

**謝皋羽先生[朝]年譜一卷**　(清)徐沁撰　(清)鄧實校錄　清光緒三十二年(1906)國學保存會鉛印國粹叢書本　一冊

350000－2002－0001375　39.2/1444

**關聖帝君桃園明聖經一卷**　(清)王增榮注并編輯　清光緒刻本　一冊

350000－2002－0001376　42.3/1009

**深寧先生文鈔八卷**　(宋)王應麟撰　清道光九年(1829)葉熊紫藤花館刻本　六冊

350000－2002－0001377　39.2/1748

**性命雙修萬神圭旨四卷**　題(明)尹真人撰　清刻本　二冊　存二卷(二至三)

350000－2002－0001378　39.2/2235

**莊子內篇註四卷**　(明)釋德清注　清光緒十四年(1888)金陵刻經處刻本　二冊

350000－2002－0001379　39.2/2235＝1

**莊子內篇註四卷**　(明)釋德清注　清光緒十四年(1888)金陵刻經處刻本　二冊

350000－2002－0001380　42.3/1477

**宋王忠文公文集五十卷**　(宋)王十朋撰　(清)唐傳鉎重編　清雍正六年(1728)唐傳鉎刻本　八冊　存二十九卷(十九至二十二、二十六至五十)

350000－2002－0001381　39.2/2440

**老子約說三卷續篇一卷**　(清)紀大奎撰　(清)紀大婁評註　清刻本　一冊

350000－2002－0001382　42.3/2157

**海瓊白真人全集八卷**　(宋)葛長庚撰　(清)王時宇重訂　(清)林桂校　清乾隆五十六年(1791)王時宇刻本　八冊

350000－2002－0001383　42.3/2220

**西山文鈔八卷**　(宋)真德秀撰　(清)張伯行編　清嘉慶十六年(1811)刻浦城遺書本　二冊

350000－2002－0001384　42.3/2540

**朱子古文六卷**　(宋)朱熹撰　(清)周大璋輯校　清道光二十八年(1848)長沙小琅嬛山館刻本　六冊

350000－2002－0001385　39.2/2527

**太上洞玄靈寶文昌梓潼帝君本願真經一卷**　(□)□□撰　清同治元年(1862)刻本　一冊

350000－2002－0001386　39.2/2527＝1

**太上洞玄靈寶文昌梓潼帝君本願真經一卷**　(□)□□撰　清同治元年(1862)刻本　一冊

350000－2002－0001387　39.2/2527＝2

**太上洞玄靈寶文昌梓潼帝君本願真經一卷**　(□)□□撰　清同治元年(1862)刻本　一冊

350000－2002－0001388　42.3/2540b＝1

**朱子集一百四卷目錄二卷補遺一卷**　(宋)朱熹撰　清咸豐十年(1860)紫霞洲祠堂刻本　十八冊　存四十四卷(三十四至三十五、四十四至四十七、五十二至五十三、五十六至五十七、六十至六十一、七十三至一百四)

350000－2002－0001389　39.2/2527＝3

太上洞玄靈寶文昌梓潼帝君本願真經一卷
(□)□□撰　清同治元年(1862)刻本　一冊

350000－2002－0001390　42.3/2540b

朱子集一百四卷目錄二卷補遺一卷　(宋)朱
熹撰　清咸豐十年(1860)紫霞洲祠堂刻本
二十七冊　存七十一卷(十五至七十四、九十
五至一百四,目錄上)

350000－2002－0001391　42.3/7117

宋劉文靖公屏山全集二十卷首一卷　(宋)劉
子翬撰　(清)潘政明校刊　**屏山集考異一卷**
(清)潘政明撰　清光緒二十七年至二十八
年(1901－1902)武夷潘氏雲屏山房刻本　六
冊

350000－2002－0001392　42.3/7117＝1

宋劉文靖公屏山全集二十卷首一卷　(宋)劉
子翬撰　(清)潘政明校刊　**屏山集考異一卷**
(清)潘政明撰　清光緒二十七年至二十八
年(1901－1902)武夷潘氏雲屏山房刻本　六冊

350000－2002－0001393　39.2/4027

南華真經解三卷　(清)宣穎編　(清)王暉吉
校　清經綸堂刻本　二冊

350000－2002－0001394　42.3/7212

岳忠武王文集八卷首一卷末一卷　(宋)岳飛
撰　(清)黃邦寧編　清道光二十七年(1847)
揚州刻本　二冊

350000－2002－0001395　42.3/7212b

岳忠武王集八卷首一卷末一卷　(宋)岳飛撰
(清)黃邦寧編輯　清刻本　四冊

350000－2002－0001396　39.2/4290

昭應錄二卷首一卷　(清)李仕學編輯　清乾
隆三十二年(1767)吳登培刻本　一冊

350000－2002－0001397　39.2/4434

神仙傳二卷　(晉)葛洪撰　清末石印本　一
冊

350000－2002－0001398　39.2/4477

莊子十卷　(戰國)莊周撰　(晉)郭象注
(唐)陸德明音義　清光緒二年(1876)浙江書

080

局刻本　四冊

350000－2002－0001399　42.3/4448

黃勉齋先生文集八卷　(宋)黃榦撰　清同治
五年(1866)福州正誼書局刻正誼堂全書本
二冊

350000－2002－0001400　39.2/6330

道德經釋義二卷附常清靜經一卷金玉經一卷
題(□)純陽真人釋義　(清)牟目源訂　**轉
語二卷**　(清)陳觀吾著　**古今本考正二卷**
(清)□□撰　清嘉慶十四年(1809)羊城刻本
二冊

350000－2002－0001401　42.3/7438b

劍南詩鈔六卷　(宋)陸游撰　(清)楊大鶴選
(清)許貞幹校　清宣統二年(1910)掃葉山
房石印本　六冊

350000－2002－0001402　39.2/7444

莊子雪三卷　(清)陸樹芝輯注　清嘉慶四年
(1799)廣州翰元樓刻本　六冊

350000－2002－0001403　42.3/7438c

陸放翁全集六種　(宋)陸游撰　明末毛氏汲
古閣刻清康熙毛扆增刻本　四十六冊　存二
種五十四卷(渭南文集三至六、九至十五、二
十三至二十四、三十一至三十二、四十四至四
十五、劍南詩稿三至四、十一、十七、十九至二
十三、二十七、二十九、四十三、四十五、四十
七至五十、五十二至五十八、六十至六十四、
六十八至七十二、七十四、七十七至七十八)

350000－2002－0001404　39.3/2077

西方歸道一卷　(英國)華立熙譯　清光緒二
十六年(1900)上海鉛印本　一冊

350000－2002－0001405　42.3/7500

龍川文集三十卷首一卷　(宋)陳亮撰　**辨訛
考異二卷附錄二卷**　(清)胡鳳丹撰　清宣統
三年(1911)掃葉山房石印本　四冊

350000－2002－0001406　39.3/2417

耶穌譬喻略解一卷　(美國)紀好弼撰　(清)
陳覺民述　清光緒三年(1877)刻本　一冊

350000－2002－0001407　39.3/4227

**閩南奮興會經筵一卷**　（英國）梅愛爾演詞（清）吳景垣筆述　清宣統三年（1911）閩南聖教書局鉛印本　一冊

350000－2002－0001408　39.3/4317

**原富五部**　（英國）斯密亞丹撰　嚴復翻譯　清光緒二十八年（1902）南洋公學譯書院鉛印本　八冊

350000－2002－0001409　39.3/4317＝1

**原富五部**　（英國）斯密亞丹撰　嚴復翻譯　清光緒二十八年（1902）南洋公學譯書院鉛印本　八冊

350000－2002－0001410　39.3/4818

**使徒保羅達羅馬人書注釋一卷**　（□）保羅撰（□）□□注釋　清宣統二年（1910）上海美華書館鉛印本　一冊

350000－2002－0001411　39.3/5239

**歷史哲學前編五章後編六章**　（美國）威爾遜原著　羅伯雅重譯　清光緒二十九年（1903）上海廣智書局鉛印本　二冊

350000－2002－0001412　42.6/0044

**望溪集不分卷**　（清）方苞撰　（清）王兆符（清）程崟輯　清乾隆刻本　七冊

350000－2002－0001413　42.3/7530

**陳北溪先生文集十四卷補遺一卷**　（宋）陳淳撰　（清）張伯行訂　清光緒九年（1883）劉氏傳經堂刻本　四冊

350000－2002－0001414　42.3/7744

**釣磯詩集五卷**　（宋）邱葵撰　（明）盧若騰訂　清道光二十六年（1846）龍溪林氏汲古書屋刻本　一冊

350000－2002－0001415　42.3/7744b

**釣磯詩集四卷**　（宋）邱葵撰　清同治十三年（1874）邱炳忠刻本　一冊

350000－2002－0001416　42.3/7744b＝1

**釣磯詩集四卷**　（宋）邱葵撰　清同治十三年（1874）邱炳忠刻本　一冊

350000－2002－0001417　42.4/1244

**湛然居士文集十四卷**　（元）耶律楚材撰　清光緒二十一年（1895）桐廬袁氏刻漸西村舍彙刊本　四冊

350000－2002－0001418　42.3/8080

**姜白石全集十六卷**　（宋）姜夔撰　清宣統二年（1910）掃葉山房石印本　三冊

350000－2002－0001419　42.4/4040

**夢觀集四卷**　（元）釋大奎述　清同治十三年（1874）晉江龔顯曾刻本　二冊

350000－2002－0001420　42.4/4452

**雁門集六卷附卷一卷**　（元）薩都剌撰　（清）薩嘉曦校印　清宣統元年（1909）鉛印本　四冊

350000－2002－0001421　42.4/4452＝1

**雁門集六卷附卷一卷**　（元）薩都剌撰　（清）薩嘉曦校印　清宣統元年（1909）鉛印本　四冊

350000－2002－0001422　42.4/4452b

**雁門集六卷附卷一卷補遺一卷**　（元）薩都剌撰　雁門集倡和錄一卷雁門集別錄一卷（清）薩龍光輯　清宣統二年（1910）薩嘉曦刻本　一冊　存二卷（雁門集一至二）

350000－2002－0001423　42.5/0038

**青邱高季迪先生詩集十八卷遺詩一卷扣舷集一卷鳧藻集五卷**　（明）高啓撰　（清）金檀輯注　**年譜一卷附錄一卷**　（清）金檀撰　清雍正六年至七年（1728－1729）金氏文瑞樓刻本　二冊　存五卷（一至四、年譜一卷）

350000－2002－0001424　42.6/0076

**秋水堂文集六卷餘集一卷詩集六卷**　（清）莊亨陽撰　清光緒十五年（1889）南靖莊氏刻秋水堂遺集本　四冊

350000－2002－0001425　42.6/0090

**韶溪詩集四卷**　（清）郭龍光撰　清道光七年（1827）刻本　二冊

350000－2002－0001426　42.6/0140

寶綸堂外集十二卷　（清）齊召南撰　（清）齊
毓川輯　清宣統三年（1911）掃葉山房石印本
二冊

350000－2002－0001427　42.5/0237

雙魚集二卷　（明）顏繼祖撰　（明）顏為駿編
（清）曾炤喜集註　清同治七年（1868）廈門
文德堂刻本　二冊

350000－2002－0001428　42.5/1072

石司徒文集七卷　（明）石應岳撰　清光緒二
十七年（1901）新羅書院刻本　四冊

350000－2002－0001429　42.5/1160

白毫菴內篇二卷　（明）張瑞圖撰　（清）張潛
夫編　清光緒泉州張氏刻本　二冊

350000－2002－0001430　42.5/1160＝1

白毫菴內篇二卷　（明）張瑞圖撰　（清）張潛
夫編　清光緒泉州張氏刻本　一冊　存一卷
（上）

350000－2002－0001431　42.5/1160＝2

白毫菴內篇二卷　（明）張瑞圖撰　（清）張潛
夫編　清光緒泉州張氏刻本　一冊　存一卷
（上）

350000－2002－0001432　42.5/1272

小山類稿選二十卷　（明）張岳撰　清乾隆刻
重修本　一冊　存四卷（六至九）

350000－2002－0001433　42.5/1321

王文成公全集十六卷　（明）王守仁撰　清道
光六年（1826）湘潭王文德刻本　八冊　存九
卷（三至四、八、十至十五）

350000－2002－0001434　42.5/2117

熊襄愍公集十卷首一卷末一卷　（明）熊廷弼
撰　（清）徐文檢輯　清同治三年（1864）刻本
十冊

350000－2002－0001435　42.6/0214

芳草堂賦鈔二卷試帖二卷　（清）龔維琳撰
清刻本　四冊

350000－2002－0001436　42.5/2260

明大司馬盧公奏議十卷文集一卷詩集一卷首

一卷　（明）盧象昇撰　清光緒元年（1875）施
惠刻本　六冊

350000－2002－0001437　42.5/2327

傅木虛集十五卷　（明）傅汝舟撰　（清）郭柏
蒼選　清光緒七年（1881）福州郭氏沁泉山館
刻明閩中高傅二山人集本　一冊　存二卷
（七幅菴草一卷、吳遊記一卷）

350000－2002－0001438　42.5/2836

青藤書屋文集三十卷補遺一卷　（明）徐渭撰
（明）袁宏道編　清宣統三年（1911）石印本
六冊　存二十卷（六至二十、二十六至三
十）

350000－2002－0001439　42.5/2978

增訂徐文定公集六卷首二卷　（明）徐光啓撰
清宣統元年（1909）上海慈母堂鉛印本　四
冊

350000－2002－0001440　42.5/3267

懷星堂全集三十卷　（明）祝允明撰　清宣統
二年（1910）中國書畫會鉛印本　八冊

350000－2002－0001441　42.6/0245

輓純齋夫君詩一卷　題（清）韻仙女史撰　清
光緒四年（1878）刻本　一冊

350000－2002－0001442　42.5/3437

洪芳洲先生摘稿四卷　（明）洪朝選撰　（明）
鄒夢桂校正　（明）華復誠編　（清）洪曜離等
校　清光緒十八年（1892）同安洪氏刻洪芳洲
先生文集本　一冊

350000－2002－0001443　42.5/4231

鐵厓三種　（元）楊維禎撰　清宣統二年
（1910）掃葉山房石印本　十冊

350000－2002－0001444　42.5/4253

楊忠愍公遺集三卷　（明）楊繼盛撰　清光緒
二十二年（1896）南安柯啓刻本　一冊

350000－2002－0001445　42.5/4330

蔡忠烈公遺集六卷　（明）蔡道憲撰　（清）鄧
顯鶴原輯　（清）蔡應魁等校梓　清道光二十
六年至二十八年（1846－1848）溫陵蔡氏刻光

緒二十八年(1902)蔡恩煦補刻本　六冊

350000－2002－0001446　42.5/4253b

**楊忠愍公集六卷首一卷**　(明)楊繼盛撰
(清)章鈺輯　清道光三十年(1850)刻本　四
冊

350000－2002－0001447　42.5/4330＝1

**蔡忠烈公遺集六卷**　(明)蔡道憲撰　(清)鄧
顯鶴原輯　(清)蔡應魁等校梓　清道光二十
六年至二十八年(1846－1848)溫陵蔡氏刻光
緒二十八年(1902)蔡恩煦補修本　六冊

350000－2002－0001448　42.5/4330b

**蔡忠烈公遺集六卷**　(明)蔡道憲撰　(清)鄧
顯鶴原輯　(清)蔡應魁等校梓　清道光二十
六年至二十八年(1846－1848)溫陵蔡氏刻本
　五冊　存五卷(一至五)

350000－2002－0001449　42.5/4338

**瓶花齋集十卷**　(明)袁宏道撰　清宣統三年
(1911)抱殘守缺齋石印本　四冊

350000－2002－0001450　42.5/4338＝1

**瓶花齋集十卷**　(明)袁宏道撰　清宣統三年
(1911)抱殘守缺齋石印本　四冊

350000－2002－0001451　42.5/4410

**同安林次崖先生文集十八卷**　(明)林希元撰
　清光緒三十二年(1906)刻本　一冊　存一
卷(一)

350000－2002－0001452　42.5/4435b

**蔡文莊公集八卷太極圖說一卷河洛私見一卷
艾庵密箴一卷**　(明)蔡清撰　(清)徐居敬重
編校　(清)蔡廷魁校梓　(清)蔡廷芬等重校
刊　清乾隆七年(1742)蔡廷魁刻光緒二十三
年至二十四年(1897－1898)重修本　六冊

350000－2002－0001453　42.5/4435b＝1

**蔡文莊公集八卷太極圖說一卷河洛私見一卷
艾庵密箴一卷**　(明)蔡清撰　(清)徐居敬重
編校　(清)蔡廷魁校梓　(清)蔡廷芬等重校
刊　清乾隆七年(1742)蔡廷魁刻光緒二十三
年至二十四年(1897－1898)重修本　六冊

350000－2002－0001454　42.5/4444

**重刻天傭子全集十卷首一卷末一卷**　(明)艾
南英撰　(清)蔡元鳳等評點　清光緒五年
(1879)刻本　十冊

350000－2002－0001455　42.5/4476

**李空同詩集三十三卷附錄一卷**　(明)李夢陽
撰　清宣統二年(1910)掃葉山房石印本　十
冊

350000－2002－0001456　42.5/4410b

**二藍集**　(清)藍蔚雯輯　清咸豐七年(1857)
定海藍氏刻光緒十六年(1890)金匱宣敬熙補
刻本　四冊

350000－2002－0001457　42.5/4487

**東蒲先生文集五卷**　(明)林大欽撰　(清)林
炳編　清光緒十年(1884)潮州林氏刻本　五
冊

350000－2002－0001458　42.6/0280

**隨園女弟子詩選六卷**　(清)袁枚輯　清光緒
十八年(1892)勤裕堂鉛印隨園三十八種本
一冊

350000－2002－0001459　42.5/4810

**遯菴駢語五卷**　(明)蔡復一撰　(清)林文昌
校　明末刻本　四冊

350000－2002－0001460　42.5/5134

**史忠正公文集四卷首一卷末一卷**　(明)史可
法撰　(清)史山清輯　清咸豐六年(1856)史
兆霖刻本　四冊

350000－2002－0001461　42.5/5134b

**史忠正公文集四卷首一卷**　(明)史可法撰
清同治十二年(1873)述荊堂刻西京清麓叢書
本　二冊

350000－2002－0001462　42.5/5290

**止止堂集五卷**　(明)戚繼光撰　清光緒十四
年(1888)山東書局刻本　四冊

350000－2002－0001463　42.5/6900

**返生香一卷**　(明)葉小鸞撰　**疏香閣附集一
卷窈聞一卷續一卷**　(明)葉紹袁撰　清光緒

二十二年（1896）羊城秋夢盦刻本　四冊

350000 – 2002 – 0001464　42.5/7244

**太師誠意伯劉文成公集二十卷首一卷**　（明）劉基撰　清光緒二十六年（1900）浙江書局刻本　十冊

350000 – 2002 – 0001465　42.5/7517＝1

**陳紫峰先生文集十三卷首一卷**　（明）陳琛撰　清乾隆三十三年至三十五年（1768 – 1770）刻五十四年（1789）增修本　一冊　存一卷（首一卷）

350000 – 2002 – 0001466　42.5/8483

**正氣堂集十六卷首一卷近稿一卷鎮閩議稿一卷餘集四卷續集七卷**　（明）俞大猷撰　（清）李杜編　（清）鄭旻校閱　清道光二十一年至二十四年（1841 – 1844）龍溪孫雲鴻味古書室刻本　四冊　存七卷（正氣堂集一至二、首一卷，正氣堂餘集四卷）

350000 – 2002 – 0001467　51/2527c

**國朝名人著述叢編十三種**　（清）□□輯　清光緒五年（1879）上海淞隱閣鉛印本　六冊

350000 – 2002 – 0001468　42.7/1525

**京華百二竹枝詞一卷**　（□）憂患生撰　清宣統二年（1910）北京益森公司鉛印本　一冊

350000 – 2002 – 0001469　42.7/2730

**革命軍一卷**　（清）鄒容撰　清光緒三十年（1904）鉛印本　一冊

350000 – 2002 – 0001470　42.7/2844

**甯鄉程氏全書（十髮盦類稿）七種**　程頌萬撰　清光緒至民國間甯鄉程氏刻本　十一冊　存四種四十二卷（鹿川詩集十六卷、楚望閣詩集十卷、石巢詩集十二卷、定巢詞集一至四）

350000 – 2002 – 0001471　42.7/4157

**淳庵詩文集三十四卷首二卷淳菴靜居錄四卷**　（清）柯輅撰　清嘉慶二十四年至道光十年（1819 – 1830）柯輅稿本　八冊　存十五卷（三至六、十二至十三、十七至十八、二十三至二十四，首下，淳菴靜居錄四卷）

350000 – 2002 – 0001472　42.6/0410

**櫻桃軒詩集二卷**　（清）謝震撰　清光緒九年（1883）福州刻本　一冊

350000 – 2002 – 0001473　42.7/4340

**逸翰樓文集四卷**　黃啓太撰　清光緒三十四年（1908）晉江黃氏刻本　一冊　存一卷（四）

350000 – 2002 – 0001474　42.7/4340b

**逸翰樓詩集一卷二集一卷**　黃啓太撰　清光緒三十四年（1908）晉江黃氏刻本　二冊

350000 – 2002 – 0001475　42.7/4340c

**逸翰樓詩三集一卷**　黃啓太撰　清宣統二年（1910）泉州益文齋石印本　一冊

350000 – 2002 – 0001476　42.7/4427

**畏廬文集一卷**　林紓撰　清宣統二年（1910）上海商務印書館鉛印本　一冊

350000 – 2002 – 0001477　42.7/4340d

**逸翰樓詠史集一卷**　（清）□□撰　清泉州新易文石印本　一冊

350000 – 2002 – 0001478　42.7/7344

**三十六荷花院東游漫草一卷附錄襪作一卷**　陳道華撰　清光緒鉛印本　一冊

350000 – 2002 – 0001479　42.7/7521

**石遺室叢書十八種**　陳衍撰　清光緒至民國間刻本　八冊　存四種二十八卷（石遺室文集十二卷、續集一卷、三集一卷，木庵文槀一卷，石遺室詩集十卷、補遺一卷，朱絲詞二卷）

350000 – 2002 – 0001480　42.7/7521b

**石遺室叢書十八種**　陳衍撰　清光緒至民國間刻本　十冊　存四種三十一卷（石遺室文集十二卷、續集一卷、三集一卷、四集一卷，木庵文槀一卷，石遺室詩集十卷、補遺一卷、續集二卷，朱絲詞二卷）

350000 – 2002 – 0001481　42.7/7521c

**石遺室師遊詩錄六卷**　陳衍輯　清光緒三十四年至宣統三年（1908 – 1911）鉛印晨風閣叢書甲集本　一冊

350000 – 2002 – 0001482　43/0044

名賢手札八卷 （清）郭慶藩輯 清光緒十九年（1893）上海寶文書局石印本 一冊

350000 - 2002 - 0001483 43/0044b

名賢手札八卷 （清）郭慶藩輯 清光緒十年（1884）湘陰郭氏岵瞻堂刻本 二冊

350000 - 2002 - 0001484 43/0077

佩文齋詠物詩選四百八十六卷 （清）張玉書等輯 清康熙四十六年（1707）揚州詩局刻本 二十四冊

350000 - 2002 - 0001485 43/0248

遙集集前編六卷後編十卷 （清）許貞幹輯 清光緒二十八年至三十四年（1902 - 1908）味青齋刻本 十六冊

350000 - 2002 - 0001486 43/0248b

八家四六文註八卷首一卷 （清）許貞幹註 八家四六文補註一卷 陳衍撰 清光緒十八年（1892）上海圖書集成印書局鉛印本 八冊

350000 - 2002 - 0001487 43/0248b = 1

八家四六文註八卷首一卷 （清）許貞幹註 八家四六文補註一卷 陳衍撰 清光緒十八年（1892）上海圖書集成印書局鉛印本 一冊 存一卷（七上）

350000 - 2002 - 0001488 42.6/0410 = 1

櫻桃軒詩集二卷 （清）謝震撰 清光緒九年（1883）福州刻本 一冊

350000 - 2002 - 0001489 43/0421

篤舊集十八卷 （清）劉存仁編輯 清咸豐十年（1860）蘭州刻本 四冊 存八卷（四至七、十五至十八）

350000 - 2002 - 0001490 42.6/0410b

介石堂文集十卷詩集十卷 （清）郭起元撰 清乾隆十九年（1754）閩縣郭氏刻本 一冊 存十卷（詩集十卷）

350000 - 2002 - 0001491 43/0425

樂府詩集一百卷目錄二卷 （宋）郭茂倩編 清同治十三年至光緒元年（1874 - 1875）湖北崇文書局刻本 十六冊

350000 - 2002 - 0001492 43/0842

壬寅補行恩正併科分類直省闈墨不分卷 （清）□□編 清光緒二十九年（1903）煥文書局石印本 六冊

350000 - 2002 - 0001493 43/1024

名人尺牘小品四卷 （清）王元勳 （清）程化騄輯 清宣統三年（1911）上海國學昌明社石印本 二冊

350000 - 2002 - 0001494 43/1036

湖海文傳七十五卷 （清）王昶輯 清道光十七年至十九年（1837 - 1839）刻同治五年（1866）印本 二十冊

350000 - 2002 - 0001495 43/1147

古詩賞析二十二卷 （清）張玉穀選解 清末刻民國十四年（1925）印本 六冊

350000 - 2002 - 0001496 43/1174

新天花亂墜四卷附錄一卷 （清）慶祺輯 清宣統三年（1911）石印本 三冊 存三卷（一至三）

350000 - 2002 - 0001497 43/1222

宋代五十六家詩集 （清）坐春書塾選輯 清宣統二年（1910）北京龍文閣石印本 三冊 存二十九家二十九卷（小畜集鈔一卷、騎省集鈔一卷、安陽集鈔一卷、滄浪集鈔一卷、乖崖詩集一卷、清獻詩集一卷、宛陵詩集一卷、武溪詩集一卷、歐陽文忠詩集一卷、和靖詩集一卷、徂徠詩集一卷、武仲清江集鈔一卷、平仲清江集鈔一卷、南陽集鈔一卷、眉山詩集一卷、鴻慶集鈔一卷、香溪集鈔一卷、屏山集鈔一卷、竹洲詩集一卷、益公省齋藁集一卷、北山小集鈔一卷、朱子詩集鈔一卷、石湖集鈔一卷、劍南集鈔一卷、葦碧軒詩集一卷、二薇亭詩集一卷、知稼翁集鈔一卷、後村詩集一卷、盧溪集鈔一卷）

350000 - 2002 - 0001498 43/1248

屏陽講院院課不分卷玉屏紫陽講院課藝不分卷 （清）□□編 清光緒稿本 二冊

350000 - 2002 - 0001499 43/1328

蜀秀集九卷　（清）譚宗浚輯　清光緒五年
(1879)成都試院刻本　八冊

350000－2002－0001500　43/1390

皇朝經世文統編一百七卷　（清）邵之棠編輯
　清光緒二十七年（1901）上海寶善齋石印本
　五十二冊

350000－2002－0001501　43/1421

古唐詩合解十二卷古詩四卷　（清）王堯衢注
　（清）李模　（清）李桓校　清芸成齋刻本
　四冊　存十二卷(古唐詩合解十二卷)

350000－2002－0001502　43/1421b

古唐詩合解十二卷　（清）王堯衢注　（清）李
模　（清）李桓校　清同治元年（1862）刻本
　一冊　存三卷(一至三)

350000－2002－0001503　43/1477

忠雅堂評選四六法海八卷　（明）王志堅編
（清）蔣士銓評選　清光緒十五年（1889）雲林
閣刻朱墨套印本　八冊

350000－2002－0001504　43/1477b

四六法海十二卷　（明）王志堅論次　（明）張
我城等叅閱　（明）王偲等編校　明天啓七年
(1627)刻本　二冊　存二卷(八至九)

350000－2002－0001505　43/1500

賦鈔六卷　（清）張惠言評選　清道光元年
(1821)合河康氏刻本　四冊

350000－2002－0001506　43/1737

八代詩選二十卷　王闓運撰　清光緒二十年
(1894)章氏經濟堂刻本　八冊

350000－2002－0001507　43/1810

金文最六十卷首一卷　（清）張金吾輯　清光
緒二十一年（1895）蘇州書局刻本　十六冊

350000－2002－0001508　43/1940

海國公餘輯錄六卷雜著三卷　（清）張煜南撰
　（清）張鴻南校　清光緒廣州嘉應張煜南刻
本　四冊　存四卷(海國公餘輯錄三下、四、
六,雜著三)

350000－2002－0001509　43/2026

浙西六家詩鈔六卷　（清）吳應和選　清道光
七年（1827）紫薇山館刻本　四冊

350000－2002－0001510　43/2060

續古文辭類纂二十八卷　（清）黎庶昌纂　清
光緒二十一年（1895）金陵狀元閣刻本　十二
冊

350000－2002－0001511　43/2060b

續古文辭類纂二十八卷　（清）黎庶昌纂　清
宣統上海商務印書館鉛印本　十二冊

350000－2002－0001512　43/2060b＝1

續古文辭類纂二十八卷　（清）黎庶昌纂　清
宣統上海商務印書館鉛印本　二冊　存五卷
(十四至十八)

350000－2002－0001513　43/2060b＝2

續古文辭類纂二十八卷　（清）黎庶昌纂　清
宣統上海商務印書館鉛印本　九冊　存二十
一卷(八至二十八)

350000－2002－0001514　43/2177

國朝詩十卷外編一卷補六卷　（清）吳翌鳳選
　清嘉慶新陽趙氏刻本　九冊　存十五卷
(國朝詩一至六、九至十,外編一卷,補六卷)

350000－2002－0001515　43/2223

七十二明珠樓賦鈔二卷　（清）何卓然編　清
咸豐三年（1853）刻本　一冊

350000－2002－0001516　43/2332

中外政治策論彙編二十四卷　（清）何翁淵輯
　清光緒二十七年（1901）鴻寶齋書局石印本
　二十四冊

350000－2002－0001517　43/2334

梡鞠錄二卷　朱祖謀編　清宣統元年（1909）
南陵徐氏刻懷幽雜俎本　二冊

350000－2002－0001518　43/2477

古文淵鑒六十四卷　（清）徐乾學等編注　清
同治十二年（1873）浙江書局刻本　三十二冊

350000－2002－0001519　43/2477b

唐宋八大家類選十四卷　（清）儲欣評　清乾
隆五十年（1785）受祉堂刻本　八冊

350000 - 2002 - 0001520　43/2514

**延禧堂壽言六卷首一卷附崇祀鄉賢錄一卷**
（清）蔡本俊輯　清嘉慶刻本　二冊

350000 - 2002 - 0001521　43/2725

**普天忠憤全集十四卷首一卷**　（清）孔廣德輯
　清光緒二十一年(1895)石印本　十二冊

350000 - 2002 - 0001522　43/2725 = 1

**普天忠憤全集十四卷首一卷**　（清）孔廣德輯
　清光緒二十一年(1895)石印本　四冊　存
五卷(三、五、八、十一至十二)

350000 - 2002 - 0001523　43/2777

**文章游戲初編八卷二編八卷三編八卷四編八
卷**　（清）繆艮輯　清同治十一年(1872)刻本
十六冊

350000 - 2002 - 0001524　43/2813

**古文筆譜二卷**　（清）曾武編　清道光十六年
(1836)刻本　一冊

350000 - 2002 - 0001525　43/2834

**歷代名人書札二卷**　（清）吳曾祺編纂　清宣
統三年(1911)上海商務印書館鉛印本　二冊

350000 - 2002 - 0001526　43/2834 = 1

**歷代名人書札二卷**　（清）吳曾祺編纂　清宣
統三年(1911)上海商務印書館鉛印本　一冊
存一卷(下)

350000 - 2002 - 0001527　43/2834b

**歷代名人小簡二卷**　（清）吳曾祺編纂　清末
上海商務印書館鉛印本　一冊

350000 - 2002 - 0001528　43/2848

**重訂昭陽扶雅集六卷**　（清）徐榦編輯　清光
緒八年(1882)邵武徐氏刻民國三年(1914)續
刻本　六冊

350000 - 2002 - 0001529　43/3024

**鄉會元魁新墨□□卷**　（清）□□輯　清光緒
鉛印本　五冊　存六卷(一至三、六至八)

350000 - 2002 - 0001530　43/3037

**莆陽文輯五卷**　（清）涂慶瀾編　清光緒二十
五年(1899)莆田涂氏荔隱山房刻本　四冊

存四卷(二至五)

350000 - 2002 - 0001531　43/3141

**沅湘通藝錄八卷四書文二卷**　（清）江標編校
　清光緒二十三年(1897)元和江氏長沙使院
刻朱印靈鶼閣叢書本　七冊　存八卷(沅湘
通藝錄八卷)

350000 - 2002 - 0001532　43/3338

**積書巖古文選略十二卷**　（清）顧貞觀輯　清
康熙二十七年(1688)刻本　七冊

350000 - 2002 - 0001533　43/3347

**甲辰出版新民叢報彙編十五卷**　梁啓超撰
清宣統元年(1909)普新瑞記書局石印本　一
冊　存九卷(一、四至十一)

350000 - 2002 - 0001534　43/3353

**上海求志書院課藝不分卷**　（清）上海求志書
院輯　清光緒刻本　二冊

350000 - 2002 - 0001535　43/3460

**芸館試律續鈔二卷補鈔一卷**　（清）潘世恩編
輯　清道光元年(1821)刻本　三冊

350000 - 2002 - 0001536　43/3497

**古文賞音十二卷**　（清）謝有輝撰　清康熙四
十六年(1707)師儉閣刻本　十二冊

350000 - 2002 - 0001537　43/3600

**元詩選初集一百十四卷首一卷二集一百三卷
三集一百三卷癸集十六卷**　（清）顧嗣立輯
清康熙顧氏秀野草堂刻本　二冊　存十二卷
(初集五十六至五十九、二集五十八至六十
五)

350000 - 2002 - 0001538　43/3925

**中國腦二卷**　（清）寅半生編　清光緒二十九
年(1903)刻本　二冊

350000 - 2002 - 0001539　43/4010b

**蜀雅二十卷**　（清）李調元輯　清乾隆刻函海
本　三冊

350000 - 2002 - 0001540　43/4028

**潮州耆舊集三十七卷**　（清）馮奉初編　清光
緒三十四年(1908)刻本　十六冊

350000－2002－0001541　43/4037

**北山詩存一卷含山語錄一卷**　（清）林廣運輯
清同治九年(1870)漳州育嬰官局刻本　一冊

350000－2002－0001542　43/4037b

**北山詩存一卷含山語錄一卷**　（清）林廣運輯
清道光二十五年(1845)刻本　一冊

350000－2002－0001543　43/4047

**詠物詩選註釋八卷**　（清）黃應超撰　（清）易
開鎬　（清）孫存鳴註　清同治四年(1865)金
玉樓刻本　四冊

350000－2002－0001544　43/4076

**福建試藝不分卷校士錄一卷福州試藝二集一
卷**　（清）督學使者秦鑒定　清光緒二十九年
至三十年(1903－1904)刻本　四冊

350000－2002－0001545　43/4119

**精選古今名賢叢話詩林廣記十卷後集十卷**
(宋)蔡正孫輯　明刻本　十七冊　存十七卷
(廣記一、三至四、六至十,後集二至十)

350000－2002－0001546　43/4120

**元文類七十卷目錄三卷**　（元）蘇天爵編　清
光緒十五年(1889)江蘇書局刻本　十冊

350000－2002－0001547　43/4187

**古文析義六卷二編八卷**　（清）林雲銘評注
清宣統元年(1909)石印本　二冊　存四卷
(古文析義三至四、二編七至八)

350000－2002－0001548　43/4200

**南宋文範七十卷外編四卷作者考二卷**　（清）
莊仲方編　清光緒十四年(1888)江蘇書局刻
本　十六冊

350000－2002－0001549　43/4200b

**金文雅十六卷作者考一卷**　（清）莊仲方編
清光緒十七年(1891)江蘇書局刻本　四冊

350000－2002－0001550　37/0077b＝1

**古今圖書集成一萬卷目錄三十二卷**　（清）蔣
廷錫等編　清光緒上海圖書集成鉛版印書局
鉛印本　二百十三冊　存一千四十八卷(曆

象彙編乾象典一至三十八,歲功典一至七十
三;方輿彙編職方典一至二百十、二百十八至
三百八十五、四百四十二至五百四十一、五百
九十六至六百五十、一千二十至一千三十三、
一千四十三至一千四十九、一千五十六至一
千七十六、一千九十一至一千三百三十五;明
倫彙編官常典四百六十七至四百七十九、六
百二十六至六百三十二、六百七十九至六百
八十四,閨媛典一百八十九至一百九十五、二
百二十三至二百三十六、二百五十至二百五
十六、二百六十四至二百七十,博物彙典藝術
典二百六十九至二百七十四,經濟彙編選舉
典一百二十二至一百二十七,銓衡典一百十
五至一百二十,食貨典九十五至一百、一百五
十五至一百六十、一百六十八至一百七十三,
禮儀典二百六十一至二百六十七、二百七十
四至二百八十、二百九十四至二百九十九)

350000－2002－0001551　42.6/0444

**閩中郭兼秋全集十一種**　（清）郭柏蒼撰　清
光緒刻本　四冊　存四種八卷(鄂跗草堂詩
二卷、三峰草廬詩二卷、柳湄小榭詩二卷、補
蕉山館詩二卷)

350000－2002－0001552　43/4214

**湖湘送歸圖一卷**　（清）龔維琳編　清道光抄
本　一冊

350000－2002－0001553　43/4217

**古文辭類纂七十四卷**　（清）姚鼐纂集　**續古
文辭類纂三十四卷**　王先謙纂集　清光緒三
十三年(1907)上海商務印書館鉛印本　十二
冊

350000－2002－0001554　43/4217＝1

**古文辭類纂七十四卷**　（清）姚鼐纂集　**續古
文辭類纂三十四卷**　王先謙纂集　清光緒三
十三年(1907)上海商務印書館鉛印本　六冊
　存七十一卷(古文辭類纂一至六十、續古文
辭類纂二十四至三十四)

350000－2002－0001555　43/4217b

**古文辭類纂七十四卷**　（清）姚鼐纂集　**續古
文辭類纂三十四卷**　王先謙纂集　清光緒三

十三年(1907)上海商務印書館鉛印本　十二
冊

350000－2002－0001556　43/4217b＝1
**古文辭類纂七十四卷**　(清)姚鼐纂集　**續古文辭類纂三十四卷**　王先謙纂集　清光緒三十三年(1907)上海商務印書館鉛印本　十二冊

350000－2002－0001557　43/4217c
**古文辭類纂七十四卷**　(清)姚鼐纂集　**續古文辭類纂三十四卷**　王先謙纂集　清末上海商務印書館鉛印本　三冊　存四十卷(古文辭類纂三十一至六十、續古文辭類纂十四至二十三)

350000－2002－0001558　43/4217d
**古文辭類纂十五卷**　(清)姚鼐纂集　**續古文辭類纂十卷**　王先謙纂集　清宣統二年(1910)上海文瑞樓鉛印本　十冊

350000－2002－0001559　42.6/0560
**蘭苕館詩鈔十一卷**　(清)許奉恩撰　清光緒十一年(1885)刻本　二冊

350000－2002－0001560　52/0638
**澹靜齋全集六種**　(清)龔景瀚撰　清道光六年(1826)閩中龔式穀刻本　三冊　存二種四卷(文鈔外篇二卷,澹靜齋說課一卷、圖一卷)

350000－2002－0001561　42.6/0660
**烏石山房詩薲二十三卷**　(清)龔易圖撰　清光緒六年(1880)龔氏雙驂園刻七年(1881)粵東臬署增刻本　六冊

350000－2002－0001562　42.6/0680
**薇花吟館初稿六卷**　(清)龔顯曾撰　清同治刻本　二冊

350000－2002－0001563　42.6/0924
**郭大理遺稿八卷**　(清)郭尚先撰　清道光二十四年至二十五年(1844－1845)龍巖魏茂林刻本　四冊

350000－2002－0001564　42.6/1000
**遜學齋文鈔十二卷附詩鈔十卷**　(清)孫衣言

撰　清同治十二年(1873)刻光緒續刻本　六冊

350000－2002－0001565　43/4245
**國朝文錄八十二卷**　(清)姚椿輯　清光緒二十六年(1900)掃葉山房石印本　十六冊

350000－2002－0001566　42.6/1033b
**吳越游草一卷**　(清)王文治撰　清宣統三年(1911)古吳藏書樓石印本　一冊

350000－2002－0001567　43/4280
**文粹一百卷**　(宋)姚鉉纂　(清)許增校　**唐文粹補遺二十六卷**　(清)郭麐纂　清光緒十六年至十八年(1890－1892)杭州許增榆園刻本　二十冊

350000－2002－0001568　42.6/1060
**煙霞萬古樓殘稿一卷**　(清)王曇撰　清末有正書局鉛印本　一冊

350000－2002－0001569　42.6/1060b
**煙霞萬古樓文集六卷**　(清)王曇撰　清道光二十年(1840)刻本　二冊

350000－2002－0001570　43/4280b
**唐文粹一百卷**　(宋)姚鉉纂　清光緒九年(1883)江蘇書局刻本　十六冊

350000－2002－0001571　42.6/1094
**問山文集八卷問山詩集十卷紫雲詞一卷**　(清)丁煒撰　(清)黃與堅等選　清咸豐四年(1854)晉江丁拱辰刻光緒補刻民國十年(1921)重印本　五冊

350000－2002－0001572　43/4280c
**唐文粹補遺二十六卷**　(清)郭麐纂　(清)金勇校　清光緒十一年(1885)江蘇書局刻本　四冊

350000－2002－0001573　42.6/1122
**爿齋文集八卷詩集四卷**　(清)張穆撰　清咸豐八年(1858)壽陽祁氏刻本　四冊

350000－2002－0001574　43/4344
**新訂解人頤廣集七卷**　(清)錢德蒼訂　清光緒五年(1879)廣州三元堂刻本　三冊

350000－2002－0001575　43/4420b

文選六十卷　（南朝梁）蕭統撰　（唐）李善注
文選考異十卷　（清）胡克家撰　清同治八
年(1869)廣東潯陽萬本儀刻本　二十一冊
存六十一卷(文選一至五十一、文選考異十
卷)

350000－2002－0001576　43/4420c

文選六十卷　（南朝梁）蕭統輯　清光緒二十
四年(1898)上海古香閣石印本　一冊　存十
卷(十一至二十)

350000－2002－0001577　42.6/1124

明人尺牘選四卷　（清）王元勳　（清）程化駬
輯　清刻本　四冊

350000－2002－0001578　43/4432

南宋文錄錄二十四卷　（清）董兆熊輯　（清）
蘇州書局編　清光緒十七年(1891)蘇州書局
刻本　六冊

350000－2002－0001579　42.6/1125

怡亭文集二十卷　（清）張紳撰　清道光十三
年(1833)刻本　五冊

350000－2002－0001580　43/4432b

小題移情集一卷　（清）林志澄編　（清）林簡
糸訂　清刻本　一冊

350000－2002－0001581　42.6/1210

邵位西遺文一卷　（清）邵懿辰撰　清同治四
年(1865)望三益齋刻本　一冊

350000－2002－0001582　43/4434

唐詩三百首註疏六卷　（清）孫洙手編　（清）
章燮註　（清）孫孝根校正　清上海掃葉山房
刻本　二冊

350000－2002－0001583　43/4434b

唐詩三百首註疏六卷　（清）孫洙手編　（清）
章燮註　（清）孫孝根校正　清羊城文陞閣刻
本　四冊

350000－2002－0001584　43/4434b＝1

唐詩三百首註疏六卷　（清）孫洙手編　（清）
章燮註　（清）孫孝根校正　清羊城文陞閣刻

本　四冊

350000－2002－0001585　43/4437

三蘇策論十二卷　（宋）蘇洵等撰　清宣統三
年(1911)詠記書莊石印本　一冊

350000－2002－0001586　43/4477

明文在一百卷　（清）薛熙纂　（清）何潔輯
清光緒十五年(1889)江蘇書局刻本　十冊

350000－2002－0001587　43/4488

忠雅堂評選四六法海八卷　（清）蔣士銓評選
清光緒元年(1875)刻本　一冊　存一卷
(一)

350000－2002－0001588　42.6/1223

陶菴詩集八卷補遺一卷　（明）黃淳耀撰　清
乾隆刻本　一冊

350000－2002－0001589　42.6/0813

鐵堂詩鈔二卷　（清）許珌撰　（清）吳鎮輯
清道光十四年(1834)粵東刻本　一冊

350000－2002－0001590　43/4491

福建闈墨一卷　（清）林志烜等撰　（清）李劉
閱　清光緒二十九年(1903)衡鑑堂刻本　一
冊

350000－2002－0001591　42.6/0828

吉雨山房遺集十卷　（清）郭籛齡撰　清光緒
十六年(1890)刻吉雨山房全集本　四冊　存
六卷(吉雨山房文集一、吉雨山房詩集一至
五)

350000－2002－0001592　43/4660

西湖百詠二卷　（宋）董嗣杲作　（明）陳贄和
清光緒七年(1881)錢塘丁氏刻本　二冊

350000－2002－0001593　42.6/1257

小蘭雪堂唫槀十一卷　（清）王步蟾撰　清光
緒石印本　四冊

350000－2002－0001594　42.6/1257＝1

小蘭雪堂唫槀十一卷　（清）王步蟾撰　清光
緒石印本　四冊

350000－2002－0001595　42.6/1257＝2

小蘭雪堂唫槀十一卷　（清）王步蟾撰　清光

緒石印本　四冊

350000－2002－0001596　42.6/1257＝3

小蘭雪堂唅橐十一卷　（清）王步蟾撰　清光
緒石印本　四冊

350000－2002－0001597　42.6/1257＝4

小蘭雪堂唅橐十一卷　（清）王步蟾撰　清光
緒石印本　四冊

350000－2002－0001598　42.6/1277

花甲閒談十六卷圖三十二幅　（清）張維屏撰
　（清）葉夢草繪　清光緒十年(1884)上海同
文書局石印本　四冊

350000－2002－0001599　43/4091

唐宋八大家文選不分卷　（清）蔡方炳評定
清康熙二十年(1681)吳郡寶翰樓文雅堂刻本
　十冊　存七種（唐大家韓文公文選不分卷、
唐大家柳柳州文選不分卷、宋大家廬陵歐陽
修文選不分卷、宋大家蘇文忠公文選不分卷、
宋大家蘇穎濱文選不分卷、宋大家王荊公文
選不分卷、宋大家曾南豐文選不分卷）

350000－2002－0001600　43/5045

宋百家詩存二十卷　（清）曹庭棟輯　清乾隆
五年至六年(1740－1741)嘉善曹氏二六書堂
刻本　八冊　存八卷（穆參軍集一卷、傳家集
一卷、鄱陽集一卷、青山集一卷、龍雲集一卷、
雅林小藁一卷、雪溪集一卷、樂軒集一卷）

350000－2002－0001601　42.6/1337

廣雅堂詩集不分卷　（清）張之洞撰　清宣統
石印本　二冊

350000－2002－0001602　42.6/1337b

廣雅堂詩集不分卷　（清）張之洞撰　清宣統
石印本　四冊

350000－2002－0001603　42.6/1343

水明樓集一卷朝隱卮衍二卷　（清）袁昶撰
清宣統元年(1909)上海中國圖書公司鉛印本
　一冊

350000－2002－0001604　43/4877

御選唐宋文醇五十八卷　（清）高宗弘曆選

清刻四色套印本　二十四冊

350000－2002－0001605　42.6/1344

雲海樓詩橐四卷　（清）王治模撰　清光緒元
年(1875)長沙荷池書局刻本　二冊

350000－2002－0001606　42.6/1382

濂亭文集八卷　（清）張裕釗撰　清宣統三年
(1911)掃葉山房石印本　二冊

350000－2002－0001607　42.6/1422

尊道堂詩鈔八卷別集六卷　（清）王材任撰
（清）陳師晉輯　清乾隆四年(1739)王盛勳刻
本　一冊　存四卷

350000－2002－0001608　42.6/1431

漁洋山人精華錄訓纂十卷目錄二卷自撰年譜
二卷附錄一卷　（清）王士禎撰　（清）惠棟訓
纂　清光緒十七年(1891)南皮張氏刻本　十
一冊　存十四卷（一至八、十,目錄二卷,年譜
二卷,附錄一卷）

350000－2002－0001609　42.6/1431＝1

漁洋山人精華錄訓纂十卷目錄二卷自撰年譜
二卷附錄一卷　（清）王士禎撰　（清）惠棟訓
纂　清光緒十七年(1891)南皮張氏刻本　十
二冊　存十四卷（精華錄訓纂十卷、目錄二
卷、年譜二卷）

350000－2002－0001610　43/5525

貫華堂選批唐才子詩集八卷　（清）金聖歎選
批　清宣統三年(1911)上海國學扶輪社石印
本　八冊

350000－2002－0001611　42.6/1487

辯貞亮室文鈔四卷　（清）張其翮撰　清光緒
二十九年(1903)刻本　四冊

350000－2002－0001612　42.6/1500

茗柯文初編一卷二編二卷三編一卷四編一卷
　（清）張惠言撰　清宣統三年(1911)掃葉山
房石印本　二冊

350000－2002－0001613　42.6/1620

靜庵文集一卷　（清）王國維撰　清光緒三十
一年(1905)鉛印本　一冊

350000－2002－0001614　42.6/1621

小輞川詩集五卷　（清）王景仁撰　（清）陳步
墀選　清宣統元年(1909)鉛印本　二冊

350000－2002－0001615　43/6308

宋文鑑一百五十卷目錄三卷　（宋）呂祖謙詮
次　清光緒十二年(1886)江蘇書局刻本　二
十四冊

350000－2002－0001616　42.6/1700

思伯子堂詩集三十二卷　（清）張際亮撰　清
同治八年(1869)刻本　十冊

350000－2002－0001617　42.6/1700b

松寥山人詩初集十卷　（清）張際亮撰　清道
光四年(1824)刻本　二冊

350000－2002－0001618　43/6308b

東萊先生古文關鍵二卷　（宋）呂祖謙評
（宋）蔡文子註　（清）徐樹屏考異　清光緒二
十四年(1898)江蘇書局刻本　一冊　存一卷
（一）

350000－2002－0001619　42.6/1737

夜雪集一卷　王闓運撰　清光緒九年(1883)
湘潭王闓運成都石室刻本　一冊

350000－2002－0001620　42.6/1777

船山詩草二十卷　（清）張問陶撰　清宣統二
年(1910)掃葉山房石印本　三冊　存十一卷
（一至三、七至十、十七至二十）

350000－2002－0001621　42.6/1809

池上草初集十二卷　（清）張錫麟稿　（清）張
揚紀輯　清乾隆三十三年(1768)刻本　一冊
存五卷（一至五）

350000－2002－0001622　51/1010b＝2

武林掌故叢編二十六集一百九十一種　（清）
丁丙輯　清光緒錢塘丁氏嘉惠堂刻本　三冊
存五種五卷（小雲棲放生錄一卷、西溪聯吟
一卷、皋亭倡和集一卷、西湖遊詠一卷、西湖
秋柳詞一卷）

350000－2002－0001623　42.6/1888

寄嶽雲齋試體詩選詳註四卷　（清）聶銑敏撰

（清）張學蘇箋　清刻本　四冊

350000－2002－0001624　43/6470

註釋八銘塾鈔初集五卷二集□□卷　（清）吳
懋政編　（清）李炳坤註釋　清光緒六年
(1880)刻本　五冊　存五卷(初集五卷)

350000－2002－0001625　43/6753

國朝文匯甲前集二十卷甲集六十卷乙集七十
卷丙集三十卷丁集二十卷姓氏目錄一卷
（清）上海國學扶輪社輯　清宣統元年(1909)
上海國學扶輪社石印本　一百一冊

350000－2002－0001626　43/6753＝1

國朝文匯甲前集二十卷甲集六十卷乙集七十
卷丙集三十卷丁集二十卷姓氏目錄一卷
（清）上海國學扶輪社輯　清宣統元年(1909)
上海國學扶輪社石印本　五冊　存十卷(乙
集六十一至六十二、六十五至六十六、六十九
至七十、丙集一至二、五至六)

350000－2002－0001627　43/6834

國朝名人書札二卷　（清）吳曾祺編　清宣統
二年(1910)上海商務印書館鉛印本　四冊

350000－2002－0001628　42.6/2043

壯悔堂文集十卷遺稿一卷年譜一卷四憶堂詩
集六卷遺稿一卷　（清）侯方域撰　（清）賈開
宗等評點　清宣統二年(1910)掃葉山房石印
本　六冊

350000－2002－0001629　43/6834b

涵芬樓古今文鈔一百卷　（清）吳曾祺纂錄
清宣統三年(1911)上海商務印書館鉛印本
一百冊

350000－2002－0001630　43/6834b＝1

涵芬樓古今文鈔一百卷　（清）吳曾祺纂錄
清宣統三年(1911)上海商務印書館鉛印本
一百冊

350000－2002－0001631　43/7130

古今小品八卷　（清）陳天定評選　清道光九
年(1829)芸香堂刻本　四冊

350000－2002－0001632　43/7197

福建闈墨一卷　（清）陳君耀等撰　（清）瞿段閱　清光緒十七年(1891)衡鑑堂刻本　一冊

350000－2002－0001633　42.6/2104

吳可讀文集四卷　（清）吳可讀撰　清光緒三十四年(1908)集成圖書公司鉛印本　一冊

350000－2002－0001634　42.6/2191

義門先生集十二卷附錄一卷　（清）何焯撰（清）吳雲等輯　清宣統三年(1911)中華圖書館石印本　四冊

350000－2002－0001635　43/7216

蛟川先正文存二十卷補遺一卷　（清）陳繼聰等輯　清光緒八年(1882)刻本　十冊

350000－2002－0001636　42.6/2222

留春草堂詩鈔七卷　（清）伊秉綬撰　清嘉慶十九年(1814)廣州刻本　二冊

350000－2002－0001637　42.6/2226

朱止泉先生外集五卷附校勘一卷　（清）朱澤澐撰　清同治四年(1865)朱孫芬刻本　二冊

350000－2002－0001638　42.6/2232

梅村集二十卷　（清）吳偉業撰　清宣統二年(1910)上海國學昌明社石印本　六冊

350000－2002－0001639　43/7338

古文精言詳註旁訂合編十六卷　（清）周聘候評選　（清）馬寬裕編　清刻本　十五冊　存十五卷(一至六、八至十六)

350000－2002－0001640　42.6/2277

學海堂集十六卷二集二十二卷三集二十四卷四集二十八卷　（清）吳蘭修編　（清）啓秀山房訂　清刻本　一冊　存三卷(三集十九至二十一)

350000－2002－0001641　43/7460

歷朝名媛詩詞十二卷　（清）陸昶評選　（清）程琰　（清）宋思敬閱定　清宣統掃葉山房石印本　四冊

350000－2002－0001642　43/7460＝1

歷朝名媛詩詞十二卷　（清）陸昶評選　（清）程琰　（清）宋思敬閱定　清宣統掃葉山房石印本　四冊

350000－2002－0001643　42.6/2280

曝書亭集八十卷附錄一卷　（清）朱彝尊撰　笛漁小藁十卷　（清）朱昆田撰　清右江善成書局刻本　十五冊　存八十卷(曝書亭集一至六十三、七十五至八十,附錄一卷,笛漁小藁十卷)

350000－2002－0001644　43/7534

螺陽文獻二十卷十八峯傳墨二卷　（清）陳澍纂輯　（清）張大河　（清）張大江校補　清光緒九年(1883)泉州張大川刻宣統元年(1909)張大河補刻本　十冊

350000－2002－0001645　43/7534＝1

螺陽文獻二十卷十八峯傳墨二卷　（清）陳澍纂輯　（清）張大河　（清）張大江校補　清光緒九年(1883)泉州張大川刻宣統元年(1909)張大河補刻本　十冊

350000－2002－0001646　19/4428c

札樸十卷　（清）桂馥撰　清光緒九年(1883)長洲蔣氏刻心矩齋叢書本　六冊

350000－2002－0001647　43/8003

文光堂重訂古文釋義新編八卷　（清）余誠評註　（清）余芝枀閱　清文光堂刻本　六冊

350000－2002－0001648　43/8019

詠物詩選八卷　（清）俞琰輯　清雍正刻本　一冊　存三卷(六至八)

350000－2002－0001649　43/8164

天下才子必讀書十五卷　（清）金聖嘆批　清宣統二年(1910)國學進化社石印本　二冊

350000－2002－0001650　43/8326

欽定熙朝雅頌集一百六卷首集二十六卷餘集二卷　（清）鐵保纂輯　（清）彭元瑞校閱（清）法式善等編　清嘉慶九年(1804)刻本二十四冊

350000－2002－0001651　42.6/2322

傅徵君霜紅龕詩鈔不分卷　（清）傅山撰（清）蘇爾誚　（清）劉贊參訂　清乾隆三十二

年(1767)刻本　二册

350000－2002－0001652　42.6/2322b

**香雪巢詩鈔十二卷**　（清）徐兆豐撰　清光緒
二十四年(1898)刻本　四册

350000－2002－0001653　42.6/2344

**小梅詩存四卷試帖一卷補遺一卷**　（清）吳兆
荃撰　清同治三年(1864)同安吳氏刻本　二
册

350000－2002－0001654　42.6/2344＝1

**小梅詩存四卷試帖一卷補遺一卷**　（清）吳兆
荃撰　清同治三年(1864)同安吳氏刻本　二
册

350000－2002－0001655　42.6/2351

**黃葉邨莊詩集八卷續集一卷後集一卷**　（清）
吳之振撰　清光緒五年(1879)泉州吳氏刻本
四册

350000－2002－0001656　42.6/2430

**壽閒齋吟草八卷妙吉祥室詩鈔十三卷附錄二
卷**　（清）朱葵之撰　清光緒十年(1884)刻本
一册　存五卷(壽閒齋吟草四至八)

350000－2002－0001657　42.6/2480

**繪秋樓詩鈔二卷**　（清）吳葆年撰　（清）吳兆
荃編輯　清光緒二十五年(1899)同安吳韻琮
刻本　一册

350000－2002－0001658　42.6/2480＝1

**繪秋樓詩鈔二卷**　（清）吳葆年撰　（清）吳兆
荃編輯　清光緒二十五年(1899)同安吳韻琮
刻本　一册

350000－2002－0001659　42.6/2490

**素脩堂詩集二十四卷後集六卷補遺一卷**
（清）吳蔚光撰　清嘉慶十八年(1813)刻本
三册　存十五卷(一至十五)

350000－2002－0001660　42.6/2600

**明宮詞一卷**　（清）程嗣章撰　清宣統三年
(1911)上海埽葉山房石印本　一册

350000－2002－0001661　43/8358

**玉屏書院課藝不分卷**　（清）曾兆鼇編　清光

緒七年(1881)刻本　二册

350000－2002－0001662　43/8644

**經史百家雜鈔二十六卷**　（清）曾國藩纂
（清）李鴻章校刊　清光緒三十二年(1906)上
海商務印書館鉛印本　十二册

350000－2002－0001663　43/8644b

**經史百家雜鈔二十六卷**　（清）曾國藩纂
（清）李鴻章校刊　清光緒上海商務印書館鉛
印本　三册　存六卷(三至四、十六至十七、
二十三至二十四)

350000－2002－0001664　43/8644＝1

**經史百家雜鈔二十六卷**　（清）曾國藩纂
（清）李鴻章校刊　清光緒三十二年(1906)上
海商務印書館鉛印本　十二册

350000－2002－0001665　43/8644b＝1

**經史百家雜鈔二十六卷**　（清）曾國藩纂
（清）李鴻章校刊　清光緒上海商務印書館鉛
印本　十一册　存二十四卷(三至二十六)

350000－2002－0001666　43/8644＝2

**經史百家雜鈔二十六卷**　（清）曾國藩纂
（清）李鴻章校刊　清光緒三十二年(1906)上
海商務印書館鉛印本　十二册

350000－2002－0001667　43/8644＝3

**經史百家雜鈔二十六卷**　（清）曾國藩纂
（清）李鴻章校刊　清光緒三十二年(1906)上
海商務印書館鉛印本　十二册

350000－2002－0001668　43/8740

**閩詩錄甲集六卷乙集四卷丙集二十三卷丁集
一卷戊集七卷**　（清）鄭杰原輯　陳衍補訂
清宣統三年(1911)刻石遺室叢書本　十册

350000－2002－0001669　42.6/2610

**兩罍軒尺牘十二卷**　（清）吳雲撰　清宣統二
年(1910)上海時中書局石印本　四册

350000－2002－0001670　42.6/2631

**古微堂內集三卷外集七卷**　（清）魏源撰　清
光緒四年(1878)淮南書局刻本　四册

350000－2002－0001671　42.6/2767

紀文達公遺集十六卷首一卷　（清）紀昀撰
（清）紀樹馨編校　清宣統二年(1910)上海保
粹樓石印本　八冊

350000 - 2002 - 0001672　42.6/2788

五百四峰堂詩鈔二十五卷　（清）黎簡撰　清
嘉慶元年(1796)刻本　八冊

350000 - 2002 - 0001673　42.6/2834

漪香山館文集一卷　（清）吳曾祺撰　清宣統
二年(1910)上海商務印書館鉛印本　一冊

350000 - 2002 - 0001674　42.6/2844

柈湖文集十二卷首一卷　（清）吳敏樹撰　清
光緒十九年(1893)思賢講舍刻本　四冊

350000 - 2002 - 0001675　42.6/3038

劍懷堂詩草內編一卷外編一卷　（清）宋謙撰
清宣統二年(1910)鉛印本　二冊

350000 - 2002 - 0001676　42.6/3081

藤花吟館詩鈔十卷　（清）梁章鉅撰　清道光
五年(1825)刻本　一冊

350000 - 2002 - 0001677　42.6/3113

堯峰文鈔四十卷　（清）汪琬撰　（明）林佶編
清宣統二年(1910)上海圖書集成公司石印
本　八冊

350000 - 2002 - 0001678　42.6/3117

松聲池館詩存四卷　（清）汪璐撰　清光緒十
五年(1889)泉唐振綺堂刻本　一冊

350000 - 2002 - 0001679　42.6/3117 = 1

松聲池館詩存四卷　（清）汪璐撰　清光緒十
五年(1889)泉唐振綺堂刻本　一冊

350000 - 2002 - 0001680　42.6/3130

振綺堂詩存一卷　（清）汪憲撰　清光緒十五
年(1889)刻本　一冊

350000 - 2002 - 0001681　42.6/3130 = 1

振綺堂詩存一卷　（清）汪憲撰　清光緒十五
年(1889)刻本　一冊

350000 - 2002 - 0001682　42.6/3136

伏敔堂詩錄十五卷首一卷續錄四卷　（清）江
湜撰　清同治五年(1866)刻本　四冊

350000 - 2002 - 0001683　43/8740 = 1

閩詩錄甲集六卷乙集四卷丙集二十三卷丁集
一卷戊集七卷　（清）鄭杰原輯　陳衍補訂
清宣統三年(1911)刻石遺室叢書本　十冊

350000 - 2002 - 0001684　42.6/3212

官石谿文集初刻三卷　（清）官獻瑤撰　清道
光二十年(1840)臺灣王興源刻本　三冊

350000 - 2002 - 0001685　42.6/3212 = 1

官石谿文集初刻三卷　（清）官獻瑤撰　清道
光二十年(1840)臺灣王興源刻本　三冊

350000 - 2002 - 0001686　19/7227

釋名疏證補八卷續釋名釋名補遺共一卷疏證
補附一卷　王先謙撰集　清光緒二十二年
(1896)刻本　三冊　存七卷(釋名疏證補一
至七)

350000 - 2002 - 0001687　42.6/3913

亭林詩集五卷　（清）顧炎武撰　清光緒二年
(1876)湖南書局刻本　二冊

350000 - 2002 - 0001688　42.6/3913b

亭林文集六卷餘集一卷詩集五卷　（清）顧炎
武撰　清宣統二年(1910)上海掃葉山房石印
本　二冊　存七卷(文集六卷、餘集一卷)

350000 - 2002 - 0001689　43/8980

莆風清籟集六十卷　（清）鄭王臣輯選　清乾
隆刻本　二十四冊　存五十七卷(一、五至六
十)

350000 - 2002 - 0001690　42.6/4017

絳雪山房詩鈔二十卷續鈔六卷試帖三卷
(清)楊慶琛撰　清道光二十八年至同治三年
(1848 - 1864)刻本　七冊　存二十卷(詩鈔
二十卷)

350000 - 2002 - 0001691　42.6/4028

嘯古堂詩集八卷　（清）蔣敦復撰　清宣統三
年(1911)上海廣益書局石印本　二冊

350000 - 2002 - 0001692　43/8980b

莆風清籟集六十卷　（清）鄭王臣輯選　清乾
隆刻光緒至民國遞修本　二十

350000－2002－0001693　42.6/4048

音註小倉山房尺牘八卷 （清）袁牧撰 （清）胡光斗箋釋 清宣統三年（1911）上海埽葉山房石印本 二冊

350000－2002－0001694　44/0260

作文捷訣三篇 馬晉三 許贊國編 清宣統三年（1911）鉛印本 三冊

350000－2002－0001695　42.6/4048b

小倉山房文集三十五卷附外集八卷詩集三十七卷補遺二卷 （清）袁枚撰 清光緒十八年（1892）上海著易堂鉛印本 十二冊

350000－2002－0001696　44/0703

文史通義八卷校讎通義三卷 章學誠撰 清宣統三年（1911）上海廣益書局鉛印本 四冊

350000－2002－0001697　42.6/4048b＝1

小倉山房文集三十五卷附外集八卷詩集三十七卷補遺二卷 （清）袁枚撰 清光緒十八年（1892）上海著易堂鉛印本 五冊 存三十二卷（詩集一至三十二）

350000－2002－0001698　42.6/4048b＝2

小倉山房文集三十五卷附外集八卷詩集三十七卷補遺二卷 （清）袁枚撰 清光緒十八年（1892）上海著易堂鉛印本 一冊 存八卷（詩集一至八）

350000－2002－0001699　42.6/4048c

袁文合箋十六卷 （清）袁枚撰 （清）王廣業集箋 清光緒八年（1882）刻本 六冊

350000－2002－0001700　42.6/4134

范亭詩初草五卷 （清）林廷禧撰 范亭先兄事實紀畧一卷 （清）林廷祚謹述 清同治四年（1865）刻本 二冊

350000－2002－0001701　52/4060

邃雅堂全書九種 （清）姚文田撰 清嘉慶至光緒間歸安姚氏刻本 十一冊 存二種十八卷（邃雅堂集十卷、文集續編一卷,邃雅堂學古錄七卷）

350000－2002－0001702　44/7743

藝槩六卷 （清）劉熙載撰 清光緒三年（1877）領南刻古桐書屋六種本 二冊

350000－2002－0001703　44/7944

五百石洞天揮麈十二卷 邱煒萲撰 清光緒二十五年（1899）閩漳邱氏粵垣刻本 六冊

350000－2002－0001704　44/7944＝1

五百石洞天揮麈十二卷 邱煒萲撰 清光緒二十五年（1899）閩漳邱氏粵垣刻本 六冊

350000－2002－0001705　44/8390

對聯大觀六卷 （清）曾濟堂選 清光緒十五年（1889）會文堂刻本 一冊 存一卷（一）

350000－2002－0001706　37/0077b

古今圖書集成一萬卷目錄三十二卷 （清）陳夢雷 （清）蔣廷錫等編 清光緒上海圖書集成鉛版印書局鉛印本 一千四百九十二冊 存九千二百十六卷（曆象彙編乾象典一百卷,歲功典一百十六卷,曆法典一至九十三、九十八至一百四十,庶征典一百八十八卷;方輿彙編坤輿典一百四十卷,職方典一至九百二十一、九百三十至一千三十三、一千五十六至一千九十六、一千一百十六至一千五百四十四,山川典一至二十七、三十四至一百三十七、一百四十四至二百九十六、三百四至三百二十,邊裔典一至二十三、三十至三十五、四十一至五十八、六十五至八十六、一百三至一百三十四;明倫彙編皇極典一至二百五、二百十五至二百四十四、二百五十二至二百七十二、二百七十八至三百,宮闈典一至二十二、二十九至四十二、五十六至六十七、八十二至一百四十,官常典一至一百一、一百九至一百六十九、一百七十八至二百四十八、二百五十八至四百七十九、四百九十三至六百七十二、七百四至七百五十二、七百五十八至八百,家範典一至三十六、四十四至八十三、九十五至一百十六,交誼典一至七十三、七十七至一百二十,氏族典一至三百五十三、三百六十二至六百四十,人事典一百十二卷,閨媛典二十三至一百十三、一百二十一至三百二十五、三百三十三至三百四十七、三百五十五至三百六十一、三百六十九至三百七十六;博物彙典藝術典一至一百四十、一百九十至二百十三、二百二十一至二百六十二、二百六十九至二百七十四、二百八十一至二百八十六、二百九十九至三百四十四、三百五十至三百五十五、三百六十一至三百六十五、三百七十一至三百九十六、四百二至四百六、四百十二至八百二十四,神異典一至一百十三、一百十九至一百九十三、二百至二百六十二、二百六十九至二百九十八、三百六至三百二十,禽蟲典一至四十八、五十四至六十、七十三至七十八、九十二至一百二十二、一百二十六至一百三十九、一百五十三至一百九十二,草木典一至一百八十一、二百一至二百七十八、二百八十五至三百二十;理學彙編經籍典一至一百九十六、二百三至二百七十、二百七十九至三百二十八、三百五十六至五百,學行典一至九十二、九十八至二百七十二、二百八十一至三百,文學典二百六十卷,字學典一至五、四十二至一百三十、一百四十五至一百六十;經濟彙編選舉典一至六十六、七十八至一百三十六,銓衡典一百二十卷,食貨典一至五十一、五十八至六十三、七十至九十四、一百一至一百六十七、一百七十四至二百八十五、三百至三百四十九、三百五十五至三百六十,禮儀典一至一百九十八、二百六至三百四十八,樂律典一至十九、二十五至三十五、四十三至七十九、一百一十二至一百二十八,戎政典一至六十一、六十八至七十三、八十至二百八十六、二百九十五至三百,祥刑典一百八十卷,考工典一至一百五十七、一百六十三至一百七十九、二百十至二百四十五)

350000－2002－0001707　42.6/4137

松桂堂全集三十七卷南往集三卷延露詞三卷（清）彭孫遹撰　清宣統三年（1911）石印本十二冊

350000－2002－0001708　42.6/4138

石笥山房文集六卷補遺一卷詩集十二卷補遺二卷續補遺二卷先考穉威公年譜紀略一卷（清）胡天游撰　清宣統二年（1910）上海國學扶輪社石印本　十冊

350000－2002－0001709　42.6/4134b

范忠貞公全集四卷首一卷附錄一卷　（清）范承謨撰　（清）范時崇校　清光緒二十一年（1895）安化龍錫慶刻本　四冊

350000－2002－0001710　21.2/2391h

御批歷代通鑑輯覽一百二十卷　（清）傅恒等纂　清刻本　五冊　存七卷（五至六、六十八、七十五至七十六、一百十七至一百十八）

350000－2002－0001711　42.6/4210

留餘拙稿□□卷（清）莊俊元撰　清末刻本一冊　存二卷（三至四）

350000－2002－0001712　42.6/4217

惜抱軒尺牘八卷　（清）姚鼐撰　清宣統三年（1911）國學扶輪社鉛印本　一冊　存四卷（五至八）

350000－2002－0001713　42.6/4144

漱石齋吟草十四卷　（清）林元英撰　清刻本六冊　存十三卷（二至十四）

350000－2002－0001714　44/1271

御選唐宋詩醇四十七卷目錄二卷　（清）高宗弘曆選　清宣統二年（1910）上海書局石印本十冊

350000－2002－0001715　44/1431

漁洋山人感舊集小傳四卷補遺一卷　（清）盧見曾撰　清宣統二年（1910）上海國學扶輪社鉛印本　二冊

350000－2002－0001716　42.6/4227

晚香亭詩鈔不分卷　（清）蔡邦甸撰　清光緒十八年（1892）天津石印本　四冊

350000－2002－0001717　44/2260

文章緣起一卷　（南朝梁）任昉撰　（明）陳懋仁註　（清）方熊望補註　清光緒刻邵武徐氏叢書本　一冊

350000－2002－0001718　52/4277

儆季雜著五種附二種　（清）黃以周撰　清光緒二十年（1894）江蘇南菁講舍刻本　三冊存二種七卷（文鈔六卷、尚書講義一卷）

350000－2002－0001719　44/2290

**中國文學指南二卷**　（清）邵伯棠撰　清宣統二年(1910)上海會文堂粹記石印本　二冊

350000－2002－0001720　42.6/4299

**復莊駢儷文榷八卷二編八卷**　（清）姚燮撰　清咸豐刻大梅山館集本　四冊　存八卷(二編八卷)

350000－2002－0001721　44/2527

**詩觸十五種**　（清）朱琰輯　清刻本　二冊　存八種九卷(詩品一卷、二十四詩品一卷、詩式一卷、白石道人詩說一卷、滄浪詩話一卷、秋圃擷餘一卷、樂府古題要解二卷、談藝錄一卷)

350000－2002－0001722　42.6/4310

**戴東原集十二卷覆校札記一卷**　（清）戴震撰　**戴東原先生[震]年譜一卷**　（清）段玉裁編　清宣統二年(1910)成都渭南嚴氏孝義家塾刻本　六冊

350000－2002－0001723　42.6/4310＝1

**戴東原集十二卷覆校札記一卷**　（清）戴震撰　**戴東原先生[震]年譜一卷**　（清）段玉裁編　清宣統二年(1910)成都渭南嚴氏孝義家塾刻本　六冊

350000－2002－0001724　44/3081

**閩川閨秀詩話四卷**　（清）梁章鉅撰　清光緒元年(1875)刻二思堂叢書本　二冊

350000－2002－0001725　42.6/4320

**香屑集十八卷首一卷末一卷**　（清）黃之雋輯句　（清）古愚校注　清宣統二年(1910)上海文瑞樓石印本　四冊

350000－2002－0001726　44/3081b

**南浦詩話八卷**　（清）梁章鉅撰　清宣統鉛印本　四冊

350000－2002－0001727　44/3081c

**楹聯叢話十二卷續話四卷**　（清）梁章鉅輯　清道光二十六年(1846)刻宜稼堂叢書本　六冊

350000－2002－0001728　44/3081d

**制義叢話二十四卷**　（清）梁章鉅撰　清咸豐九年(1859)刻本　八冊

350000－2002－0001729　42.6/4322

**馬巷集一卷**　（清）黃家鼎撰　清光緒二十一年(1895)福州刻本　一冊

350000－2002－0001730　44/3081d＝1

**制義叢話二十四卷**　（清）梁章鉅撰　清咸豐九年(1859)刻本　八冊

350000－2002－0001731　44/3081e

**楹聯叢話十二卷續話四卷**　（清）梁章鉅輯　清道光刻本　一冊　存三卷(楹聯叢話一至三)

350000－2002－0001732　44/3231＝1

**評選古詩源四卷**　（清）沈德潛撰　清光緒二十年(1894)上海圖書集成印書局鉛印本　三冊　存三卷(二至四)

350000－2002－0001733　44/4030

**莫愁湖楹聯便覽一卷**　（清）釋壽安錄　清光緒五年(1879)壽安刻本　一冊

350000－2002－0001734　44/4041

**分類詩腋八卷**　（清）李禎編　清道光十四年(1834)同安刻本　四冊

350000－2002－0001735　44/4048

**隨園詩話十六卷補遺十卷**　（清）袁枚撰　清宣統三年(1911)上海掃葉山房石印本　二冊　存七卷(一至三、十三至十六)

350000－2002－0001736　44/4048b

**隨園詩話十六卷補遺十卷**　（清）袁枚撰　清光緒十八年(1892)袖海山房石印本　二冊　存十卷(一至五、十六,補遺一至四)

350000－2002－0001737　44/4300

**重訂全唐詩話八卷**　（宋）尤袤輯　（清）孫濤續輯　清宣統三年(1911)上海朝記書莊石印本　四冊

350000－2002－0001738　44/4300b

**全唐詩話六卷**　（宋）尤袤輯　（明）毛晉訂

清宣統三年(1911)上海朝記書莊石印本　六冊

350000 - 2002 - 0001739　44/4300c

**全唐詩話六卷**　(宋)尤袤輯　(明)毛晉訂　明崇禎毛氏汲古閣刻津逮秘書本　二冊　存四卷(一至二、五至六)

350000 - 2002 - 0001740　44/4473

**榕城詩話三卷**　(清)杭世駿撰　清乾隆杭賓仁刻杭大宗七種本　一冊

350000 - 2002 - 0001741　44/4547

**古文筆法百篇二十卷**　(清)黃仁黼纂定并書後　清光緒二十四年(1898)兩儀堂刻本　四冊

350000 - 2002 - 0001742　44/4547b

**古文筆法八卷首一卷**　(清)李扶九編　(清)黃仁黼書後並集評　清光緒二十九年(1903)石印本　四冊

350000 - 2002 - 0001743　44/4547b = 1

**古文筆法八卷首一卷**　(清)李扶九編　(清)黃仁黼書後並集評　清光緒二十九年(1903)石印本　四冊

350000 - 2002 - 0001744　44/4547b = 2

**古文筆法八卷首一卷**　(清)李扶九編　(清)黃仁黼書後並集評　清光緒二十九年(1903)石印本　一冊

350000 - 2002 - 0001745　44/4633

**冠悔堂楹語三卷附錄一卷**　(清)楊浚撰　清光緒二十年(1894)刻本　三冊

350000 - 2002 - 0001746　44/6233

**梅村詩話一卷**　(清)吳偉業撰　清宣統三年(1911)上海掃葉山房石印本　一冊

350000 - 2002 - 0001747　44/7704

**杜工部詩話一卷**　(清)劉鳳誥撰　清宣統二年(1910)上海掃葉山房石印本　一冊

350000 - 2002 - 0001748　45/0042

**蘇菴詩餘五卷**　(清)唐壎撰　清同治十二年(1873)福州張啓煊刻本　二冊

350000 - 2002 - 0001749　42.6/4327

**西堂全集十七種**　(清)尤侗撰　清康熙刻本　三冊　存七種八卷(西堂剩稿二卷、西堂秋夢錄一卷、西堂小草一卷、論語詩一卷、右北平集一卷、擬明史樂府一卷、外國竹枝詞一卷)

350000 - 2002 - 0001750　45/0600

**聚紅榭詩詞錄三種**　(清)高思齊等撰　清咸豐六年至同治二年(1856 - 1863)福州刻本(游石鼓詩配抄本)　三冊　存二種七卷(聚紅榭雅集詞六卷、遊石鼓一卷)

350000 - 2002 - 0001751　45/0128

**漢鼓吹饒歌十八曲集解一卷**　(清)譚儀撰　清光緒元和江氏湖南使院刻靈鶼閣叢書本　一冊

350000 - 2002 - 0001752　42.6/4327 = 1

**西堂全集十七種**　(清)尤侗撰　清康熙刻本　十冊　存三種二十卷(西堂雜俎一集八卷，西堂雜俎二集八卷，西堂雜俎三集一至二、五至六)

350000 - 2002 - 0001753　42.6/4330

**人境廬詩草十一卷**　(清)黃遵憲撰　(清)黃遵庚初校　梁啓超覆校　清宣統三年(1911)鉛印本　三冊　存八卷(一至五、九至十一)

350000 - 2002 - 0001754　45/1010

**西泠詞萃六種**　(清)丁丙輯　清光緒十一年至十三年(1885 - 1887)錢唐丁氏刻本　四冊

350000 - 2002 - 0001755　51/4944c

**榕村全集四十卷續集七卷別集五卷**　(清)李光地撰　清道光九年(1829)李維迪刻榕村全書本　十一冊　存三十一卷(榕村全集一至三十一)

350000 - 2002 - 0001756　37/5421b

**增廣四書人物類典串珠四卷**　(清)臧訒齋編輯　清光緒十六年(1890)刻本　一冊　存二卷(一至二)

350000 - 2002 - 0001757　45/1118

**香痕奩影集四卷閨秀一卷附題辭一卷**　(清)

吳仲輯錄　清宣統鉛印本　一冊　存一卷
(題辭一卷)

350000－2002－0001758　42.6/4341
**感秋集一卷**　(清)林黻楨撰　清宣統元年
(1909)上海鴻文恒記局鉛印本　一冊

350000－2002－0001759　45/1124
**批點燕子箋二卷**　題(明)百子山樵撰　清宣
統二年(1910)貴池劉氏暖紅室刻彙刻傳奇本
　二冊

350000－2002－0001760　45/1500
**詞選二卷附錄一卷**　(清)張惠言輯　**續詞選
二卷**　(清)董毅輯　清宣統三年(1911)上海
掃葉山房石印本　一冊

350000－2002－0001761　42.6/4344
**慎盦文鈔二卷**　(清)左宗植撰　清光緒元年
(1875)刻本　二冊

350000－2002－0001762　45/1190
**山中白雲詞八卷附錄一卷逸事一卷**　(宋)張
炎撰　清光緒八年(1882)仁和許增刻榆園叢
刻本　二冊

350000－2002－0001763　42.6/4350
**天游閣詩集二卷**　(清)太清春撰　清宣統元
年(1909)南陵徐乃昌刻本　一冊

350000－2002－0001764　42.6/4353
**閩南游草一卷**　(清)范鴻書撰　**焦桐集一卷**
　(清)鄭靜蘭撰　清光緒二十七年(1901)刻
本　一冊

350000－2002－0001765　45/2160
**小檀欒室彙刻閨秀詞十集一百種**　徐乃昌輯
　清光緒二十一年至二十二年(1895－1896)
南陵徐氏刻本　十六冊　存七十六種八十六
卷(琴清閣詞一卷,生香館詞一卷,茝香詞一
卷,衍波詞一卷,鴻雪廎詞一卷,玉雨詞一卷,
古春軒詞一卷,洞簫廎詞一卷,聽雪詞一卷,
古雪詩餘一卷,拙政園詩餘三卷,梅華園詩餘
一卷,玉窗詩餘一卷,貯素廎詞一卷,冷香齋
詩餘一卷,綠月廎詞一卷,靜一齋詞一卷,瓊
湘廎詞一卷,繡餘詞一卷,簪花閣詩餘一卷,

栖香閣詞一卷,蠹窗詩餘一卷,絳雪詞一卷,
浣紗詞一卷,青藜閣詞一卷,碧桃館詞一卷,
松籟閣詩餘一卷,鮮潔亭詩餘一卷,澹音閣詞
一卷,寫廛廎詞一卷,烋水軒詞一卷,雨花盦
詩餘一卷,夢影廎詞一卷,澹菊軒詞一卷,緯
青詞一卷,穌漱玉詞一卷、潣南詞一卷,濾月
軒詩餘一卷,月廎琴語一卷,倩影廎遺詞一
卷,華簾詞一卷、香南雪北詞一卷,烋笛詞一
卷,聞妙香室詞一卷,長真閣詩餘一卷,烋廎
閣詞一卷,綠癢軒遺詞一卷,賦燕廎詞一卷,光
霽廎詞一卷,翠螺閣詞一卷,彈綠詞一卷,聽
雨廎詞二卷,瑤華閣詞一卷、補遺一卷,九疑
僊館詞一卷,金粟詞一卷,澹仙詞四卷,有誠
堂詩餘一卷,玉簫詞一卷,芷衫詩餘一卷,菊
籬詞一卷,哦月廎詩餘一卷,嘯雪庵詩餘一
卷,繡閒詞一卷,三秀齋詞一卷,德風亭詞一
卷,碧梧紅蕉館詞一卷,冷吟僊館詩餘一卷,
蓮因室詞一卷,慈暉館詞一卷,曇華詞一卷,
蕉窗詞一卷,錦囊詩餘一卷,澹香廎詞一卷,
補欄詞一卷,晚香居詞二卷,瘦吟詞一卷,浣
青詩餘一卷,茶香閣詞一卷)

350000－2002－0001766　42.5/4330＝2
**蔡忠烈公遺集六卷**　(明)蔡道憲撰　(清)鄧
顯鶴原輯　(清)蔡應魁等校梓　清道光二十
六年至二十八年(1846－1848)溫陵蔡氏刻光
緒二十八年(1902)蔡恩煦補修本　六冊

350000－2002－0001767　45/2280
**詞綜三十八卷**　(清)朱彝尊鈔撮　(清)汪森
增定　(清)柯崇樸編　(清)王昶纂補　**明詞
綜十二卷國朝詞綜四十八卷國朝詞綜二集八
卷**　(清)王昶纂　清光緒二十八年(1902)金
匱浦氏刻本　二十四冊

350000－2002－0001768　45/2500
**詞律拾遺八卷**　(清)徐本立纂　清同治十二
年(1873)吳下刻本　四冊

350000－2002－0001769　45/2522
**知止堂詞錄三卷**　(清)朱綬撰　清光緒二十
年(1894)湖南思賢書局刻本　一冊

350000－2002－0001770　45/2527

新刊手抄過番歌一卷 （清）□□編 清刻本
一冊

350000 – 2002 – 0001771　45/4037

笠翁十種 （清）李漁撰 清藻文堂刻本 十
八冊 存十種十八卷(憐香伴傳奇二卷、風箏
誤傳奇二卷、蜃中樓傳奇二卷、鳳求鳳傳奇二
卷、奈何天傳奇二卷、比目魚傳奇二卷、玉搔
頭傳奇下、巧團圓傳奇下、慎鸞交傳奇二卷、
意中緣傳奇二卷)

350000 – 2002 – 0001772　45/4327

婆梭詞一卷 （清）黃宗彝填 清咸豐四年
(1854)聚紅榭刻本 一冊

350000 – 2002 – 0001773　45/4327b

效顰詞一卷 （清）劉勳撰 清咸豐七年
(1857)聚紅榭刻本 一冊

350000 – 2002 – 0001774　45/4334

雙辛夷樓詞二卷 （清）李宗祥撰 清光緒二
十四年(1898)刻本 一冊

350000 – 2002 – 0001775　42.6/4390

陽湖史氏家藏左文襄公手札不分卷 （清）左
宗棠撰并書 清光緒三十三年(1907)陽湖史
氏影印本 二冊

350000 – 2002 – 0001776　42.6/4402

緝齋詩稿八卷首一卷文集八卷首一卷附錄二
卷 （清）蔡新撰 清乾隆刻本 七冊 存十
五卷(詩稿一至三、首一卷、文集八卷、首一
卷、附錄二卷)

350000 – 2002 – 0001777　42.6/4421

寒支初集十卷首一卷二集四卷 （清）李世熊
撰 （清）李向旻編 清同治十三年(1874)刻
本 四冊 存四卷(二集四卷)

350000 – 2002 – 0001778　42.6/4421 = 1

寒支初集十卷首一卷二集四卷 （清）李世熊
撰 （清）李向旻編 清同治十三年(1874)刻
本 十冊 存十一卷(初集十卷、首一卷)

350000 – 2002 – 0001779　42.6/4422

香草箋偶註二卷 （清）黃任撰 清嘉慶十三

年(1808)刻本 一冊

350000 – 2002 – 0001780　42.6/4422 = 1

香草箋偶註二卷 （清）黃任撰 清嘉慶十三
年(1808)刻本 一冊

350000 – 2002 – 0001781　42.6/4422b

秋江集註六卷 （清）黃任撰 （清）王元麟注
清道光二十三年(1843)刻本 六冊

350000 – 2002 – 0001782　42.6/4427

味雪堂遺草一卷 （清）林賀峒撰 清光緒三
十三年(1907)侯官林玉銘鉛印本 一冊

350000 – 2002 – 0001783　42.6/4428

聊齋文集二卷 （清）蒲松齡撰 清宣統二年
(1910)上海國學扶輪社鉛印本 一冊

350000 – 2002 – 0001784　42.6/4430

角山樓詩鈔十五卷 （清）趙克宜撰 清道光
二十六年(1846)刻本 四冊

350000 – 2002 – 0001785　42.6/4430b

南廬詩鈔六卷 （清）查世官撰 清道光十九
年(1839)靈石何耿繩退學詩齋刻本 一冊

350000 – 2002 – 0001786　42.6/4434

雪巖詩鈔二集 （清）林夢斗撰 （清）鄭開禧
輯 清道光十三年(1833)龍溪鄭開禧刻本
一冊

350000 – 2002 – 0001787　42.6/4444

寫經齋初稿四卷續稿二卷附小玲瓏閣詞一卷
（清）葉大莊撰 清光緒刻本 四冊

350000 – 2002 – 0001788　42.6/4444 = 1

寫經齋初稿四卷續稿二卷附小玲瓏閣詞一卷
（清）葉大莊撰 清光緒刻本 二冊 存四
卷(初稿四卷)

350000 – 2002 – 0001789　42.6/4444 = 2

寫經齋初稿四卷續稿二卷附小玲瓏閣詞一卷
（清）葉大莊撰 清光緒刻本 一冊 存二
卷(續稿二,附小玲瓏閣詞一卷)

350000 – 2002 – 0001790　42.6/4448

歗雲文鈔十四卷詩鈔八卷 （清）林樹梅撰
清道光二十四年(1844)刻本 六冊

350000－2002－0001791　42.6/4480

雙樹生詩草一卷　（清）林鎬撰　清咸豐元年（1851）刻春暉堂叢書本　一冊

350000－2002－0001792　42.6/4488

忠雅堂詩集二十七卷補遺二卷銅絃詞二卷（清）蔣士銓撰　清刻本　十冊

350000－2002－0001793　42.6/4540

李養一先生詩集四卷附賦一卷詩餘一卷（清）李兆洛撰　清光緒八年（1882）江陰刻本　二冊

350000－2002－0001794　42.6/4621

兩當軒集二十二卷　（清）黃景仁著　攷異二卷附錄四卷　（清）黃志述撰　清光緒二年（1876）黃氏家塾刻本　五冊　存二十二卷（兩當軒集二十二卷）

350000－2002－0001795　42.6/4633b

冠悔堂詩鈔八卷駢體文鈔六卷賦鈔四卷楹語三卷楹語附錄一卷　（清）楊浚撰　（清）楊輅等校刊　清光緒刻本　四冊　存五卷（賦鈔四卷、附錄一卷）

350000－2002－0001796　42.6/4628

雲左山房詩鈔八卷附一卷　（清）林則徐撰清光緒十二年（1886）福州林氏刻本　二冊

350000－2002－0001797　42.6/4633

金筬巵言一卷首三卷　（清）楊浚撰　清同治二年（1863）刻本　三冊

350000－2002－0001798　45/4488

紅雪樓九種曲（清容外集）　（清）蔣士銓填詞　清乾隆紅雪樓刻本　五冊　存七種九卷（冬青樹一卷、雪中人一卷、四弦秋一卷、一片石一卷、后一片石一卷、桂林霜二卷、臨川夢二卷）

350000－2002－0001799　42.6/4633b＝1

冠悔堂詩鈔八卷駢體文鈔六卷賦鈔四卷楹語三卷楹語附錄一卷　（清）楊浚撰　（清）楊輅等校刊　清光緒刻本　十四冊　存十四卷（詩鈔八卷、駢體文鈔六卷）

350000－2002－0001800　45/4490

納書楹曲譜正集四卷續集四卷外集二卷補遺四卷納書楹玉茗堂四夢全譜八卷　（清）葉堂撰　清乾隆五十七年至五十九年（1792－1794）葉氏納書楹刻本　一冊　存二卷（納書楹南柯記全譜二卷）

350000－2002－0001801　42.6/4700

李忠毅公遺詩一卷附錄二卷　（清）李長庚撰　（清）李廷鈺編輯　國朝詩人徵略一卷（清）張維屏輯　清同治五年（1866）李氏刻本　一冊

350000－2002－0001802　42.6/4712

六半樓詩鈔四卷　（清）蔡鵬飛撰　清光緒十年（1884）刻民國二十五年（1936）補刻本　一冊

350000－2002－0001803　45/4497

宋元名家詞十五種　（清）江標輯　清光緒二十一年（1895）湖南思賢書局刻本　四冊

350000－2002－0001804　45/4544

閩詞鈔四卷　（清）葉申薌編輯　清道光十四年（1834）閩中葉氏刻天籟軒五種本　二冊

350000－2002－0001805　42.6/4740

友竹山房詩草七卷首一卷補遺一卷　（清）蘇履吉撰　清道光十年（1830）刻本　四冊

350000－2002－0001806　45/4544b

天籟軒五種　（清）葉申薌撰　清道光閩中葉氏天籟軒刻本　十八冊　存四種二十卷（天籟軒詞選六卷，天籟軒詞譜五卷、詞韻一卷，閩詞鈔四卷，小庚詞存四卷）

350000－2002－0001807　42.6/4780

橡筆樓初集二卷　（清）胡鉉編　清宣統三年（1911）國光書局鉛印本　二冊

350000－2002－0001808　42.6/4780＝1

橡筆樓初集二卷　（清）胡鉉編　清宣統三年（1911）國光書局鉛印本　二冊

350000－2002－0001809　42.6/4780＝2

橡筆樓初集二卷　（清）胡鉉編　清宣統三年

（1911）國光書局鉛印本　二冊

350000－2002－0001810　45/4544c

天籟軒詞譜五卷詞韻一卷　（清）葉申薌編
清道光九年至十一年(1829－1831)閩中葉氏
刻天籟軒五種本　六冊

350000－2002－0001811　42.6/4887

湖唐林館駢體文二卷　（清）李慈銘撰　清光
緒十年(1884)福州刻本　一冊

350000－2002－0001812　45/4691

廿一史彈詞註十一卷　（明）楊慎編撰　（清）
張三異增定　（清）張仲璜註　明紀彈詞注一
卷　（清）張三異撰　（清）張仲璜注　清乾隆
五十一年(1786)漢陽張任佐刻本　十冊　存
十一卷(廿一史彈詞註十一卷)

350000－2002－0001813　45/4935

國朝詞綜續編二十四卷　（清）黃燮清編纂
(清)張炳堃增訂　（清）諸可寶校勘　（清）
胡鳳丹監刊　清同治十二年(1873)鄂垣刻本
　六冊

350000－2002－0001814　45/6015

宋六十名家詞九十卷　（明）毛晉輯　清光緒
十四年(1888)錢塘汪氏刻本　三十冊

350000－2002－0001815　42.6/4917

甌北詩鈔二十卷　（清）趙翼撰　清刻本　八
冊

350000－2002－0001816　42.6/4917＝1

甌北詩鈔二十卷　（清）趙翼撰　清刻本　一
冊　存二卷(絕句一至二)

350000－2002－0001817　42.6/5034

閩歸詩集二卷　（清）曹文漢撰　清宣統二年
(1910)石印本　二冊

350000－2002－0001818　45/6044

夢窗甲稿一卷乙稿一卷丙稿一卷丁稿一卷補
遺一卷　（宋）吳文英撰　重校夢窗甲乙丙丁
四稿札記一卷　朱祖謀撰　清光緒三十四年
(1908)歸安朱氏刻本　一冊

350000－2002－0001819　45/6944

十國宮詞一百首一卷　（清）吳省蘭撰　清同
治十二年(1873)淮南書局刻本　一冊

350000－2002－0001820　42.6/6023

福祿鴛鴦閣遺稿一卷　（清）冒俊撰　清光緒
十年(1884)刻本　一冊

350000－2002－0001821　42.6/6031

靈巖山人詩集四十卷　（清）畢沅撰　弇山畢
公[沅]年譜一卷　（清）史善長撰　清嘉慶四
年(1799)刻本　十冊

350000－2002－0001822　45/8091

比竹餘音四卷　鄭文焯撰　清光緒二十八年
(1902)刻本　二冊

350000－2002－0001823　45/8300

考功詞一卷　（清）鄭守廉撰　清光緒二十八
年(1902)武昌刻本　一冊

350000－2002－0001824　42.6/6040

吳學士詩集五卷文集四卷　（清）吳蕭撰　清
光緒八年(1882)江寧藩署刻本　六冊

350000－2002－0001825　42.6/6223

西泠仙詠三卷　（清）圓嶠真逸撰　清光緒八
年(1882)西泠丁氏翠螺仙館刻本　四冊

350000－2002－0001826　42.6/6244

野航詩鈔二卷　（清）嚴仙藜撰　（清）鄭開禧
輯　清道光十三年(1833)龍溪鄭開禧刻本
一冊

350000－2002－0001827　42.6/6328

吳摯甫詩集不分卷　（清）吳汝綸撰　清宣統
二年(1910)上海國學扶輪社石印本　一冊

350000－2002－0001828　42.6/6244b

臨江鄉人詩四卷　（清）吳穎芳撰　清同治十
年(1871)錢塘丁氏當歸草堂刻本　一冊

350000－2002－0001829　42.1/4046b＝1

李長吉歌詩四卷首一卷外集一卷　（唐）李賀
撰　（清）王琦彙解　清宣統元年(1909)掃葉
山房石印本　四冊

350000－2002－0001830　42.6/6430

愛吾廬文鈔三卷　（清）呂世宜撰　清咸豐刻

本 二冊 存二卷(上、下)

350000－2002－0001831 43/4420d
梁昭明文選十二卷 （南朝梁）蕭統編 （明）張鳳翼纂註 （清）吳芝校訂 清康熙十一年(1672)蓀溪姚氏願好堂刻本 十一冊 存十一卷(二至十二)

350000－2002－0001832 42.6/6691
聽月樓遺稿二卷 （清）嚴恒撰 清光緒二十八年(1902)上海石印本 一冊

350000－2002－0001833 43/4420e
文選六十卷 （南朝梁）蕭統撰 （唐）李善注 （清）葉樹藩參訂 清刻朱墨套印本 二冊 存三十八卷(一至八、二十五至三十六、三十七至四十八、五十五至六十)

350000－2002－0001834 42.4/1477
元遺山詩集箋注十四卷首一卷末一卷 （金）元好問撰 （元）張德輝類次 （清）施國祁箋 清宣統三年(1911)上海掃葉山房石印本 八冊

350000－2002－0001835 42.6/1431b
王氏漁洋詩鈔十二卷 （清）王士禎撰 （清）邵長蘅選 清宣統二年(1910)時中書局石印本 八冊

350000－2002－0001836 44/3231
評選古詩源四卷 （清）沈德潛選 清光緒二十年(1894)上海圖書集成印書局鉛印本 二冊

350000－2002－0001837 42.6/6804
有正味齋集十六卷 （清）吳錫麒撰 清刻本 四冊

350000－2002－0001838 51/0142
半廠叢書初編十種 （清）譚獻輯 清光緒仁和譚氏刻本 二十冊

350000－2002－0001839 42.6/6804b
有正味齋詩集十六卷外集五卷詞集八卷駢體文二十四卷 （清）吳錫麒撰 清嘉慶刻本 八冊 存三十七卷(外集五卷、詞集八卷、駢

體文二十四卷)

350000－2002－0001840 42.6/6804c
有正味齋駢體文二十四卷首一卷 （清）吳錫麒撰 （清）王廣業箋 （清）葉聯芬注 清光緒十五年(1889)上海蜚英館石印本 四冊

350000－2002－0001841 51/0150
碧琳琅館叢書四十五種 （清）方功惠輯 清光緒十年(1884)序巴陵方氏廣東刻宣統元年(1909)印本 二十三冊 存十二種六十二卷(全史日至源流二十五至二十七,穆天子傳注疏一、首一卷,宋朝南渡十將傳十卷,使金錄一卷,金德運圖說一卷,岳陽風土記一卷,辛巳泣蘄錄一卷、附錄一卷,平宋錄三卷,今言四卷,石渠紀餘一至五,明語林五至十四、補遺一卷,文選紀聞一至六、十至二十二)

350000－2002－0001842 42.6/6990
石雲山人詩集二十三卷文集五卷詞選一卷分體詩選六卷奏議六卷 （清）吳榮光撰 清道光十九年至二十一年(1839－1841)南海吳氏筠清館刻本 十二冊 存十八卷(文集五卷、詞選一卷、分體詩選六卷、奏議六卷)

350000－2002－0001843 42.6/7022
有真意齋詩鈔五卷 （清）陶文鼎撰 清光緒八年(1882)刻本 二冊

350000－2002－0001844 42.6/7033
西泠閨詠十六卷 （清）陳文述撰 （清）龔玉晨編 清光緒十三年(1887)西泠翠螺閣刻本 四冊

350000－2002－0001845 51/0809
武英殿聚珍版書一百四十八種 （清）高宗弘曆敕纂 （清）□□輯 清乾隆四十二年(1777)福建布政使司刻道光、同治遞修光緒二十一年(1895)增刻本 (原缺小畜集一至五)
九百九十八冊 存一百四十七種二千九百二十七卷(周易口訣義六卷,易說六卷,吳園周易解九卷、附錄一卷,易原八卷,郭氏傳家易說十一卷、總論一卷,誠齋易傳二十卷,易象意言一卷,易學濫觴一卷,易緯十二卷,禹貢指南四卷,尚書詳解二十六卷、首一卷,禹

貢說斷四卷,尚書詳解五十卷,融堂書解二十卷,詩總聞二十卷,續呂氏家塾讀書記三卷,絜齋毛詩經筵講義四卷,儀禮識誤三卷,儀禮集釋三十卷,儀禮釋宮一卷,大戴禮記十三卷,春秋釋例十五卷、附校勘記二卷,春秋集傳纂例十卷、附校勘記一卷,春秋傳說例一卷,春秋經解十五卷,春秋辨疑四卷、附校勘記一卷,春秋攷十六卷,春秋集註四十卷,春秋繁露十七卷、附錄一卷、校勘記二卷,鄭志三卷、拾遺一卷、附校勘記一卷,論語意原四卷,欽定詩經樂譜全書三十卷、樂律正俗一卷,輶軒使者絕代語釋別國方言十三卷,兩漢刊誤補遺十卷、附校勘記一卷,三國志辨誤三卷,新唐書糾謬二十卷、附校勘記二卷,五代史纂誤三卷,東觀漢記二十四卷,御選明臣奏議四十卷,魏鄭公諫續錄二卷,元朝名臣奏議十五卷、附校勘記一卷,鄴中記一卷,蠻書十卷,琉球國志略十六卷、首一卷,元和郡縣志四十卷,元豐九域志十卷,輿地廣記三十八卷、附校勘記二卷,水經注四十卷、附御製文一卷,畿輔安瀾志五十六卷,嶺表錄異三卷,河朔訪古記三卷,麟臺故事五卷、拾遺二卷、附考異一卷,唐會要一百卷,五代會要三十卷、附校勘記一卷,宋朝事實二十卷,建炎以來朝野雜記甲集二十卷、乙集二十卷、附校勘記五卷,西漢會要七十卷,東漢會要四十卷,漢官舊儀二卷、補遺一卷,幸魯盛典四十卷,欽定武英殿聚珍版程式一卷,直齋書錄解題二十二卷,欽定四庫全書總目二百卷、首四卷,絳帖平六卷、總錄一卷,欽定重刻淳化閣帖十卷,唐史論斷三卷、附校勘記一卷,唐書直筆四卷,帝範四卷,公是弟子記四卷,明本釋三卷,項氏家說十卷、附錄二卷,農桑輯要七卷,農書三十六卷,小兒藥證真訣三卷,周髀算經二卷、附音義一卷,九章算術九卷、附音義一卷,孫子算經三卷,海島算經一卷,五曹算經五卷,夏侯陽算經三卷,五經算術二卷,寶真齋法書贊二十八卷,墨法集要一卷,鶡冠子三卷,白虎通義四卷、附錄一卷、校勘記四卷,猗覺寮雜記二卷,能改齋漫錄十八卷、拾遺二卷,雲谷雜記四卷、首一卷、末一

卷,學林十卷,甕牖閑評八卷,攷古質疑六卷,朝野類要五卷,欽定四庫全書考證一百卷,澗泉日記三卷,敬齋古今黈八卷、拾遺五卷,意林六卷、拾遺一卷,帝王經世圖譜十六卷,涑水紀聞十六卷,唐語林八卷、拾遺一卷、附校勘記二卷,歸潛志十四卷,老子道德經二卷,文子纘義十二卷,張燕公集二十五卷,文忠集十六卷、拾遺四卷,小畜集六至三十、外集十三卷、拾遺一卷,南陽集六卷、拾遺一卷,元憲集三十六卷,景文集六十二卷、拾遺二十二卷,文恭集四十卷、拾遺一卷,祠部集三十五卷,華陽集四十卷,公是集五十四卷、拾遺一卷、續拾遺一卷,彭城集四十卷,浮德集三十八卷,忠肅集二十卷、拾遺一卷,山谷內集詩注二十卷、外集詩注十七卷、別集詩注二卷、外集補四卷、別集補一卷,后山詩十二卷,柯山集五十卷、拾遺十二卷、續拾遺一卷,陶山集十六卷,學易集八卷,西臺集二十卷,浮沚集九卷,毘陵集十六卷、拾遺一卷,浮溪集三十二卷、附拾遺三卷,簡齋集十六卷,茶山集八卷、拾遺一卷,文定集二十四卷、拾遺一卷,雪山集十六卷,攻媿集一百十二卷、拾遺一卷,乾道稿二卷、淳熙稿二十卷、章泉稿五卷、章泉稿拾遺一卷,止堂集十八卷,絜齋集二十四卷、拾遺一卷,南澗甲乙稿二十二卷、拾遺一卷,蒙齋集二十卷、拾遺一卷,恥堂存稿八卷,拙軒集六卷,金淵集六卷,牧庵集三十六卷、牧庵年譜一卷,御製詩文十全集五十四卷,文苑英華辨證十卷、拾遺一卷,悅心集五卷,萬壽衢歌樂章六卷,詩倫二卷,歲寒堂詩話二卷,碧溪詩話十卷,浩然齋雅談三卷)

350000-2002-0001846　42.6/7033b

**西泠懷古集十卷** (清)陳文述撰　清光緒九年(1883)越中刻本　三冊

350000-2002-0001847　42.6/7080

**籀經堂類稿二十四卷齊陳氏韶舞樂疊通釋二卷** (清)陳慶鏞撰　清光緒九年(1883)刻本　十一冊　存二十四卷(籀經堂類稿二十四卷)

350000-2002-0001848　42.6/7080b

籀經堂類稿不分卷　（清）陳慶鏞撰　清道光
二十七年至三十年（1847－1850）陳慶鏞稿本
　一冊

350000－2002－0001849　42.6/7100

十誦齋集四卷詞一卷雜文一卷　（清）周天度
撰　小十誦寮詩存四卷　（清）周南撰　清光
緒十年（1884）周福昌刻本　四冊

350000－2002－0001850　42.6/7110

研經室一集十四卷二集八卷三集五卷四集二
卷詩十一卷續集十一卷再續集六卷外集五卷
　（清）阮元撰　清道光三年（1823）刻本　十
冊　存二十七卷（一集十四卷、二集八卷、三
集五卷）

350000－2002－0001851　42.6/7110＝1

研經室一集十四卷二集八卷三集五卷四集二
卷詩十一卷續集十一卷再續集六卷外集五卷
　（清）阮元撰　清道光三年（1823）刻本　一
冊　存三卷（一集五至七）

350000－2002－0001852　51/0848

榆園叢刻十六種附娛園叢刻十種　（清）許增
輯　清同治、光緒間刻民國九年（1920）補刻
本　十六冊

350000－2002－0001853　51/0848b

榆園叢刻十六種　（清）許增輯　清同治、光
緒間刻本　十六冊

350000－2002－0001854　42.6/7167

樊榭山房集十卷續集十卷文集八卷集外詩四
卷集外詞五卷集外文一卷　（清）厲鶚撰　清
光緒十年(1884)錢唐汪氏振綺堂刻本　十冊

350000－2002－0001855　42.6/7167＝1

樊榭山房集十卷續集十卷文集八卷集外詩四
卷集外詞五卷集外文一卷　（清）厲鶚撰　清
光緒十年（1884）錢唐汪氏振綺堂刻本　十冊

350000－2002－0001856　42.6/7188

鰲峰草一卷　（清）陳延銓撰　清刻本　一冊

350000－2002－0001857　51/1010

武林往哲遺箸六十六種　（清）丁丙輯　清光
緒錢塘丁氏嘉惠堂刻本（原缺錢塘韋先生文
集一至二）　九十六冊　存六十五種四百四
十七卷（褚亮集一卷，褚遂良集一卷，鄭巢詩
集一卷，錢塘韋先生文集三至十八，準齋雜說
二卷、附錄一卷，墓訣一卷、附錄一卷，新注朱
淑真斷腸詩集十卷、後集七卷、補遺一卷，芝
田小詩一卷，漁溪詩稿二卷、乙稿一卷、補遺
一卷、附錄一卷，橘譚詩稿一卷，芸居乙稿一
卷、補遺一卷、附錄一卷，雲泉詩稿一卷、補遺
一卷，書小史十卷，海棠譜三卷，湖山類稿五
卷，水雲集一卷、附錄三卷，對牀夜語五卷，伯
牙琴一卷、補遺一卷，白雲集三卷、附錄一卷，
山村遺集一卷、附錄一卷，稗史一卷，湛淵靜
語二卷，湛淵遺稿三卷、補遺一卷、附錄一卷，
忍經一卷，疇齋二譜二卷、外錄一卷，學古編
一卷，閒居錄一卷，竹素山房集三卷、補遺一
卷、附錄一卷，貞居先生詩集七卷、補遺二卷、
附錄二卷，江月松風集十二卷、補遺一卷、文
錄一卷、附錄一卷，山居新語一卷，柘軒集四
卷、附錄二卷，李草閣詩集六卷、拾遺一卷、文
集一卷，筠谷詩集一卷，松雨軒集八卷、補遺
一卷、附錄二卷，詠物詩一卷，周真人集一卷、
補遺一卷，節菴集八卷、續藁一卷，集古梅花
詩二卷、附錄一卷，松窗夢語八卷，奚囊蠹餘
二十卷、補遺一卷、附錄二卷，孫夫人集一卷，
田叔禾小集十二卷，碧筠館詩稿四卷、補遺一
卷、附錄二卷，亶爰子詩集二卷、附錄一卷，弘
藝錄三十二卷，西軒效唐集錄十二卷、補遺一
卷，無頦生詩選一卷，龍珠山房詩集二卷、補
遺一卷、附錄一卷，湖上篇一卷，卓光祿集三
卷，王節愍公遺集二卷、附錄一卷，臥月軒稿
三卷、附錄一卷，始豐藁十四卷、補遺一卷、附
錄一卷，東軒集選一卷、補遺三卷、附錄一卷，
韓忠獻公遺事一卷、補遺一卷，汴都賦一卷、
附錄一卷，參寥集十二卷、附錄二卷，石門文
字禪三十卷，太上感應靈篇圖說一卷、附錄一
卷，牧潛集七卷，少保于公奏議十卷，于肅愍
公集八卷、拾遺一卷、附錄一卷，倪文僖公集
三十二卷、補遺一卷，青谿漫稿二十四卷、補
遺一卷）

350000－2002－0001858　42.6/7148

**午亭文編五十卷** （清）陳廷敬撰 （清）林佶
輯錄 清刻本 五冊 存十二卷（四至七、十
一至十三、三十八至四十、四十五至四十六）

350000－2002－0001859 42.6/7222

**陳檢討集二十卷** （清）陳維崧撰 （清）程師
恭注 清末刻本 十冊

350000－2002－0001860 42.6/7222＝1

**陳檢討集二十卷** （清）陳維崧撰 （清）程師
恭注 清末刻本 八冊 存十六卷（一至六、
九至十八）

350000－2002－0001861 42.6/7222b

**陳檢討集二十卷** （清）陳維崧撰 （清）程師
恭注 清道光二年（1822）刻本 六冊

350000－2002－0001862 42.6/7244

**養晦堂詩集二卷文集十卷** （清）劉蓉撰 清
光緒三年（1877）思賢講舍刻本 一冊

350000－2002－0001863 42.6/7334

**外丁卯橋居士初稿八卷** （清）劉家謀撰 清
道光二十八年（1848）東洋學署刻本 一冊

350000－2002－0001864 42.6/7340

**滋園粵游尺牘四卷** （清）劉家柱撰 清光緒
五年（1879）刻本 一冊

350000－2002－0001865 42.6/7344

**懶雪窩詩草前集二卷內集四卷外集二卷**
（清）陳濬瑩撰 （清）葉際禧注 清宣統三年
（1911）泉郡聖教書局石印本 四冊

350000－2002－0001866 42.6/7360

**金城唱和集一卷** （清）邱逢甲撰 清光緒二
十五年（1899）嶺南寶經閣刻本 一冊

350000－2002－0001867 42.6/7400

**周莘仲廣文遺詩一卷** （清）周長庚撰 清光
緒二十一年（1895）周心祜鉛印本 一冊

350000－2002－0001868 42.6/7425

**東山草堂詩集八卷續編一卷** （清）邱嘉穗撰
清康熙四十九年（1710）刻本 二冊

350000－2002－0001869 51/1010b

**武林掌故叢編二十六集一百九十一種** （清）

丁丙輯 清光緒錢塘丁氏嘉惠堂刻本（原缺
乾道臨安志四至十五、南宋館閣錄一） 二百
九冊 存一百九十一種六百三十二卷（乾道
臨安志一至三，都城紀勝一卷，錢塘西湖百詠
一卷，錢塘先賢傳贊一卷、附錄一卷，古杭雜
記一卷，新刻古杭雜記詩集四卷，西湖韻事一
卷，不繫園集一卷，隨喜庵集一卷，流香一覽
一卷，武林理安寺志八卷，廣福廟寺一卷，武
林舊事十卷、附錄一卷，重陽庵集一卷、附刻
一卷、附錄一卷，西湖紀述一卷，慧因寺志十
二卷、附錄一卷，杭郡庠得表忠觀碑記事一
卷，西湖修禊詩一卷，唐棲志略菒二卷，吳山
遺事詩一卷，南屏百詠一卷，崔府君祠錄一
卷，御覽孤山志一卷，七述一卷，錢塘湖山勝
概詩文一卷，西湖臥遊圖題跋一卷，西谿梵隱
志四卷，南宋古蹟考二卷，雲棲紀事一卷，孝
義無礙庵錄一卷，南湖倡和集一卷，崇福寺志
四卷、續志一卷，湖墅雜詩二卷，淳祐臨安志
殘六卷，遊明聖湖日記一卷，客越志略一卷，
清波小志二卷、清波小志補一卷，大昭慶律寺
志十卷，定鄉雜著二卷，金牛湖漁唱一卷，西
湖遊記一卷，銀瓶徵一卷，龍井顯應胡公墓錄
一卷，西湖百詠二卷，客杭日記一卷，西湖八
社詩帖一卷，湖山敘遊一卷，養素園詩四卷，
武林元妙觀志四卷，西泠仙詠三卷，北隅掌錄
二卷，西湖雜詩一卷，揚清祠志一卷，武林西
湖高僧事略一卷、續一卷，西湖竹枝集一卷，
西湖十記一卷、附錄一卷，西湖夢尋五卷，韜
光庵紀遊集一卷，鳳皇山聖果寺志一卷，南漳
子二卷，東城雜記二卷，湖船錄一卷，湖船續
錄一卷、首一卷，武林怡老會詩集一卷，西湖
月觀紀遊一卷，龍峰倡和詩一卷，橫山遊記一
卷，孝慈庵集一卷，武林草一卷、附刻一卷，里
居雜詩一卷，金鼓洞志八卷、首一卷，新門散
記一卷，城北天后宮志一卷，湖壖雜記一卷，
西湖百詠一卷，春草園小記一卷，武林新年雜
詠一卷，復園紅板橋詩一卷，東郊土物詩一
卷，江鄉節物詩一卷，蘭因集二卷，定鄉小識
十六卷，紫陽庵集一卷，山游倡和詩一卷，聖
宋錢塘賦一卷，西湖雜記一卷，南宋院畫錄八
卷，西湖蘇文忠公祠從祀議一卷，西湖紀遊一

卷,捍海塘志一卷,翠微亭題名攷一卷,西泠閨詠十六卷,俞樓詩記一卷,南宋館閣錄二至十、續錄十卷,宋中興學士院題名一卷,月會約一卷,讀書社約一卷,勝蓮社約一卷,西溪百詠二卷,臨平記四卷、附錄一卷,小雲樓放生錄一卷,西湖秋柳詞一卷,臨平記補遺四卷、續一卷,武林靈隱寺誌八卷,增修雲林寺志八卷,續修雲林寺誌八卷,錢塘遺事十卷,雪莊西湖漁唱七卷,龍井見聞錄十卷,宋僧元淨外傳二卷,杭府仁錢三學灑掃職一卷、附錄一卷,湖山懷古集一卷,武林第宅攷一卷,敕建淨慈寺志二十八卷、首二卷、末一卷,夢粱錄二十卷,神州古史考殘一卷,湖山雜詠一卷、附錄一卷,西湖雜詠一卷,湖上青山集一卷,四時幽賞錄一卷,浙齪紀事一卷、附錄一卷,西湖小史一卷,西泠懷古集十卷,龍興祥符戒壇寺志十二卷,萬曆錢塘縣志不分卷,武林遊記一卷,流芳亭記一卷,雲居聖水寺志六卷、補遺一卷,西湖詩一卷,嘉靖仁和縣志十四卷,西子湖拾翠餘談三卷,杭志三詁三誤辨一卷,西湖竹枝詞一卷,東河櫂歌一卷,西湖遊詠一卷,護國寺元人諸天畫像讚一卷,杭城治火議一卷、附錄一卷,湖樓集一卷,庚辛泣杭錄十六卷,吳越備史四卷、補遺一卷、雜考一卷,西湖冶興二卷,鑒公精舍納涼圖題詠一卷,松吹讀書堂題詠一卷、附小松吹讀書堂題詠一卷,桑孝子旌門錄一卷,錢塘懷古詩一卷、附錄一卷,褚堂間史考證一卷、附錄一卷、校勘記一卷,寒山舊廬詩一卷,橫橋吟館圖題詠一卷,瓊英小錄一卷、附錄一卷,廣陵曲江復對一卷,孫花翁墓徵一卷,直閣朱公祠墓錄二卷、附刻一卷,郭孝童墓記略一卷,西湖遊覽志二十四卷、志餘二十六卷,昭忠錄五卷、附錄一卷,艮山雜志二卷、附錄一卷,西溪雜詠一卷,西溪梅竹山莊圖題詠一卷,臨安旬制紀三卷、附錄一卷,錢塘百詠一卷,靈隱書藏紀事一卷,金龍四大王祠墓錄四卷、首一卷、末一卷,同仁祠錄二卷,續東河櫂歌一卷,建炎復辟記一卷,夜山圖題詠一卷、附刻一卷,西泠遊記一卷,湖舫詩一卷,迎鑾新曲二卷,西湖遺事詩一卷,清波三志三卷,金氏世德紀

二卷,照膽臺志略一卷,陳忠肅公墓錄一卷,西湖水利考一卷,皋亭倡和集一卷,于公祠墓錄十卷、首一卷、末一卷,淳祐臨安志輯逸八卷,樊公祠錄二卷,武林藏書錄三卷、首一卷、末一卷,風木盦圖題詠一卷,武林雜事詩一卷,杭州上天竺講寺志十五卷,南宋宮閨雜詠一卷,秦亭山民移居倡和詩一卷,東城記餘二卷,三塘漁唱三卷,文淵閣志二卷、首一卷、附錄一卷,北隅綴錄二卷、續錄二卷,北郭詩帳二卷)

350000－2002－0001870　42.6/7436

**抱潤軒文集十卷** 馬其昶撰 清宣統元年(1909)安徽官紙印刷局石印本 一冊

350000－2002－0001871　42.6/7447

**翁山詩外二十卷** (清)屈大均撰 (清)屈明洪編 清宣統二年(1910)上海國學扶輪社鉛印本 十二冊 存十八卷(一至六、八至十九)

350000－2002－0001872　42.6/7490

**師竹軒詩集四卷** (清)劉樹堂撰 清光緒十五年(1889)天津書局石印本 一冊

350000－2002－0001873　13/4877＝1

**欽定儀禮義疏四十八卷首二卷** (□)□□撰 清同治七年(1868)合肥李翰章刻本 四冊 存七卷(二十三、三十九至四十二,首二卷)

350000－2002－0001874　42.6/7550

**木庵居士詩四卷補遺一卷** (清)陳書撰 清光緒三十二年(1906)武昌刻本 一冊

350000－2002－0001875　42.6/7704

**存悔齋集二十八卷外集四卷** (清)劉鳳誥撰 清道光十年至十七年(1830－1837)刻本 十二冊 存二十四卷(存悔齋集一至八、十一至十五、二十至二十八,外集一至二)

350000－2002－0001876　42.6/7727

**內自訟齋文集十卷年譜一卷** (清)周凱撰 清道光二十年(1840)愛吾廬刻本 八冊

350000－2002－0001877　42.6/7727＝1

**內自訟齋文集十卷年譜一卷** (清)周凱撰

清道光二十年(1840)愛吾廬刻本　六冊　存
九卷(一至四、七至十,年譜一卷)

350000－2002－0001878　42.6/7727＝2

內自訟齋文集十卷年譜一卷　(清)周凱撰
清道光二十年(1840)愛吾廬刻本　八冊

350000－2002－0001879　42.6/7727＝3

內自訟齋文集十卷年譜一卷　(清)周凱撰
清道光二十年(1840)愛吾廬刻本　八冊

350000－2002－0001880　42.6/7744

三魚堂全集三十二卷　(清)陸隴其撰　清宣
統三年(1911)上海掃葉山房石印本　八冊

350000－2002－0001881　42.6/7744b

三魚堂文集十二卷　(清)陸隴其撰　清同治
至光緒間刻本　一冊　存五卷(八至十二)

350000－2002－0001882　42.6/7781

香祖唅一卷　(清)周鍇撰　清光緒十八年
(1892)周文灝刻本　一冊

350000－2002－0001883　42.6/7840

梅里書屋應酬雜作一卷梅里書屋□之草不分
卷　(清)陳烈撰　清陳烈稿本　二冊　梅里
書屋□之草有殘缺

350000－2002－0001884　42.6/8026

來雲閣詩六卷　(清)金和撰　清光緒十八年
(1892)丹陽束氏刻本　二冊

350000－2002－0001885　42.6/8027b

復初齋文集三十五卷　(清)翁方綱撰　清道
光十六年(1836)侯官李彥章刻光緒三年至四
年(1877－1878)補修本　八冊

350000－2002－0001886　42.6/8080

錢牧齋文鈔不分卷　(清)錢謙益撰　清宣統
元年(1909)上海國學扶輪社鉛印本　四冊

350000－2002－0001887　42.6/8080b

初學集二十卷　(清)錢謙益撰　(清)錢曾箋
注　牧翁先生[錢謙益]年譜一卷　(清)葛萬
里編　清宣統三年(1911)上海國學扶輪社石
印本　八冊　存十三卷(一、六至十二、十七
至二十,年譜一卷)

350000－2002－0001888　42.6/8080c

錢牧齋尺牘三卷補遺一卷　(清)錢謙益撰
清宣統三年(1911)上海商務印書館鉛印本
三冊

350000－2002－0001889　42.6/8307

句餘土音三卷全謝山先生遺詩一卷　(清)全
祖望撰　清宣統三年(1911)上海國學扶輪社
鉛印本　一冊

350000－2002－0001890　42.6/8307b

全謝山文鈔十六卷　(清)全祖望撰　清宣統
二年(1910)上海國學扶輪社鉛印本　七冊
存十四卷(一至十四)

350000－2002－0001891　42.6/8417

海藏樓詩一卷　鄭孝胥撰　清光緒三十二年
(1906)鉛印本　一冊

350000－2002－0001892　42.6/8644

曾文正公家書十卷大事記四卷家訓二卷榮哀
錄一卷　(清)曾國藩撰　清光緒三十一年至
三十二年(1905－1906)上海商務印書館鉛印
本　八冊

350000－2002－0001893　42.6/8644b

曾文正公家書十卷家訓二卷榮哀錄一卷大事
記四卷　(清)曾國藩撰　清宣統元年(1909)
章福記書局石印本　六冊

350000－2002－0001894　51/1010b＝1

武林掌故叢編二十六集一百九十一種　(清)
丁丙輯　清光緒錢塘丁氏嘉惠堂刻本(原缺
乾道臨安志四至十五、南宋館閣錄一)　二百
冊　存一百九十種五百八十三卷(乾道臨安
志一至三,都城紀勝一卷,錢塘西湖百詠一
卷,錢塘先賢傳贊一卷、附錄一卷,古杭雜記
一卷,新刻古杭雜記詩集四卷,西湖韻事一
卷,不繫園集一卷,隨喜庵集一卷,流香一覽
一卷,武林理安寺志八卷,廣福廟寺一卷,武
林舊事十卷、附錄一卷,重陽庵集一卷、附刻
一卷、附錄一卷,西湖紀述一卷,慧因寺志十
二卷、附錄一卷,杭郡庠得表忠觀碑記事一
卷,西湖修禊詩一卷,唐棲志略稾二卷,吳山
遺事詩一卷,南屏百詠一卷,崔府君祠錄一

109

卷,御覽孤山志一卷,七述一卷,錢塘湖山勝概詩文二卷,西湖臥遊圖題跋一卷,西谿梵隱志四卷,南宋古跡考二卷,雲棲紀事一卷,孝義無礙庵錄一卷,南湖倡和集一卷,崇福寺志四卷、續志一卷,湖墅雜詩二卷,淳祐臨安志殘六卷,遊明聖湖日記一卷,客越志略一卷,清波小志二卷、清波小志補一卷,大昭慶律寺志十卷,定鄉雜著二卷,金牛湖漁唱一卷,西湖遊記一卷,銀瓶徵一卷,龍井顯應胡公墓錄一卷,西湖百詠二卷,客杭日記一卷,西湖八社詩帖一卷,湖山敘遊一卷,養素園詩四卷,武林元妙觀志四卷,西泠仙詠三卷,北隅掌錄二卷,西湖雜詩一卷,揚清祠志一卷,武林西湖高僧事略一卷、續一卷,西湖竹枝集一卷,西湖十記一卷、附錄一卷,西湖夢尋五卷,韜光庵紀遊集一卷,鳳皇山聖果寺志一卷,南漳子二卷,東城雜記二卷,湖傳錄一卷,湖船續錄一卷、首一卷,武林怡老會詩集一卷,西湖月觀紀一卷,鼇峰倡和詩一卷,橫山遊記一卷,孝慈庵集一卷,武林草一卷、附刻一卷,里居雜詩一卷,金鼓洞志八卷、首一卷,新門散記一卷,城北天后宮志一卷,湖壖雜記一卷,西湖百詠一卷,春草園小記一卷,武林新年雜詠一卷,復園紅板橋詩一卷,東郊土物詩一卷,江鄉節物詩一卷,蘭因集二卷,定鄉小識十六卷,紫陽庵集一卷,山游倡和詩一卷,聖宋錢塘賦一卷,西湖雜記一卷,南宋院畫錄八卷,西湖蘇文忠公祠從祀議一卷,西湖紀遊一卷,捍海塘志一卷,翠微亭題名攷一卷,西泠閨詠十六卷,俞樓詩記一卷,南宋館閣錄二至十、續錄十卷,宋中興學士院題名一卷,月會約一卷,讀書社約一卷,勝蓮社約一卷,西溪百詠二卷,臨平記四卷、附錄一卷,小雲樓放生錄一卷,西湖秋柳詞一卷,臨平記補遺四卷、續一卷,武林靈隱寺誌八卷,增修雲林寺志八卷,續修雲林寺誌八卷,錢塘遺事十卷,雪莊西湖漁唱七卷,龍井見聞錄十卷,宋僧元淨外傳二卷,杭府仁錢三學灑掃職一卷、附錄一卷,湖山懷古集一卷,武林第宅攷一卷,敕建淨慈寺志二十八卷、首二卷、末一卷,夢梁錄二十卷,神州古史考殘一卷,湖山雜詠一卷、附錄一卷,西湖雜詠一卷,湖上青山集一卷,四時幽賞錄一卷,浙醝紀事一卷、附錄一卷,西湖小史一卷,西泠懷古集十卷,龍興祥符戒壇寺志十二卷,萬曆錢塘縣志不分卷,武林遊記一卷,流芳亭記一卷,雲居聖水寺志六卷、補遺一卷,西湖詩一卷,嘉靖仁和志十四卷,西子湖拾翠餘談三卷,杭志三詰三誤辨一卷,西湖竹枝詞一卷,東河櫂歌一卷,西湖遊詠一卷,護國寺元人諸天畫像讚一卷,杭城治火議一卷、附錄一卷,湖樓集一卷,庚辛泣杭錄十六卷,吳越備史四卷、補遺一卷、雜考一卷,西湖冶興二卷,鑒公精舍納涼圖題詠一卷,松吹讀書堂題詠一卷、附小松吹讀書堂題詠一卷,桑孝子旌門錄一卷,錢塘懷古詩一卷、附錄一卷,褚堂間史考證一卷、附錄一卷、校勘記一卷,寒山舊廬詩一卷,橫橋吟館圖題詠一卷,瓊英小錄一卷、附錄一卷,廣陵曲江復對一卷,孫花翁墓徵一卷,直閣朱公祠墓錄二卷、附刻一卷,郭孝童墓記略一卷,昭忠錄五卷、附錄一卷,艮山雜志二卷、附錄一卷,西溪雜詠一卷,西溪梅竹山莊圖題詠一卷,臨安旬制紀三卷、附錄一卷,錢塘百詠一卷,靈隱書藏紀事一卷,金龍四大王祠墓錄四卷、首一卷,同仁祠錄二卷,續東河櫂歌一卷,建炎復辟記一卷,夜山圖題詠一卷、附刻一卷,西泠遊記一卷,湖舫詩一卷,迎鑾新曲二卷,西湖遺事詩一卷,清波三志三卷,金氏世德紀二卷,照膽臺志略一卷,陳忠肅公墓錄一卷,西湖水利考一卷,皋亭倡和集一卷,于公祠墓錄十卷、首一卷、末一卷,淳祐臨安志輯逸八卷,樊公祠錄二卷,武林藏書錄三卷、首一卷、末一卷,風木盦圖題詠一卷,武林雜事詩一卷,杭州上天竺講寺志十五卷,西溪聯吟一卷,南宋宮閨雜詠一卷,秦亭山民移居倡和詩一卷,東城記餘二卷,三塘漁唱三卷,文淵閣志二卷、首一卷、附錄一卷,北隅綴錄二卷、續錄二卷,北郭詩帳二卷)

350000-2002-0001895　42.6/8644c

**曾文正公家書十卷家訓二卷大事記四卷榮哀錄一卷**　(清)曾國藩撰　清末上海著易堂書局石印本　八冊

350000－2002－0001896　42.6/8644d

**曾文正公家書十卷大事記四卷家訓二卷榮哀錄一卷**　（清）曾國藩撰　清光緒二十九年（1903）上海錦章書局石印本　一冊　存四卷（家書一至四）

350000－2002－0001897　42.6/8644c＝1

**曾文正公家書十卷家訓二卷大事記四卷榮哀錄一卷**　（清）曾國藩撰　清末上海著易堂書局石印本　三冊　存八卷（家書五至六、九至十，大事記四卷）

350000－2002－0001898　42.6/8713

**樗雲詩鈔五卷**　（清）鄭琮撰　清道光四年（1824）刻本　一冊

350000－2002－0001899　42.6/8720

**瓶水齋詩集十七卷別集二卷詩話一卷**　（清）舒位撰　清光緒十二年（1886）刻本　八冊

350000－2002－0001900　42.6/8720＝1

**瓶水齋詩集十七卷別集二卷詩話一卷**　（清）舒位撰　清光緒十二年（1886）刻本　六冊　存十五卷（一至八、十一至十七）

350000－2002－0001901　42.6/8734

**知守齋詩初集六卷二集四卷別集一卷**　（清）鄭開禧撰　清道光六年（1826）刻本　二冊

350000－2002－0001902　42.6/8828

**學海堂四集二十八卷**　（清）金錫齡等續編　清光緒十二年（1886）羊城富文齋刻本　九冊　存十四卷（一、四至十一、十五至十八、二十一）

350000－2002－0001903　42.6/7444

**西湖雜詠一卷**　（清）陳若蓮撰　清光緒錢塘丁氏嘉惠堂刻武林掌故叢編本　一冊

350000－2002－0001904　51/1010c

**西泠五布衣遺著五種**　（清）丁丙輯　清同治至光緒間錢塘丁氏當歸草堂刻本　九冊　存五種二十八卷（臨江鄉人詩四卷、拾遺一卷，硯林詩集一至四，冬心先生集四卷、續集一卷、三體詩一卷、自度曲一卷、雜著六卷、隨筆一卷、柳洲遺橐二卷，冬花庵燼餘橐三卷）

350000－2002－0001905　42.6/8830

**八指頭陀詩集十卷補遺一卷襍文一卷詞附存一卷**　（清）釋敬安撰　清光緒二十四年（1898）葉德輝刻本　二冊

350000－2002－0001906　42.6/8830b

**嚼梅吟二卷**　（清）釋敬安撰　題（清）紫榴山房居士校　題（清）白雲禪窟道人評　清光緒刻本　一冊

350000－2002－0001907　42.6/8840

**六亭文集十二卷**　（清）鄭兼才撰　清道光臺灣刻本　四冊　存八卷（五至十二）

350000－2002－0001908　42.6/9748

**大雲山房文槀初集四卷二集四卷**　（清）惲敬撰　清光緒十四年（1888）官書處刻本　八冊

350000－2002－0001909　42.6/9748＝1

**大雲山房文槀初集四卷二集四卷**　（清）惲敬撰　清光緒十四年（1888）官書處刻本　八冊

350000－2002－0001910　42.6/9149

**焚餘草一卷**　（清）陳偕燦撰　清道光至宣統間刻本　一冊

350000－2002－0001911　51/1010c＝1

**西泠五布衣遺著五種**　（清）丁丙輯　清同治至光緒間錢塘丁氏當歸草堂刻本　十冊

350000－2002－0001912　51/1020

**唐四家詩集**　（清）□□輯　清宣統三年（1911）掃葉山房石印本　五冊

350000－2002－0001913　51/1020b

**王孟詩評二種**　（宋）劉辰翁評　清光緒五年（1879）巴陵方氏碧琳琅館刻朱墨套印本　四冊

350000－2002－0001914　51/1133

**漢魏六朝百三名家集**　（明）張溥輯　清光緒十八年（1892）善化章經濟堂刻本　八十冊

350000－2002－0001915　51/1133＝1

**漢魏六朝百三名家集**　（明）張溥輯　清光緒十八年（1892）善化章經濟堂刻本　一百十九冊

350000 – 2002 – 0001916　51/1134

二酉堂叢書二十一種　（清）張澍輯　清道光元年(1821)武威張氏二酉堂刻本　十二冊　存二十一種二十八卷(司馬法一卷,子夏易傳一卷,世本五卷,三輔決錄二卷,皇甫司農集一卷,張太常集一卷,段太尉集一卷,周生烈子一卷,漢皇德傳一卷,風俗通姓氏篇二卷,三秦記一卷,三輔舊事一卷,三輔故事一卷,十三州志一卷,涼州記一卷,涼州異物志一卷,西河舊事一卷,西河記一卷,沙洲記一卷,陰常侍詩集一卷,李尚書詩集一卷、附李氏事蹟一卷)

350000 – 2002 – 0001917　21.1/1160 = 1

前漢書一百二十卷　（漢）班固撰　（唐）顏師古注　清光緒十三年(1887)金陵書局刻本　十六冊

350000 – 2002 – 0001918　51/1137

昭代叢書十二集五百二卷別集六十卷附一卷　（清）張潮　（清）張漸輯　（清）楊復吉（清）沈楙悳續輯　清道光吳江沈氏世楷堂刻本　一百七十冊　缺九卷(伯子論文一卷、日錄論文一卷、韻問一卷、南曲入聲客問一卷、連文釋義一卷、畫訣一卷、焦山古鼎考一卷、衡嶽遊記一卷、海國見聞錄一卷)

350000 – 2002 – 0001919　21.1/2527c

舊唐書二百卷附考證　（五代）劉昫撰　清光緒三十三年(1907)上海華商集成圖書公司鉛印本　三十冊

350000 – 2002 – 0001920　52/0703

章氏遺書二種　（清）章學誠撰　清光緒三年(1877)貴陽刻十九年(1893)重印本　六冊

350000 – 2002 – 0001921　21.2/5235

欽定明鑑二十四卷首一卷　（清）托津等撰　清同治九年(1870)湖北崇文書局刻本　六冊

350000 – 2002 – 0001922　21.5/7174b

痛史二十一種　題樂天居士輯　清宣統三年(1911)上海商務印書館鉛印本　二冊　存二種二卷(哭廟記略一卷、丁酉北闈大獄記略一卷)

350000 – 2002 – 0001923　21.5/3928 = 1

明季續聞一卷　（明）汪光復撰　清宣統三年(1911)上海商務印書館鉛印本　一冊

350000 – 2002 – 0001924　21.1/5452b

遼史一百十五卷　（元）托克托聖等修　清光緒二十九年(1903)上海點石齋石印本　六冊

350000 – 2002 – 0001925　36/3167

石菊影廬筆識二卷　（清）譚嗣同撰　清光緒二十三年(1897)金陵刻東海褰冥氏三十以前舊學本　一冊

350000 – 2002 – 0001926　36/9013

有不為齋隨筆十集　（清）光聰諧撰　清光緒十四年(1888)蘇州藩署刻本　二冊

350000 – 2002 – 0001927　38/3246

思補齋筆記八卷　（清）潘世恩撰　清道光刻本　一冊

350000 – 2002 – 0001928　38/5144f

西青散記四卷　（清）史震林撰　清乾隆刻本　四冊

350000 – 2002 – 0001929　36/3081d

浪跡叢談十一卷　（清）梁章鉅撰　清刻本　一冊　存三卷(七至九)

350000 – 2002 – 0001930　39.2/1223

沖虛至德真經八卷　（戰國）列御寇撰　（晉）張湛注　清光緒十年(1884)刻鐵華館叢書本　二冊

350000 – 2002 – 0001931　42.1/2213

桂苑筆耕集二十卷　（唐）崔致遠撰　清道光二十七年(1847)刻海山仙館叢書本　四冊

350000 – 2002 – 0001932　42.1/3608

溫飛卿詩集七卷別集一卷集外詩一卷　（唐）溫庭筠撰　（明）曾益原注　（清）顧予咸補注　清光緒八年(1882)泉唐汪氏刻本　一冊

350000 – 2002 – 0001933　42.1/4072 = 4

李義山詩集三卷詩譜一卷附錄諸家詩評一卷　（唐）李商隱撰　（清）朱鶴齡箋注　（清）沈厚塽輯評　清同治九年(1870)廣州倅署刻

三色套印本　一冊　存二卷(詩譜一卷、諸家詩評一卷)

350000－2002－0001934　42.2/4453

**蘇文忠公詩編注集成一百三卷**　(宋)蘇軾撰　(清)王文誥編注　清光緒十四年(1888)浙江書局刻本　二十四冊

350000－2002－0001935　42.1/4420

**梁昭明太子集四卷**　(南朝梁)蕭統撰　清宣統三年(1911)無錫丁氏鉛印漢魏六朝名家集初刻本　一冊

350000－2002－0001936　42.2/4453b＝2

**蘇文忠公詩集五十卷目錄二卷**　(宋)蘇軾撰　(清)紀昀評點　清同治八年(1869)輼玉山房刻朱墨套印本　十二冊

350000－2002－0001937　42.5/4044

**滄溟先生集十四卷**　(明)李攀龍撰　清光緒二十一年(1895)張氏湘雨樓刻本　四冊

350000－2002－0001938　42.5/7414

**陳忠裕全集三十卷首一卷末一卷年譜三卷**(明)陳子龍撰　(清)王昶輯　清嘉慶八年(1803)韓山草堂刻本　十冊

350000－2002－0001939　42.6/2042

**錄一卷**　(清)毛奇齡撰　清康熙刻西河合集本　一冊

350000－2002－0001940　42.6/2043b

**壯悔堂文集十卷年譜一卷**　(清)侯方域撰　清同治十二年(1873)刻本　四冊

350000－2002－0001941　42.6/4431

**變雅堂遺集二十卷**　(清)杜濬撰　清光緒二十年(1894)黃岡沈氏刻民國十八年(1929)重印本　六冊

350000－2002－0001942　42.6/7597

**雙白燕堂文集二卷外集八卷**　(清)陸耀遹撰　清光緒四年(1878)興國州署刻本　四冊

350000－2002－0001943　42.6/8080＝1

**錢牧齋文鈔不分卷**　(清)錢謙益撰　清宣統元年(1909)上海國學扶輪社鉛印本　二冊

350000－2002－0001944　42.6/8080d

**錢牧齋尺牘三卷補遺一卷**　(清)錢謙益撰　清宣統二年(1910)順德鄧氏風雨樓鉛印本　三冊

350000－2002－0001945　44/1431b

**帶經堂詩話三十卷首一卷**　(清)王士禎撰　(清)張宗柟輯注　清同治十二年(1873)廣州藏脩堂刻本　十冊

350000－2002－0001946　45/1290

**詞源二卷**　(宋)張炎撰　清光緒八年(1882)仁和許增娛園刻本　一冊

350000－2002－0001947　45/7731b

**金梁夢月詞二卷懷夢詞一卷**　(清)周之琦撰　清咸豐十一年(1861)江西南埜官廨刻本　一冊

350000－2002－0001948　51/6617

**樵川二家詩六卷**　(宋)嚴羽　(元)黃鎮成撰　(清)徐幹輯　清光緒七年(1881)邵武徐氏刻本　一冊　存三卷(滄浪吟二卷、滄浪詩話一卷)

350000－2002－0001949　21.1/4464b

**後漢書一百二十卷**　(南朝宋)范曄撰　(唐)李賢注　**續漢書八志三十卷**　(晉)司馬彪撰　(南朝梁)劉昭注　清韓江書局刻本　十六冊

350000－2002－0001950　52/0703b

**章氏遺書二種**　(清)章學誠撰　清道光十二年至十三年(1832－1833)會稽章華紱刻光緒浙江書局補刻本　五冊

350000－2002－0001951　52/1014

**經餘必讀八卷續編八卷**　(清)雷琳等輯　清嘉慶八年(1803)刻本　八冊

350000－2002－0001952　42.6/4438

**樊山集外八卷**　(清)樊增祥撰　清末石印本　一冊　存一卷(五)

350000－2002－0001953　51/1221＝1

**正誼堂全書六十八種**　(清)張伯行輯　(清)

113

楊浚重輯　清同治五年（1866）福州正誼書局刻八年至九年（1869－1870）正誼書院增補光緒十三年（1887）續增補本　一百四十四冊存六十三種四百七十三卷（周濂溪先生全集十三卷，二程文集十二卷，張橫渠先生文集十二卷，朱子文集十八卷，楊龜山先生集六卷，尹和靖先生集一卷，羅豫章先生文集十卷，李延平先生文集四卷，張南軒先生文集七卷，黃勉齋先生文集八卷，陳克齋先生集五卷，許魯齋先生集六卷，薛敬軒先生文集十卷，胡敬齋先生文集三卷，唐陸宣公文集四卷、首一卷，韓魏公集二十卷，司馬溫公文集十四卷，文山先生文集二卷，謝疊山先生集二卷，方正學先生文集七卷，楊椒山先生文集二卷，二程粹言二卷，伊洛淵源錄十四卷，上蔡先生語錄三卷，程氏家塾讀書分年日程三卷，朱子學的二卷，陳清瀾先生學蔀通辯十二卷，薛文清公讀書錄八卷，胡敬齋先生居業錄八卷，道南源委六卷，羅整庵先生困知記四卷，陸桴亭思辨錄輯要二十二卷，王學質疑五卷、附錄一卷，讀禮志疑六卷，讀朱隨筆四卷，陸稼書先生問學錄四卷，陸稼書先生松陽鈔存一卷，石守道先生集二卷，高東溪先生遺集二卷，真西山先生集八卷，熊勿軒先生文集六卷，吳朝宗先生聞過齋集四卷，魏莊渠先生集二卷，羅整庵先生存藳二卷，陳剩夫先生集四卷，張陽和文選三卷，湯潛庵先生集二卷，陸稼書先生文集二卷，道統錄二卷、附錄一卷，二程語錄十八卷，朱子語類輯略八卷，濂洛關閩書十九卷，近思錄十四卷，廣近思錄十四卷，困學錄集粹八卷，小學集解六卷，濂洛風雅一至四，學規類編二十七卷，養正類編十三卷，居濟一得八卷，正誼堂文集十二卷，正誼堂續集八卷，楊大洪先生文集二卷）

350000－2002－0001954　52/1423

**亦園亭全集五種**　（清）孟超然撰　清嘉慶二十年（1815）刻本　二十冊

350000－2002－0001955　52/1423＝1

**亦園亭全集五種**　（清）孟超然撰　清嘉慶二十年（1815）刻本　二十冊

114

350000－2002－0001956　52/1423＝2

**亦園亭全集五種**　（清）孟超然撰　清嘉慶二十年（1815）刻本　六冊　存三種十一卷（餅菴居士文鈔四卷、使粵日記二卷、使蜀日記五卷）

350000－2002－0001957　51/1221

**正誼堂全書六十八種**　（清）張伯行輯　（清）楊浚重輯　清同治五年（1866）福州正誼書局刻八年至九年（1869－1870）正誼書院增補光緒十三年（1887）續增補本　一百六十冊

350000－2002－0001958　51/1221b

**唐宋八大家文鈔十九卷**　（清）張伯行輯　清同治八年（1869）福州正誼書院刻正誼堂全書本　八冊

350000－2002－0001959　51/1234

**古棠書屋叢書十八種**　（清）孫澍　（清）孫鍹輯　清道光鵝溪孫氏刻本　四十一冊　存十五種一百二十四卷（商邱史記六至十，杜主開明前志四卷，岷陽古地墓祠後志八卷，國朝古文選二卷，楊文憲公年譜一卷，學官禮器圖一卷，何竹有詩集二卷，岳容齋詩集四卷，許水南詩集二卷，掣鯨堂詩選九卷，童山詩選五卷，小方壺試律詩一至二，孫春皋詩集二卷、文鈔二卷、外集二卷，虞文靖公道園全集詩一至四、詩遺稿一至八、文一至四十四，蜀詩十五卷，瘦石文鈔外集一至二）

350000－2002－0001960　51/2010

**三家宮詞三卷二家宮詞二卷**　（明）毛晉輯　清同治十二年（1873）淮南書局刻本　一冊

350000－2002－0001961　51/2099

**平津館叢書三十二種**　（清）孫星衍輯　清光緒十一年（1885）吳縣朱氏槐廬家塾刻本　三十七冊　存三十種二百十八卷（六韜六卷、附逸文一卷，魏武帝註孫子三卷，吳子二卷，司馬灋三卷，尸子二卷，燕丹子三卷，牟子一卷，黃帝五書六卷，漢官七種十一卷，魏三體石經遺字考一卷，琴操二卷、附補遺一卷，穆天子傳六卷、附錄一卷，竹書紀年二卷，物理論一卷，譙周古史考一卷，建立伏博士始末二卷，華氏中藏經三卷,素女方一卷,秘授清寧丸方一卷,千金寶要六卷,寰宇訪碑錄十二卷、附刊謬一卷,說文解字十一至十五,三輔黃圖一卷,孔子集語一至九,古刻叢鈔一卷,續古文苑四至十一、十四至十八,抱朴子內篇一至二十、外篇一至五十、附篇四至十,尚書今古文注疏一至十二、二十至三十,芳茂山人詩錄九卷,長離閣詩集一卷)

350000－2002－0001962　52/1530

**船山遺書五十六種附校勘記二卷**　(清)王夫之撰　清同治四年(1865)湘鄉曾國荃金陵刻本　一百十二冊

350000－2002－0001963　52/1530＝1

**船山遺書五十六種附校勘記二卷**　(清)王夫之撰　清同治四年(1865)湘鄉曾國荃金陵刻本(原缺永曆實錄十六)　七十八冊　存三十一種二百三卷(周易內傳六卷,周易內傳發例一卷,周易大象解一卷,周易稗疏四卷,周易考異一卷,周易外傳七卷,書經稗疏四卷,尚書引義六卷,詩經稗疏四卷,詩經考異一卷,詩經葉韻辨一卷,詩廣傳五卷,禮記章句四十九卷,春秋稗疏二卷,續春秋左氏傳博議二卷,讀四書大全說十卷,四書稗疏一卷,四書考異一卷,說文廣義三卷,讀通鑑論三十卷、末一卷,永曆實錄一至十五、十七至二十六,蓮峰志五卷,張子正蒙注九卷,思問錄內篇一卷、外篇一卷,黃書一卷,識小錄一卷,老子衍一卷,楚辭通釋十四卷、末一卷,龍舟會雜劇一卷,經義一卷,王船山叢書校勘記二卷)

350000－2002－0001964　51/2160b

**懷幽雜俎十二種**　徐乃昌輯　清光緒至宣統間南陵徐氏刻本　六冊

350000－2002－0001965　52/1700

**張亨甫全集三十三卷首一卷**　(清)張際亮撰　(清)孔慶鏞校刊　清咸豐孔慶鏞刻同治六年(1867)李雲誥增修本　九冊　存三十一卷(詩集一至十四、十八至二十七,文集一至六;首一卷)

350000－2002－0001966　52/1737

**湘綺樓全集三十卷**　王闓運撰　清宣統二年(1910)上海國學扶輪社石印本　三冊

350000－2002－0001967　52/2428

**西河詩話一卷詞話一卷褉箋一卷**　(清)毛奇齡撰　清宣統三年(1911)上海文瑞樓石印本　二冊

350000－2002－0001968　51/2160c

**積學齋叢書二十種**　徐乃昌輯　清光緒南陵徐氏刻本　十六冊

350000－2002－0001969　52/2428b

**西河合集一百二十種**　(清)毛奇齡撰　清康熙刻本　二十四冊　存五十六種二百十一卷(春秋毛氏傳三十六卷,春秋屬辭比事記四卷,春秋條貫篇十一卷,春秋占筮書三卷,春秋簡書刊誤二卷,大學證文四卷,大學知本圖說一卷,中庸說五卷,逸講箋三卷,聖諭樂本解說二卷,竟山樂錄四卷,皇言定聲錄八卷,李氏學樂錄二卷,孝經問一卷,周禮問二卷,大學問一卷,明堂問一卷,學校問一卷,郊社禘祫問一卷,經問一至七、十四至十八,經問補三卷,書八卷,牘札一卷,箋一卷,序二十至三十四,引弁首一卷,題題詞題端一卷,跋一卷,書后緣起一卷,碑記十一卷,傳十一卷,墓誌銘十至十六,神道碑銘二卷,塔誌銘二卷,事狀四卷,易齋馮公年譜一卷,記事一卷,集課記一卷,說一卷,錄一卷,制科雜錄一卷,後觀石錄一卷,越語肯綮錄一卷,何御史孝子祠主復位錄一卷,湘湖水利志三卷,蕭山縣志刊誤三卷,杭志三詰三誤辨一卷,天問補注一卷,館課擬文一卷,折客辨學文一卷,答三辨文一卷,釋二辨文一卷,韻學要指十一卷,賦四卷,九懷詞一卷,誄文一卷)

350000－2002－0001970　51/2160d

**鄮齋叢書二十種**　徐乃昌輯　清光緒二十六年(1900)南陵徐氏刻本　十五冊　存十七種四十一卷(周易諸卦合象考一卷,周易互體卦變考一卷,易經象類一卷,盧氏禮記解詁一卷、補遺一卷、附錄一卷,蔡氏月令章句二卷,爾雅小箋三卷,鄭氏六藝論一卷,經考五卷,說文諧聲孳生述不分卷,隸通二卷,續方言又

115

補二卷,後漢儒林傳補逸一卷、附續增一卷,唐折衝府考四卷,中州金石目錄八卷,讀書小記二卷,漢氾勝之遺書一卷、區田圖說一卷,焦里堂先生軼文一卷)

350000 – 2002 – 0001971　52/2428b＝1

**西河合集一百二十種**　(清)毛奇齡撰　清康熙刻本　九冊　存三種四十七卷(春秋毛氏傳三十六卷,春秋屬辭比事記四卷、春秋條貫篇一至七)

350000 – 2002 – 0001972　52/2477

**西漢文選四卷**　(清)儲欣評　清同治元年(1862)刻本　二冊

350000 – 2002 – 0001973　51/2177

**宋詩鈔八十四種**　(清)吳之振等輯　清康熙吳氏鑑古堂刻本　十四冊　存二十六種二十七卷(退休集鈔一卷,浪語集鈔一卷,水心詩鈔一卷,艾軒詩鈔一卷,攻媿集鈔一卷,清苑齋詩鈔一卷,葦碧軒詩鈔一卷,芳蘭軒詩鈔一卷,二薇亭詩鈔一卷,知稼翁集鈔一卷,後村詩鈔一卷,盧溪集鈔一卷,漫塘詩鈔一卷,義豐集鈔一卷,石屏詩鈔一卷,農歌集鈔一卷,秋崖小稿鈔一卷,晞髮集鈔一卷、晞髮近稿鈔一卷,文山詩鈔一卷,先天集鈔一卷,白石樵唱鈔一卷,山民詩鈔一卷,水雲詩鈔一卷,隆吉詩鈔一卷,潛齋詩鈔一卷,參廖詩鈔一卷)

350000 – 2002 – 0001974　52/2490

**震川先生集三十卷別集十卷附錄一卷**　(明)歸有光撰　清光緒元年(1875)常熟歸氏刻本　十冊

350000 – 2002 – 0001975　52/2527

**小大由之不分卷**　(清)□□鈔　清抄本　一冊

350000 – 2002 – 0001976　51/2267

**粵雅堂叢書一百八十四種**　(清)伍崇曜輯　清道光至光緒間南海伍氏刻本　一百九十二冊　存九十二種五百七十四卷(南部新書一至五;中吳紀聞六卷;志雅堂雜鈔二卷;焦氏筆乘一至六、續四至八;東城雜記二卷;奉天錄四卷;咸淳遺事二卷;谷音二卷;河汾諸老

詩集八卷;揭文安公文粹二卷;玉笥集十卷;潞水客談一卷、附錄一卷;陶庵夢憶八卷;天香閣隨筆二卷;天香閣集一卷;唐史論斷三卷;叔苴子內篇六卷、外篇二卷;西洋朝貢典錄三卷;五代詩話十卷;易圖明辨十卷;四書逸箋六卷;古韻標準四卷、詩韻舉例一卷;緒言三卷;聲類四卷;宋遼金元四史朔閏考二卷;國史經籍志五卷、附錄一卷;文史通義八卷;校讎通義三卷;經義考補正十二卷;虎鈐經一至十;打馬圖經一卷;敘古千字文一卷;草廬經略十二卷;字觸六卷;今世說八卷;燕樂考原六卷;絳雲樓書目四卷;九國志十二卷;胡子知言六卷、疑義一卷、附錄一卷;蒿庵閒話二卷;後漢書補注一至五、十四至二十四;後漢書補表一至六;詩書古訓六卷;十三經音略十三卷、附錄一卷;說文聲系十四卷;文館詞林殘四卷;兩京新記殘一卷;新譯大方廣佛華嚴經音義四卷;道德真經註四卷;太上感應篇注二卷;歷代帝王年表三卷;紀元編三卷、末一卷;中興禦侮錄二卷;襄陽守城錄一卷;宋季三朝政要三至五、附錄一卷;詞源二卷;精選名儒草堂詩餘三卷;樓山堂集二十七卷;朱子年譜四卷、考異四卷,朱子論學切要語二卷;韓柳年譜八卷;疑年錄四卷;續疑年錄四卷;米海岳年譜一卷;元遺山先生年譜三卷、附墓圖紀略一卷;崇文總目二至三;菉竹堂書目四至六;菉竹堂碑目六卷;寒山堂金石林時地考二卷;勝飲編十八卷;嵩洛訪碑日記一卷;通志堂經解目錄一卷;蘇米齋蘭亭考八卷;石渠隨筆八卷;周官新義十六卷、附考工記解二卷;爾雅新義二十卷、附敘錄一卷;孫氏周易集解一至二;羣經音辯七卷;相臺書塾刊正九經三傳沿革例一卷,九經補韻一卷、附錄一卷,詞林韻釋二卷;漢書地理志稽疑六卷;國策地名考二十卷、首一卷;儀禮石經校勘記四卷;隸經文四卷;國朝漢學師承記八卷,國朝經師經義目錄一卷,國朝宋學淵源記二卷、附記一卷;顧亭林先生年譜四卷、附錄一卷;閻潛丘先生年譜四卷;秋園雜佩一卷;倪文正公年譜四卷;南雷文定前集一至五、九至十一,後集三至四,詩歷三至四,附錄一卷;

呂衡州集十卷、附考證一卷;羅鄂州小集六卷,羅郢州遺文一卷;樂府雅詞一至四;陽春白雪七至八,外集一卷;篳經室詩錄五卷)

350000－2002－0001977　52/2527b
**分類尺牘備覽正集□□卷續集□□卷**　(清)□□編　清光緒石印本　七冊　存八卷(正集三至五、七至八,續集二至四)

350000－2002－0001978　52/2527c
**增選尺牘初桄□□卷**　題(清)子虛氏輯　清末著易堂書局石印本　一冊　存二卷(四至五)

350000－2002－0001979　52/2560
**史鑑節要便讀六卷**　(清)鮑東里編輯　清同治十三年(1874)江蘇書局刻本　一冊

350000－2002－0001980　52/2560b
**史鑑節要便讀六卷**　(清)鮑東里編輯　清光緒二十八年(1902)石印本　一冊

350000－2002－0001981　52/3040
**洪北江全集二十三種**　(清)洪亮吉撰　清光緒洪用懃授經堂刻本　七十九冊

350000－2002－0001982　52/3808
**分類緘腋四卷**　(清)涂謙撰　清咸豐元年(1851)刻本　五冊

350000－2002－0001983　52/4028
**歷代史略六卷**　(清)柳詒徵編纂　清光緒三十一年(1905)中新書局鉛印本　八冊

350000－2002－0001984　52/4037
**笠翁一家言全集十六卷**　(清)李漁撰　清刻本　十冊　存十卷(文集一至四、閑情偶寄一至六)

350000－2002－0001985　52/4009
**少室山房集六十四卷**　(明)胡應麟撰　清光緒二十二年(1896)刻本　十二冊

350000－2002－0001986　51/2267＝1
**粵雅堂叢書一百八十四種**　(清)伍崇曜輯　清道光至光緒間南海伍氏刻本　二百六十七冊　存一百二十一種七百五十六卷(南部新

書十卷;中吳紀聞六卷;志雅堂雜鈔二卷;焦氏筆乘一至六、續四至八;東城雜記二卷;奉天錄四卷;咸淳遺事二卷;昭忠錄一卷;月泉吟社一卷;谷音二卷;河汾諸老詩集八卷;揭文安公文粹二卷;玉笥集十卷;潞水客談一卷、附錄一卷;陶庵夢憶一至四;天香閣隨筆二卷;天香閣集一卷;芻蕘奧論二卷;唐史論斷三卷;叔苴子內篇六卷、外篇二卷;西洋朝貢典錄三卷;五代詩話十卷;易圖明辨十卷;四書逸箋六卷;古韻標準四卷、詩韻舉例一卷;四聲切韻表一卷、凡例一卷;緒言三卷;聲類四卷;宋遼金元四史朔閏考二卷;國史經籍志五卷、附錄一卷;文史通義八卷;校讎通義三卷;經義考補正十二卷;小石帆亭五言詩續鈔八卷、首一卷;蘇詩補注八卷,志道集一卷;石洲詩話八卷;玉山草堂續集六卷;虎鈐經六至二十;打馬圖經一卷;敘古千字文一卷;草廬經略十二卷;字觸六卷;今世說八卷;飲水詩集一卷、詞集一卷;雙溪集十五卷、附遺言一卷;日湖漁唱一卷、補遺一卷、續補遺一卷;瑟譜六卷;秋笳集八卷、附錄一卷;燕樂考原六卷;絳雲樓書目四卷;述古堂藏書目四卷,宋板書目一卷;石柱記箋釋五卷;林屋唱酬錄一卷;焦山紀遊集一卷;沙河逸老小稿六卷,嶰谷詞一卷;南齋集六卷、詞二卷;九國志十二卷;胡子知言六卷、疑義一卷、附錄一卷;蒿庵閒話二卷;後漢書補注二十四卷;後漢書補表八卷;詩書古訓六卷;十三經音略十三卷、附錄一卷;說文聲系一至八、十至十四;鄭志三卷、附錄一卷;文館詞林殘四卷;兩京新記殘一卷;新譯大方廣佛華嚴經音義四卷;道德真經註四卷;太上感應篇注二卷;歷代帝王年表三卷;紀元編三卷、末一卷;中興禦侮錄二卷;襄陽守城錄一卷;宋季三朝政要五卷、附錄一卷;詞源二卷;精選名儒草堂詩餘三卷;樓山堂集二十七卷;朱子年譜四卷、考異四卷,朱子論學切要語二卷;韓柳年譜八卷;疑年錄四卷;續疑年錄一卷;米海岳年譜一卷;元遺山先生年譜三卷、附墓圖紀略一卷;崇總目五卷、補遺一卷、附錄一卷;菉竹堂書目六卷;菉竹堂碑目六卷;寒山堂金石林時地考

117

二卷;勝飲編十八卷;采硫日記三卷;嵩洛訪碑日記一卷;通志堂經解目錄一卷;蘇米齋蘭亭考一至三;石渠隨筆八卷;周官新義十六卷、附考工記解二卷;爾雅新義二十卷、附敘錄一卷;孫氏周易集解十卷;春秋穀梁傳時月日書法釋例四卷;羣經音辨七卷;相臺書塾刊正九經三傳沿革例一卷;九經補韻一卷、附錄一卷;詞林韻釋二卷;漢書地理志稽疑六卷;國策地名考二十卷、首一卷;儀禮石經校勘記四卷;隸經文四卷;樂縣考二卷;國朝漢學師承記八卷;國朝經師經義目錄一卷,國朝宋學淵源記二卷、附記一卷;顧亭林先生年譜四卷、附錄一卷;閻潛丘先生年譜四卷;秋園雜佩一卷;倪文正公年譜四卷;南雷文定前集十一卷、後集四卷、三集三卷、詩歷四卷、世譜一卷、附錄一卷;程侍郎遺集十卷、附錄一卷;李元賓文集文編三卷、外編二卷、續編一卷;呂衡州集十卷、附考證一卷;西崑酬唱集二卷;羅鄂州小集六卷,羅鄂州遺文一卷;樂府雅詞六卷、拾遺二卷;陽春白雪八卷、外集一卷;擘經室詩錄五卷)

350000－2002－0001987　52/4048
**隨園全集四十四種**　（清）袁枚撰　清末至民國初上海校經山房成記書局石印本　十二冊　存二十七種一百二十四卷(小倉山房詩集一至七、小倉山房尺牘一至六、隨園詩話一至十二、隨園隨筆二十八卷、碧腴齋詩存八卷、隨園續同人集十七卷、隨園女弟子詩六卷、隨園八十壽言六卷、紅豆村人詩稿一至七、南園詩選二卷、粲花軒詩稿二卷、筱雲詩集二卷、捧月樓詞二卷、緣秋草堂詞一卷、玉山堂詞一卷、崇睦山房詞一卷、過雲精舍詞二卷、湘痕閣詩稿二卷、湘痕閣詞稿一卷、瑤華閣詩草一卷、瑤華閣詞鈔一卷、碧梧山館詞二卷、閩南雜詠一卷、隨園瑣記二卷、涉洋管見一卷、多瑕錄二卷、嘉禾百詠一卷)

350000－2002－0001988　52/4210
**鹿洲全集八種**　（清）藍鼎元撰　（清）曠敏本評　清雍正刻光緒六年（1880）藍佐補修本　二十四冊

350000－2002－0001989　52/4210b
**鹿洲全集八種附一種**　（清）藍鼎元撰　清雍正十年（1732）刻光緒五年（1879）藍謙補修本　二十三冊　存九種四十五卷(鹿洲初集一至二、六至二十,平臺紀略一卷,東征集六卷,鹿洲公案二卷,脩史試筆上,棉陽學準五卷,女學六卷,鹿洲奏疏一卷,附鹿洲藏稿六卷)

350000－2002－0001990　52/4210b＝1
**鹿洲全集八種附一種**　（清）藍鼎元撰　清雍正十年（1732）刻光緒五年（1879）藍謙補修本　二十二冊　存八種四十七卷(鹿洲初集二十卷、平臺紀略一卷、東征集六卷、鹿洲公案二卷、棉陽學準五卷、女學六卷、鹿洲奏疏一卷、附鹿洲藏稿六卷)

350000－2002－0001991　52/4210b＝2
**鹿洲全集八種附一種**　（清）藍鼎元撰　清雍正十年（1732）刻光緒五年（1879）藍謙補修本　十二冊　存六種二十一卷(鹿洲初集一至二、六至七、十二至十三、十七至二十、東征集三至六、鹿洲公案下、脩史試筆二卷、棉陽學準一至三、鹿洲奏疏一卷)

350000－2002－0001992　52/4210:4
**鹿洲公案二卷**　（清）藍鼎元撰　清雍正十年（1732）刻光緒五年（1879）藍謙補修鹿洲全集本　一冊　存一卷(下)

350000－2002－0001993　51/2412＝1
**藕香零拾三十九種**　繆荃孫輯　清光緒二十二年至宣統二年（1896－1910）江陰繆荃孫刻本　三十二冊

350000－2002－0001994　51/2490
**歸震川錢牧齋尺牘合刊二種**　（清）顧械輯　清宣統二年（1910）保定官書局石印本　六冊

350000－2002－0001995　51/2527b
**隨園三十八種**　（清）□□輯　清光緒十八年（1892）勤裕堂鉛印本　九冊　存五種六十六卷(隨園圖一卷,小倉山房文集三十五卷,小倉山房外集八卷,小倉山房詩集一至五、二十至二十六,隨園詩話一至十)

350000－2002－0001996　52/2120

**虞文靖公道園全集詩八卷詩遺稿八卷文四十四卷**　（元）虞集撰　清道光十七年(1837)刻本　四冊　存十七卷(詩遺稿五至八、文二十三至三十五)

350000－2002－0001997　52/4322

**補不足齋雜著四種**　（清）黃家鼎撰　清光緒六年(1880)鄞縣黃氏刻本　二冊

350000－2002－0001998　52/4322b

**萩蘭山館詩存一卷詩餘一卷附錄一卷**　（清）黃家鼎撰　清光緒二十二年(1896)刻本　一冊

350000－2002－0001999　52/4322c

**紅雨樓詩詞鈔二卷附錄一卷**　（清）劉韻撰　清光緒二十二年(1896)補不足齋刻本　一冊

350000－2002－0002000　52/4327

**西堂全集十七種**　（清）尤侗撰　清康熙刻本　二十四冊

350000－2002－0002001　52/4340

**龍文鞭影二卷**　（明）蕭良有撰　（明）楊臣諍增訂　**二集二卷**　（清）李暉吉　（清）徐瓚輯　清末弁山書樓刻本　四冊

350000－2002－0002002　52/4340b

**龍文鞭影二卷**　（明）蕭良有纂輯　（明）楊臣諍增訂　**二集二卷**　（清）李暉吉　（清）徐瓚輯　清光緒三十四年(1908)上海書局石印本　二冊

350000－2002－0002003　52/4344

**小謨觴館全集四種**　（清）彭兆蓀撰　（清）孫元培　（清）孫長熙注　清光緒鎮洋繆朝荃刻三十二年(1906)彙印本　二十冊　存四種二十五卷(小謨觴館詩集八卷續集二卷、詩餘一卷續一卷、文集四卷續集二卷,懺摩錄一卷,潘瀾筆記二卷,附錄四卷)

350000－2002－0002004　52/4377

**黃漳浦集五十卷首一卷目錄二卷**　（明）黃道周撰　（清）陳壽祺重編　**漳浦黃先生[道周]年譜二卷**　（清）莊起儔編　清末鉛印本　十

六冊

350000－2002－0002005　52/4377＝1

**黃漳浦集五十卷首一卷目錄二卷**　（明）黃道周撰　（清）陳壽祺重編　**漳浦黃先生[道周]年譜二卷**　（清）莊起儔編　清末鉛印本　十六冊

350000－2002－0002006　51/2527d

**廣漢魏叢書七十八種**　（明）何允中輯　明刻本　二十冊　存三十二種一百九十八卷(申鑒五卷、中論二卷、中說二卷、潛夫論十卷、天祿閣外史八卷、說苑二十卷、論衡三十卷、搜神記八卷、神異經一卷、海內十州記一卷、述異記二卷、續齊諧記一卷、別國洞冥記四卷、西京雜記六卷、拾遺記十卷、博物志十卷、古今注三卷、風俗通義十卷、人物志三卷、文心雕龍十卷、詩品三卷、書品一卷、顏氏家訓二卷、鹽鐵論十二卷、三輔黃圖六卷、華陽國志十四卷、水經二卷、星經二卷、荊楚歲時記一卷、南方草木狀三卷、竹譜一卷、伽藍記五卷)

350000－2002－0002007　52/4377b

**黃漳浦集五十卷首一卷目錄二卷**　（明）黃道周撰　（清）陳壽祺編　**漳浦黃先生[道周]年譜二卷**　（清）莊起儔編　清道光八年至十年(1828－1830)刻本　二十四冊

350000－2002－0002008　52/4377b＝1

**黃漳浦集五十卷首一卷目錄二卷**　（明）黃道周撰　（清）陳壽祺編　**漳浦黃先生[道周]年譜二卷**　（清）莊起儔編　清道光八年至十年(1828－1830)刻本　三十冊

350000－2002－0002009　52/4380

**黃黎洲遺書十種**　（清）黃宗羲撰　清光緒三十一年(1905)杭州群學社石印本　十二冊　存十種四十一卷(南雷文定前集十一卷,南雷文定後集四卷,南雷文定三集三卷,附錄一卷,南雷詩歷四卷,南雷文案四卷、外卷一卷,今水經一卷,表一卷,賜姓本末一卷,明儒學案八卷,明夷待訪錄一卷,黃黎洲先生年譜上)

350000－2002－0002010　51/2661

二程全書六種　（宋）程顥　（宋）程頤撰
（宋）朱熹輯　清光緒三十四年（1908）滄雅局
刻本　二十冊

350000－2002－0002011　52/4435

二希堂文集十一卷首一卷　（清）蔡世遠撰
緝齋文集八卷首一卷附錄二卷詩稿八卷
（清）蔡新撰　清光緒二十五年（1899）刻本
十四冊

350000－2002－0002012　51/2661＝1

二程全書六種　（宋）程顥　（宋）程頤撰
（宋）朱熹輯　清光緒三十四年（1908）滄雅局
刻本　十冊　存六種二十四卷（河南程氏遺
書一至二、十九至二十五,河南程氏外書七至
十二,伊川文集一至二、附錄一,伊川易傳四
卷,伊川經說四,二程粹言一）

350000－2002－0002013　52/4610

項城袁氏家集七種　丁振鐸輯　清宣統三年
（1911）清芬閣鉛印本　五十六冊

350000－2002－0002014　52/4473

道古堂文集四十八卷詩集二十六卷集外文一
卷集外詩一卷軼事一卷　（清）杭世駿撰　清
光緒十四年（1888）泉唐汪氏振綺堂刻本　十
六冊

350000－2002－0002015　51/2848

邵武徐氏叢書二十三種　（清）徐榦輯　清光
緒邵武徐氏刻本　四十冊

350000－2002－0002016　52/4600

小試新學準繩初編三卷　（清）求是齋選輯
清光緒二十七年（1901）江左書林石印本　二
冊

350000－2002－0002017　52/5530

蒙學分類韻語一卷　（清）賴振寰撰　清光緒
三十二年（1906）刻本　一冊

350000－2002－0002018　52/6000

冒氏小品四種　（清）冒襄撰　清宣統元年
（1909）番禺沈氏石印香艷小品本　一冊

350000－2002－0002019　51/3013

武英殿聚珍版書一百四十八種　（清）高宗弘
曆敕纂　（清）□□輯　清乾隆四十二年
（1777）福建刻道光、同治遞修光緒二十一年
（1895）增刻本（五種子目配清刻武英殿聚珍
版書本）　十五冊　存十種四十七卷（魏鄭公
諫續錄二卷、元朝名臣事略一至十五、嶺表錄
異三卷、傅子一卷、孫子算經三卷、海島算經
一卷、五曹算經五卷、夏侯陽算經三卷、老子
道德經二卷、文子續義十二卷）

350000－2002－0002020　52/6628

開通中國第一哲學大家嚴侯官先生全集十四
卷　嚴復撰　（清）中國願學子輯　清光緒石
印本　十六冊

350000－2002－0002021　52/7432

陸象山先生全集三十六卷　（宋）陸九淵撰
清宣統二年（1910）江左書林鉛印本　八冊

350000－2002－0002022　52/7432b

陸象山先生全集三十六卷　（宋）陸九淵撰
少湖徐先生學則辯一卷　（明）徐階撰　清道
光三年（1823）金谿陸邦瑞槐堂書齋刻本　八
冊

350000－2002－0002023　52/7534

左海全集十種　（清）陳壽祺撰　清嘉慶至道
光間刻陳紹墉補刻本　三十冊

350000－2002－0002024　52/7534＝1

左海全集十種　（清）陳壽祺撰　清嘉慶至道
光間刻陳紹墉補刻本　十六冊　存四種二十
卷（左海文集十卷、五經異義疏證三卷、左海
經辨二卷、尚書大傳五卷）

350000－2002－0002025　51/3136

小石山房叢書三十八種　（清）顧湘輯　清同
治十三年（1874）虞山顧氏刻本　十五冊　存
二十八種四十四卷（四書講義一卷,淮雲問答
一卷、續編一卷,論學酬答四卷,韋菴經說一
卷,毋欺錄一卷,潘瀾筆記二卷,明夷待訪錄
一卷,岳陽風土記一卷,校正朝邑志一卷,吳
門耆舊記一卷,松窗快筆一卷,海虞畫苑略一
卷,補遺一卷,疑年錄四卷,續疑年錄四卷,稼
書先生年譜一卷,汲古閣校刻書目一卷、補遺

一卷、刻板存亡考一卷,山家清供一卷,勿藥須知一卷,尋花日記二卷,看花雜詠一卷,冬心先生畫竹題記一卷,冬心先生三體詩一卷,詞評一卷,墨井詩鈔二卷,三巴集一卷,墨井題跋一卷,海珊詩鈔一卷,菽庵遺詩一卷)

350000－2002－0002026 52/7944

**菽園箸書三種** 邱煒萲撰 清光緒二十三年(1897)海澄邱氏鉛印本 六冊 存三種十二卷(菽園贅談一至四、九至十四,庚寅偶存一卷,壬辰冬興一卷)

350000－2002－0002027 51/3141

**靈鶼閣叢書五十六種** (清)江標輯 清光緒元和江氏湖南使院刻本 三十八冊 存四十二種七十一卷(漢事會最人物志下,菉友肊說一卷,附錄一卷,教童子法一卷,汶民遺文一卷,欽定四庫全書總目提要四部類敘一卷,先正讀書訣一卷,朔方備乘札記一卷,使德日記一卷,德國議院章程一卷,英軺私記一卷,新嘉坡風土記一卷,中西度量權衡表一卷,光論一卷,人參攷一卷,積古齋藏器目一卷,平安館藏器目一卷,清儀閣藏器目一卷,懷米山房藏器目一卷,兩罍軒藏器目一卷,木庵藏器目一卷,梅花草廬藏器目一卷,筤齋藏器目一卷,窓齋藏器目一卷,天壤閣雜記一卷,董華亭書畫錄一卷,畫友詩一卷,士禮居藏書題跋記續二卷,江寧金石待訪目二卷,山左南北朝石刻存目一卷,漢鼓吹饒歌十八曲集解一卷,碧城僊館詩鈔一至四、七至八,聽園西疆雜述詩四卷,瓊州雜事詩一卷,匪石山人詩一卷,衍波詞一卷,文史通義補編一卷、附鈔本目一卷、刊本所有鈔本所無目一卷,和林金石錄一卷、詩一卷、和林考一卷,前塵夢影錄二卷,藏書紀事詩一至三、六,沅湘通藝錄八卷,四書文二卷,日本華族女學校規則一卷,黃蕘圃先生年譜二卷)

350000－2002－0002028 51/3255

**海山仙館叢書五十六種** (清)潘仕成輯 清道光、咸豐間番禺潘氏刻光緒補刻本 一百二十八冊 存五十四種四百七十七卷(遂初堂書目一卷,易大義一卷,讀書敏求記四卷,

尚書註考一卷,讀詩拙言一卷,四書逸箋六卷,一切經音義二十五卷,古史輯要六卷、首一卷,史記短長說二卷,順宗實錄五卷,九國志十二卷,庚申外史二卷,二十二史感應錄二卷,洛陽名園記一卷,廣名將傳二十卷,高僧傳十三卷,酌中志二十四卷,火攻擊要三卷、圖一卷,慎守要錄九卷,明夷待訪錄一卷,考古質疑六卷,隱居通義三十一卷,洞天清祿集一卷,調燮類編四卷,菰中隨筆一卷,雲谷雜紀四卷、首一卷、末一卷,龍筋鳳髓判四卷,桂苑筆耕集二十卷,敬齋古今黈八卷,晁具茨先生詩集十五卷,揭曼碩詩三卷,青藤書屋文集三十卷、補遺一卷,婦人集一卷、補遺一卷,漁隱叢話六十卷、後集四十卷,四溟詩話四卷,宋四六話十二卷,詞苑叢談十二卷,竹雲題跋四卷,讀畫錄四卷、續三十五舉一卷,茶董補二卷,酒顛補三卷,尺牘新鈔十二卷,顏氏家藏尺牘四卷、姓氏考一卷,幾何原本六卷,同文算指前編二卷、通編八卷,圜容較義一卷,測量法義一卷,測量異同一卷,句股義一卷,女科二卷,產後編二卷,海錄一卷,新釋地理備考全書十卷,全體新論十卷)

350000－2002－0002029 51/3338

**辨志文會課藝初集不分卷** (清)宗源瀚輯 清光緒七年(1881)刻本 六冊

350000－2002－0002030 51/3860

**乾坤正氣集一百一種** (清)姚瑩等輯 清道光二十八年(1848)涇縣潘氏袁江節署刻本 一百六十三冊 存七十四種四百四十九卷(郝文忠公文集二至二十五,惟實集二卷,青陽先生文集五卷,羽庭集四卷,師山先生文集九卷,戴九靈集十九卷,王忠文公集一至五、九至二十,練中丞金川集一卷,遜志齋集二十二卷,玅嶪集四卷,程巽隱先生文集二卷,易齋集一卷,致身錄一卷,于忠肅公集四卷,張文僖集一卷,劉兩谿文集二十卷,周忠愍公垂光集二卷,立齋遺文四卷,青霞集四卷,桂洲文集四卷,楊忠愍公集二卷,高子遺書六卷,趙忠毅公文集十八卷,熊襄愍公集七卷,徐念陽公集八卷,周忠愍奏疏二卷,楊忠烈公集一,落落齋遺集二至六,黃忠端公集三卷,藏

121

密齋集七卷,盧忠肅公文集二卷,鹿忠節公集二十一卷,范文忠集九卷,倪文正集四卷,凌忠介公文集二卷,吳忠節公遺集二卷,周文忠公集四卷,劉文烈公集一卷,申端愍公集一卷,金忠潔公集二卷,賀文忠公集四卷,史忠正公集四卷,瑤光閣集十卷,左忠貞公文集八卷,王節愍公遺集二卷,劉子文編十卷,祁忠惠公遺集八卷,陳忠裕公集十卷,仍貽堂集二卷,陶庵文集十卷,谷濂先生遺書三卷,葛中翰集三卷,金太史集九卷,溫寶忠先生遺稿十卷,樓山堂集十八卷,白谷集四卷,堵文忠公集六卷,王季重先生文集四卷,黃石齋先生集十六卷,四明先生遺集一卷,蓮鬚閣集六卷,影園集一卷,江止庵遺集八卷,郝太僕遺集一卷,陳忠簡公遺集三卷,王少司馬奏疏二卷,賜誠堂文集六卷,陳嚴野先生集三卷,張閣學文集六卷,瞿忠宣公集八卷,夏節愍公集四卷,蔡忠恪公語錄一卷,高陽文集三卷,觀復堂集二卷)

350000－2002－0002031　52/7599

**一齋集□□種**　(明)陳第編輯　明萬曆刻清道光二十八年(1848)補刻本　十八冊　存十一種二十三卷(伏羲圖贊下、雜卦傳古音攷一卷,毛詩古音攷四卷,附讀詩拙言一卷,屈宋古音義一,松軒講義一卷,意言一卷,謬言一卷,書札燼存一卷,塞曲一卷,附雜文一卷,兩粵遊草一卷,五嶽遊草七卷,薊門兵事卷上)

350000－2002－0002032　52/8043

**春在堂全書三十四種**　(清)俞樾撰　清同治十年(1871)刻光緒二十五年(1899)增修本一百五十八冊　存三十四種四百七十七卷(羣經平議三十五卷;諸子平議三十五卷;第一樓叢書三十卷;曲園雜纂五十卷;俞樓雜纂五十卷;賓萌集六卷、外集四卷;春在堂雜文二卷、續編二卷、三編四卷、四編八卷、五編八卷、六編十卷、補遺六卷;春在堂詩編二十三卷、詞錄三卷;春在堂隨筆十卷;春在堂尺牘六卷;楹聯錄存五卷、附錄一卷;四書文一卷;右台仙館筆記一至四;茶香室叢鈔二十三卷、續鈔一至二、四至二十五、三鈔二十九卷,四

鈔二十九卷;茶香室經說十六卷;經課續編八卷;九九銷夏錄十四卷;金剛般若波羅蜜經注二卷;太上感應篇纘義二卷;游藝錄六卷;小蓬萊謠一卷;袖中書二卷;東瀛詩記二卷;東海投桃集一卷;慧福樓幸草一卷;曲園自述詩一卷、補一卷;曲園墨戲一卷;曲園三耍一卷;瓊英小錄一卷;春在堂全書錄要一卷;春在堂全書校勘記一卷;春在堂傳奇二種二卷;新定牙牌數一卷;春在堂挽言一卷)

350000－2002－0002033　52/8043b

**羣經平議三十五卷**　(清)俞樾撰　清光緒二十五年(1899)刻春在堂全書本　十冊　存二十二卷(周易平議二卷、尚書平議四卷、周書平議一卷、毛詩平議四卷、周禮平議二卷、考工記世室重屋明堂考一卷、儀禮平議二卷、大戴禮記平議二卷、小戴禮記平議四卷)

350000－2002－0002034　52/8644

**曾文正公全集十八種**　(清)曾國藩撰　清光緒二十九年(1903)鴻寶書局石印本　四十八冊

350000－2002－0002035　52/8644＝1

**曾文正公全集十八種**　(清)曾國藩撰　清光緒二十九年(1903)鴻寶書局石印本　三十冊　存十種一百十四卷(曾文正公奏稿三至二十三、二十八至三十,經史百家雜鈔二十六卷,經史百家簡編二卷,鳴原堂論文二卷,曾文正公文集三卷,曾文正公書札三十三卷,曾文正公批牘六卷,曾文正公雜著二卷,求闕齋讀書錄十卷,曾文正公年譜七至十二)

350000－2002－0002036　52/9372

**增廣尺牘句解三卷**　題(清)少溪氏選註　清光緒三十一年(1905)上海商務印書館鉛印本　一冊　存二卷(上、中)

350000－2002－0002037　53/1940

**師鄭堂中國文學講義二十課**　(清)孫雄編輯　清光緒三十四年(1908)鉛印本　一冊

350000－2002－0002038　51/7648

**玉函山房輯佚書五百九十四種附一種**　(清)馬國翰輯　清光緒九年(1883)長沙娜嬛館刻

本 一百冊

350000－2002－0002039 51/4024

**咫進齋叢書三集** （清）姚覯元輯 清光緒九年(1883)歸安姚氏刻本 二十四冊

350000－2002－0002040 51/4048

**隨園全集三十八種** （清）袁枚撰 清末上海文明書局石印本 四十八冊 存二十六種二百四卷(隨園圖一卷,小倉山房文集三十五卷,小倉山房詩集三十七卷,補遺二卷,小倉山房外集八卷,袁太史稿一卷,隨園隨筆二十八卷,新齊諧二十四卷,續十卷,碧腴齋詩存八卷,隨園續同人集一至十,隨園女弟子詩選六卷,隨園八十壽言六卷,袁家三妹合稿四卷,筱雲詩集二卷,捧月樓詞二卷,飲水詞鈔二卷,箏船詞一卷,緣秋草堂詞一卷,玉山堂詞一卷,崇睦山房詞一卷,過雲精舍詞二卷,湘痕閣詩稿二卷、詞稿一卷,瑤華閣詩草一卷、詞鈔一卷、詞補遺一卷,碧梧山館詞二卷,閩南雜詠一卷,隨園瑣記二卷,涉洋管見一卷)

350000－2002－0002041 51/7648b

**玉函山房輯佚書五百九十四種附一種** （清）馬國翰輯 清光緒十年(1884)楚南湘遠堂刻本 十一冊 存六十八種八十八卷(連山一卷附諸家論說,歸藏一卷,周易子夏傳二卷,周易薛氏記一卷,蔡氏易說一卷,周易丁氏傳二卷,周易韓氏傳二卷,周易古五子傳一卷,周易淮南九師道訓一卷,周易施氏章句一卷,周易孟氏章句二卷,周易梁丘氏章句一卷,周易京氏章句一卷,費氏易一卷,費氏易林一卷,周易分野一卷,周易馬氏傳三卷,周易劉氏章句一卷,周易宋氏注一卷,周易荀氏注三卷,周易陸氏述三卷,周易王氏注二卷,周易王氏音一卷,周易何氏解一卷,周易董氏章句一卷,周易姚氏注一卷,周易翟氏義一卷,周易向氏義一卷,周易統略一卷,周易卦序論一卷,周易張氏義一卷,周易張氏集解一卷,周易干氏注三卷,周易王氏注一卷,周易蜀才注一卷,周易黃氏注一卷,周易徐氏音一卷,易象妙於見形論一卷,周易李氏音一卷,易象妙於見形論一卷,周易繫

辭桓氏注一卷,周易繫辭荀氏注一卷,周易繫辭明氏注一卷,周易沈氏要略一卷,周易劉氏義疏一卷,周易大義一卷,周易伏氏集解一卷,周易褚氏講疏一卷,周易周氏義疏一卷,周易張氏講疏一卷,周易何氏講疏一卷,周易姚氏注一卷,孔易崔氏注一卷,周易傅氏注一卷,周易盧氏注一卷,周易王氏注一卷,周易王氏義一卷,周易朱氏義一卷,周易莊氏義一卷,周易侯氏注三卷,周易探元三卷,周易元義一卷,周易新論傳疏一卷,周易新義一卷,易纂一卷,夢雋一卷,雜五行書一卷,請雨止雨書一卷,易洞林三卷、補遺一卷)

350000－2002－0002042 51/4125

**飲冰室壬寅叢報不分卷** 梁啟超編 清末鉛印本 一冊

350000－2002－0002043 51/4429

**觀古堂彙刻書十種** 葉德輝輯 清光緒二十八年(1902)長沙葉氏刻本 八冊 存九種三十一卷(三家詩補遺三卷,爾雅圖贊一卷,山海經圖贊二卷,說文段注校三種四卷,結一廬書目四卷、附宋元本書目一卷,絳雲樓書目補遺一卷,靜惕堂書目宋人集一卷、元人文集一卷,沈下賢文集十二卷,義烏朱氏論學遺札一卷)

350000－2002－0002044 51/4429b

**觀古堂所著書十三種** 葉德輝輯 清光緒長沙葉氏刻本 十三冊 存十三種二十八卷(天文本單經論語校勘記一卷,孟子劉熙注一卷,釋人疏證二卷,淮南鴻烈閒詁二卷,淮南萬畢術二卷,山公啟事集證一卷、山公佚事一卷,傅子三卷、訂譌一卷,晉司隸校尉傅玄集三卷,瑞應圖記一卷,秘書省續編到四庫闕書目二卷,崑崙集一卷、續一卷、附一卷,古泉雜詠四卷,郋園論學書札一卷)

350000－2002－0002045 51/4430

**聲調譜彙刻五種** （清）王祖源輯 清光緒八年(1882)福山王氏刻民國成都存古書局重印本 二冊

350000－2002－0002046 51/4437

**三蘇全集四種** （清）弓翊清校 清道光七年至十三年(1827－1833)眉州三蘇祠刻本 八十冊

350000－2002－0002047 51/4624

**小嫏嬛山館彙刊類書十二種** （清）□□輯 清咸豐元年(1851)刻本 十四冊 存九種二十卷(經腴類纂二卷、史腴二卷、左氏蒙求註一卷、左傳紺珠二卷、爾雅貫珠一卷、六經蒙求一卷、均藻五卷、謝華啟秀四卷、文選集腋二卷)

350000－2002－0002048 51/4944

**榕村全書三十二種附十種** （清）李光地撰 清道光九年(1829)李維迪刻本 一百十冊 存四十種二百十卷(四書解義八卷,周易通論四卷,周易觀象十二卷,周易觀象大指二卷,詩所八卷,尚書七篇解義二卷,洪範說二卷,春秋燬餘四卷,孝經全註一卷,古樂經傳五卷,曆象本要一卷,握奇經註一卷,陰符經註一卷,參同契註一卷,離騷經註一卷、九歌註一卷,韓子粹言一卷,正蒙註二卷,二程子遺書纂二卷、外書纂一卷,朱子語類四纂五卷,朱子禮纂二至五,論定性書一卷,古文精藻二卷,榕村講授三卷,榕村詩選八卷、首一卷,程墨前選二卷,名文前選六卷,易義前選五卷,榕村語錄一至十五,榕村全集八至四十、續集一至七、別集一至五,榕村制義初集一卷、二集一卷、三集一卷、四集一卷,周禮纂訓二十一卷,經書源流歌訣一卷,三禮儀制歌訣一卷,歷代姓系歌訣一卷,文貞公年譜二卷,儀禮纂錄二卷,涮哕存愚二卷,榕村譜錄合考二卷,道南講授十三卷,律詩四辨四卷)

350000－2002－0002049 51/8240

**經苑二十五種** （清）錢儀吉輯 清道光至咸豐間大梁書院刻同治七年(1868)王儒行等印本 六十七冊 存二十一種二百十二卷(溫公易說六卷、吳園周易解九卷、附錄一卷、誠齋先生易傳二十卷,易傳燈四卷,易學濫觴一卷,敷文書說一卷,尚書精義一至十、十五至五十,洪範統一一卷,詩總聞二十卷,呂氏家塾讀詩記三十二卷,續呂氏家塾讀詩記三卷,

儀禮集釋一至三、六至三十,春秋集解十二卷,孝經刊誤一卷,孝經本義二卷,孝經或問三卷,孝經翼一卷,論語意原四卷,孟子外書四卷,讀四書叢說一至二、四至八,瑟譜六卷)

350000－2002－0002050 51/4944＝1

**榕村全書三十二種附十種** （清）李光地撰 清道光九年(1829)李維迪刻本 五十二冊 存十八種九十七卷(周易觀象大指二卷;春秋燬餘二;孝經全註一卷;古樂經傳五卷;握奇經註一卷;陰符經註一卷;正蒙註二卷;朱子語類四纂三至四;古文精藻二;榕村字畫辨訛一卷;榕村韻書五卷;榕村講授三卷;榕村詩選八卷、首一卷;榕村語錄三至六、九至十四、十九至三十;榕村全集一至八、十一至二十三、二十七至三十五、別集一至五;榕村制義初集一卷、二集一卷、四集一卷;文貞公年譜下;榕村譜錄合考二卷)

350000－2002－0002051 51/7331

**十萬卷樓叢書五十二種** （清）陸心源輯 清光緒歸安陸氏刻本 一百六冊 存四十五種三百六十九卷(書經注十二卷,資治通鑑釋文三十卷,註陸宣公奏議十五卷,史載之方二卷,海藏老人陰證略例一卷,本草衍義二十卷,東萊呂紫微師友雜志一卷,東萊呂紫微雜說一卷,可書一卷,東原錄一卷,地理葬書集註一卷、附葬書問對一卷,醫經正本書一卷,人倫大統賦二卷,乙巳占十卷,夷堅志甲集二十卷,乙集二十卷、丙集二十卷、丁集二十卷,切韻指掌圖一卷、附檢圖之例一卷,許國公奏議四卷,紹陶錄二卷,漢丞相諸葛忠武侯傳一卷,保越錄一卷,北戶錄三卷、附校勘記一卷,歲時廣記四十卷、圖說一卷、總載一卷,新編張仲景註解傷寒發微論二卷,新編張仲景註解傷寒百證歌五卷,廣川畫跋六卷,衍極五卷,文房四譜五卷,漢官儀三卷,自號錄一卷,友會談叢三卷,靖康要錄十六卷,麟臺故事四卷、補遺一卷,寶刻叢編二十卷,至書一卷,宋徽宗聖濟經十卷,衛生家寶產科備要八卷,續談助五卷,續考古圖五卷、附釋文一卷,雲煙過眼錄二卷,雲煙過眼錄續集一卷,三麻撮要一卷,墨藪一卷,玉管照神局三卷,新編分門

古今類事二十卷,詩式五卷)

350000－2002－0002052　51/7310

**唐人三家集二十六卷**　(清)秦恩復輯　清宣統三年(1911)藏古圖書館影印本　八冊

350000－2002－0002053　51/7227

**玉簡齋叢書十種**　羅振玉輯　清宣統二年(1910)東山學社刻本　五冊　存八種十八卷(漢志武成年月考一卷、龍瑞觀禹穴陽明洞天圖經一卷、湟中雜記一卷、邊略五卷、萬卷堂書目四卷、傳是樓宋元本書目一卷、知聖道齋書目四卷、硯林拾遺一卷)

350000－2002－0002054　51/7199

**閩中十子詩集(閩中十才子詩)十種**　(明)袁表　(明)馬熒選輯　清光緒十二年(1886)侯官郭柏蒼沁泉山館刻本　八冊

350000－2002－0002055　51/8738

**指海二十集一百四十種**　(清)錢熙祚輯(清)錢培讓　(清)錢培杰續輯　清道光金山錢氏據借月山房彙鈔刊版重編增刻本　九十五冊　存八十九種二百三十八卷(禹貢山川地理圖二卷,詩說一卷,春秋胡氏傳辨疑二卷,孟子解一卷,奉天錄四卷,炎徼紀聞四卷,譎觚一卷,內閣小志一卷、內閣故事一卷,石經考一卷,天步真原一卷,震澤長語二卷,易例二卷,六藝綱目二卷、附錄一卷,思陵勤政紀一卷,襄陽守城錄一卷,兩垣奏議一卷,條奏疏稿一卷、續刊一卷,紹熙州縣釋奠儀圖一卷,義府二卷,儀禮釋宮增注一卷,春秋說一卷,論語意原四卷,大業雜記一卷,西洋朝貢典錄三卷,中西經星同異考一卷,東園叢說三卷,列朝盛事一卷,詩說三卷,瑟譜六卷,惠氏讀說文記十五卷,崑崙河源考一卷,呂氏雜記二卷,漱華隨筆四卷,易大誼一卷,尚書地理今釋一卷,字詁一卷,革除逸史二卷,詔獄慘言一卷,天變邸鈔一卷,出塞紀略一卷,史糾六卷,手臂錄四卷峨嵋槍法一卷、夢綠堂槍法一卷,左傳杜解補正三卷,論語拾遺一卷,帝王世紀一卷,異域錄二卷,楓山語錄一卷,何博士備論一卷,識小編二卷,紫微雜說一卷,文選敘音一卷,席氏讀說文記十五卷,司馬法

三卷、逸文一卷,救命書二卷,鄧析子一卷,商子五卷,測量法義一卷,測量異同一卷,句股義一卷,李相國論事集六卷,唐才子傳十卷,吳乘竊筆第一卷,戲瑕三卷,本語六卷,春秋日食質疑一卷,汝南遺事四卷,乘軺錄一卷,蜀碧四卷,南宋古蹟考二卷,淮南天文訓補注二卷,瓠不瓠錄一卷,彭文憲公筆記一卷,九經誤字一卷,訥谿奏疏一卷,象臺首末五卷、附錄一卷,于公德政錄一卷,三魚堂日記二卷,博物志十卷、逸文一卷,存是錄一卷,辛巳泣蘄錄一卷,閫部疏一卷,寧海將軍固山貝子功績錄一卷,脈訣刊誤二卷、附錄一卷,鈍吟雜錄十卷,陰符經考異一卷,修辭鑑衡二卷,漢書西域傳補註二卷,坤輿圖說二卷,金石文字記六卷,明夷待訪錄一卷)

350000－2002－0002056　51/4777

**金華叢書六十九種**　(清)胡鳳丹輯　清同治、光緒間永康胡氏退補齋刻民國十四年(1925)浙江公立圖書館補刻本　二百七十五冊

350000－2002－0002057　51/6755

**香艷叢書三百二十八種**　(清)蟲天子輯　清宣統國學扶輪社鉛印本　八十冊

350000－2002－0002058　51/5530b

**全唐詩九百卷**　(清)聖祖玄燁輯　清光緒元年(1875)撫州饒玉成雙峰書屋刻本　一百二十冊　存八百九十七卷(一至三百十、三百十二至六百二十八、六百三十一至九百)

350000－2002－0002059　51/5530b＝1

**全唐詩九百卷**　(清)聖祖玄燁輯　清光緒元年(1875)撫州饒玉成雙峰書屋刻本　九冊　存六十九卷(一百四十七至二百十五)

350000－2002－0002060　51/5530b＝2

**全唐詩九百卷**　(清)聖祖玄燁輯　清光緒元年(1875)撫州饒玉成雙峰書屋刻本　十八冊　存一百三十四卷(五百四十九至五百五十四、五百六十二至五百八十四、五百九十至五百九十八、六百四十一至六百四十七、六百十五至七百三十三、七百五十至七百五十六、

七百七十五至七百八十七）

350000－2002－0002061　51/6050

**佚存叢書十七種**　（日本）林衡輯　清光緒八年(1882)滬上黃氏木活字印本　二十八冊
存十六種七十七卷（古文孝經一卷，五行大義五卷，臣軌二卷，樂書要錄五至七，兩京新記三，李嶠雜詠二卷，文館詞林六百六十二、六百六十四、六百六十八、六百九十五，文公朱先生感興詩一卷，武夷櫂歌一卷，泰軒易傳六卷，左氏蒙求一卷，唐才子傳十卷，王翰林集註黃帝八十一難經三至五，蒙求一至二，周易講義一至五、八至十，宋景文公集殘十六至二十、二十六至三十二、九十六至九十九、一百一至一百二、一百七、一百十八至一百二十五）

350000－2002－0002062　51/6100

**說鈴六十二種**　（清）吳震方輯　清同治七年(1868)大文堂刻本　十冊　存十一種十二卷（讀史吟評一卷、湖壖雜記一卷、談往一卷、板橋雜記一卷、簪雲樓雜說一卷、天香樓偶得一卷、蚓菴瑣語一卷、見聞錄一卷、冥報錄二卷、現果隨錄一卷、果報聞見錄一卷）

350000－2002－0002063　51/6100b

**說鈴六十二種**　（清）吳震方輯　清刻本　一冊　存三種三卷（閩小紀下、滇行紀程一卷、東還紀程一卷）

350000－2002－0002064　35.1/0477

**有唐宋州官吏八關齋會報德記**　（唐）顏真卿編撰　（唐）崔祐　（唐）田珽造立　（唐）王良器書寫　（唐）石從建　（唐）高元瞻鐫刻　清拓本　四冊

350000－2002－0002065　35.1/6430c＝1

**西漢古竟記**　（清）呂世宜編撰　清光緒元年至二年(1875－1876)刻清末至民國拓本　十三張　存第三至十五張

350000－2002－0002066　35.2/6430

**呂世宜墨寶不分卷**　（清）呂世宜臨　清道光、咸豐間呂世宜抄本　一冊

350000－2002－0002067　43/4420f

**文選六十卷**　（南朝梁）蕭統撰　（唐）李善注
**考異十卷**　（清）胡克家撰　（清）顧廣圻（清）彭兆蓀訂　清同治八年(1869)湖北崇文書局刻本　三冊　存九卷（十二至十七、二十一至二十三）

350000－2002－0002068　35.2/2446

**吳友如畫寶十二集**　（清）吳嘉猷繪　清宣統元年(1909)上海璧園會社石印本　六冊　存四集（四上、五上、八上、十二上下）

350000－2002－0002069　35.2/2746

**從古堂款識學十六卷**　（清）徐同柏釋文（清）徐士錄　清光緒三十二年(1906)蒙學報館石印本　八冊

350000－2002－0002070　35.2/2547

**古金待問錄四卷錄餘一卷補遺一卷**　（清）朱楓輯　清光緒十六年(1890)常熟鮑氏刻後知不足齋叢書本　二冊

350000－2002－0002071　35.2/9300

**聾道人百種詩箋不分卷**　（清）劉錫玲繪　清光緒榮寶齋刻本　一冊

350000－2002－0002072　35.2/8730

**後梅花喜神譜一卷**　（清）鄭淳繪　清道光刻本　一冊

350000－2002－0002073　35.2/8212

**泉志十五卷**　（宋）洪遵撰　清同治十三年至光緒元年(1874－1875)金陵隸釋齋刻本　一冊

350000－2002－0002074　35.2/8090

**南陵無雙譜一卷**　（清）金史繪　清光緒十二年(1886)上海同文書局石印賞奇軒合編本　一冊

350000－2002－0002075　35.2/8087

**泉志校誤四卷**　（清）金嘉采撰　清光緒石埭徐氏刻觀自得齋叢書本　一冊

350000－2002－0002076　35.2/8087＝1

**泉志校誤四卷**　（清）金嘉采撰　清光緒石埭

徐氏刻觀自得齋叢書本　一冊

350000－2002－0002077　35.2/4022

**魏皇甫度龍門石窟碑**　（北魏）袁翻編撰　王實書寫　張文鑴刻　清末至民國間拓本　一冊

350000－2002－0002078　35.2/7727

**萊山先生賓簡不分卷**　（清）周凱等撰　清嘉慶、道光間周凱、李廷鈺等稿本　一冊

350000－2002－0002079　35.2/7250

**太上感應篇一卷**　（□）□□撰　（清）陸隴其書　清初陸隴其抄本　一冊

350000－2002－0002080　35.2/7110

**積古齋鐘鼎彝器款識十卷**　（清）阮元編錄　清光緒九年(1883)常熟鮑氏刻後知不足齋叢書本　六冊

350000－2002－0002081　35.2/4138

**千字文一卷**　（南朝梁）周興嗣撰　（明）李弘祥書　明萬曆四十一年(1613)抄本　一冊

350000－2002－0002082　35.2/4213

**古泉匯六十四卷首一卷續泉匯十四卷補遺二卷**　（清）李佐賢輯　（清）鮑康編　清同治三年(1864)利津李氏石泉書屋刻光緒元年(1875)續刻本　十九冊　存七十六卷(首集四卷,元集十四卷,亨集十四卷,利集一至五、十一至十八,貞集十四卷,首一卷;續元集三卷,亨集三卷,利集三卷,貞集五卷;補遺二卷)

350000－2002－0002083　35.2/6430b

**呂世宜墨寶不分卷**　（清）呂世宜書　清道光至咸豐間呂世宜抄本　一冊

350000－2002－0002084　35.2/6100

**點石齋畫報四十四集**　題(清)尊聞閣主人輯　清末石印本　十三冊　存八集(甲、乙、丙、丁、戊、己、庚、子)

350000－2002－0002085　35.2/6100b

**點石齋叢畫十卷**　題(清)尊聞閣主人輯　清光緒十一年(1885)上海點石齋石印本　八冊

350000－2002－0002086　35.2/6100c

**詩畫舫六卷**　（清）點石齋編　清光緒三十年(1904)上海點石齋石印本　六冊

350000－2002－0002087　35.2/5208

**唐大興善寺故大德辯正廣智三藏和尚碑銘并序**　（唐）嚴郢編撰　（唐）徐浩書寫　清拓本　一冊

350000－2002－0002088　35.2/4964

**觀妙齋藏金石文考略十六卷**　（清）李宗暎纂　清雍正刻本　六冊

350000－2002－0002089　35.2/4308

**二金蜨堂印譜不分卷**　（清）趙之謙刻　（清）葉銘輯　清光緒二十八年(1902)刻鈐印本　八冊

350000－2002－0002090　35.2/4377

**古泉叢話三卷**　（清）戴熙撰　清同治十一年(1872)潘氏滂喜齋刻本　一冊

350000－2002－0002091　35.2/4414

**孝弟忠義圖說□□卷**　（清）□□編　清石印本　一冊　存一卷(三)

350000－2002－0002092　35.2/4424

**百獸集說圖考十科**　（美國）范約翰撰　（清）吳子翔述　清光緒二十五年(1899)上海美華書館鉛印本　一冊

350000－2002－0002093　35.2/4438

**繆篆分韻五卷補五卷**　（清）桂馥輯　清光緒歸安姚覲元咫進齋刻本　六冊

350000－2002－0002094　35.2/4784

**大達法師玄秘塔碑**　（唐）裴休編撰　（唐）柳公權書寫　（唐）邵建和　（唐）邵建初鑴刻　清康熙、雍正間拓本　一冊

350000－2002－0002095　35.2/4628

**廟堂碑跋一卷**　（清）林則徐等書　清林則徐等稿本　一冊

350000－2002－0002096　35.2/2527e

**開母廟石闕銘**　（漢）□□刻　清乾隆、嘉慶間拓本　二張

350000－2002－0002097　35.2/0823

郃陽令曹全碑　（漢）□□書寫　清光緒拓本
　一冊

350000－2002－0002098　51/5530c

全唐詩九百卷目錄十二卷　（清）曹寅等輯
清康熙四十四年至四十六年（1705－1707）揚
州詩局刻本　一百十七冊　存八百八十六卷
（一至二百八十六、三百三十五至三百七十一、三
百八十二至九百,目錄十二卷）

350000－2002－0002099　42.1/4453g

杜工部集二十卷附錄一卷　（唐）杜甫撰
（清）錢謙益箋註　諸家詩話一卷　（宋）方惟
道纂錄　唱酬題詠附錄一卷　（唐）高適等撰
　註杜詩畧例一卷　（□）□□撰　少陵先生
[杜甫]年譜一卷　（□）□□撰　清康熙六年
（1667）刻本　十二冊

350000－2002－0002100　42.1/3077

傲寮集二卷　（明）釋宗賢撰　清抄本　一冊

350000－2002－0002101　39.2/4187

莊子因六卷　（清）林雲銘評述　清乾隆四十
五年（1780）梅園萃華堂刻本　六冊

350000－2002－0002102　42.3/4060

南軒先生文集四十四卷　（宋）張栻撰　清康
熙四十五年（1706）錫山華氏刻本　十二冊

350000－2002－0002103　41/7771b

楚辭燈四卷　（清）林雲銘論述　（清）林沅校
　清康熙三十六年（1697）挹奎樓刻本　二冊

350000－2002－0002104　42.1/4453f

讀杜心解六卷首二卷　（唐）杜甫撰　（清）浦
起龍講解　（清）浦起麟糸讀　清雍正二年至
三年（1724－1725）浦氏寧我齋刻本　十冊

350000－2002－0002105　42.1/7731e

陶淵明文集十卷　（晉）陶潛撰　清刻本　二
冊

350000－2002－0002106　38/6750d

四大奇書第一種六十卷首一卷一百二十回
（明）羅貫中撰　（清）毛宗崗評　（清）金聖

嘆批點　清康熙四十一年（1702）胡雲錦刻本
　三十二冊

350000－2002－0002107　42.3/7438＝1

劍南詩鈔不分卷　（宋）陸游撰　（清）楊大鶴
選　清康熙二十四年（1685）刻本　五冊

350000－2002－0002108　42.2/4074

山谷詩内集注二十卷　（宋）黃庭堅撰　（宋）
任淵注　山谷詩外集注十七卷　（宋）黃庭堅
撰　（宋）史容注　山谷詩別集注二卷　（宋）
黃庭堅撰　（宋）史季溫注　山谷詩外集補四
卷山谷詩別集補一卷　（宋）黃庭堅撰　（清）
謝啓昆輯　重刻山谷先生[黃庭堅]年譜十四
卷　（宋）黃庭堅撰　（宋）黃䔩編　清乾隆五
十四年（1789）謝氏樹經堂刻本　二十冊

350000－2002－0002109　38/1075

第一奇書金瓶梅一百回　（清）張竹坡批點
清康熙三十四年（1695）謝氏皋鶴草堂刻本
二十冊

350000－2002－0002110　42.5/0038b

高季迪先生大全集十八卷　（明）高啓撰　清
康熙竹素園刻本　四冊

350000－2002－0002111　42.5/3600

晃巕集二十二卷　（明）池顯方撰　明崇禎刻
本　四冊　存十一卷（十二至二十二）

350000－2002－0002112　42.5/3812

海忠介公集六卷　（明）海瑞撰　（清）林映漢
等選定　（清）吳纘姬等重編　清同治刻本
四冊

350000－2002－0002113　42.5/7517

陳紫峰先生文集十三卷首一卷　（明）陳琛撰
　清乾隆三十三年至三十五年（1768－1770）
刻五十四年（1789）增修本　四冊　存七卷
（五至十、首一卷）

350000－2002－0002114　42.6/0414

思綺堂文集十卷　（清）章藻功撰　清聚錦堂
刻本　十冊

350000－2002－0002115　44/2330

閩遊詩話三卷　（清）徐祚永輯　清乾隆刻本　一冊

350000－2002－0002116　51/2250

唐百家詩□□卷　（明）朱警輯　明刻本　十五冊　存八十一家一百十八卷（沈雲卿集二卷,宋之問集二卷,蘇許公詩集三卷,蘇廷碩集二卷,唐玄宗皇帝集二卷,李頎詩集一卷,崔顥詩集一卷,王昌齡詩集三卷,顏魯公詩集一卷,崔曙集一卷,祖詠集一卷,嚴武集一卷,皇甫冉詩集二卷,皇甫御史詩集一卷,郎士元詩集一卷,唐包刑侍詩集一卷,唐包祕監詩集一卷,戎昱詩集一卷,李端詩集三卷,唐司空文明詩集三卷,耿湋詩集一卷,華陽真逸詩二卷,韓君平集三卷,顧況集二卷,于鵠詩集一卷,戴叔倫集二卷,朱慶餘詩集一卷,李益詩集二卷,李君虞詩集二卷,章孝標詩集一卷,盧全詩二卷,集外詩一卷,唐張處士詩集五卷,牟融詩集一卷,曹鄴詩集二卷,劉滄詩集一卷,于濆詩集一卷,邵謁詩集一卷,李山甫詩集一卷,張喬詩集四卷,李昌符詩集一卷,羅鄴詩集一卷,崔塗詩集一卷,章碣詩集一卷,曹松詩集一卷,伍喬詩集一卷,司馬扎先輩詩集一卷,殷文珪詩集一卷,喻鳧詩集一卷,李遠詩集一卷,唐姚鵠詩集一卷,會昌進士詩集一卷,項斯詩集一卷,于武陵詩集一卷,劉駕詩集一卷,儲嗣宗詩集一卷,李洞詩集三卷,張蠙詩集一卷,僧無可詩集二卷,孟貫詩集一卷,唐貫休詩集一卷,周賀詩集一卷,劉叉詩集三卷,唐清塞詩集一卷,唐皎然詩集一卷,唐靈一詩集一卷,蘇拯詩集一卷,劉威詩集一卷,唐求詩集一卷,比紅兒詩一卷,無名氏詩集一卷,唐女郎魚玄機詩集一卷,唐齊己詩集一卷,唐尚顏詩集一卷,劉兼詩集一卷,王周詩集一卷,林寬詩集一卷,于鄴詩集一卷,秦韜玉詩集一卷,許琳詩集一卷,鄭巢詩集一卷,經進周曇詠史詩三卷）

350000－2002－0002117　35.2/9424

滋惠堂墨寶八卷　（清）曾恆德編撰　清乾隆三十三年(1768)曾恆德刻拓本　一冊　存一卷(二)

350000－2002－0002118　52/7400

白沙子全集十卷首一卷末一卷古詩教解二卷　（明）陳獻章撰　清乾隆三十六年(1771)碧玉樓刻本　十冊

350000－2002－0002119　37/1110

子史精華一百六十卷　（清）張廷玉等纂　清刻本　一冊　存四卷(九十九至一百二)

350000－2002－0002120　52/8017

南豐先生元豐類藁五十卷集外文二卷續附一卷　（宋）曾鞏撰　清康熙五十六年(1717)顧崧齡刻本　十二冊

350000－2002－0002121　52/2490b

震川先生集三十卷別集十卷附錄一卷　（明）歸有光撰　（清）錢謙益选定　（清）歸玠編輯　（清）歸莊校勘　清康熙十四年(1675)刻本　十二冊

350000－2002－0002122　25.2/7727＝1

[道光]廈門志十六卷　（清）周凱纂修　清道光十九年(1839)刻本　十二冊

350000－2002－0002123　51/2490b

諸子彙函二十六卷　（明）歸有光輯　（明）文震孟參訂　明天啓刻本　二十六冊　存二十五卷(關尹子、子華子合一卷,老子、莊子合一卷,列子、墨子合一卷,管子二卷,亢倉子、晏子、鄧析子、鬼谷子合一卷,文子、公孫龍子、商子、鶡冠子合一卷,司馬子、吳子、尹文子、孫武子、尉繚子合一卷,玉虛子、鹿谿子、慎子、汗子、尸子、噐噐子合一卷,荀子、呂子合一卷,韓非子二卷,波弄子、惠子、胡非子、子家子、希子、薛子、風胡子、三柱子、歲寒子、首山子、潼山子、雲晃子、隨巢子、孔叢子合一卷,黃石子、雲陽子、金門子合一卷,淮南子下,桂嚴子二卷,封龍子、吉雲子、青黎子合一卷,揚子、符子、金樓子、嵳岈子合一卷,荊山子、委宛子、白虎通、風俗通、慎陽子合一卷,爨山子、回中子、貞山子、天隱子、徐子合一卷,小荀子、鏡機子、抱樸子、白雲子、靈源子合一卷,雲門子、干山子、石魁子、無能子、譚子合一卷,文中子、天隨子、鹿門子、玄真子、

來子、文泉子、協律子合一卷,靈璧子、次山子、東萊子、邵子、橫渠子、長春子、艸廬子、道園子、郁離子合一卷)

350000－2002－0002124　25.2/7727c

[同治]金門志十六卷　(清)周凱修　(清)林焜煌等纂　(清)劉松亭續修　(清)林豪續纂　清光緒八年(1882)浯江書院刻本　八冊

350000－2002－0002125　35.2/7521

求古精舍金石圖初集四卷　(清)陳經撰　清嘉慶二十三年(1818)烏程陳經說劍樓刻本　六冊

350000－2002－0002126　22/4387

廈門海後灘交涉檔案摘要十編　(清)黃鴻翔等編　清宣統三年(1911)鉛印本　一冊

350000－2002－0002127　35.2/6430f

愛吾廬書課不分卷　(清)呂世宜鈔　清呂世宜抄本　二冊

350000－2002－0002128　38/3660b

臺灣外紀十卷　(清)江日昇識　清康熙求無不獲齋刻本　五冊

350000－2002－0002129　34/2310

易冒十卷　(清)程良玉撰　(清)胡介定　清抄本　二冊

350000－2002－0002130　43/7200

六朝唐賦讀本不分卷　(清)馬傳庚選註　清光緒二年(1876)京都松竹齋刻本　二冊

350000－2002－0002131　51/0680

溫陵遺書十一種　(清)龔顯曾編　清晉江龔氏抄本　九冊　存十一種十九卷(文房圖贊一卷,附錄一卷,玉蘭館詩草一卷,圭峰集不分卷,兼秋詩話六卷,集仙傳一卷,上庠錄一卷,上蔡先生語錄二卷,節義集一卷,春草堂集一卷,泉州兩義士傳一卷,唐書直筆三至四)

350000－2002－0002132　42.1/4453h

杜工部集二十卷首一卷　(唐)杜甫撰　清光緒二年(1876)廣東翰墨園刻六色套印本　八

350000－2002－0002133　42.1/4453h＝1

杜工部集二十卷首一卷　(唐)杜甫撰　清光緒二年(1876)粵東翰墨園刻六色套印本　十冊

350000－2002－0002134　42.2/4481

蘇魏公文集七十二卷首一卷目錄二卷　(宋)蘇頌撰　清道光二十二年(1842)蘇氏刻本　二十冊

350000－2002－0002135　51/2060

古逸叢書二十六種　(清)黎庶昌輯　清光緒遵義黎氏日本東京使署刻本(原缺玉燭寶典九、漢書食貨志下)　四十八冊　存二十五種二百六卷(爾雅三卷,春秋穀梁傳十二卷、附考異一卷,論語十卷,周易六卷,附晦庵先生校正周易繫辭精義二卷,孝經一卷,荀子二十卷,南華真經註疏十卷,楚辭集注八卷、辨證二卷、後語六卷,尚書釋音二卷,玉篇九、十八至十九、二十七、又九、二十二,廣韻五卷、附校札一卷,廣韻五卷,玉燭寶典一至八、十至十二,文館詞林一百五十六至一百五十八、三百四十七、四百五十二至四百五十三、四百五十七、四百五十九、六百六十五至六百六十七、六百七十、六百九十一、六百九十九,珊瑚集十二、十四,姓解三卷,韻鏡一卷,日本國見在書目錄一卷,史略六卷,漢書食貨志上,急就篇一卷,杜工部草堂詩箋四十卷、外集一卷、補遺十卷、傳序碑銘一卷、目錄二卷、年譜二卷、詩話二卷,碣石調幽蘭一卷,天台山記一卷,太平寰宇記一百十三至一百十八)

350000－2002－0002136　51/2741

對雨樓叢書五種　繆荃孫輯　清光緒江陰繆氏刻本　十冊

350000－2002－0002137　19/8650

詩韻集成十卷　(清)余照輯　清刻本　四冊　存八卷(三至十)

350000－2002－0002138　19/8650b

漁古軒詩韻五卷　(清)余照撰　(清)朱德蕃增訂　清同治十一年(1872)續瀛堂刻本　四

冊　存四卷(一至二、四至五)

350000 - 2002 - 0002139　19/7650b
**新增說文韻府群玉二十卷**　（元）陰時夫輯
（元）陰中夫註　（明）王元貞校正　清初刻本
　十冊

350000 - 2002 - 0002140　42.6/1094＝1
**問山文集八卷問山詩集十卷紫雲詞一卷**
（清）丁煒撰　（清）黃與堅等選　清咸豐四年
(1854)晉江丁拱辰刻光緒補刻民國十年
(1921)重印本　一冊　存一卷(紫雲詞一卷)

350000 - 2002 - 0002141　35.1/3310
**玉臺畫史五卷別錄一卷**　（清）湯漱玉輯　清
道光十七年(1837)錢塘汪氏振綺堂刻本　一
冊　存五卷(玉臺畫史五卷)

350000 - 2002 - 0002142　39.2/4477b
**子書百家一百一種**　（清）崇文書局輯　清光
緒元年(1875)湖北崇文書局刻本　一冊　存
二種三卷(莊子南華真經下、札記一卷,莊子
闕誤一卷)

350000 - 2002 - 0002143　43/2477c
**古文淵鑒六十四卷**　（清）徐乾學等編注　清
康熙二十四年(1685)刻本　八冊　存十七卷
(三十一至三十八、四十一至四十二、五十二
至五十六、五十九至六十)

350000 - 2002 - 0002144　44/2280
**靜志居詩話二十四卷**　（清）朱彝尊撰　清刻
本　一冊　存二卷(十二至十三)

350000 - 2002 - 0002145　45/2527b
**再改英台歌一卷**　（清）□□改　清光緒三十
二年(1906)抄本　一冊

350000 - 2002 - 0002146　19/3222
**訂正官話指南四卷**　（清）□□編　清石印本
　一冊

350000 - 2002 - 0002147　51/7190
**四先生詩存四卷**　（清）陳廷光等撰　清宣統
元年(1909)繡詩樓石印本　一冊

# 厦门市同安区图书馆

## 古籍普查登记目录

全国古籍普查登记目录

国家图书馆出版社
National Library of China Publishing House

350000－2010－0000001　史9－1/7529甲

[安徽祁門]陳氏大成宗譜八卷　（明）陳璽重修　明嘉靖六年(1527)刻本　十二冊

350000－2010－0000002　經1/0292a甲

新刊增訂的薰易經存疑十二卷　（明）林希元撰　（明）陳文等校正　清乾隆十年(1745)同安林廷珪等刻本　六冊

350000－2010－0000003　集2－6/7722甲D

同安許鍾斗先生制義一集不分卷二集不分卷三集不分卷　（明）許獬撰　（清）許琰鈔評　清康熙至雍正間刻本　三冊　存二集(一集、二集)

350000－2010－0000004　集2－7/3713甲D

漁城詩草一卷　（清）林遇青撰　清乾隆三十五年(1770)刻本　一冊

350000－2010－0000005　經1/0292b

新刻來瞿唐先生易註十五卷圖一卷首一卷末一卷　（明）來知德撰　（清）凌夫淳圈點　（清）高奣映編訂　清刻本　九冊　存十六卷(一至五、八至十五,圖一卷,首一卷,末一卷)

350000－2010－0000006　經1/0468

讀易質疑二卷　（清）金谷春撰　清光緒刻本　二冊

350000－2010－0000007　經1/1010

三易三統辨證二卷　（清）郭篯齡撰　清同治刻本　一冊

350000－2010－0000008　類叢/1314a

武英殿聚珍版書一百四十八種　（清）高宗弘曆敕輯　清乾隆四十二年(1777)福建布政使司刻道光、同治遞修光緒二十一年(1895)增補本　三十三冊　存二十三種一百五十卷(吳園周易解九卷、附錄一卷,華陽集三十三至三十六,浮沚集九卷,浮溪集五至三十二,恥堂存稿八卷,禹貢指南四卷,鄭志三卷,魏鄭公諫續錄二卷,鄞中記一卷,嶺表錄異三卷,麟臺故事五卷,漢官舊儀二卷、補遺一卷,孫子算經三卷,五曹算經五卷,夏侯陽算經三卷,墨法集要一卷,雲谷雜紀四卷、首一卷、末

一卷,攷古質疑六卷,澗泉日記三卷,敬齋古今黈八卷,浩然齋雅談三卷,項氏家說十卷、附錄二卷,融堂書解二十卷)

350000－2010－0000009　經1/2722a1甲

御纂周易折中二十二卷首一卷　（清）李光地等纂　清康熙武英殿刻御纂七經本　四冊　存十一卷(六至十三、十六至十八)

350000－2010－0000010　經1/2722a2甲

御纂周易折中二十二卷首一卷　（清）李光地等纂　清康熙五十四年(1715)刻御纂七經本　十二冊

350000－2010－0000011　經1/2722a4

御纂周易折中二十二卷首一卷　（清）李光地等纂　清刻御纂七經本　十四冊　存十八卷(一至四、七至八、十至十五、十八至二十二,首一卷)

350000－2010－0000012　經4－1/7722b1

周禮精華六卷　（清）陳龍標輯　清嘉慶二十二年(1817)光韙堂刻本　六冊

350000－2010－0000013　經4－1/7722b2

周禮精華六卷　（清）陳龍標輯　清嘉慶十六年(1811)寧郡簡香齋刻本　四冊

350000－2010－0000014　經4－1/7722b3

周禮精華六卷　（清）陳龍標輯　清光緒刻本　二冊　存二卷(二、五)

350000－2010－0000015　經4－5/0468b

讀禮通考一百二十卷　（清）徐乾學撰　清刻本　二十四冊　存九十七卷(一至二十九、三十五至四十六、五十至六十一、七十七至一百二十)

350000－2010－0000016　經4－2/2825a

儀禮韻言二卷　（清）檀萃纂　清光緒八年(1882)掃葉山房刻本　二冊

350000－2010－0000017　類叢/4691a

槐軒全書二十一種附九種　（清）劉沅撰　清咸豐至民國間刻本　六十九冊　存十九種一百二十六卷(書經恒解六卷,書序辨證一卷,

詩經恒解六卷,周官恒解六卷,儀禮恒解六卷,禮記恒解四十九卷,春秋恒解八卷、附錄餘傳一卷,四書恒解十二卷,子問二卷、又問一卷,拾餘四種四卷,槐軒雜著一卷,尋常語一卷,槐軒約言一卷,槐軒俗言一卷,正誼八卷,莊子約解四卷、外附一卷,遺訓存略二卷,村學究語一卷,醒迷錄一卷、附一卷,戒淫寶訓一卷、附色戒錄一卷)

350000－2010－0000018　經8/2191c

**經典釋文三十卷** (唐)陸德明撰　**考證三十卷** (清)盧文弨撰　清刻本　十一冊　存五十四卷(經典釋文三至十三、十五至三十,考證三至十三、十五至三十)

350000－2010－0000019　經4－3/3521a2

**禮記十卷** (元)陳澔集說　清刻本　九冊　存九卷(二至十)

350000－2010－0000020　經4－3/3521i甲

**禮記庭訓十二卷** (清)潘炳綱輯　清乾隆五十六年(1791)刻本　五冊　存十卷(一至八、十一至十二)

350000－2010－0000021　經4－3/3521b1

**禮記疏意二十三卷** (明)秦繼宗集　**參新大全二十三卷** (明)陳郊輯　清道光十五年(1835)徐文齋刻本　四冊

350000－2010－0000022　經4－3/3521b2

**禮記疏意二十三卷** (明)秦繼宗集　**參新大全二十三卷** (明)陳郊輯　清刻本　七冊　存四十卷(禮記疏意四至二十三、參新大全四至二十三)

350000－2010－0000023　經4－3/3521b3

**禮記疏意二十三卷** (明)秦繼宗集　**參新大全二十三卷** (明)陳郊輯　清刻本　四冊　存三十二卷(禮記疏意八至二十三、參新大全八至二十三)

350000－2010－0000024　經4－3/3521c

**禮記約編十卷** (清)汪基撰　清光緒三十三年(1907)上海文瑞樓石印本　三冊　存四卷(一至二、九至十)

350000－2010－0000025　經4－3/3521j

**禮記圖不分卷** (清)楊魁植輯　(清)楊文源增訂　清信芳書房刻本　一冊

350000－2010－0000026　經4－3/3521d

**禮記合參四卷** (清)曹士瑋　(清)程王霞撰　清刻本　四冊

350000－2010－0000027　史1－1/2224a甲

**後漢書一百二十卷** (南朝宋)范曄　(南朝宋)劉昭撰　(唐)李賢注　(明)陳仁錫評　明刻本　十九冊　存一百十四卷(一至一百十四)

350000－2010－0000028　經4－3/3521k

**禮記旁訓辨體合訂六卷** (清)徐立綱輯　清刻本　六冊

350000－2010－0000029　經1/4003

**大易引伸九卷** (清)徐賢杰撰　清刻本　二冊

350000－2010－0000030　經4－3/3521h1

**禮記精華十卷** (清)江永　(清)汪基訂　清同治十二年(1873)刻本　六冊

350000－2010－0000031　經7－5/0220甲

**刻四書便蒙講述十一卷** (明)盧一誠撰　明萬曆刻本　四冊

350000－2010－0000032　史10－2/2520

**律服疏證四卷** (清)蔣楷撰　清光緒至宣統間石印本　一冊

350000－2010－0000033　史1－1/2224b甲

**後漢書九十卷** (南朝宋)范曄撰　(唐)李賢注　**志注補三十卷** (晉)司馬彪　(南朝梁)劉昭注補　明嘉靖刻萬曆至清乾隆遞修本　十二冊　存七十二卷(後漢書二十四至七十四、八十至九十,志注補一至十)

350000－2010－0000034　經4－3/3521e

**禮記省度四卷** (清)彭頤撰　清刻朱墨套印本　四冊

350000－2010－0000035　經4－3/3521f

**禮記省度審鵠要解六卷** (清)彭頤撰　清刻

本　六册

350000 – 2010 – 0000036　經 4 – 5/0468a
**讀禮條考二十卷**　（清）王曜南撰　清光緒二十三年（1897）武林尚友齋石印本　六册

350000 – 2010 – 0000037　經 4 – 5/6702 甲
**明堂大道錄八卷禘說二卷**　（清）惠棟撰　清乾隆刻經訓堂叢書本　二册

350000 – 2010 – 0000038　經 1/6022j
**易緯八種**　（漢）鄭玄注　清刻本　一册　存五種六卷（易緯稽覽圖二卷、易緯辨終備一卷、易緯是類謀一卷、易緯乾元序制記一卷、易緯坤靈圖一卷）

350000 – 2010 – 0000039　經 1/6022e1
**易經精華六卷末一卷**　（清）薛嘉穎撰　清道光六年（1826）刻七經精華本　三册

350000 – 2010 – 0000040　經 1/6022f
**易經圖不分卷**　（清）楊魁植輯　（清）楊文源增訂　清信芳書房刻九經圖本　二册

350000 – 2010 – 0000041　經 1/6022b
**易經大全會解四卷**　（清）來爾繩輯　清刻本　二册

350000 – 2010 – 0000042　經 1/6022i1
**周易審鵠要解四卷**　（清）林錫齡輯　清刻本　二册

350000 – 2010 – 0000043　經 1/6022c
**易經旁訓辨體合訂三卷**　（清）徐立綱輯　清道光七年（1827）刻本　三册

350000 – 2010 – 0000044　經 1/4490
**蔡虛齋先生易經蒙引不分卷**　（明）蔡清撰　清抄本　二册

350000 – 2010 – 0000045　經 1/4060
**古易音訓二卷**　（宋）呂祖謙撰　（清）宋咸熙輯　清嘉慶七年（1802）刻本　一册

350000 – 2010 – 0000046　經 1/6022h
**易經音訓不分卷**　（清）楊國楨撰　清道光十年（1830）刻十一經音訓本　二册

350000 – 2010 – 0000047　經 1/6022d1 甲
**易漢學八卷**　（清）惠棟撰　清乾隆四十六年至四十九年（1781 – 1784）刻經訓堂叢書本　二册

350000 – 2010 – 0000048　經 1/6022d2
**易漢學八卷**　（清）惠棟撰　清刻本　一册

350000 – 2010 – 0000049　經 1/6022d3
**易漢學八卷**　（清）惠棟撰　清光緒十三年（1887）上海大同書局影印經訓堂叢書本　二册

350000 – 2010 – 0000050　經 1/6022k
**易象元機三卷占驗一卷**　（清）鄧接成撰　清道光二十年（1840）刻本　四册

350000 – 2010 – 0000051　經 1/6022g
**易學史鏡八卷**　（清）曹為霖撰　清同治十二年（1873）刻本　四册

350000 – 2010 – 0000052　經 1/7529
**陳紫峰先生周易淺說五卷**　（明）陳琛撰　清刻本　二册　存二卷（三至四）

350000 – 2010 – 0000053　經 1/6022a
**周會魁校正易經大全二十卷首一卷**　（明）胡廣等纂修　清刻本　十册　存二十卷（周會魁校正易經大全二十卷）

350000 – 2010 – 0000054　經 1/7722a
**周易象理指掌六卷**　（清）王登撰　（清）陳濱藻校　清道光二十三年（1843）刻本　六册

350000 – 2010 – 0000055　類叢/3414
**淩氏傳經堂叢書三十種**　（清）淩鎬　（清）淩鏞輯　清道光吳興淩氏刻本　四册　存二種十一卷（周易翼釋義一卷、周易翼十卷）

350000 – 2010 – 0000056　經 1/8742a 甲
**鄭氏易譜十二卷**　（明）鄭旒輯　（清）鄭時達等重輯　清乾隆十八年（1753）刻本　四册

350000 – 2010 – 0000057　經 1/7722d
**周易明報三卷首一卷末一卷**　（清）陳懋侯撰　清光緒八年（1882）刻本　三册

350000 – 2010 – 0000058　經 0/1010b

五經精義二十九卷　（清）黃淦撰　清嘉慶十三年（1808）刻本　十一冊　存五種二十三卷（周易精義四卷、首一卷，書經精義一至三、首一卷，詩經精義一至二、首一卷，禮記精義六卷、首一卷，春秋精義一至三、首一卷）

350000－2010－0000059　經1/7722b甲

周易洗心十卷　（清）任啟運撰　清乾隆四十七年（1782）刻本　三冊

350000－2010－0000060　經1/7722c

周易從周述正一卷　（清）郭籛齡撰　清同治刻本　一冊

350000－2010－0000061　集3－7/9000

小倉山房尺牘六卷　（清）袁枚輯　清刻本　二冊　存二卷（二、四）

350000－2010－0000062　史6－1/7121c

歷代政要表二卷　（清）胡子清編輯　清光緒二十九年（1903）長沙刻本　一冊

350000－2010－0000063　史1－1/4094

校刊史記集解索隱正義札記五卷　（清）張文虎撰　清同治十一年（1872）金陵書局刻本　二冊

350000－2010－0000064　經2/5060b1

書經精華六卷　（清）薛嘉穎撰　清光緒元年（1875）崇經堂刻七經精華本　二冊　存四卷（一至二、五至六）

350000－2010－0000065　經2/5060b2

書經精華六卷　（清）薛嘉穎撰　清刻七經精華本　三冊　存四卷（三至六）

350000－2010－0000066　經2/5060a

書經六卷　（宋）蔡沈集傳　清道光十年（1830）刻本　六冊

350000－2010－0000067　經2/9022

尚書審鵠便覽六卷　（明）莊奇顯撰　清刻本　四冊

350000－2010－0000068　經2/5060c

書經大全十卷綱領一卷圖一卷　（明）胡廣等輯　清刻本　四冊　存六卷（一、四至五、八至十）

350000－2010－0000069　經2/8718

欽定書經傳說彙纂二十一卷首二卷書序一卷　（清）王頊齡等撰　清刻本　十四冊　存二十二卷（一至六、八至二十，首二卷，書序一卷）

350000－2010－0000070　經4－5/0022

齊家寶要二卷　（清）張文嘉編輯　（清）朱玟重輯　清光緒七年（1881）刻七經精華本　二冊

350000－2010－0000071　經3/0464d2

詩經精華十卷　（清）薛嘉穎撰　清光緒二年（1876）刻七經精華本　五冊

350000－2010－0000072　經3/0464d3

詩經精華十卷　（清）薛嘉穎撰　清刻七經精華本　四冊　存八卷（一至六、九至十）

350000－2010－0000073　經3/0464d4

詩經精華十卷　（清）薛嘉穎撰　清刻七經精華本　四冊　存九卷（一至九）

350000－2010－0000074　經3/0464d1

詩經精華十卷　（清）薛嘉穎撰　清道光五年（1825）刻七經精華本　四冊

350000－2010－0000075　經3/0464b

詩經增訂旁訓四卷　（宋）朱熹撰　清匠門書屋刻本　三冊

350000－2010－0000076　經3/0464c

詩經圖不分卷　（清）楊魁植撰　（清）楊文源增訂　清信芳書房刻九經圖本　一冊

350000－2010－0000077　經4－5/0040

文公家禮儀節八卷　（宋）朱熹編　（明）楊慎輯　清刻本　四冊

350000－2010－0000078　經3/0464a

詩經大全十五卷序一卷首一卷　（明）葉向高編纂　清郁郁堂刻本　六冊　存十二卷（一至二、五至九、十一至十五）

350000－2010－0000079　類叢/1010a甲

玉海二百卷辭學指南四卷詩攷一卷詩地理攷

六卷漢藝文志攷證十卷通鑑地理通釋十四卷
踐阼篇集解一卷漢制攷四卷姓氏急就篇二卷
急就篇補注四卷小學紺珠十卷六經天文編二
卷周書王會補注一卷周易鄭康成注一卷通鑑
答問五卷　（宋）王應麟撰　明萬曆至崇禎間
刻清康熙至乾隆間補刻本　八冊　存七種三
十八卷(詩攷一卷、詩地理攷六卷、漢藝文志
攷證十卷、姓氏急就篇二卷、急就篇補注四
卷、小學紺珠十卷、通鑑答問五卷)

350000－2010－0000080　經 3/0040
增補詩經衍義體註大全合參八卷　（清）沈李
龍輯　清刻本　二冊　存五卷(四至八)

350000－2010－0000081　經 3/2071
毛詩草木鳥獸蟲魚疏二卷　（三國吳）陸璣撰
　清刻本　一冊　存一卷(上)

350000－2010－0000082　史 8－3/8010
金源劄記二卷又劄一卷史論五答一卷吉貝居
暇唱一卷　（清）施國祁撰　清嘉慶十七年至
二十一年(1812－1816)施氏吉貝居刻本　一
冊

350000－2010－0000083　經 3/0464e
詩所八卷　（清）李光地撰　清刻本　一冊
存一卷(二)

350000－2010－0000084　類叢/1762a1
邵武徐氏叢書二集二十三種　（清）徐榦輯
清光緒刻本　十六冊　存十三種五十三卷
(鄭氏詩譜考正一卷、春秋世族譜一卷、韻補
五卷、韻補正一卷、小爾雅疏八卷、李忠定公
別集十卷、西崑酬唱集二卷、東觀餘論二卷、
附錄一卷、琴操二卷、補一卷、支遁集二卷、補
遺一卷、文章緣起一卷、澂景堂史測十四卷、
邵氏姓解辨誤一卷)

350000－2010－0000085　經 3/8718a2
欽定詩經傳說彙纂二十一卷首二卷詩序二卷
　（清）王鴻緒等撰　清刻本　十七冊

350000－2010－0000086　經 3/8718a1
欽定詩經傳說彙纂二十一卷首二卷詩序二卷
　（清）王鴻緒等撰　清刻本　四冊　存四卷

（二、八至九、十四）

350000－2010－0000087　經 3/0464f
詩經世本古義二十八卷首一卷後一卷　（明）
何楷撰　清閩漳謝氏文林堂刻本　十五冊

350000－2010－0000088　經 4－1/7722c
周禮圖不分卷　（清）楊魁植輯　（清）楊文源
增訂　清信芳書房刻九經圖本　一冊

350000－2010－0000089　經 4－2/2825b
儀禮圖不分卷　（清）楊魁植輯　（清）楊文源
增訂　清信芳書房刻九經圖本　一冊　存士
冠禮筮日至獻服不及釋獲者

350000－2010－0000090　經 4－1/7722a
周禮十二卷　（漢）鄭玄注　（唐）陸德明音義
　清光緒三年(1877)永康退補齋胡氏刻本
六冊

350000－2010－0000091　經 1/2824 甲
復堂易貫不分卷　（清）于大鯤撰　清乾隆三
十八年(1773)刻本　三冊

350000－2010－0000092　經 4－5/1010a 甲
五禮通考二百六十二卷首四卷總目二卷
（清）秦蕙田編輯　（清）方觀承訂　清乾隆刻
本　八十四冊　存二百四十七卷(五至二十
五、二十九至一百五十二、一百五十五至一百
六十五、一百七十至二百五十四,首四卷,總
目二卷)

350000－2010－0000093　經 4－5/2722
鄉飲酒禮簡明說一卷　（清）□□編錄　清光
緒三年(1877)安徽太平縣仙源書院掌書所刻
本　一冊

350000－2010－0000094　經 4－5/5060
司馬氏書儀十卷　（宋）司馬光撰　（清）汪郊
校訂　清同治七年(1868)江蘇書局刻本　一
冊

350000－2010－0000095　經 4－5/6060
呂氏四禮翼四卷　（明）呂坤撰　（清）朱軾評
點　清刻本　二冊

350000－2010－0000096　經 5－1/0164a1

評點春秋綱目左傳句解彙雋六卷 （清）韓菼
重訂 清刻本 六冊

350000－2010－0000097 經5－1/0164a2
評點春秋綱目左傳句解彙雋六卷 （清）韓菼
重訂 清宣統元年(1909)石印本 六冊

350000－2010－0000098 經5－1/4001a
左傳經世鈔二十三卷 （清）魏禧評點 （清）
彭家屏參訂 清刻本 十冊 存十九卷（一
至十二、十七至二十三）

350000－2010－0000099 經5－1/5060a1
春秋左傳五十卷 （晉）杜預 （宋）林堯叟註
釋 （唐）陸元朗音義 清霞漳文林堂謝氏刻
本 十四冊

350000－2010－0000100 經5－1/5060a2
春秋左傳五十卷 （晉）杜預 （宋）林堯叟註
釋 （唐）陸德明音義 清霞漳大文堂楊氏刻
本 二冊 存六卷（一至六）

350000－2010－0000101 經5－1/4001b1 甲
左繡三十卷首一卷 （清）馮李驊 （清）陸浩
評輯 （清）沈乃文等參評 （清）馮翼孫等校
輯 春秋經傳集解三十卷 （晉）杜預註釋
（宋）林堯叟附注 （唐）陸德明音義 （清）
馮李驊增訂 清康熙華川書屋刻本 十四冊

350000－2010－0000102 經5－1/4816a
增補左繡三十卷首一卷 （清）馮李驊 （清）
陸浩評輯 春秋左傳杜林滙參三十卷 （清）
周正思纂 清嵩山書屋刻本 九冊 存五十
三卷（增補左繡一至七、十二至三十，首一卷；
春秋左傳杜林滙參一至七、十二至三十）

350000－2010－0000103 經5－1/4001b2
左繡三十卷首一卷 （清）馮李驊 （清）陸浩
評輯 （清）沈乃文等參評 （清）馮翼孫等校
輯 春秋經傳集解三十卷 （晉）杜預撰
（唐）陸德明音釋 （宋）林堯叟附註 （清）
馮李驊增訂 清刻本 七冊 存三十三卷
（左繡一至九、十六至十七、二十四至二十六、
二十九至三十，首一卷；春秋經傳集解一至
九、十六至十七、二十四至二十六、二十九至

三十）

350000－2010－0000104 經5－1/5060c
春秋左傳音訓不分卷 （清）楊國楨撰 清道
光十年(1830)刻十一經音訓本 八冊

350000－2010－0000105 經5－1/2498
續春秋左氏傳博議二卷 （清）王夫之撰 清
光緒二十八年(1902)上海書局石印本 二冊

350000－2010－0000106 經5－1/5060b
春秋世族譜一卷 （清）陳厚耀撰 清光緒刻
邵武徐氏叢書本 一冊

350000－2010－0000107 史1－1/5000
史記一百三十卷附考證 （漢）司馬遷撰
（南朝宋）裴駰集解 （唐）司馬貞索隱
（唐）張守節正義 補史記一卷 （唐）司馬貞
撰并注 清光緒二十八年(1902)竢實齋石印
本 六冊 存一百一卷（一至十八、三十一至
四十二、六十一至一百三十，補史記一卷）

350000－2010－0000108 經5－1/5060a3
春秋左傳五十卷 （晉）杜預 （宋）林堯叟註
釋 （唐）陸德明音義 （明）鍾惺等批點 清
以文居刻本 十二冊 存三十八卷（三至十、
十五至十七、二十一至二十九、三十三至五
十）

350000－2010－0000109 經5－4/1212
瑞雀樓春秋刪補胡傳六卷 （宋）胡安國集註
（清）林就日刪補 清刻本 四冊

350000－2010－0000110 經5－4/5060a1
春秋三十卷 （宋）胡安國傳 （宋）林堯叟音
註 清康熙三十一年(1692)青蓮書屋刻本
五冊 存二十五卷（一至十八、二十四至三
十）

350000－2010－0000111 經5－4/5060b 甲
春秋三傳大全纂旨三十卷 （清）湯傳榘纂輯
（清）顧方開等參訂 春秋三十卷 （宋）胡
安國撰 （宋）林堯叟音註 清康熙四十二年
(1703)刻本 六冊

350000－2010－0000112 經5－4/5060c

140

春秋圖不分卷　（清）楊魁植輯　（清）楊文源增訂　清乾隆三十七年(1772)信芳書屋刻九經圖本　二冊

350000－2010－0000113　史1－1/1010

三國志六十五卷　（晉）陳壽撰　（南朝宋）裴松之注　清末影印本　十冊　存四十六卷（吳志一至二十、魏志四至十三、二十三至三十，蜀志一至八）

350000－2010－0000114　經6/0040

文帝孝經二卷　（清）湯萬煌注　清刻本　二冊

350000－2010－0000115　經6/2896

繪圖孝經便蒙課本一卷　（清）王國楨編　清光緒三十二年(1906)南洋官書局石印本　一冊

350000－2010－0000116　經6/4440a

孝經易知一卷　（清）耿介輯註　（清）湯斌參閱　（清）馬世英訂正　清光緒二十三年(1897)刻本　一冊

350000－2010－0000117　經7－5/6021v

四書集註十九卷　（宋）朱熹注　清武進陳氏亦園刻本　四冊　存六卷（中庸一卷，論語八至十，孟子四、六）

350000－2010－0000118　經7－3/0862

論語話解十卷　（清）陳澧撰　清光緒刻本　四冊

350000－2010－0000119　集2－7/4022e

有正味齋試帖四卷　（清）吳錫麒撰　清刻本　一冊　存一卷（一）

350000－2010－0000120　子2/4440

草盧經畧十二卷　（明）無名氏撰　清末上海申報館鉛印本　二冊　存四卷（五至八）

350000－2010－0000121　經7－5/6021r4

四書朱子本義匯參四十三卷首四卷　（清）王步青輯　（清）王士鼇編　清刻本　三冊　存七卷（中庸一至二、首一卷，論語五至六，孟子七至八）

350000－2010－0000122　類叢/3512

清馨樹顧氏校刊叢書□□種　（□）□□輯　清光緒十八年(1892)清馨樹顧氏刻本　一冊　存六種六卷（孝經一卷、周子太極圖說一卷、程子定性書一卷、篤志齋文鈔一卷、杜子美傳一卷、損窩詩鈔一卷）

350000－2010－0000123　子5－7/1012

西醫眼科撮要不分卷　（清）博濟醫局編　清光緒六年(1880)刻本　一冊

350000－2010－0000124　子5－7/2600

白喉全生集一卷　（清）李紀方輯　清宣統元年(1909)鉛印本　一冊

350000－2010－0000125　子5－7/3712

洞主仙師白喉治法忌表抉微一卷　題（清）耐修子輯注　清光緒三十三年(1907)刻本　一冊

350000－2010－0000126　子5－7/2227

仙傳白喉治法要言一卷　題（清）耐修子輯注　清光緒二十六年(1900)石印本　一冊

350000－2010－0000127　子5－7/3060甲

傳氏眼科審視瑤函六卷首一卷　（明）傳仁宇纂輯　清乾隆刻本　六冊

350000－2010－0000128　經5－4/5060e

春秋集註四十卷　（宋）高閌撰　清刻本　八冊　存三十一卷（一至四、十至三十六）

350000－2010－0000129　經7－4/1710a

孟子七卷　（宋）朱熹集註　清刻本　二冊　存五卷（一至三、六至七）

350000－2010－0000130　經7－5/6021r1

四書朱子本義匯參四十三卷首四卷　（清）王步青輯　（清）王士鼇編　清刻本　二十冊　存三十六卷（大學三；中庸六卷、首一卷；論語四至五、七至十八；孟子一至十二、十四，首一卷）

350000－2010－0000131　經7－5/7810D

監本辨字音注讀法四書白文□□卷　（清）廈門會文堂書莊校辨　清刻本　一冊　存一卷

（孟子下）

350000－2010－0000132　經 7－5/6021b

四書隨見錄四十一卷首二卷　（清）鄒鳳池
（清）陳作梅輯　清刻本　三冊　存十一卷
（孟子一至十、首一卷）

350000－2010－0000133　經 7－5/7740 甲

學庸竊補十四卷　（清）陳孚等輯　（清）崔栢
齡等參訂　清乾隆刻本　五冊　存十二卷
（大學五卷,中庸一至五、八至九）

350000－2010－0000134　集 4/3830

道咸同光四朝詩史一斑錄十六編（道咸以來
所見詩）　（清）孫雄輯　清光緒至宣統油印
本　一冊

350000－2010－0000135　新學/2498

續萬國史綱目八卷　（清）張茂炯總纂　（清）
費有容　（清）潘光綬編　清光緒二十三年
（1897）杭州通記編譯局石印本　二冊　存五
卷（四至八）

350000－2010－0000136　類叢/0460 甲

謝程山全書十二種　（清）謝文洊撰　清康熙
五十年（1711）刻本　二冊　存四種四卷（講
義一卷、程山十則一卷、大學切己錄一卷、中
庸切己錄一卷）

350000－2010－0000137　經 7－5/0061a

註釋小題及鋒集八卷　（□）□□撰　清刻本
二冊　存四卷（三至六）

350000－2010－0000138　經 7－5/1734

尋樂堂四書講義十卷　（清）何昱撰　（清）黃
崇禮鑒定　清光緒二十二年（1896）二山草堂
刻本　十冊

350000－2010－0000139　經 7－5/4003

學庸示掌二卷　（清）湯自銘撰　清刻本　一
冊

350000－2010－0000140　經 5－1/6015

國語韋解補正二十一卷　（三國吳）韋昭解
（清）吳曾祺補正　清宣統元年（1909）上海商
務印書館石印本　一冊　存六卷（十六至二

十一）

350000－2010－0000141　經 7－5/2722

御製繙譯四書六卷　（清）鄂爾泰等譯　清光
緒十四年（1888）聚珍堂刻本　六冊

350000－2010－0000142　經 7－5/4816a1

增補四書人物聚考二十二卷圖考一卷　（明）
鍾惺增定　（清）黃澍參訂　清木活字印本
二冊　存十四卷（一至二、八至九、十一至十
五、十九至二十二,圖考一卷）

350000－2010－0000143　經 7－5/6021c

四書集註衷義四十卷　（清）鄭芳輯　（清）翁
仕昭等參訂　清刻本　六冊　存二十三卷
（七至十二、十五至十六、二十二至二十八、三
十三至四十）

350000－2010－0000144　經 7－5/6021n 甲

四書典林三十卷　（清）江永編　（清）汪基參
訂　清雍正十三年（1735）刻本　九冊　存二
十七卷（一至八、十二至三十）

350000－2010－0000145　經 7－5/6021s

四書不二字音釋七卷　（清）楊昕撰　清道光
二十二年（1842）刻本　四冊

350000－2010－0000146　經 7－5/3830

遵依監版摹刻四書白文四卷　（清）蕭震校
清歲寒堂刻本　四冊

350000－2010－0000147　經 7－5/6021d 甲

四書大全四十二卷　（清）汪份輯　（清）張九
葉等訂　清康熙長洲汪氏遹喜齋刻本　十八
冊　存三十二卷（大學章句上,中庸章句上
中、或問一卷,論語一至二、五至六、九至十
二、十五至二十,孟子一至十四）

350000－2010－0000148　經 7－5/6021o1 甲

四書釋地一卷續一卷又續一卷三續一卷附孟
子生卒年月考一卷　（清）閻若璩撰　清乾隆
五十二年至五十三年（1787－1788）南城吳氏
聽雨齋刻本　四冊

350000－2010－0000149　經 7－5/6021o2

四書釋地一卷續一卷又續一卷三續一卷附孟

子生卒年月考一卷 （清）閻若璩撰 清嘉慶
十三年(1808)六宜堂刻本 五冊

350000－2010－0000150 經7－5/6021o3

四書釋地增一卷續增一卷又續增一卷三續增
一卷 （清）閻若璩撰 （清）樊廷枚增補 清
南城吳氏聽雨齋刻本 三冊 存三卷(續增
一卷、又續增一卷、三續增一卷)

350000－2010－0000151 經7－5/6021p

四書虛字講義一卷 （清）丁守存撰 清同治
十年(1871)刻本 一冊

350000－2010－0000152 經7－5/6021e

四書繹註五卷 （清）洪垣星撰 （清）張承露
參訂 清刻本 四冊 存四卷(論語二卷、孟
子二卷)

350000－2010－0000153 經7－5/3718a1

漱芳軒合纂四書體註十九卷 （清）范翔參訂
（清）朱光斗等校 清嘉慶十六年(1811)刻
本 五冊 存十四卷(大學一卷、中庸一卷、
論語六至十、孟子一至七)

350000－2010－0000154 經7－5/3718a2D

漱芳軒合纂四書體註十九卷 （清）范翔參訂
清光緒十七年(1891)廈門芸成齋刻本 六
冊

350000－2010－0000155 經7－5/3718a3

漱芳軒合纂四書體註十九卷 （清）范翔參訂
清文德堂刻本 五冊 存十七卷(大學一、
中庸一、論語一至十、孟子一至五)

350000－2010－0000156 經7－5/3718a4

漱芳軒合纂四書體註十九卷 （清）范翔參訂
清刻本 二冊 存十卷(論語一至十)

350000－2010－0000157 經7－5/6021a

四書定本辨正五卷附讀書枕中方一卷 （明）
胡正心輯 清咸豐元年(1851)朱氏挹翠樓刻
本 一冊 存三卷(字畫辨一卷、音釋辨一
卷、句義辨一卷)

350000－2010－0000158 經7－5/0292

新訂四書補註備旨十卷 （明）鄧林撰 （明）

杜定基增訂 清道光二十六年(1846)刻本
四冊 存六卷(大學一卷、中庸一卷、上論一
至二、下孟三至四)

350000－2010－0000159 經3/3730

逸詩一卷古逸詩一卷補亡詩一卷 （清）傅聲
縠輯 清光緒六年(1880)東甌郭博古齋刻木
活字印本 一冊

350000－2010－0000160 經7－5/6021fl

四書味根錄三十七卷 （清）金澄撰 清道光
二十六年(1846)刻本 五冊 存十卷(中庸
一,論語三至五、十五至十七,孟子五至六、十
三)

350000－2010－0000161 經7－5/6021g

四書明儒大全精義三十八卷 （清）湯傳榘輯
（清）徐自洵參訂 清刻本 一冊 存二卷
(孟子一至二)

350000－2010－0000162 子1/9501bD

性理四書質疑集二卷 （清）黃濤撰 清刻本
二冊

350000－2010－0000163 經7－5/6021i

四書益智錄二十卷 （清）桂含章輯 清光緒
九年(1883)刻本 二十冊

350000－2010－0000164 經7－5/6021j

四書朱子語類三十八卷 （清）張履祥 （清）
呂留良輯 清刻本 三冊 存十四卷(一至
四、二十八至三十七)

350000－2010－0000165 經7－5/7529

陳紫峰先生四書淺說十二卷 （明）陳琛撰
清光緒十九年(1893)刻本 三冊 存三卷
(九、十一至十二)

350000－2010－0000166 經8/4816a

增訂五經體註大全四十卷 （清）來爾繩輯
清光緒五年(1879)慈水古草堂刻本 二十二
冊 存三十八卷(易經大全會解四卷,書經體
註大全合參一至三、五至六,詩經融註大全體
要八卷,寄傲山房塾課纂輯春秋十二卷,全本
禮記體註一至二、四至十)

350000－2010－0000167　　經 0/1010a1

**五經備旨四十五卷**　（清）鄒聖脈輯　清光緒
十二年(1886)上海點石齋石印本　十冊　存
五種三十八卷(寄傲山房塾課纂輯易經備旨
七卷,寄傲山房塾課纂輯書經備旨蔡註捷錄
七卷,御案詩經備旨八卷,寄傲山房塾課纂輯
春秋備旨五至十二,寄傲山房塾課纂輯禮記
全文備旨一至四、八至十一)

350000－2010－0000168　　經 8/7722

**周東山先生五經解十卷**　（清）周封魯輯　清
刻本　五冊

350000－2010－0000169　　經 0/1010a3

**五經備旨四十五卷**　（清）鄒聖脈輯　清刻本
二十冊

350000－2010－0000170　　經 8/1010b

**五經異義疏證三卷**　（漢）許慎撰　（清）陳壽
祺疏證　清嘉慶十八年(1813)刻本　三冊

350000－2010－0000171　　類叢//9602D

**愓齋遺書三種**　（清）孫經世撰　清道光二十
三年(1843)同安蘇廷玉刻本　四冊

350000－2010－0000172　　經 8/1010a1 甲

**五經類編二十八卷**　（清）周世樟編輯　清雍
正二年(1724)刻本　八冊　存二十二卷(一
至五、十至二十六)

350000－2010－0000173　　經 8/1017

**雪樵經解三十卷附錄三卷**　（清）馮世瀛輯
清光緒八年(1882)刻本　三十冊　存三十一
卷(一、三至二十二、二十四至三十,附錄三
卷)

350000－2010－0000174　　經 0/1060 甲

**石齋先生經傳九種**　（明）黃道周撰　（清）鄭
開極重訂　清康熙三十二年(1693)晉安鄭開
極刻本　十三冊　存七種二十五卷(孝經集
傳四卷,易象正一至四、初上,洪範明義二卷、
初一卷、終一卷,表記集傳二卷、春秋表記問
業一卷,緇衣集傳四卷,月令明義四卷,儒行
集傳上)

350000－2010－0000175　　經 8/2010a2 = 1

350000－2010－0000175　　經 8/2010a2 = 1

**重校十三經不貳字一卷**　（清）李鴻藻輯　清
光緒十二年(1886)刻本　一冊

350000－2010－0000176　　經 8/2010a2

**重校十三經不貳字一卷**　（清）李鴻藻輯　清
光緒十二年(1886)刻本　一冊

350000－2010－0000177　　經 8/2191a

**經義類考二十卷**　（清）郭楷撰　清嘉慶松文
樓刻本　九冊　存十六卷(一至十六)

350000－2010－0000178　　經 8/2133 甲

**熊先生經說七卷**　（元）熊朋來撰　清康熙十
九年(1680)刻通志堂經解本　一冊　存二卷
(一至二)

350000－2010－0000179　　經 8/2191b

**經義尋中十二卷**　（清）楊琪光撰　清光緒十
一年(1885)刻本　二冊　存二卷(二至三)

350000－2010－0000180　　經 0/1010c

**五經四書九十七卷**　（清）□□輯　清恕堂刻
本　二十五冊　存七種四十五卷(周易一,書
經六卷,詩經八卷,禮記十卷,春秋左傳一至
二、二十五至三十,論語六至十,孟子七卷)

350000－2010－0000181　　經 8/1010a2 甲

**五經類編二十八卷**　（清）周世樟編輯　清乾
隆三十八年(1773)刻本　十冊

350000－2010－0000182　　集 2－7/4060b

**古微堂內集三卷外集七卷**　（清）魏源撰　清
光緒四年(1878)淮南書局刻本　三冊　存九
卷(內集三卷,外集一至二、四至七)

350000－2010－0000183　　經 7－3/2772 甲

**鄉黨圖考十卷**　（清）江永撰　清乾隆三十九
年(1774)刻本　六冊

350000－2010－0000184　　經 0/2610

**皇清經解一百八十種一千四百八卷**　（清）阮
元輯　清光緒十三年(1887)上海書局石印本
六十五冊

350000－2010－0000185　　經 8/2610b

**皇朝五經彙解二百七十卷**　題(清)抉經心室
主人輯　清光緒十四年(1888)鴻文書局石印

本　二十四冊　存二百八卷(一至一百九十二、二百十二至二百二十一、二百六十五至二百七十)

350000－2010－0000186　子5－8/2222
**鼎鍥幼幼集成六卷**　(清)陳復正輯訂　清光緒二年(1876)刻本　六冊

350000－2010－0000187　經1/6022e2
**易經精華六卷末一卷**　(清)薛嘉穎撰　清道光二十五年(1845)光韡堂刻七經精華本　四冊

350000－2010－0000188　經0/6021
**四經精華**　(清)魏朝俊輯　清光緒二十年(1894)刻本　六冊　存二種十五卷(易經精華一至四,詩經精華十卷、首一卷)

350000－2010－0000189　經1/6022i2
**周易審鵠要解四卷**　(清)林錫齡輯　清刻本　一冊　存一卷(一)

350000－2010－0000190　經3/0464g
**詩經審鵠要解六卷**　(清)林錫齡輯　清刻本　一冊　存一卷(二)

350000－2010－0000191　史1－1/1060
**晉書一百三十卷音義三卷**　(唐)房玄齡等撰　(唐)何超音義　清光緒二十八年(1902)竢實齋石印本　七冊　存一百十七卷(一至四十八、六十五至一百三十,音義三卷)

350000－2010－0000192　經3/0464h
**詩經旁訓辨體合訂四卷**　(清)徐立綱輯　清刻本　三冊　存三卷(一至三)

350000－2010－0000193　經7－5/4816a2
**增補四書人物聚考二十二卷圖考一卷**　(清)鍾惺增定　(清)黃澍參訂　清刻本　三冊　存三卷(二、四、七)

350000－2010－0000194　經1/2722a3
**御纂周易折中二十二卷首一卷**　(清)李光地等纂　清刻本　四冊　存八卷(一至四、十二至十五)

350000－2010－0000195　經5－4/8718

**欽定春秋傳說彙纂三十八卷首二卷**　(清)王掞等撰　清同治刻本　二十四冊

350000－2010－0000196　子1/7421＝1
**陸清獻公治嘉格言一卷**　(清)陸隴其撰　清同治七年(1868)上海衙署刻本　一冊

350000－2010－0000197　經7－5/6021k
**四書衷要補辦三十七卷**　(清)王其華輯　(清)王紹美　(清)王紹勳校對　清刻本　十冊　存十五卷(大學一卷,中庸二,論語一至二、七至十、十四至十八,孟子三至四)

350000－2010－0000198　經7－5/6021l甲
**四書捷徵二卷**　(清)唐桂生編輯　(清)官獻瑤鑒定　(清)唐徐生重校　清乾隆刻本　一冊

350000－2010－0000199　經7－5/0865
**詳訂四書難題問答初集不分卷二集不分卷**　(清)王鳴昌論定　(清)陸嘉寶等評次　(清)王新祐等訂　清刻本　一冊　存二集大學、中庸

350000－2010－0000200　經7－5/6021f2
**四書味根錄三十七卷**　(清)金澄撰　清刻本　四冊　存八卷(中庸一、論語六至十、孟子三至四)

350000－2010－0000201　經7－4/1710b
**孟子集註本義匯參十四卷首一卷**　(清)王步青輯　清刻本　一冊　存二卷(九至十)

350000－2010－0000202　經8/6021
**四書五經義策論文編三卷**　(清)黃中伯撰　(清)林迪臣鑒定　清光緒二十八年(1902)世界公學鉛印本　一冊　存一卷(上)

350000－2010－0000203　經1/8742b
**鄭氏爻辰補六卷**　(清)戴棠撰　清刻本　一冊　存一卷(四)

350000－2010－0000204　經7－4/4816
**增補蘇批孟子二卷**　(宋)蘇洵原本　(清)趙大浣增補　清咸豐至同治間刻朱墨套印本　二冊

145

350000－2010－0000205　經7－5/6021q

**四書拾遺六卷**　（清）林春溥撰　清刻本　一冊　存一卷（孟子下）

350000－2010－0000206　經7－5/6021m

**四書大全說約合參正解三十卷**　（清）吳荃輯　（清）潘宗垣等校　清深柳堂刻本　一冊　存一卷（孟子下）

350000－2010－0000207　經4－5/1260

**酬世錦囊正家禮大成八卷**　（清）呂子振輯　清刻本　一冊　存二卷（三至四）

350000－2010－0000208　經4－5/3023

**家禮釋要三卷**　（清）陳貞永纂釋　清刻本　一冊　存一卷（中）

350000－2010－0000209　集4/3722

**初學辨體不分卷**　（清）徐與喬輯評　清刻本　六冊　存經部、史部

350000－2010－0000210　經0/4000

**十三經注疏附考證**　（□）□□編　清同治十年（1871）廣東書局刻本　一百二十冊

350000－2010－0000211　集2－7/3116a甲

**潛庵文正公家書一卷**　（清）湯斌撰　清乾隆十七年（1752）刻本　一冊

350000－2010－0000212　經8/4000a1

**十三經集字摹本不分卷**　（清）彭玉雯輯　清道光二十九年（1849）江右彭氏刻本　五冊

350000－2010－0000213　經8/4000a2

**十三經集字摹本不分卷**　（清）彭玉雯輯　清刻本　二冊

350000－2010－0000214　經8/4690

**相臺書塾刊正九經三傳沿革例一卷**　（宋）岳珂撰　清光緒三年（1877）湖北崇文書局刻崇文書局彙刻書本　一冊

350000－2010－0000215　子5－8/6090

**景岳新方詩括注解四卷首一卷**　（清）林霨（清）陳念祖纂　清嘉慶元年（1796）刻本　三冊　存四卷（一至二、四，首一卷）

350000－2010－0000216　經9－3/1022b甲

**爾雅六卷**　（清）姜兆錫註疏糸義　清乾隆四十四年（1779）寶章堂刻本　一冊　存二卷（一至二）

350000－2010－0000217　經9－3/1022a甲

**爾雅註疏十一卷**　（晉）郭璞注　（宋）邢昺疏　明崇禎毛氏汲古閣刻十三經註疏本　六冊

350000－2010－0000218　經9－3/7171

**匡謬正俗八卷**　（唐）顏師古撰　清乾隆德州盧氏刻雅雨堂藏書本　一冊

350000－2010－0000219　經9－3/0691

**親屬記二卷**　（清）鄭珍撰　清光緒十八年（1892）廣雅書局刻本　一冊

350000－2010－0000220　經7－5/1762

**酌雅齋四書遵註合講十九卷**　（清）翁復編　清文瑞堂刻本　一冊　存五卷（論語一至五）

350000－2010－0000221　經4－3/3521g

**禮記增訂旁訓六卷**　（清）徐立綱撰　清吳郡張氏匠門書屋刻本　三冊　存三卷（四至六）

350000－2010－0000222　集2－7/5060D

**書信譽抄一卷**　（□）□□輯　清抄本　一冊

350000－2010－0000223　經4－5/1010b

**三禮陳數求義三十卷**　（清）林喬蔭撰　清嘉慶刻本　六冊　存十一卷（六至十一、二十二、二十五至二十八）

350000－2010－0000224　史1－1/3090

**宋史四百九十六卷目錄三卷**　（元）脫脫等撰　清刻本　二十四冊　存一百三十八卷（二百四十二至三百十九、三百七十七至四百三十六）

350000－2010－0000225　經9－1/0040

**文字蒙求四卷**　（清）王筠撰　清刻本　一冊　存三卷（二至四）

350000－2010－0000226　經9－1/9148

**類字訓蒙二卷**　（清）林謙撰　清刻本　二冊

350000－2010－0000227　經9－1/0080

**六書約言二卷**　（清）吳善述輯　清末刻本　二冊

350000 – 2010 – 0000228　經9－1/0861a

**說文部首韻語一卷**　（清）黃壽風編　清同治十一年(1872)湖州賴春士刻本　一冊

350000 – 2010 – 0000229　經9－1/0861b

**說文偏旁一卷**　（□）□□撰　清光緒三十一年(1905)刻本　一冊

350000 – 2010 – 0000230　經9－1/0861c

**說文解字注三十卷六書音均表二卷汲古閣說文訂一卷**　（清）段玉裁注　清同治十一年(1872)湖北崇文書局刻本　十八冊

350000 – 2010 – 0000231　經9－1/0861d

**說文解字通釋四十卷**　（五代）徐鍇傳釋　清光緒九年(1883)江蘇書局刻本　八冊

350000 – 2010 – 0000232　經9－1/0861e

**說文古語考補正二卷**　（清）程炎考　（清）傅雲龍補正　清光緒十一年(1885)紅餘籔室刻本　二冊

350000 – 2010 – 0000233　經9－1/0861f

**說文楬原二卷**　（清）張行孚撰　清光緒十年(1884)常熟鮑氏刻後知不足齋叢書本　二冊

350000 – 2010 – 0000234　類叢/8010a1

**金峨山館叢書十一種**　（清）郭傳璞輯　清光緒鄞縣郭氏刻本　一冊　存三種八卷(說文答問疏證六卷、說文經字攷一卷、第一樓叢書附考一卷)

350000 – 2010 – 0000235　經9－1/0861g

**說文管見三卷**　（清）胡秉虔撰　清同治十二年(1873)世澤樓刻本　一冊

350000 – 2010 – 0000236　經9－1/2040a

**千字文一卷**　（南朝梁）周興嗣次韵　清石印本　一冊

350000 – 2010 – 0000237　經9－1/2040b1

**千字文釋義一卷**　（清）汪嘯尹纂輯　（清）孫謙益參注　清刻本　一冊

350000 – 2010 – 0000238　經9－1/2040b2

**千字文釋義一卷**　（清）汪嘯尹纂輯　（清）孫謙益參注　清刻本　一冊

350000 – 2010 – 0000239　經9－1/2191

**經韻纂字續釋四十節**　題（清）警谿逸士編　清光緒刻本　六冊　存二十九節(一至四、十至二十、二十七至四十)

350000 – 2010 – 0000240　史7/0021甲

**鹿門先生批點漢書九十三卷**　（明）茅坤輯　（明）陶國柱　（明）茅琛徵訂　明崇禎八年(1635)刻本　二十九冊　存八十二卷(一、四至十、十二至十七、二十至四十八、五十一至八十、八十三至九十一)

350000 – 2010 – 0000241　經9－1/3040b

**字學舉隅二卷附摘誤一卷**　（清）龍光甸　（清）龍啟瑞輯　清道光二十六年(1846)刻本　一冊

350000 – 2010 – 0000242　經9－1/4060a

**古籀拾遺三卷**　（清）孫詒讓撰　清光緒十六年(1890)刻本　三冊

350000 – 2010 – 0000243　經9－3/4480

**英字入門不分卷**　（清）曹驤編譯　清同治十三年(1874)上海著易堂鉛印本　一冊

350000 – 2010 – 0000244　經9－1/9592

**新編精圖壹萬字文二卷**　（□）□□撰　清光緒三十四年(1908)章福記石印本　一冊

350000 – 2010 – 0000245　經9－2/7713

**最新閩省官話捷中捷二卷**　（清）郎興俊編　清宣統三年(1911)福州宏文閣石印本　三冊

350000 – 2010 – 0000246　經9－1/3418

**漢隸字源五卷碑目一卷附字一卷**　（宋）婁機撰　清光緒三年(1877)歸安姚覲元咫進齋刻本　六冊

350000 – 2010 – 0000247　經9－1/4060b

**古今文字通釋十四卷**　（清）呂世宜撰　清光緒五年(1879)刻本　二冊　存四卷(九至十二)

350000 – 2010 – 0000248　經9－2/0464a

**詩韻類錦十二卷**　（清）郭化霖撰　清刻本　一冊　存二卷(二至三)

350000－2010－0000249　經9－2/0464b

**詩韻合璧五卷** （清）湯文潞編　**虛字韻藪一卷** （清）潘維城輯　清光緒十二年(1886)鉛印本　二冊　存三卷(詩韻合璧一、五,虛字韻藪一卷)

350000－2010－0000250　經9－2/4712

**切韻指掌圖一卷附檢例一卷** （宋）司馬光撰 （明）邵光祖補　清光緒九年(1883)上海同文書局石印本　一冊

350000－2010－0000251　經9－1/4816

**增訂臨文便覽二卷附摘誤一卷** （清）怡雲仙館主人輯　清光緒二年(1876)古香齋刻本　一冊

350000－2010－0000252　經9－2/0668

**韻學指南一卷補情吟草一卷** （清）趙世昌撰　清宣統二年(1910)鉛印本　一冊

350000－2010－0000253　經9－2/3410甲

**對類便讀六卷首一卷** （清）程錫類編輯 （清）葉良醫刪訂　（清）汪熙珙　（清）項廷試音註　清康熙四十六年(1707)綠慎堂刻本　四冊

350000－2010－0000254　經9－2/4000a2

**十五韻不分卷** （□）□□撰　清光緒三年(1877)抄本　一冊

350000－2010－0000255　經9－2/8000D

**八音定訣不分卷** （清）葉開溫輯　清宣統元年(1909)廈門倍文齋鉛印本　一冊

350000－2010－0000256　史1－1/4477

**舊五代史一百五十卷目錄二卷** （宋）薛居正等撰　清咸豐元年(1851)新會陳焯之刻本　二十三冊

350000－2010－0000257　經9－1/3040a

**字類標韻六卷** （清）華綱輯　（清）王乃棠重校　清光緒元年(1875)肄江王氏刻本　二冊

350000－2010－0000258　經9－1/0064

**音義蒙求不分卷** （□）□□撰　清嘉慶紅格抄本　十冊

350000－2010－0000259　子1/4422a1

**勸學篇二卷** （清）張之洞撰　清光緒二十四年(1898)蘢峰書院刻本　一冊

350000－2010－0000260　經9－2/4412

**剔弊廣增分韻五方元音二卷首一卷** （清）樊騰鳳撰　（清）趙培梓改編　清刻本　四冊

350000－2010－0000261　史7/4040

**支那史要六卷** （日本）市村瓚次郎撰　（清）陳毅譯　清光緒二十八年(1902)廣智書局鉛印本　二冊

350000－2010－0000262　經0/1010a2

**五經備旨四十五卷** （清）鄒聖脈纂輯　清光緒十二年(1886)上海點石齋石印本　五冊　存二種二十卷(寄傲山房塾課纂輯春秋備旨十二卷,寄傲山房塾課纂輯禮記全文備旨一至四、八至十一)

350000－2010－0000263　經7－5/1010

**五車樓五訂正韻四書纂序說約集註定本十九卷** （清）蔡方炳重纂　清光緒十三年(1887)石印本　一冊　存二卷(大學一卷、中庸一卷)

350000－2010－0000264　經8/4816b

**增批五經備旨** （清）鄒聖脈撰　清光緒三十年(1904)石印本　二冊　存二種(易經備旨、禮記備旨)

350000－2010－0000265　經7－5/6021r2

**四書朱子本義匯參八卷首四卷** （清）王步青輯　（清）王士韻編　清光緒二十八年(1902)上海書局石印本　六冊　存十卷(大學一卷、首一卷,中庸一卷、首一卷,論語上下、首一卷,孟子上中、首一卷)

350000－2010－0000266　經8/1010c

**五經揭要二十六卷** （清）周蕙田輯錄　（清）杜綱糸訂　清道光十六年(1836)刻本　五冊　存二十二卷(周易揭要三卷,書經揭要六卷,春秋三傳揭要六卷、首一卷,禮記揭要六卷)

350000－2010－0000267　經8/2610a

皇清經解敬修堂編目十六卷　（清）陶治元編輯　清光緒十二年(1886)石印本　四冊

350000－2010－0000268　經 5－4/5060a2
春秋三十卷　（宋）胡安國傳　（宋）林堯叟音註　清刻本　二冊　存十一卷（十至十三、二十四至三十）

350000－2010－0000269　經 9－1/0023a1 甲
康熙字典十二集總目一卷檢字一卷辨似一卷等韻一卷備考一卷補遺一卷　（清）張玉書等纂　清康熙刻本　三十冊　存三十五卷（子集上中下、丑集上中下、寅集上中下、卯集上下、辰集上中下、巳集上中下、午集上中下、未集上中下、申集上中下、酉集上中下、戌集上中下、亥集中下,補遺一卷）

350000－2010－0000270　經 9－1/0023a2 甲
康熙字典十二集總目一卷檢字一卷辨似一卷等韻一卷備考一卷補遺一卷　（清）張玉書等纂　清康熙刻本　二十六冊　存三十三卷（子集上中下、丑集上中下、卯集中、辰集中、巳集上中下、午集上中下、未集上中下、申集上中下、酉集上中下、戌集上中、亥集中下,總目一卷,檢字一卷,辨似一卷,等韻一卷,備考一卷,補遺一卷）

350000－2010－0000271　經 9－1/0023a4
康熙字典十二集總目一卷檢字一卷辨似一卷等韻一卷備考一卷補遺一卷　（清）張玉書等纂　（清）奕繪等重修　清道光七年(1827)刻本　三十七冊　存三十九卷（子集上中下、丑集上中下、寅集上中下、卯集上中下、辰集上中下、巳集上中、午集上中下、未集上中下、申集上中下、酉集上中下、戌集上下、亥集上中下,總目一卷,檢字一卷,辨似一卷,等韻一卷,備考一卷,補遺一卷）

350000－2010－0000272　經 9－1/0023a5
康熙字典十二集總目一卷檢字一卷辨似一卷等韻一卷備考一卷補遺一卷　（清）張玉書等纂　（清）奕繪等重修　清道光七年(1827)刻本　二十一冊　存二十七卷（子集上中下、丑集上中下、寅集下、卯集中、巳集中下、午集上

中下、未集上中、申集上、酉集上、戌集上中下、亥集上中下,總目一卷,檢字一卷,辨似一卷,等韻一卷）

350000－2010－0000273　經 9－1/0023a3
康熙字典十二集總目一卷檢字一卷辨似一卷等韻一卷備考一卷補遺一卷　（清）張玉書等纂　清刻本　三冊　存三卷（申集上、戌集中、亥集中）

350000－2010－0000274　經 9－1/0023a6
康熙字典十二集總目一卷檢字一卷辨似一卷等韻一卷備考一卷補遺一卷　（清）張玉書等纂　清光緒十六年(1890)上海同文書局石印本　四冊　存二十三卷（巳集上中下、午集上中下、未集上中下、申集上中下、酉集上中下、戌集上中下、亥集上中下,備考一卷,補遺一卷）

350000－2010－0000275　經 9－1/0023a7
康熙字典十二集總目一卷檢字一卷辨似一卷等韻一卷備考一卷補遺一卷　（清）張玉書等纂　清刻本　七冊　存七卷（卯集中、辰集下、巳集中、未集上下、申集上、酉集中）

350000－2010－0000276　經 9－1/0023a8
康熙字典十二集總目一卷檢字一卷辨似一卷等韻一卷備考一卷補遺一卷　（清）張玉書等纂　清刻本　十二冊　存十六卷（子集上、丑集中、寅集下、卯集中、辰集中、巳集上、未集下、申集上下、酉集上、戌集中、亥集下,總目一卷,檢字一卷,辨似一卷,備考一卷）

350000－2010－0000277　經 7－5/0061b1D
注釋分法小題拆字不分卷　（清）陳方平增選　（清）張聲有評定　清光緒六年(1880)銀同徐文齋刻本　一冊　存大學、中庸、論語

350000－2010－0000278　經 1/6022e2 ＝1
易經精華六卷末一卷　（清）薛嘉穎撰　清道光二十五年(1845)光韙堂刻本　二冊　存二卷(二、四)

350000－2010－0000279　經 4－3/3521h2
禮記精華十卷　（清）江永　（清）汪基訂　清

道光十九年（1839）刻本　四冊　存七卷（一至三、六至九）

350000－2010－0000280　經5－1/4001b3
**左繡三十卷首一卷**　（清）馮李驊　（清）陸浩評輯　**春秋經傳集解三十卷**　（晉）杜預撰　（唐）陸元明音釋　（宋）林堯曳附註　（清）馮李驊增訂　清刻本　六冊　存二十四卷（左繡八至十三、十五至十六、二十一至二十二、二十九至三十，春秋經傳集解八至十三、十五至十六、二十一至二十二、二十九至三十）

350000－2010－0000281　經5－1/4816a＝1
**增補左繡三十卷首一卷**　（清）馮李驊　（清）陸浩評輯　**春秋杜林左傳滙杂三十卷**　（清）周正思纂　清嵩山書屋刻本　一冊　存八卷（增補左繡十五至十八、春秋杜林左傳滙杂十五至十八）

350000－2010－0000282　經7－5/6021r3
**四書朱子本義匯參四十三卷首四卷**　（清）王步青輯　（清）王士鼇編　清刻本　三冊　存五卷（中庸三；論語一、十二至十三，首一卷）

350000－2010－0000283　經7－5/2722＝1
**御製繙譯四書六卷**　（清）鄂爾泰等譯　清光緒十四年（1888）聚珍堂刻本　六冊

350000－2010－0000284　經7－5/6021u
**四書衷要補辨三十七卷**　（清）王其華輯（明）王紹美校對　（清）王紹勳校對　清刻本一冊　存二卷（論語十七至十八）

350000－2010－0000285　經8/2010a1
**重校十三經不貳字一卷**　（清）李鴻藻輯　清光緒十二年（1886）刻本　一冊

350000－2010－0000286　經9－2/4712＝1
**切韻指掌圖一卷**　（宋）司馬光撰　**附檢例一卷**　（明）邵光祖撰　清光緒九年（1883）上海同文書局石印本　一冊

350000－2010－0000287　經1/5090
**來瞿唐先生易註十五卷首一卷末一卷**　（明）來知德撰　清道光二十六年（1846）來錫蕃刻

本　八冊　存十卷（二至四、七、九至十一、十三至十五）

350000－2010－0000288　史2－1/2722a1
**御批歷代通鑑輯覽一百二十卷**　（清）傅恒等撰　清光緒二十九年（1903）石印本　四冊存二十七卷（三十六至四十二、五十一至五十六、九十九至一百十二）

350000－2010－0000289　史2－1/2722a2
**御批歷代通鑑輯覽一百二十卷**　（清）傅恒等纂　清光緒二十九年（1903）上海商務印書館石印本　十二冊　存六十二卷（二十二至五十一、五十八至八十九）

350000－2010－0000290　史2－1/2722b
**御撰資治通鑑綱目三編四卷**　（清）張廷玉等纂　清光緒十三年（1887）上海點石齋石印本一冊　存二卷（三至四）

350000－2010－0000291　史2－1/2792b甲
**綱鑑要編二十四卷**　（明）陳仁錫評　（明）于慎行摘　（明）陳臣忠纂　（明）張睿卿輯　明萬曆四十五年（1617）刻本　二冊　存四卷（十七至二十）

350000－2010－0000292　史2－1/3780
**資治通鑑釋文三十卷**　（宋）史炤撰　清光緒五年（1879）吳興陸氏十万卷樓刻本　四冊

350000－2010－0000293　史2－1/2222
**鼎鍥趙田了凡袁先生編纂古本歷史大方綱鑑補三十九卷首一卷**　（明）袁黃編纂　清末石印本　八冊　存七卷（三至九）

350000－2010－0000294　經2/5060e
**書經精義四卷首一卷末一卷**　（清）黃淦纂　清刻本　一冊　存三卷（一至二、首一卷）

350000－2010－0000295　史2－1/7780甲
**尺木堂綱鑑易知錄九十二卷**　（清）吳乘權等輯　清康熙五十年（1711）刻本　十八冊　存五十四卷（三至十四、三十六至七十七）

350000－2010－0000296　史2－2/3512
**清史攬要六卷**　（日）增田貢撰　清末石印

本　一册　存一卷(四)

350000－2010－0000297　史2－2/5090a
**東華錄三十二卷(天命朝至雍正朝)**　(清)蔣良騏編　清刻本　六册　存二十八卷(五至三十二)

350000－2010－0000298　史2－2/5090b
**東華錄一百九十四卷(天命朝至雍正朝)續錄二百三十卷(乾隆朝至同治朝)**　王先謙編　清光緒十三年(1887)上海圖書集成印書局鉛印本　五十六册　存三百七十六卷(天命四卷,天聰十一卷,崇德八卷,順治三十六卷,康熙十至一百十,雍正二十六卷,乾隆一至五十七、六十五至七十三、七十七至一百二十,嘉慶一至八、三十九至五十,道光六十卷)

350000－2010－0000299　史2－1/8811
**鑑綱詠略八卷**　(清)張應鼎撰　(清)柯龍章輯註　清同治十二年(1873)歸安張氏刻本　八册

350000－2010－0000300　史2－2/6021
**四裔編年表四卷**　(美國)林樂知譯　(清)嚴良勳譯　(清)李鳳苞編　清同治江南製造總局刻本　四册

350000－2010－0000301　史0/7121a1
**歷朝紀事本末七種**　(清)陳如升　(清)朱記榮輯　清光緒十四年(1888)上海書業公所鉛印本　四十七册　存七種五百三十七卷(左傳紀事本末一至四十四;通鑑紀事本末二十一至二百三十九;宋史紀事本末一至一百九;西夏紀事本末一至十六、十八至三十六,首二卷;元史紀事本末一至二十六;明史紀事本末一至八十;三藩紀事本末一至二十二)

350000－2010－0000302　史3－2/8010
**金史紀事本末五十二卷首一卷末一卷**　(清)李有棠編纂　清光緒二十九年(1903)李杙鄂樓刻本　十二册

350000－2010－0000303　史3－2/3430a1
**遼史紀事本末四十卷首一卷末一卷**　(清)李有棠編纂　清光緒二十九年(1903)李杙鄂樓

刻本　八册

350000－2010－0000304　史0/7121a2
**歷朝紀事本末八種附一種**　(清)陳如升(清)朱記榮輯　清光緒十四年至二十八年(1888－1902)上海著易堂鉛印本　五册　存二種九十二卷(遼史紀事本末一至四十、金史紀事本末一至五十二)

350000－2010－0000305　史3－2/3430a2
**遼史紀事本末四十卷**　(清)李有棠編纂　清光緒二十八年(1902)上海著易堂書局鉛印本　二册

350000－2010－0000306　史3－2/1610a1
**聖武記十四卷**　(清)魏源撰　清道光二十六年(1846)古微堂刻本　十一册　存十三卷(一至七、九至十四)

350000－2010－0000307　史3－2/1610a2
**聖武記十四卷**　(清)魏源撰　清道光二十六年(1846)刻本　七册　存九卷(一至三、七至十二)

350000－2010－0000308　史3－2/2610
**皇朝武功紀盛四卷**　(清)趙翼撰　**旗軍志一卷**　(清)金德純撰　清光緒鉛印本　四册

350000－2010－0000309　史3－2/3090
**宋史紀事本末一百九卷**　(明)馮琦編　(明)張溥論證　清刻本　四册　存三十卷(一至三十)

350000－2010－0000310　史3－1/5000
**中東戰紀本末八卷首一卷末一卷**　(美國)林樂知譯撰　蔡爾康纂輯　**續編四卷首一卷末一卷**　(清)林樂知審訂　蔡爾康纂輯　清光緒二十三年(1897)上海圖書集成局鉛印本　十二册　存十五卷(中東戰紀本末八卷、首一卷、末一卷,續編四卷、首一卷)

350000－2010－0000311　史2－1/3730
**通鑑大感應錄三卷**　(清)秦鏡撰　(清)劉維嶽補註　清咸豐七年(1857)刻本　三册

350000－2010－0000312　史3－1/3730甲

通鑑紀事本末二百三十九卷　（宋）袁樞撰
（明）張溥論證　（清）張永錫等重校　清康熙
二十四年(1685)太倉張氏刻本　四十冊　存
二百十一卷（一至二、二十五至一百六十七、
一百七十四至二百三十九）

350000－2010－0000313　子1/9501bD＝1
性理四書質疑集二卷　（清）黃濤撰　清刻本
　一冊　存一卷（下）

350000－2010－0000314　類叢/0021a
鹿洲全集八種　（清）藍鼎元撰　清同治四年
(1865)廣東羊城緯文堂刻本　十三冊　存七
種三十三卷（鹿洲初集一至二、四至十、十三
至二十，東征集六卷，平臺紀畧一卷，鹿洲公
案上，脩史試筆下，棉陽學準五卷，女學五至
六）

350000－2010－0000315　史4－1/0862
論世約編六卷外篇一卷　（清）林春溥編　清
嘉慶十八年(1813)竹柏山房刻本　一冊　存
一卷（一）

350000－2010－0000316　史4－2/3212
浙東紀略一卷　（清）徐芳烈撰　清宣統三年
(1911)上海商務印書館鉛印本　一冊

350000－2010－0000317　史0/4240
荊駝逸史五十一種附一種　（清）陳湖逸士編
　清宣統三年(1911)中國圖書館石印本　十
五冊　缺五卷（三朝野紀五至六、聖安本紀四
至六）

350000－2010－0000318　史4－3/4442a1
萬國史記二十卷　（日本）岡本監輔撰　清光
緒申報館鉛印本　一冊　存五卷（十一至十
五）

350000－2010－0000319　史4－3/4442a2
萬國史記二十卷　（日本）岡本監輔撰　清光
緒石印本　一冊　存二卷（十七至十八）

350000－2010－0000320　史14－4/5060
春融堂雜記八種　（清）王昶撰　清光緒申報
館鉛印本　四冊

350000－2010－0000321　類叢/0021b
鹿洲全集八種　（清）藍鼎元撰　清光緒五年
(1879)藍謙修補刻本　十三冊　存五種二十
卷（東征集六卷、脩史試筆二卷、女學六卷、棉
陽學準五卷、鹿洲奏疏一卷）

350000－2010－0000322　史4－1/6015a2 甲
國語二十一卷補音敘錄一卷　（三國吳）韋昭
解　（宋）宋庠補音　（明）張一鯤等閱
（明）郭子章等校　清乾隆刻本　四冊　存十
四卷（國語一至二、五至十、十七至二十一，補
音敘錄一卷）

350000－2010－0000323　史4－1/6015a1 甲
國語二十一卷　（三國吳）韋昭解　（明）陳仁
錫評　（明）鍾惺評　明末刻本　二冊　存八
卷（一至八）

350000－2010－0000324　史4－1/6015a3 甲
國語不分卷　（清）俞長城評點　清乾隆二十
四年(1759)金閶書業堂刻本　二冊

350000－2010－0000325　史4－1/6355a1
戰國策十卷　（宋）鮑彪校註　（元）吳師道重
校　清光緒二十二年(1896)長沙刻本　八冊

350000－2010－0000326　史4－1/6355a2
戰國策十卷　（宋）鮑彪校注　（元）吳師道重
校　清刻本　七冊　存九卷（一至三、五至
十）

350000－2010－0000327　史4－1/6355a3 甲
戰國策不分卷　（清）俞長城評點　清乾隆二
十四年(1759)金閶書業堂刻本　二冊

350000－2010－0000328　史4－1/6355b 甲
戰國策去毒二卷　（清）陸隴其評選　（清）趙
慎徽等較定　清康熙三十三年(1694)刻本
一冊　存一卷（上）

350000－2010－0000329　史4－1/6716 甲
路史前紀九卷後紀十三卷國明記八卷餘論十
卷發揮六卷　（宋）羅泌撰　（宋）羅苹註
（明）吳獻台等校　明末刻本　三冊　存十八
卷（路史前紀九卷、路史後紀五至十三）

350000－2010－0000330　史4－2/1043

天祿閣外史八卷　（漢）黃憲撰　（明）鍾惺評
清刻本　一冊　存二卷（一至二）

350000－2010－0000331　史6－1/7121a

歷代帝王年表不分卷　（清）齊召南編　（清）
阮福續編　帝王廟謚年諱譜一卷　（清）陸費
墀撰　清道光四年（1824）刻本　三冊

350000－2010－0000332　史6－1/7121b

歷代帝王年表一卷紀元同異考略一卷　（清）
黃大華撰　清光緒二十六年（1900）夢紅豆邨
刻本　一冊

350000－2010－0000333　史4－3/7778

歐洲史略十三卷　（英國）艾約瑟譯　清光緒
石印本　一冊

350000－2010－0000334　史6－1/7123

歷代帝王世系圖一卷　（清）□□編　清宣統
二年（1910）陸軍部刷印處石印本　一冊

350000－2010－0000335　史16－2/1021

元史藝文志四卷　（清）錢大昕補　清光緒十
年（1884）長沙龍氏家塾刻嘉定錢氏潛研堂全
書本　一冊

350000－2010－0000336　集2－7/3116b

潛菴先生遺稿五卷疏稿一卷　（清）湯斌撰
清刻本　十一冊

350000－2010－0000337　史12/4094

校邠廬抗議二卷　（清）馮桂芬撰　清光緒十
八年（1892）敏德堂潘氏刻本　二冊

350000－2010－0000338　史12/8060

曾文正公奏議十卷首一卷末一卷　（清）曾國
藩撰　（清）薛福成編次　清同治十二年
（1873）常熟張瑛刻本　十冊

350000－2010－0000339　史12/7129

［□□原奏］不分卷　（清）□□輯錄　清咸豐
十年（1860）抄本　一冊

350000－2010－0000340　史9－1/0028a1

廣列女傳二十卷附錄一卷　（清）劉開撰　清
光緒十年（1884）皖城刻本　六冊

350000－2010－0000341　史9－1/0040

文廟通考六卷首一卷　（清）牛樹梅撰　清同
治十一年（1872）浙江書局刻本　二冊

350000－2010－0000342　史0/0090

京口掌故叢編初集六種　（清）陶駿保輯　清
光緒三十四年（1908）陶氏刻本　一冊　存二
種三卷（己酉避亂錄一卷、校勘記一卷，京口
償城錄一卷）

350000－2010－0000343　子8－2/5023a

本書蒙演百孝圖一卷　（清）沈三賢繪像
（清）張吳渼贅詩　清道光元年（1821）聚奎齋
刻本　一冊

350000－2010－0000344　史9－1/1060a

二百冊孝圖四卷　（清）胡文炳輯　（清）謝仁
澍書　清光緒五年（1879）刻本　二冊　存二
卷（三至四）

350000－2010－0000345　史9－1/4480

楚㬵三文忠傳三卷　（清）李元度撰　清末刻
本　一冊

350000－2010－0000346　史9－1/1060b

西湖三祠名賢考略三卷首一卷　（清）戴啟文
纂輯　（清）孫峻參訂　清光緒三十年（1904）
刻本　二冊

350000－2010－0000347　史9－1/1060b＝1

西湖三祠名賢考略三卷首一卷　（清）戴啟文
纂輯　（清）孫峻參訂　清光緒三十年（1904）
刻本　二冊

350000－2010－0000348　史9－1/1060c1

百家姓考略一卷　（清）王相箋注　清刻本
一冊

350000－2010－0000349　史9－1/1060c2

百家姓考略一卷　（清）王相箋注　清末李光
明莊刻本　一冊

350000－2010－0000350　史9－6/2074

［乾隆三十九年］爵秩全覽不分卷　（清）□□
編　清刻本　四冊

350000－2010－0000351　史9－1/2760

名雋初集八卷 （清）戴咸弼編 清光緒五年
(1879)刻本 二冊 存四卷(三至六)

350000－2010－0000352 史9－1/6015a 甲

國朝畫徵錄三卷續錄二卷 （清）張庚撰 清
乾隆刻本 三冊 存四卷(國朝畫徵錄中下、
續錄二卷)

350000－2010－0000353 史9－1/8315

錢塘先賢傳贊一卷附錄一卷 （宋）袁韶撰
清光緒四年(1878)刻本 一冊

350000－2010－0000354 史2－1/2792a2

綱鑑擇語十卷 （清）司徒修輯 清同治六年
(1867)品蓮書屋刻本 十冊

350000－2010－0000355 經8/4000b

十三經源流口訣一卷 （清）鮑東里撰 清光
緒刻本 一冊

350000－2010－0000356 史14－9/4003

大日本中興先覺志二卷 （日）岡本監輔撰
清光緒二十七年(1901)開道社刻本 二冊

350000－2010－0000357 史14－9/4003＝1

大日本中興先覺志二卷 （日）岡本監輔撰
清光緒二十七年(1901)開道社刻本 一冊
存一卷(上)

350000－2010－0000358 史9－6/4003

[宣統三年夏]大清搢紳全書不分卷 （清）
□□編 清宣統三年(1911)榮錄堂刻本 十
七冊

350000－2010－0000359 史9－1/4241

[安徽桐城]麻溪姚氏先德傳六卷 （清）姚瑩
撰 清刻本 一冊

350000－2010－0000360 史9－2/4212

彭剛直公榮哀錄不分卷 （清）□□撰 清光
緒十六年(1890)刻本 一冊

350000－2010－0000361 史9－1/4440a

孝弟圖說不分卷 （清）李文耕撰 （清）倭仁
編 清同治十三年(1874)武林有容齋刻本
二冊

350000－2010－0000362 史9－1/4440a＝1

孝弟圖說不分卷 （清）李文耕撰 （清）倭仁
編 （清）吳平江繪 清同治十三年(1874)武
林有容齋刻本 一冊

350000－2010－0000363 史9－1/4440b

孝弟錄二卷 （清）李文耕原編 （清）江青輯
清光緒二十一年(1895)西園江氏刻本 一
冊

350000－2010－0000364 史9－1/4440c

孝弟續錄二卷 （清）江青輯 清光緒二十一
年(1895)西園江氏刻本 三冊

350000－2010－0000365 史9－1/5000a

史姓韻編二十四卷 （清）汪輝祖輯 清光緒
二十九年(1903)上海文瀾書局石印本 八冊
存二十三卷(一至九、十一至二十四)

350000－2010－0000366 史9－1/5000b

史姓韻編六十四卷 （清）汪輝祖輯 （清）馮
祖憲重校 清光緒十年(1884)慈溪耕餘樓書
局鉛印本 六冊 存二十二卷(三十一至四
十六、五十一至五十六)

350000－2010－0000367 史9－1/6015b

國朝先正事略六十卷 （清）李元度撰 清光
緒十三年(1887)上海點石齋石印本 七冊
存五十四卷(一至十九、二十六至六十)

350000－2010－0000368 史9－1/6015c

國朝畫家書小傳四卷 （清）葉銘輯 清宣統
元年(1909)西泠印社鉛印本 一冊

350000－2010－0000369 史9－1/6015d

國朝詩人徵略六十卷 （清）張維屏輯 清刻
本 七冊 存三十九卷(五至四十三)

350000－2010－0000370 史9－1/8060b

善女人傳二卷 （清）彭際清撰 清同治十一
年(1872)常熟刻本 一冊

350000－2010－0000371 史9－1/6702a

明良志略一卷 （清）劉沅撰 清末刻本 一
冊

350000－2010－0000372 史4－2/2610

皇朝紀略一卷 （清）何琪編輯 清光緒二十

七年(1901)越郡北鄉學堂刻本 一冊

350000－2010－0000373 史9－1/6706

**昭代名人尺牘小傳二十四卷** (清)吳修輯
清刻本 二冊

350000－2010－0000374 史9－1/6702b

**明儒學案六十二卷師說一卷** (清)黃宗羲撰
清光緒八年(1882)上海文瑞樓石印本 二
冊 存八卷(二十三至二十七、三十二至三十
四)

350000－2010－0000375 史9－1/3512

**清敕授儒林郎鄉進士歷任直隸祁博安糧河洲**
**□東明唐山遷安南宮等縣知縣福建漳州府南**
**靖縣學教諭加二級卓異侯陸六十八翁默存劉**
**府君行述一卷** (清)張熙宇撰 清末刻本
一冊

350000－2010－0000376 集3－3/8010

**全閩明詩傳五十五卷** (清)郭柏蒼輯 清光
緒十五年(1889)郭氏沁泉山館刻本 二十七
冊 存五十三卷(一至二十三、二十六至五十
五)

350000－2010－0000377 史9－1/8010a

**金石學錄補四卷** (清)陸心源編 清光緒五
年(1879)刻本 一冊

350000－2010－0000378 史9－1/8060a

**曾文正公大事記四卷** (清)王定安撰 清光
緒三十一年(1905)上海商務印書館鉛印本
一冊

350000－2010－0000379 史9－1/8010b

**金陵通傳四十五卷補遺四卷** (清)陳作霖撰
清光緒三十年(1904)瑞華館刻本 一冊
存五卷(一至五)

350000－2010－0000380 史9－1/1610

**聖門諸賢輯傳不分卷** (清)查光泰輯 清光
緒十三年(1887)刻本 二冊

350000－2010－0000381 史1－1/8022甲

**前漢書一百卷** (漢)班固撰 (唐)顏師古注
明嘉靖刻萬曆至清乾隆間遞修本 十二冊
存五十五卷(四十六至一百)

350000－2010－0000382 史9－1/0028a2

**廣列女傳二十卷附錄一卷** (清)劉開撰
(清)孫鏘校點 清光緒十年(1884)兩浙節孝
總祠鉛印本 一冊 存六卷(十六至二十、附
錄一卷)

350000－2010－0000383 子5－6/0012d＝1

**痧症度針二卷** (清)胡鳳昌輯 清光緒十九
年(1893)石印本 一冊

350000－2010－0000384 集4/0010a

**童子問路四卷** (清)鄭之琮輯 清刻本 一
冊 存一卷(一)

350000－2010－0000385 史9－2/4490

**蔡忠烈公遺集六卷** (明)蔡道憲撰 (清)鄧
顯鶴輯 清道光二十六年(1846)刻本 五冊
存五卷(一、三至六)

350000－2010－0000386 子1/4692a

**楊忠愍公傳家寶書不分卷** (明)楊繼盛撰
清同治六年(1867)刻本 一冊

350000－2010－0000387 史9－2/6706

**昭忠錄五卷附錄一卷** (明)周璟編 清光緒
二十二年(1896)錢塘丁氏刻本 二冊

350000－2010－0000388 史9－2/0060

**言舊錄一卷** (清)張金吾撰 清道光五年
(1825)南林劉氏嘉業堂刻嘉業堂叢書本 一
冊

350000－2010－0000389 史9－2/0090

**宋岳鄂王[飛]年譜六卷首一卷末一卷** (清)
錢汝雯編 清宣統三年(1911)鉛印本 四冊

350000－2010－0000390 史9－2/2590甲D

**朱子[熹]年譜四卷考異四卷附錄二卷** (清)
王懋竑纂訂 清乾隆寶應王氏白田草堂刻本
四冊

350000－2010－0000391 子13/8010b

**金光明最勝王經十卷** (唐)釋義淨譯 清同
治十年(1871)常熟刻經處刻本 一冊 存五
卷(一至五)

350000－2010－0000392　史9－1/2748

疑年錄四卷　（清）錢大昕編　清同治元年(1862)福山王氏天壤閣刻本　一冊

350000－2010－0000393　史9－2/4480

黃子[道周]年譜一卷　（清）洪思撰　（清）林廣邁等校刊　清道光二十四年(1844)刻本　一冊

350000－2010－0000394　史9－2/4480＝1

黃子[道周]年譜一卷　（清）洪思撰　（清）林廣邁等校刊　清道光二十四年(1844)刻本　一冊

350000－2010－0000395　史9－2/4792

桐溪達叟[嚴辰]自編年譜一卷　（清）嚴辰撰　清光緒刻本　一冊

350000－2010－0000396　子1/4692c

楊忠愍公[繼盛]年譜一卷家訓一卷　（明）楊繼盛撰　清道光十六年(1836)刻本　一冊

350000－2010－0000397　史9－2/2290

崇祀錄一卷　（清）□□輯　清刻本　一冊

350000－2010－0000398　類叢/4000

十萬卷樓叢書五十一種　（清）陸心源輯　清光緒歸安陸氏刻本　二冊　存二種二卷(東萊呂紫微師友雜志一卷、東萊呂紫微雜說一卷)

350000－2010－0000399　史2－1/6014

最近支那史二卷　（日本）河野通之　（日本）石村貞一輯　清末鉛印本　四冊

350000－2010－0000400　史9－3/4420

考察政治日記一卷(清光緒三十一年十二月至三十二年六月)　（清）載澤撰　清宣統元年(1909)上海商務印書館鉛印本　一冊

350000－2010－0000401　史9－3/4480

英軺日記十二卷(清光緒二十八年夏至冬)　（清）載振撰　清光緒二十九年(1903)上海文明書局鉛印本　三冊　存九卷(一至七、十一至十二)

350000－2010－0000402　史9－3/4594

樓船日記二卷(清光緒十三年七月至十四年四月)　（清）余思詒撰　清光緒三十二年(1906)鉛印本　二冊

350000－2010－0000403　史9－3/8812

籟盦東遊日記一卷(清光緒二十九年三月至七月)　（清）凌文淵撰　清光緒三十年(1904)鉛印本　一冊

350000－2010－0000404　史9－1/2324

[山東高密]傅氏家傳一卷　（清）傅爾德等撰　清光緒二十八年(1902)刻本　一冊

350000－2010－0000405　史9－1/1212

[江西武陵]瑞芝室家傳一卷　（清）楊琪光撰　清光緒十一年(1885)刻本　一冊

350000－2010－0000406　史9－1/1198

[福建漳州]潁川陳氏族譜集成三卷　（清）陳大韶編　清光緒二十九年(1903)石蘭堂石印本　一冊　存二卷(上中)

350000－2010－0000407　史9－1/0292a1

新纂氏族箋釋八卷　（清）熊峻運撰　（清）楊煌義編　清文秀堂刻本　八冊

350000－2010－0000408　史9－1/0292a2

新纂氏族箋釋八卷　（清）熊峻運撰　（清）楊煌義編　清刻本　八冊

350000－2010－0000409　史7/5000d

史筏二卷附一卷　（清）張承恩輯註　清道光十八年(1838)刻本　三冊

350000－2010－0000410　史9－1/6015e

國朝先正事略續編四卷　（清）朱孔彰撰　清光緒二十六年(1900)石印本　二冊

350000－2010－0000411　史9－1/7121

歷代循吏傳八卷　（清）朱軾　（清）蔡世遠訂　（清）張福昶纂　清刻本　八冊

350000－2010－0000412　史11－2/1010甲

三事忠告四卷　（元）張養浩撰　清康熙二十四年(1685)王世傑刻本　一冊

350000－2010－0000413　史9－1/8010c

全史吏鑑十卷　（清）張祥雲輯　清嘉慶八年

(1803)刻本　一冊　存二卷(一至二)

350000－2010－0000414　史11－2/2828b

**從政遺規四卷**　(清)陳弘謀編輯　清刻五種
遺規本　二冊

350000－2010－0000415　史9－5/3126a

**[同治癸酉科]福建拔貢履歷不分卷**　(清)
□□輯　清刻本　一冊

350000－2010－0000416　史0/1010

**三通考輯要三種**　(清)湯壽潛輯要　清光緒
二十五年(1899)圖書集成局鉛印本　三十冊

350000－2010－0000417　史10－1/4001

**九通提要十二卷**　(清)柴紹炳撰　清光緒二
十八年(1902)鴻寶齋石印本　五冊　存九卷
(四至十二)

350000－2010－0000418　史10－1/0040

**文獻通考三百四十八卷**　(元)馬端臨撰　清
刻本　一冊　存一卷(十六)

350000－2010－0000419　史10－1/1010

**二十四史九通政典類要合編三百二十卷**
(清)黃書霖輯　清光緒二十八年(1902)約雅
堂石印本　十五冊　存七十六卷(七十四至
一百一、一百二十九至一百七十六)

350000－2010－0000420　史10－1/1220

**列國政要一百三十二卷首一卷譯文對照表一
卷**　(清)戴鴻慈　(清)端方輯　清光緒三十
三年(1907)上海商務印書館石印本　三十二
冊

350000－2010－0000421　子1/4073b

**袁易齋先生圖民錄四卷**　(清)袁守定撰　清
同治十二年(1873)湘鄉楊昌濬刻本　二冊

350000－2010－0000422　子1/4080甲

**真文忠公心經一卷政經一卷**　(宋)真德秀撰
　清康熙五十四年(1715)真氏刻本　一冊

350000－2010－0000423　子1/1010d

**五種遺規輯要六卷**　(清)陳弘謀原編　(清)
汪謝城　(清)王蓮伯輯　清光緒二十年
(1894)刻本　六冊

350000－2010－0000424　史11－2/7740a

**學仕遺規四卷**　(清)陳弘謀輯　清光緒五年
(1879)江蘇書局刻五種遺規本　三冊　存三
卷(一至二、四)

350000－2010－0000425　史15－2/0022

**齊陳氏韶舞樂疊通釋二卷**　(清)陳慶鏞撰
清道光二十六年(1846)刻本　一冊

350000－2010－0000426　史11－2/0022

**庸吏庸言二卷蜀僚問答一卷讀律心得三卷**
(清)劉衡撰　清同治七年(1868)江蘇書局刻
本　一冊

350000－2010－0000427　史11－2/4021

**在官法戒錄摘鈔四卷**　(清)陳弘謀編輯　清
道光三年(1823)刻本　二冊

350000－2010－0000428　史11－2/3080

**實政錄七卷**　(明)呂坤撰　清同治十一年
(1872)浙江書局刻本　六冊

350000－2010－0000429　史11－1/4022

**南省公餘錄八卷**　(清)梁章鉅撰　清嘉慶刻
本　二冊

350000－2010－0000430　史11－2/2854

**牧令書輯要十卷**　(清)徐棟原編　(清)丁日
昌重編　清同治八年(1869)崇文書局刻本
十冊

350000－2010－0000431　史0/2854a

**牧令全書五種**　(清)丁日昌輯　清同治十二
年(1873)羊城書局刻本　十二冊　存三種十
六卷(牧令書輯要十卷,保甲書輯要一至二,
劉簾舫先生吏治三書讀律心得三卷、蜀僚問
答一卷)

350000－2010－0000432　史0/2854b

**牧民寶鑑七種**　(清)王文韶輯　清光緒三十
四年(1908)河南官紙印刷所石印本　八冊
存四種十一卷(學治臆說二卷、續說一卷、說
贅一卷,庸吏庸言二卷,平平言二至四,佐治
藥言一卷、續一卷)

350000－2010－0000433　史11－2/7740b

學治臆說二卷續說一卷說贅一卷 （清）汪輝祖纂 清咸豐心簡齋刻本 二冊

350000－2010－0000434 史0/0121

龍莊遺書四種 （清）汪輝祖撰 清光緒江蘇書局刻本 六冊

350000－2010－0000435 史10－2/2610

皇朝謚法考五卷續編一卷補編一卷續補編一卷 （清）鮑康輯 清光緒十五年（1889）刻本 二冊

350000－2010－0000436 史10－2/2791

紀元編三卷末一卷 （清）李兆洛撰 清同治十年（1871）合肥李氏刻本 一冊

350000－2010－0000437 史10－2/0040a

文廟從祀位次考一卷鄒縣孟廟從祀位次考一卷 （清）陳錦撰 清光緒十二年（1886）橘蔭軒刻本 一冊

350000－2010－0000438 新學/2271a

比利時國政條論一卷 （清）曾仰東譯 清光緒二十九年（1903）湖北洋務譯書局刻本 一冊

350000－2010－0000439 史10－3/2191

經濟通論五卷 （日本）持地六三郎編譯 （清）商務印書館譯撰 清光緒二十九年（1903）上海商務印書館鉛印本 一冊

350000－2010－0000440 史10－3/3730

通信要錄十二章 （日本）坂野鐵次郎撰 （清）方兆鼇譯撰 清宣統元年（1909）郵傳部圖書通譯局鉛印本 二冊

350000－2010－0000441 史10－4/5000

中西關繫畧論四卷續編一卷 （美國）林樂知撰 清光緒十八年（1892）上海格致書室鉛印本 一冊

350000－2010－0000442 新學/7129

原富甲二卷乙一卷丙一卷丁二卷戊二卷 （英國）斯密亞丹撰 嚴復譯 清光緒二十七年（1901）南洋公學譯書院鉛印本 三冊 存四卷（甲二卷、乙一卷、丙一卷）

350000－2010－0000443 史14－7/7423

隨軺筆記四卷 吳宗濂編輯 清光緒二十八年（1902）著易堂鉛印本 二冊 存二卷（二至三）

350000－2010－0000444 史9－1/8043

美國名君言行錄二卷 （美國）貝德禮撰 清光緒三十年（1904）上海廣學會鉛印本 一冊

350000－2010－0000445 史10－3/8315a

錢穀備要十卷 （清）王又槐編輯 清光緒十九年（1893）上海古香閣石印本 一冊

350000－2010－0000446 史10－5/8718a

欽定中樞政考七十二卷 （清）明亮等纂修 清刻本 三冊 存三卷（二十九、三十二、三十四）

350000－2010－0000447 史10－3/8864

籌濟編三十二卷首一卷 （清）楊景仁輯 清光緒四年（1878）刻本 六冊

350000－2010－0000448 史10－5/1010

三流道里表不分卷 （清）刑部修訂 清刻本 一冊 存江西、福建、浙江、湖北、湖南、河南省

350000－2010－0000449 史10－5/2629a

保甲書四卷 （清）徐棟輯 清道光二十八年（1848）興國李氏刻本 二冊

350000－2010－0000450 史10－5/2629b

保甲事宜摘要五卷 （清）李有棻撰 清光緒十三年（1887）武昌府署刻本 一冊

350000－2010－0000451 史10－5/8718b

欽定工部軍器則例六十卷 （清）劉權之等修 （清）宋道勳等纂 清刻本 六冊 存十一卷（十五至十八、二十三至二十四、二十七至二十八、四十一至四十二、五十七）

350000－2010－0000452 史10－5/0468

讀律心得一卷附王明德先生刑名八字義序一卷附潘象承先生刑名十六字義一卷 （清）劉衡輯 清光緒六年（1880）丹徒戴氏刻本 一冊

350000 - 2010 - 0000453　子5 - 6/2320d 甲

**外科精義二卷**　（元）齊德之撰　明萬曆刻本
　二冊

350000 - 2010 - 0000454　新學/2271b

**比利時國法條論五卷**　（清）曾仰東譯　（清）
王瑩修校　清光緒二十九年（1903）湖北洋務
譯書局刻本　一冊

350000 - 2010 - 0000455　史10 - 5/2623D

**泉漳治法論一卷**　（清）謝金鑾撰　清同治七
年（1868）刻本　一冊

350000 - 2010 - 0000456　史10 - 6/2760

**重修名法指掌圖四卷**　（清）沈稼叟原編
（清）徐灝纂　清同治八年（1869）刻本　四冊

350000 - 2010 - 0000457　史10 - 6/3060

**審看擬式四卷首一卷末一卷**　（清）剛毅輯
清光緒十五年（1889）江蘇書局刻本　二冊

350000 - 2010 - 0000458　史11 - 2/3126

**福惠全書三十二卷**　（清）黃六鴻撰　清刻本
　五冊　存十四卷（二至五、十至十六、二十
至二十二）

350000 - 2010 - 0000459　史10 - 6/3612

**濁泉初編四卷**　（清）林鑑中編　清光緒二十
二年（1896）刻本　二冊

350000 - 2010 - 0000460　史10 - 6/6010

**日本法規解字一卷**　（清）錢恂　（清）董鴻禕
編纂　清光緒三十四年（1908）鉛印本　一冊

350000 - 2010 - 0000461　史10 - 8/4621

**獨斷一卷**　（漢）蔡邕撰　清光緒元年（1875）
湖北崇文書局刻本　一冊

350000 - 2010 - 0000462　子15/7774aD

**民教冤獄解續篇一卷**　李春生撰　清光緒三
十年（1904）福州美華書局鉛印本　一冊

350000 - 2010 - 0000463　史10 - 9/2110

**上粵東張藩濤制府書一卷**　（清）鍾天緯撰
清光緒木活字印本　一冊

350000 - 2010 - 0000464　史10 - 4/2760

**各國立約始末記三十卷首二卷**　（清）陸元鼎

編　清光緒鉛印本　一冊　存二卷（二十五
至二十六）

350000 - 2010 - 0000465　史11 - 2/4864

**敬簡堂學治雜錄四卷**　（清）戴杰撰　清光緒
刻本　一冊　存一卷（三）

350000 - 2010 - 0000466　史10 - 3/8714

**欽定工部則例一百十六卷首一卷**　（清）翁同
龢等纂修　清光緒刻本　一冊　存七卷（四
十五至五十一）

350000 - 2010 - 0000467　史14 - 7/2520

**使蜀日記一卷（清道光八年至十一年）**　（清）
郭尚先撰　清同治七年（1868）刻本　一冊

350000 - 2010 - 0000468　史11 - 2/2828a1

**從政聞見錄三卷**　（清）甘鴻編　（清）甘擇宣
校刊　清同治六年（1867）刻本　一冊

350000 - 2010 - 0000469　史10 - 3/3111

**江西省款目不分卷**　（清）□□輯錄　清抄本
　一冊

350000 - 2010 - 0000470　史14 - 9/4442

**萬國近政考略十六卷**　（清）鄒弢編輯　清光
緒二十七年（1901）三借廬鉛印本　四冊

350000 - 2010 - 0000471　史10 - 8/6706

**昭陽從政錄一卷**　（清）俞麟年撰　清同治十
年（1871）刻本　一冊

350000 - 2010 - 0000472　史10 - 8/6706 = 1

**昭陽從政錄一卷**　（清）俞麟年撰　清同治十
年（1871）刻本　一冊

350000 - 2010 - 0000473　史10 - 8/6706 = 2

**昭陽從政錄一卷**　（清）俞麟年撰　清同治十
年（1871）刻本　一冊

350000 - 2010 - 0000474　史10 - 8/6706 = 3

**昭陽從政錄一卷**　（清）俞麟年撰　清同治十
年（1871）刻本　一冊

350000 - 2010 - 0000475　集4/2220a

**制義叢話二十四卷題名一卷**　（清）梁章鉅撰
　清咸豐刻本　八冊

350000－2010－0000476　子15/7774bD

民教冤獄解續篇補遺一卷　李春生撰　清光緒三十二年(1906)福州美華書局鉛印本　一冊

350000－2010－0000477　史14－4/7713D

閩政領要三卷　(清)德福撰　清刻本　一冊

350000－2010－0000478　史14－1/0022

方輿紀要形勢論略二卷　(清)顧祖禹撰(清)杜文瀾錄　清同治六年(1867)曼陀羅華閣刻曼陀羅華閣叢書本　四冊

350000－2010－0000479　集3－2/1060

百老吟一卷　(清)錢溯耆輯　清宣統二年(1910)太倉錢氏聽邠館刻本　一冊

350000－2010－0000480　新學/4411a1

地球韻言四卷　(清)張士瀛撰　清光緒二十四年(1898)鄂垣務急書館刻本　一冊　存二卷(一至二)

350000－2010－0000481　經5－4/5060d甲

春秋大事表五十卷輿圖一卷附錄一卷　(清)顧棟高撰　清乾隆十二年至十七年(1747－1752)錫山顧氏萬卷樓刻本　一冊　存二卷(輿圖一卷、附錄一卷)

350000－2010－0000482　史14－2/0024D

[道光]廈門志十六卷　(清)周凱撰　清道光十九年(1839)刻本　一冊　存一卷(十四)

350000－2010－0000483　史14－4/0292

新疆輿圖風土考五卷　(清)椿園氏撰　清光緒上海點石齋石印本　一冊

350000－2010－0000484　史14－2/1314

[正德]武功縣志三卷首一卷　(明)康海撰(清)孫景烈評註　清同治十二年(1873)湖北崇文書局刻本　一冊

350000－2010－0000485　史14－2/2110

上元江甯鄉土合志六卷　陳作霖編　清刻本　一冊

350000－2010－0000486　史14－2/4091

杭州鄉土地理二卷　(清)□□纂修　清宣統

元年(1909)杭州文彙書局石印本　一冊　存一卷(上)

350000－2010－0000487　類叢/4816a

增補事類統編九十三卷首一卷　(清)黃葆真輯　清刻本　十三冊　存三十二卷(二至七、十一至十六、十八至十九、二十五至二十八、三十九至四十、四十九至五十、五十三至五十四、六十三至六十四、七十三至七十八)

350000－2010－0000488　史14－6/5013甲

泰山小史一卷　(清)蕭協中撰　清乾隆五十四年(1789)刻本　一冊

350000－2010－0000489　史14－4/7772

甌江小記一卷　(清)郭鍾岳撰　清光緒四年(1878)郭博古齋刻本　一冊

350000－2010－0000490　史14－3/1010甲

三輔黃圖六卷補遺一卷　(漢)□□撰　(清)畢沅校　清乾隆刻本　一冊

350000－2010－0000491　類叢/1314b

武林掌故叢編二十六集一百九十一種　(清)丁丙輯　清光緒錢塘丁氏嘉惠堂刻本　四冊　存五種十卷(雲棲紀事一卷,孝義無礙庵錄一卷,小雲棲放生錄一卷,西湖遊詠一卷,金龍四大王祠墓錄四卷、首一卷、末一卷)

350000－2010－0000492　史10－3/2864

許氏義莊事略不分卷　(清)□□撰　清光緒十三年(1887)刻本　一冊

350000－2010－0000493　史14－4/1060

西疆雜述詩四卷　(清)蕭雄撰　清光緒十八年(1892)鉛印本　四冊

350000－2010－0000494　史14－9/2277

出洋須知六卷　(清)袁祖志撰　清光緒二十三年(1897)上海藏經史館石印本　一冊　存四卷(一至四)

350000－2010－0000495　史14－4/3111

江蘇沿海圖說一卷海島表一卷　(清)朱正元撰　清光緒二十五年(1899)上海聚珍版印書局鉛印本　一冊

350000－2010－0000496　史14－3/1060

**西湖林公祠墓誌一卷**　（清）董慎言等撰　清同治八年（1869）刻本　一冊

350000－2010－0000497　史14－3/4396

**榕郡名勝輯要三卷**　（清）王紫華編輯　清道光七年（1827）刻本　一冊

350000－2010－0000498　史14－2/7173甲

**[熙寧]長安志二十卷圖三卷**　（宋）宋敏求撰　清乾隆五十二年（1787）刻本　三冊　存十四卷（十至二十、圖三卷）

350000－2010－0000499　史13/7722

**月令粹編二十四卷圖說一卷**　（清）秦嘉謨編　清光緒九年（1883）聚文書坊刻本　四冊　存十三卷（一至三、六至九、二十至二十四，圖說一卷）

350000－2010－0000500　史14－3/4460

**曹江孝女廟誌八卷首一卷末一卷**　（清）金廷棟編輯　（清）阮元鑒定　清光緒八年（1882）刻本　二冊

350000－2010－0000501　史14－8/3815D

**海疆要略必究一卷**　（清）李廷鈺校刊　（清）吳青華等訂　清咸豐六年（1856）刻本　一冊

350000－2010－0000502　史4－1/6355a4甲

**戰國策十八卷**　（清）張星徽評點　清雍正七年（1729）塞翁亭刻本　五冊　存十五卷（一至三、六至十七）

350000－2010－0000503　史14－4/5090

**東畬雜記附幽湖百詠一卷**　（清）沈廷瑞撰　清光緒十三年（1887）刻本　一冊

350000－2010－0000504　史9－3/5090

**東航紀遊一卷（清光緒三十三年九月至十一月）**　（清）李茲在撰　清光緒三十三年（1907）北京京華書局鉛印本　一冊

350000－2010－0000505　史14－6/4443

**莫愁湖志六卷首一卷附對文一卷**　（清）馬士圖撰　清光緒八年（1882）刻本　一冊

350000－2010－0000506　史14－7/1111a

**北征紀行集二卷**　（清）陶塽撰　清刻本　一冊

350000－2010－0000507　史14－7/1060

**西湖小史一卷**　（清）李鼎撰　**西湖遊記一卷**　（清）查人渶撰　清光緒十七年（1891）刻本　一冊

350000－2010－0000508　子8－5/1060

**西湖楹聯四卷**　（清）□□輯　清光緒二十二年（1896）暨陽周慶祺刻本　四冊

350000－2010－0000509　史14－7/1043

**天台齊袁兩先生遊記二卷**　（清）齊召南（清）袁海帆撰　清宣統二年（1910）鉛印本　一冊

350000－2010－0000510　子6－1/0022a1

**高厚蒙求四集八種**　（清）徐朝俊纂　清嘉慶十二年（1807）雲間徐氏刻本　四冊

350000－2010－0000511　子6－1/0022a2

**高厚蒙求四集八種**　（清）徐朝俊纂　清同治五年（1866）雲間徐氏刻本　四冊

350000－2010－0000512　史14－7/3712

**凝香室鴻雪因緣圖記三集**　（清）麟慶撰　清光緒石印本　二冊　存一卷（第三集下）

350000－2010－0000513　史14－9/1010

**亞東各國屬地志略□□卷**　（清）劉維賢譯　清光緒二十九年（1903）湖北洋務譯書局刻本　一冊　存一卷（上）

350000－2010－0000514　新學/1111

**非園中外地輿歌不分卷**　（清）翟方梅撰　清光緒三十二年（1906）刻本　一冊

350000－2010－0000515　史14－7/1613

**環遊地球新錄四卷**　（清）李圭撰　清光緒四年（1878）刻本　三冊　存三卷（一至三）

350000－2010－0000516　史14－9/2023

**爪哇志一卷新志一卷蘇門答拉志一卷新志一卷**　（清）學部編譯圖書局編纂　清光緒三十三年（1907）學部編譯圖書局鉛印本　一冊

350000－2010－0000517　史14－9/2041

航海述奇四卷　（清）張德明撰　清光緒鉛印
本　二冊

350000－2010－0000518　史14－9/2196

緬甸國志一卷新志一卷英領緬甸志一卷
（清）學部編譯圖書局編　清光緒三十三年
（1907）學部編譯圖書局鉛印本　一冊

350000－2010－0000519　史14－9/3011a1

瀛環志略十卷　（清）徐繼畬撰　坿瀛環志略
辨正一卷　（清）何秋濤撰　清道光二十八年
（1848）刻本　七冊　存十卷（瀛環志略二至
十、坿瀛環志略辨正一卷）

350000－2010－0000520　史14－9/3011a3

瀛環志略十卷　（清）徐繼畬撰　清光緒二十
八年（1902）上海日新書莊石印本　四冊

350000－2010－0000521　史14－9/3011b

瀛環志略續集四卷末一卷補遺一卷　（英國）
慕維廉撰　清光緒二十八年（1902）上海日新
書莊石印本　二冊

350000－2010－0000522　史14－9/3011a2

瀛環志略十卷　（清）徐繼畬撰　清同治十二
年（1873）�雲樓刻本　三冊　存四卷（一至
三、六）

350000－2010－0000523　史14－6/3815

海道圖說十五卷附長江圖說一卷　（英國）金
約翰輯　（英國）傅蘭雅譯　王德均筆述　清
光緒二十二年（1896）石印本　五冊　存八卷
（一至五、八至十）

350000－2010－0000524　新學/4411a2

地球韻言四卷　（清）張士瀛撰　清光緒二十
四年（1898）鄂垣務急書館石印本　二冊

350000－2010－0000525　史14－9/5090

東南海島圖經十卷　（清）薛福成鑒定　（清）
世增譯　（清）張美翊述　清光緒二十六年
（1900）上海石印本　三冊　存六卷（一至六）

350000－2010－0000526　史14－9/3413

漢西域圖考七卷首一卷　（清）李光廷撰
（清）潘平章繪　（清）李承綬重繪　清光緒八

年（1882）陽湖趙氏壽諼草堂刻木活字印本
一冊　存二卷（一、首一卷）

350000－2010－0000527　史14－9/6091

羅馬志畧十三卷首一卷　（英國）赫德輯
（英國）艾約瑟譯　清光緒二十二年（1896）上
海著易堂書局鉛印本　一冊

350000－2010－0000528　史14－9/4398

檳榔嶼志略十卷　（清）力鈞撰　清光緒刻本
四冊

350000－2010－0000529　史14－9/8043

美利堅合眾國地理兵要四卷　（清）顧厚焜撰
清光緒十五年（1889）上海仁記石印本　二
冊

350000－2010－0000530　史14－9/4380

越南地輿圖說六卷首一卷　（清）盛慶紱纂輯
清光緒九年（1883）求忠堂刻本　二冊

350000－2010－0000531　史10－3/8912

鈔幣議一卷　（清）王瑬撰　清道光十一年至
十四年（1831－1834）刻本　一冊

350000－2010－0000532　史11－2/2828a2

從政聞見錄三卷　（清）甘鴻編　清同治九年
（1870）粵東黃鼎衕齋刻本　一冊

350000－2010－0000533　史15－1/3512

清儀閣題跋不分卷　（清）張廷濟撰　清光緒
十九年（1893）刻本　三冊

350000－2010－0000534　史15－5/0166

語石十卷　葉昌熾撰　清宣統元年（1909）蘇
城徐氏刻本　四冊

350000－2010－0000535　史15－2/2598a1

積古齋鐘鼎彝器款識十卷　（清）阮元編錄
清光緒二十三年（1897）上海醉六堂石印本
五冊

350000－2010－0000536　史15－2/2598a2

積古齋鐘鼎彝器款識十卷　（清）阮元編錄
清光緒十九年（1893）積山書局石印本　四冊
存八卷（一至八）

350000－2010－0000537　史15－5/3073

寰宇訪碑錄十二卷　（清）孫星衍撰　（清）邢澍撰　清光緒九年(1883)江蘇書局刻本　四冊　存九卷(四至十二)

350000－2010－0000538　新學/1068

礦石圖說一卷　（英國）傅蘭雅撰　清光緒十年(1884)刻本　一冊

350000－2010－0000539　史15－5/4410

墓銘舉例四卷　（清）王行撰　金石要例一卷　（清）黃宗羲撰　清光緒三年(1877)刻朱墨套印本　一冊

350000－2010－0000540　史15－5/8010

金石例十卷　（元）潘昂霄撰　清光緒刻朱墨套印本　一冊

350000－2010－0000541　類叢/4691b

槐廬叢書四十九種二百三十六卷　（清）朱記榮輯　清光緒吳縣朱氏槐廬家塾刻本　二冊　存二種九卷(金石稱例四卷、續一卷，金石綜例四卷)

350000－2010－0000542　史16－2/2790

彙刻書目二十冊　（清）朱澂輯　清光緒十二年(1886)上海福瀛書局刻本　十六冊　存十六冊(一、四至七、十至二十)

350000－2010－0000543　史16－4/6015

國朝未刊遺書志略一卷　（清）朱記榮輯　清光緒十八年(1892)石埭徐士愷觀自得齋刻觀自得齋叢書本　一冊

350000－2010－0000544　史16－3/1150

揅經室經進書錄四卷　（清）阮元撰　（清）阮福編　（清）傅以禮重編　清光緒八年(1882)大興傅氏七林書堂刻本　四冊

350000－2010－0000545　史16－2/4091

杭州藏書樓書目一卷　（清）邵章編　清光緒二十八年(1902)刻本　一冊

350000－2010－0000546　史16－3/4450

華延年室題跋三卷　（清）傅以禮撰　清宣統元年(1909)鉛印本　三冊

350000－2010－0000547　史16－2/6718

欽定四庫全書總目二百卷首四卷　（清）紀昀等纂修　清刻本　九十六冊　存一百八十五卷(一至一百十二、一百十五至一百八十三，首四卷)

350000－2010－0000548　史16－1/4425a1

藏書記要一卷　（清）孫從添撰　清刻木活字印本　一冊

350000－2010－0000549　史16－1/4425a2

藏書記要一卷　（清）孫從添撰　流通古書約一卷　（清）曹溶撰　清光緒十五年(1889)刻本　一冊

350000－2010－0000550　類叢/5315

蛾術堂集十四種　（清）沈豫撰　清道光十八年(1838)蕭山沈氏漢讀齋刻本　一冊　存三種三卷(羣書題要一卷、讀經如面一卷、讀易寡過一卷)

350000－2010－0000551　史16－2/2191

經籍舉要一卷附錄一卷附家塾課程一卷　（清）龍啟瑞撰　清光緒十九年(1893)桐廬袁氏中江講院刻漸西村舍彙刻本　一冊

350000－2010－0000552　史7/4477a1

廿一史約編八卷首一卷　（清）鄭元慶撰　清刻本　八冊

350000－2010－0000553　史7/4477a2

廿一史約編八卷首一卷　（清）鄭元慶撰　清刻本　六冊　存七卷(金、石、竹、匏、革、木，首一卷)

350000－2010－0000554　史7/4477a3

廿一史約編八卷首一卷　（清）鄭元慶撰　清刻本　七冊　存八卷(金、石、絲、竹、匏、土、木，首一卷)

350000－2010－0000555　史7/4477a4

廿一史約編八卷首一卷　（清）鄭元慶撰　清刻本　五冊　存五卷(石、絲、竹、匏、土)

350000－2010－0000556　史7/5000a2

史緯三百三十卷首一卷　（漢）司馬遷撰　（清）陳允錫刪修　（清）羅大春刊補　清光緒

二十九年(1903)文來書局石印本　五十六冊
　存三百九卷(一至二百二十一、二百二十七
　至二百四十八、二百五十九至二百六十三、二
　百七十至三百二十九,首一卷)

350000 - 2010 - 0000557　史7/5000a1 甲
**史緯三百三十卷首一卷**　(漢)司馬遷撰
(清)陳允錫刪修　清康熙刻本　十三冊　存
三十六卷(七十七至八十三、八十七至八十
九、九十七至九十九、一百三十二至一百三十
三、一百四十四至一百四十五、一百五十八至
一百六十三、一百八十八至一百八十九、一百
九十三至一百九十五、二百十五至二百十七、
二百九十至二百九十一、二百九十八至三百)

350000 - 2010 - 0000558　史7/5000b
**史記選六卷**　(清)儲欣評　清刻本　三冊　存
三卷(二至四)

350000 - 2010 - 0000559　史7/5000c
**史記菁華錄六卷**　(漢)司馬遷撰　(清)姚祖
恩選評　清道光四年(1824)刻朱墨套印本
二冊　存二卷(一、五)

350000 - 2010 - 0000560　史7/7778 甲
**歐陽文忠公新唐書抄二卷五代史抄二十卷**
(宋)歐陽修撰　(明)茅坤批評　明刻本　三
冊

350000 - 2010 - 0000561　史8 - 2/0026
**唐史論斷三卷**　(宋)孫甫撰　清嘉慶至道光
間刻本　一冊　存一卷(上)

350000 - 2010 - 0000562　類叢/8010a2
**金峨山館叢書十一種**　(清)郭傳璞輯　清光
緒鄞縣郭氏刻本　一冊　存二種三卷(西漢
節義傳論二卷、竹林答問一卷)

350000 - 2010 - 0000563　史7/3413
**漢書蒙拾三卷後漢書蒙拾二卷**　(清)杭世駿
鈔撮　(清)湯聘棠審　清光緒十年(1884)上
海同文書局石印本　二冊　存二卷(漢書蒙
拾上中)

350000 - 2010 - 0000564　史8 - 2/3212
**浙江四大家史論合編四卷**　(清)李蔭鑾輯

清刻本　四冊

350000 - 2010 - 0000565　史8 - 3/1010a1
**三史拾遺五卷諸史拾遺五卷**　(清)錢大昕撰
清嘉慶十二年(1807)稻香吟館刻本　二冊
存二卷(三史拾遺一至二)

350000 - 2010 - 0000566　史8 - 3/1010a2
**三史拾遺五卷諸史拾遺五卷**　(清)錢大昕撰
清刻本　二冊　存六卷(三史拾遺一至三、
諸史拾遺三至五)

350000 - 2010 - 0000567　史8/7121
**歷代紀年便覽一卷歷代割據諸國一卷**　(清)
陳鍾珂輯　**讀史論略一卷**　(清)杜詔撰　清
刻本　一冊

350000 - 2010 - 0000568　經5 - 1/5090a1
**東萊博議四卷**　(清)呂祖謙撰　(清)馮泰松
重刊　**增補虛字註釋一卷**　(清)馮泰松點定
清光緒七年(1881)鳳城官舍刻本　四冊

350000 - 2010 - 0000569　經5 - 1/5090a2
**東萊博議四卷**　(清)呂祖謙撰　**增補虛字註
釋一卷**　(清)馮泰松點定　清光緒三十一年
(1905)上海商務印書館鉛印本　二冊

350000 - 2010 - 0000570　史2 - 1/4816
**綱鑑總論四卷**　(清)顧充撰　清光緒三十年
(1904)上海刻本　三冊　存三卷(一至三)

350000 - 2010 - 0000571　史8 - 2/5000a1
**史論正鵠初集四卷二集四卷三集八卷四集八
卷**　(清)王樹敏評點　清光緒石印本　一冊
　存一卷(初集三)

350000 - 2010 - 0000572　史8 - 2/5000a2
**史論正鵠初集四卷二集四卷三集八卷四集八
卷**　(清)王樹敏評點　清光緒石印本　一冊
　存一卷(三集五)

350000 - 2010 - 0000573　史8 - 2/0292 甲
**新鐫顧廻瀾先生歷朝捷錄大成原本五卷**
(明)顧充撰　(明)鍾惺評　明萬曆刻本　二
冊　存四卷(一至四)

350000 - 2010 - 0000574　集4/4816

增註分類飲香尺牘四卷首一卷 題(清)飲香居士編 (清)慵隱子釋 清光緒十八年(1892)上海圖書集成印書局鉛印本 二冊 存二卷(一至二)

350000－2010－0000575 史8－4/0710
望雲寄廬讀史記臆說五卷 (清)楊琪光撰 清光緒十年(1884)刻本 一冊

350000－2010－0000576 集3－2/4060p甲
古文淵鑒六十四卷 (清)徐乾學等編注 清康熙內府刻五色套印本 二十四冊

350000－2010－0000577 史8－3/0164D
評史管窺四卷 (清)王步蟾撰 清光緒十六年(1890)刻本 四冊

350000－2010－0000578 集2－7/5315甲
蛾術齋詩稿鉛粉集一卷 (清)和邦額撰 清乾隆二十年(1755)稿本 一冊

350000－2010－0000579 子1/1010a2
正學編八卷 (清)潘世恩輯 (清)潘曾瑋疏解 清同治六年(1867)吳縣潘氏刻本 四冊

350000－2010－0000580 子1/1010a1
正學編一卷 (清)潘世恩原輯 (清)吳健彰重校 程式編一卷 (清)沈應彤原輯 (清)吳健彰重校 清咸豐七年(1857)餘香書塾木活字印本 一冊

350000－2010－0000581 子1/1010b
王志二卷 王闓運撰 (清)陳兆奎編輯 清光緒三十三年(1907)承陽刻本 一冊

350000－2010－0000582 子1/1010c
王陽明先生傳習錄三卷 (明)王守仁撰 清光緒三十一年(1905)石印本 一冊

350000－2010－0000583 子1/1420甲
耐俗軒課兒文訓一卷 (清)申頲撰 清康熙刻本 一冊

350000－2010－0000584 子1/0669a
課子隨筆鈔六卷續編一卷 (清)張師載輯 (清)徐桐節鈔並續編 清光緒二十六年(1900)刻本 一冊 存二卷(五至六)

350000－2010－0000585 子1/0669b
課子隨筆節鈔六卷續編一卷 (清)張師載輯 (清)徐桐節鈔並續編 清光緒二十七年(1901)浦城李氏酌海樓刻本 四冊

350000－2010－0000586 子1/0468
讀讀書錄二卷 (清)汪紱撰 清光緒二十一年(1895)刻汪雙池先生叢書本 一冊 存一卷(下)

350000－2010－0000587 子1/0260
重訂訓學良規一卷 (清)陳彝撰 清光緒十九年(1893)刻本 一冊

350000－2010－0000588 子1/0080
六事箴言一卷 (清)王鼎撰 清光緒二十三年(1897)儀徵吳氏刻有福讀書堂叢刻本 一冊

350000－2010－0000589 子1/0022b
庸言補遺一卷楹聯坿刊一卷 (清)余元遴撰 (清)余龍光補鈔 清末刻本 一冊

350000－2010－0000590 子1/0022a
庸言四卷 (清)余元遴撰 清末刻本 二冊

350000－2010－0000591 類叢/9060
當歸草堂叢書八種 (清)丁丙輯 清同治錢塘丁氏刻本 四冊 存五種十二卷(童蒙訓三卷,程氏家塾讀書分年日程三卷、綱領一卷,松陽鈔存二卷,慎言集訓二卷,溫氏母訓一卷)

350000－2010－0000592 子8－2/5023b
蒙演百孝圖一卷 (清)沈三賢繪像 (清)張吳渼贅詩 清同治六年(1867)刻本 一冊

350000－2010－0000593 子1/1060a甲
西疇老人常言一卷 (宋)何垣撰 清順治刻本 一冊

350000－2010－0000594 子1/1060b
石林家訓一卷 (宋)葉夢得撰 (清)葉德輝校刊 清宣統三年(1911)葉氏觀古堂刻石林遺書本 一冊

350000－2010－0000595 子1/1241b

孔門之德育一卷　（清）王維祺譯　清光緒二十九年(1903)教育研究會鉛印本　一冊

350000－2010－0000596　子1/1241c

孔教真理二卷　觀禮堂編　清宣統三年(1911)天津聚文堂刻本　二冊

350000－2010－0000597　子1/1241a 甲

孔氏家語十卷　（三國魏）王肅注　明崇禎毛氏汲古閣刻本　二冊　存五卷(三至五、九至十)

350000－2010－0000598　子1/4422a2

勸學篇二卷　（清）張之洞撰　清光緒二十四年(1898)刻本　一冊

350000－2010－0000599　子1/4422a3

勸學篇二卷　（清）張之洞撰　清刻本　一冊

350000－2010－0000600　子1/1610a1

聖諭廣訓一卷　（清）聖祖玄燁撰　（清）世宗胤禛廣訓　清刻本　二冊

350000－2010－0000601　子1/1610a2

聖諭廣訓一卷　（清）聖祖玄燁撰　（清）世宗胤禛廣訓　清刻本　一冊

350000－2010－0000602　子1/1610b

聖祖仁皇帝庭訓格言不分卷　（清）世宗胤禛錄　清刻本　一冊

350000－2010－0000603　子1/1613

聰訓齋語二卷恒產瑣言一卷飯有十二合說一卷　（清）張英纂　清光緒九年(1883)資州寶硯齋刻本　一冊

350000－2010－0000604　子1/2122a

儒門法語一卷　（清）彭定求編輯　清刻本　一冊

350000－2010－0000605　子1/2122b

儒門語要六卷首一卷　（清）倪元坦輯著　清光緒二十五年(1899)刻本　一冊　存四卷(一至三、首一卷)

350000－2010－0000606　子1/2191

經正錄一卷張楊園先生學規一卷　（清）張履祥撰　清光緒元年(1875)刻本　一冊

350000－2010－0000607　子1/2291

種德堂理學格言二卷　（清）審之繻輯　清刻本　一冊

350000－2010－0000608　子1/2421a1 甲

先儒正修錄三卷齊治錄三卷　（清）于準纂　清康熙刻本　六冊

350000－2010－0000609　子1/2421a2

先儒正修錄三卷齊治錄三卷　（清）于準纂　清刻本　六冊

350000－2010－0000610　子1/2421b

先儒粹言二卷　（清）馬鰲纂輯　清嘉慶十九年(1814)刻本　二冊

350000－2010－0000611　經7－5/0061b2

註釋分法小題拆字不分卷　（清）陳方平增選　（清）張聲有評　清刻本　二冊　存大學、中庸、孟子

350000－2010－0000612　子1/2421c2

先正讀書訣一卷　（清）周永年輯　清光緒四年(1878)歷城周氏刻本　一冊

350000－2010－0000613　子1/2590b

朱子原訂近思錄十四卷　（宋）朱熹　（宋）呂祖謙輯　（清）江永集注　清光緒二十五年(1899)浙江官書局刻本　四冊

350000－2010－0000614　子1/3023b

家課小題初學讀本一卷　（清）朱朗撰　（清）薛崑山選評　清道光二十一年(1841)刻本　一冊

350000－2010－0000615　子1/3023a1 甲

家範十卷　（宋）司馬光撰　（清）朱軾評點　清康熙五十八年(1719)刻本　一冊

350000－2010－0000616　子1/3023a2

家範十卷　（宋）司馬光撰　清光緒元年(1875)夏州李氏刻本　一冊

350000－2010－0000617　子1/3023c

家庭講話三卷　（清）陸一亭撰　清光緒十九年(1893)仁和江雲莊刻本　一冊

350000－2010－0000618　子1/3023d

家訓筆錄一卷　（宋）趙鼎撰　（清）李調元校定　清刻本　一冊

350000－2010－0000619　集2－1/7722a

陶淵明文集十卷　（晉）陶淵明撰　清光緒石印本　三冊

350000－2010－0000620　子1/3023e

家誡錄二卷　（清）孟超然撰　清嘉慶二十年（1815）刻本　一冊　存一卷（上）

350000－2010－0000621　子1/3090

宗孔編二卷　（清）江瀚撰　清宣統元年（1909）京師京華印書局鉛印本　一冊

350000－2010－0000622　子1/3116b甲

潛室劄記二卷　（清）刁包撰　清雍正刻本　二冊

350000－2010－0000623　子1/3116a1

潛菴先生志學會約一卷困學錄一卷　（清）湯斌撰　清道光七年（1827）刻本　一冊

350000－2010－0000624　子1/3116a2

潛菴先生志學會約一卷困學錄一卷　（清）湯斌撰　清光緒四年（1878）江蘇督學使林天齡刻本　一冊

350000－2010－0000625　子1/3213

冰言一卷補錄一卷　（清）李惺編　清光緒三十三年（1907）刻本　二冊

350000－2010－0000626　子1/3316a

治平言二卷　（明）曾大奇撰　清刻本　二冊

350000－2010－0000627　子1/3316b

治嘉格言一卷　（清）陸隴其撰　清刻本　一冊

350000－2010－0000628　子1/3316c

治嘉格言繹義二卷　（清）戴翊清撰　清光緒十五年（1889）刻本　一冊

350000－2010－0000629　子1/3316c＝1

治嘉格言繹義二卷　（清）戴翊清撰　清光緒十五年（1889）刻本　一冊

350000－2010－0000630　子1/3411

沈氏家訓二卷　（清）沈起潛撰　清道光十年（1830）刻本　二冊

350000－2010－0000631　子1/1123b

張楊園初學備忘一卷　（清）張履祥撰　清刻本　一冊

350000－2010－0000632　子1/4423a2

蒙養必讀一卷　（清）吳鏡沆輯　清光緒十五年（1889）光州吳氏刻本　一冊

350000－2010－0000633　子1/2590a

朱子讀書法四卷　（宋）張洪　（宋）齊熙編　清光緒十八年（1892）順德龐氏知服齋朱刻本　三冊　存三卷（一至二、四）

350000－2010－0000634　子1/4423a2＝1

蒙養必讀一卷　（清）吳鏡沆輯　清光緒十五年（1889）光州吳氏刻本　一冊

350000－2010－0000635　子1/4423a1

蒙養必讀一卷　（清）吳鏡沆輯　清光緒二十四年（1898）湯溪縣署刻本　一冊

350000－2010－0000636　子1/4423a1＝1

蒙養必讀一卷　（清）吳鏡沆輯　清光緒二十四年（1898）湯溪縣署刻本　一冊

350000－2010－0000637　子1/4423b

蒙筏一卷　（清）三素居士撰　敬教勸學說一卷　（清）訪安誾撰　清同治元年（1862）刻本　一冊

350000－2010－0000638　子1/4692b

楊忠愍公傳家寶訓一卷　（明）楊繼盛撰　清光緒元年（1875）刻本　一冊

350000－2010－0000639　子1/4441

執中蘊義四卷末一卷　（清）純陽子輯　清同治十三年（1874）刻本　一冊　存二卷（三至四）

350000－2010－0000640　子1/4490a

藥言四卷藥言賸稿四卷　（清）李惺撰　清光緒三十三年（1907）刻本　二冊

350000－2010－0000641　子1/4490b

姚氏藥言一卷　（清）姚舜牧撰　清同治至光

緒間歸安姚氏刻咫進齋叢書本　一冊

350000－2010－0000642　子10/8033甲

**慈溪黃氏日抄分類九十七卷古今紀要十九卷**　(宋)黃震撰　清乾隆三十二年(1767)汪佩鄂刻本　十八冊　存八十三卷(慈溪黃氏日抄分類二十五至九十一、九十三至九十七,古今紀要一至十一)

350000－2010－0000643　子5-1/4022a＝1

**南雅堂醫書全集二十一種**　(清)陳念祖撰清光緒十八年(1892)上海圖書集成印書局鉛印本　四冊　存五種二十卷(靈素提要淺註十二卷、神授急救異痧奇方一卷、霍亂論二卷、十藥神書註解一卷、神農本草經讀四卷)

350000－2010－0000644　子1/4844

**教諭語四卷**　(清)謝金鑾撰　清同治十二年(1873)刻本　一冊

350000－2010－0000645　子1/4864

**紀氏敬義堂家訓述錄一卷書紳錄一卷枕上銘一卷**　(清)紀大奎撰　清刻本　一冊　存二卷(家訓述錄一卷、書紳錄一卷)

350000－2010－0000646　子1/4010

**士林彝訓八卷**　(清)關槐撰　清末影印本八冊

350000－2010－0000647　子1/5404

**持志塾言二卷**　(清)劉熙載撰　清同治六年(1867)刻本　一冊

350000－2010－0000648　史16/5806a1

**輶軒語一卷**　(清)張之洞撰　清光緒二年(1876)刻本　一冊

350000－2010－0000649　子1/6010

**日省錄三卷補遺一卷**　(清)梁文科撰　清光緒十七年(1891)江南権署之強恕齋刻本　一冊

350000－2010－0000650　子1/3390

**梁瀛侯先生日省錄一卷**　(清)梁文科輯　清光緒六年(1880)刻本　一冊

350000－2010－0000651　子1/6060a

**呂語集粹四卷首一卷**　(明)呂坤撰　(清)陳弘謀評　清宣統元年(1909)上海文瑞樓石印本　一冊　存三卷(一至二、首一卷)

350000－2010－0000652　子1/6060b

**呂子節錄四卷補遺二卷**　(明)呂坤撰　(清)陳弘謀評輯　清刻本　六冊

350000－2010－0000653　子1/6060c

**圖民錄四卷**　(清)袁守定撰　清同治十一年(1872)江西書局刻本　二冊

350000－2010－0000654　子1/6090

**困學錄集粹八卷**　(清)張伯行撰　清同治五年(1866)福州正誼書局刻正誼堂全書本　二冊

350000－2010－0000655　子1/6500

**呻吟語約鈔二卷**　(明)呂坤撰　(清)郭式昌校訂　清光緒三十年(1904)衢州刻本　二冊

350000－2010－0000656　子1/6500＝1

**呻吟語約鈔二卷**　(明)呂坤撰　(清)郭式昌校訂　清光緒三十年(1904)衢州刻本　二冊

350000－2010－0000657　子1/6500＝2

**呻吟語約鈔二卷**　(明)呂坤撰　(清)郭式昌校訂　清光緒三十年(1904)衢州刻本　二冊

350000－2010－0000658　子1/6500＝3

**呻吟語約鈔二卷**　(明)呂坤撰　(清)郭式昌校訂　清光緒三十年(1904)衢州刻本　二冊

350000－2010－0000659　子1/6500＝4

**呻吟語約鈔二卷**　(明)呂坤撰　(清)郭式昌校訂　清光緒三十年(1904)衢州刻本　二冊

350000－2010－0000660　子1/6500＝5

**呻吟語約鈔二卷**　(明)呂坤撰　(清)郭式昌校訂　清光緒三十年(1904)衢州刻本　二冊

350000－2010－0000661　子1/6500＝6

**呻吟語約鈔二卷**　(明)呂坤撰　(清)郭式昌校訂　清光緒三十年(1904)衢州刻本　二冊

350000－2010－0000662　子1/6500＝7

**呻吟語約鈔二卷**　(明)呂坤撰　(清)郭式昌校訂　清光緒三十年(1904)衢州刻本　二冊

350000－2010－0000663　子1/6500＝8

**呻吟語約鈔二卷**　（明）呂坤撰　（清）郭式昌
校訂　清光緒三十年（1904）衢州刻本　二冊

350000－2010－0000664　子1/6500＝9

**呻吟語約鈔二卷**　（明）呂坤撰　（清）郭式昌
校訂　清光緒三十年（1904）衢州刻本　二冊

350000－2010－0000665　子1/6500＝10

**呻吟語約鈔二卷**　（明）呂坤撰　（清）郭式昌
校訂　清光緒三十年（1904）衢州刻本　一冊
　　存一卷（上）

350000－2010－0000666　子1/4073a

**袁氏世範三卷**　（宋）袁采撰　清刻本　二冊
　　存二卷（一至二）

350000－2010－0000667　集2－7/0024

**麈塵集一卷**　（清）史久榕撰　清光緒十六年
（1890）刻本　一冊

350000－2010－0000668　子1/4040b

**女學篇一卷**　（清）曾懿撰　清光緒三十三年
（1907）長沙刻本　一冊

350000－2010－0000669　子1/4040b＝1

**女學篇一卷**　（清）曾懿撰　清光緒三十三年
（1907）長沙刻本　一冊

350000－2010－0000670　子1/4240a　甲

**荊園小語一卷進語一卷**　（清）申涵光撰　清
康熙刻本　一冊

350000－2010－0000671　子1/4240b

**荊園小語集證四卷**　（清）申涵光撰　（清）張
子覺輯　清咸豐十年（1860）刻本　二冊

350000－2010－0000672　子1/8000a

**人鑑三卷**　（清）湯自銘纂輯　（清）姚自誠校
梓　清道光十六年（1836）邠陽書院刻本　二
冊

350000－2010－0000673　子1/8000b1

**人範六卷首一卷附錄一卷**　（清）蔣元編　清
光緒十六年（1890）平湖學署刻本　四冊

350000－2010－0000674　子1/8000c

**人譜一卷類記二卷**　（明）劉宗周撰　清同治

七年（1868）刻本　六冊

350000－2010－0000675　類叢/1010e

**正誼堂全書六十八種**　（清）張伯行輯　（清）
湯浚重輯　清同治五年（1866）福州正誼書局
刻八年至九年（1869－1870）續刻本　一冊
存二種五卷（陸稼書先生問學錄四卷、松陽鈔
存一卷）

350000－2010－0000676　子1/7740

**學規類編二十七卷**　（清）張伯行纂　清同治
五年（1866）福州正誼書局刻本　五冊

350000－2010－0000677　子1/7129

**原善三卷**　（清）戴震撰　清雙流李天根刻本
　　一冊

350000－2010－0000678　子1/7790a

**閑邪衛生遠監編六卷**　（清）郭鴻熙輯　清同
治九年（1870）刻本　一冊

350000－2010－0000679　子1/7790b2

**閑家編八卷**　（清）王士俊撰　清道光二十三
年（1843）刻本　三冊　存六卷（一至六）

350000－2010－0000680　子1/7790b1

**閑家編八卷**　（清）王士俊撰　清道光二十三
年（1843）刻本　六冊

350000－2010－0000681　子1/8022

**弟子箴言十六卷**　（清）胡達源撰　清光緒二
十一年（1895）蒲圻但氏湖南糧儲道署刻本
四冊

350000－2010－0000682　子1/8040a

**父師善誘法二卷**　（清）唐彪撰　清刻本　一
冊

350000－2010－0000683　子1/8040b

**父師善誘法二卷讀書作文譜十二卷**　（清）唐
彪撰　清刻本　一冊　存四卷（父師善誘法
二卷、讀書作文譜一至二）

350000－2010－0000684　子1/8060

**曾文正公家訓二卷**　（清）曾國藩撰　清光緒
二年（1876）傳忠書局刻本　二冊

350000－2010－0000685　子1/8073a

養正遺規二卷補編一卷 （清）陳弘謀編輯
清刻本 一冊

350000－2010－0000686 子1/8073b

養正類編十三卷 （清）張伯行纂 清同治五
年(1866)福州正誼書局刻本 二冊

350000－2010－0000687 子1/8073c1

養蒙針度五卷 （清）潘子聲撰 清光緒八年
(1882)善成堂刻本 二冊

350000－2010－0000688 子1/8860b

答問一卷 （清）孫奇逢撰 清刻本 一冊

350000－2010－0000689 子1/8073c2

養蒙針度五卷 （清）潘子聲撰 清刻本 二
冊

350000－2010－0000690 子1/8860a

答問三卷 （清）孫奇逢撰 清刻本 一冊

350000－2010－0000691 子1/9000a2

小學韻語二卷 （清）羅澤南撰 清光緒十二
年(1886)合肥李氏刻本 二冊

350000－2010－0000692 子1/9000a1

小學韻語一卷 （清）羅澤南撰 清咸豐六年
(1856)刻本 一冊

350000－2010－0000693 子1/9000b1

小學六卷文公朱夫子[熹]年譜一卷 （清）高
愈纂註 清同治十一年(1872)江蘇書局刻本
二冊

350000－2010－0000694 子1/9000b2

小學六卷文公朱夫子[熹]年譜一卷 （清）高
愈纂註 清刻本 一冊 存一卷(小學六)

350000－2010－0000695 子1/9000b3

小學六卷文公朱夫子[熹]年譜一卷 （清）高
愈纂註 清同治八年(1869)江蘇書局刻本
六冊

350000－2010－0000696 子1/9000c

小學集解六卷 （清）張伯行纂輯 清光緒三
十一年(1905)刻本 四冊

350000－2010－0000697 類叢/2238

嶺南遺書六集五十九種 （清）伍元薇 （清）
伍崇曜輯 清道光至同治間南海伍氏粵雅堂
刻本 一冊 存二種二卷(小學古訓一卷、龐
氏家訓一卷)

350000－2010－0000698 集3－9/9000a

小題正鵠三集不分卷 （清）李元度編輯 清
光緒六年(1880)聚德堂刻本 二冊 存二集
(初集、三集)

350000－2010－0000699 子1/9000d 甲

小學書註解十卷 （宋）朱熹撰 明刻本 一
冊 存五卷(一至五)

350000－2010－0000700 子1/9000e

小學集註二卷首一卷 （宋）朱熹撰 （明）陳
選集註 清文光堂刻本 一冊 存一卷(下)

350000－2010－0000701 子1/9000f

小學人譜日課編二卷 （清）張承燮纂 清光
緒十三年(1887)七十二泉漚寄之齋刻朱墨套
印本 一冊

350000－2010－0000702 子1/9000g

小兒語一卷女小兒語一卷續小兒語三卷演小
兒語一卷 （明）呂得勝撰 （明）呂坤續 清
光緒十三年(1887)刻本 一冊

350000－2010－0000703 子1/9000h

小兒書輯八種 （清）張承燮輯 清光緒二十
七年(1901)膠州聽雨堂何時軒刻本 四冊

350000－2010－0000704 子1/6060d

呂近溪先生小兒語一卷 （明）呂得勝撰 林
紓述義 清光緒三十三年至三十四年(1907－
1908)上海商務印書館鉛印本 一冊

350000－2010－0000705 子1/6060eD

呂新吾先生省心紀一卷 （明）呂坤撰 （清）
劉宗成錄 清道光二十八年(1848)刻本 一
冊

350000－2010－0000706 子1/9060

省吾錄二卷 （清）余華撰 （清）余元遜訂
清咸豐元年(1851)青浦壽梨齋馬氏刻本 一
冊

350000－2010－0000707　類叢/1077a2

**函海四十函**　（清）李調元輯　清刻本　三冊
存九種十四卷（產育寶慶集二卷、省心襍言一卷、三國雜事二卷、三國紀年一卷、五國故事二卷、東原錄一卷、冑紫錄一卷、燕魏雜記一卷、夾漈遺稿三卷）

350000－2010－0000708　子1/9401＝1

**忱行錄一卷**　（清）邵懿辰撰　清同治五年（1866）刻當歸草堂叢書本　一冊

350000－2010－0000709　子1/9501a

**性海淵源一卷**　（德國）花之安撰　清光緒二十四年（1898）上海廣學會鉛印本　一冊

350000－2010－0000710　子1/0010

**童蒙必讀書十四種**　（清）涂宗瀛輯　清光緒九年（1883）武昌書局刻本　四冊

350000－2010－0000711　子2/0260

**訓練操法詳晰圖說二十二卷**　（清）袁世凱纂　清光緒二十五年（1899）石印本　二十二冊

350000－2010－0000712　子2/6806

**哈乞開司槍圖說四卷**　（清）□□撰　（清）李鴻章署檢　清光緒十八年（1892）天津石印本　一冊

350000－2010－0000713　子2/7280

**兵學新書十六卷**　（清）徐建寅輯　清光緒二十四年（1898）刻本　七冊　存十四卷（一至四、七至十六）

350000－2010－0000714　子2/7760a

**醫時六言六卷**　（清）翁傳照撰　清光緒至宣統間抄本　一冊　存二卷（將、兵）

350000－2010－0000715　子2/7760b

**醫時六言六卷**　（清）翁傳照撰　清光緒二十年（1894）刻本　二冊

350000－2010－0000716　子2/9080 甲

**火龍經三卷**　（三國蜀）諸葛亮撰　（明）劉基（明）焦玉校　清康熙刻本　三冊

350000－2010－0000717　集3－9/2290

**紫陽書院課選□□卷**　（清）□□編　清刻本

一冊　存一卷（賦）

350000－2010－0000718　集2－6/2643

**吳康齋先生集十二卷**　（明）吳與弼撰　清刻本　一冊　存四卷（一至四）

350000－2010－0000719　子3/8877

**管子二十四卷**　（春秋）管仲撰　清刻本　一冊　存四卷（七至十）

350000－2010－0000720　子4/0028a

**廣蠶桑說一卷**　（清）沈練撰　清同治十年（1871）刻本　一冊

350000－2010－0000721　子4/0028b

**廣蠶桑說輯補二卷**　（清）沈練撰　（清）仲學輅輯補　清光緒二十三年（1897）刻本　一冊

350000－2010－0000722　類叢/4732

**郝氏遺書三十四種**　（清）郝懿行撰　清嘉慶至光緒間刻本　六冊　存四種十一卷（記海錯一卷、寶訓八卷、蜂衙小記一卷、燕子春秋一卷）

350000－2010－0000723　子4/2772

**飼蠶新法一卷**　（清）鄭愷撰　清光緒二十八年（1902）刻本　一冊

350000－2010－0000724　子4/8060

**普通農學淺說一卷**　（清）陳樹涵　（清）蔣黼編　清光緒二十八年（1902）通州翰墨林編譯印書局石印本　一冊

350000－2010－0000725　子4/7113a1

**蠶桑輯要三卷**　（清）沈秉成輯　清同治十年（1871）常鎮通海道署刻本　一冊

350000－2010－0000726　子4/7113a2

**蠶桑輯要三卷**　（清）沈秉成輯　清光緒九年（1883）金陵書局刻本　一冊

350000－2010－0000727　子4/7113b

**蠶桑寶濟六卷**　（清）陳光熙撰　清光緒四年（1878）滂喜齋刻本　二冊

350000－2010－0000728　子4/6090

**果樹栽培總論一卷**　（日本）福羽逸人撰　（清）沈紘譯　清光緒北洋官報局石印本　一

冊

350000－2010－0000729　　子4/6080

**異魚圖贊四卷**　（明）楊慎撰　　**異魚圖贊補三卷閏集一卷**　（清）胡世安撰　清刻本　一冊　存五卷（異魚圖贊四卷、閏集一卷）

350000－2010－0000730　　子4/5523

**農丹一卷**　（清）張標撰　清光緒至宣統間刻本　一冊

350000－2010－0000731　　子4/5302

**捕蝗要訣一卷除螟八要一卷**　（清）錢炘和輯　清同治八年（1869）楚北崇文書局刻本　一冊

350000－2010－0000732　　子4/3624a

**神農最要三卷**　（清）陳開沚撰　清光緒二十三年（1897）潼川文明堂刻本　一冊

350000－2010－0000733　　子4/4473

**藝菊瑣言一卷**　（清）陳葆善撰　清光緒二十八年（1902）褒殷堂刻本　一冊

350000－2010－0000734　　子4/4473＝1

**藝菊瑣言一卷**　（清）陳葆善撰　清光緒二十八年（1902）褒殷堂刻本　一冊

350000－2010－0000735　　子4/4490

**樹桑養蠶要略一卷附樹藝良規一卷**　（清）□□撰　清光緒十四年（1888）蓮池書局刻本　一冊

350000－2010－0000736　　子5－1/1123

**張氏醫通十六卷**　（清）張璐撰　清光緒三十三年（1907）上海書局石印本　十冊

350000－2010－0000737　　子5－1/2122

**衛生要旨一卷**　（美國）嘉約翰口譯　清光緒九年（1883）刻本　一冊

350000－2010－0000738　　子5－1/4022a

**南雅堂醫書全集廿一種**　（清）陳念祖撰　清光緒十八年（1892）上海圖書集成印書局鉛印本　十七冊　存十六種七十七卷（神農本草經讀一至三、張仲景傷寒論原文淺註六卷、醫學從眾錄八卷、醫學三字經四卷、長沙方歌括

六卷、醫學實在易八卷、時方妙用四卷、時方歌括二卷、景岳新方砭四卷、女科要旨四卷、十藥神書註解一卷、神授急救異痧奇方一卷、霍亂論二卷、靈素提要淺注十二卷、傷寒醫訣串解六卷、傷寒真方歌括六卷）

350000－2010－0000739　　集2－7/0022b

**方靈皋全稿不分卷**　（清）方苞撰　清刻本　一冊

350000－2010－0000740　　子5－1/7529

**陳修園醫書五十種**　（清）陳念祖撰　清光緒三十一年（1905）上海商務印書館鉛印本　十五冊　存三十六種八十一卷（金匱要略淺註一至五，金匱方歌括六卷，靈素提要淺注十二卷，傷寒醫訣串解六卷，傷寒真方歌括六卷，經驗百病內外方一卷，太乙神鍼方一卷，救迷良方一卷，福幼編一卷，咽喉脈證通論一卷，霍亂論二卷，吊腳痧方論一卷，爛喉痧疹輯要一卷，急治喉疹要法一卷，癧疾論一卷，十藥神書註解一卷，急救異痧奇方一卷，瘟疫明辨四卷、末一卷，春溫三字訣一卷，痢症三字訣一卷，保嬰要旨一卷，引痘畧一卷，溼熱條辨一卷，本經便讀一卷，溫熱贅言一卷，神農本草經百種錄一卷，婦科雜症一卷，傷寒論淺註六卷，長沙方歌括六卷，養生鏡一卷，達生編一卷，醫墨元戎一卷，名醫別錄一卷，局方發揮一卷，醫法心傳一卷，增補食物秘書一卷）

350000－2010－0000741　　新學/4692

**棉業考一卷**　（清）車秉濂譯　清光緒三十年（1904）湖北洋務局鉛印本　一冊

350000－2010－0000742　　子4/4692

**棉業圖說八卷首一卷**　（清）農工商部編　清宣統三年（1911）京師農工商印刷科鉛印本　一冊　存五卷（一至四、首一卷）

350000－2010－0000743　　子4/4491a

**植物名實圖考三十八卷長編二十二卷**　（清）吳其濬撰　清光緒六年（1880）刻本　二冊　存二卷（三十三至三十四）

350000－2010－0000744　　子4/4491b

**植物學歌略一卷**　（清）葉瀾撰　清光緒二十

四年(1898)石印本　一冊

350000－2010－0000745　子 5－2/7760g 甲
醫碥七卷　(清)何夢瑤輯　清乾隆十六年
(1751)刻本　六冊　存五卷(一、三至四、六
至七)

350000－2010－0000746　子 5－2/2722
御纂醫宗金鑑內科七十四卷首一卷外科十六
卷　(清)吳謙等纂　清光緒十八年(1892)上
海圖書集成印書局石印本　十八冊　存七十
八卷(內科一至三十三、三十九至五十二、五
十六至七十四,首一卷;外科三至七、十一至
十六)

350000－2010－0000747　子 5－2/2760
名醫類案十二卷附錄一卷　(明)江瓘集
(明)江應元　(明)江應宿述補　清同治十年
(1871)藏修堂刻知不足齋本　十冊　存十一
卷(一至八、十一至十二,附錄一卷)

350000－2010－0000748　子 5－2/3022
扁鵲心書三卷神方一卷　(戰國)扁鵲撰
(宋)竇材集　(清)胡珏注　清刻本　一冊
存二卷(扁鵲心書下、神方一卷)

350000－2010－0000749　子 5－2/4022 甲
內經知要二卷　(明)李中梓輯　清乾隆二十
九年(1764)薛生白刻本　二冊

350000－2010－0000750　子 5－2/5090a1 甲
素問靈樞類纂約註三卷　(清)汪昂纂輯　清
刻本　二冊　存二卷(上下)

350000－2010－0000751　子 5－2/5090a2
素問靈樞類纂約註三卷　(清)汪昂纂輯　清
刻本　三冊

350000－2010－0000752　子 5－2/6060a1
圖註八十一難經辨真四卷　(戰國)秦越人撰
(明)張世賢註　清光緒九年(1883)刻本
二冊

350000－2010－0000753　子 5－2/6060a2
圖註八十一難經辨真四卷　(戰國)秦越人撰
(明)張世賢註　清刻本　一冊　存二卷

(三至四)

350000－2010－0000754　子 5－4/3118a1
瀕湖脈學一卷脈訣考證一卷奇經八脈考一卷
(明)李時珍撰　清刻本　一冊

350000－2010－0000755　子 5－2/4480a
黃帝內經素問校義一卷　(清)胡澍撰　清同
治刻本　一冊

350000－2010－0000756　子 5－2/4051
難經經釋二卷　(清)徐大椿釋　清光緒十九
年(1893)上海圖書集成印書局鉛印本　一冊

350000－2010－0000757　子 5－2/4480b
黃帝內經靈樞註證發微十卷　(明)馬蒔注證
清刻本　六冊

350000－2010－0000758　子 5－1/7722
周氏醫學叢書二十九種　(清)周學海輯　清
光緒至宣統間池陽周氏刻宣統三年(1911)彙
印本　四冊　存三種七卷(增輯難經本義二
卷,中藏經三卷、附方一卷,內照法一卷)

350000－2010－0000759　子 5－2/5000
中藏經八卷華佗內照法一卷　(漢)華佗撰
(清)徐舜山校　清光緒六年(1880)上虞徐氏
刻本　一冊　存五卷(中藏經五至八、華佗內
照法一卷)

350000－2010－0000760　子 5－2/6060a3 甲
圖註八十一難經辨真四卷　(戰國)秦越人撰
(明)張世賢圖註　(清)沈鏡校　清乾隆四
十五年(1780)刻本　四冊

350000－2010－0000761　子 5－2/7760a 甲
醫宗說約四卷　(清)蔣示吉撰　清康熙二年
(1663)刻本　一冊　存二卷(三至四)

350000－2010－0000762　子 5－2/7760b 甲
醫經原旨六卷　(清)薛雪集註　清乾隆十九
年(1754)刻本　六冊

350000－2010－0000763　子 5－2/7760c 甲
醫旨緒餘二卷　(明)孫一奎撰　明刻本　四
冊

350000－2010－0000764　子 5－2/7760d

醫宗備要三卷　（清）曾鼎輯　清同治八年
(1869)楚北崇文書局刻本　一冊

350000－2010－0000765　子5－2/8010a

金匱要略淺註十卷　（漢）張仲景撰　（清）陳
念祖集註　清同治四年(1865)文奎堂刻本
三冊

350000－2010－0000766　子5－2/8010b

金匱方歌括六卷　（清）陳念祖撰　清刻南雅
堂醫書全集本　一冊　存三卷（四至六）

350000－2010－0000767　子5－2/7760e

醫學三字經四卷　（清）陳念祖撰　清刻南雅
堂醫書全集本　一冊　存二卷（三至四）

350000－2010－0000768　子5－2/0865

詳校醫宗必讀十卷　（清）李中梓撰　清光緒
二十六年(1900)上海文宜書局石印本　一冊
　存三卷（四至六）

350000－2010－0000769　子5－2/7760f

醫學金鍼八卷　（清）陳念祖撰　（清）潘霨增
輯　清光緒刻本　一冊　存一卷（七）

350000－2010－0000770　子5－1/4022b

南雅堂醫書全集四十種　（清）陳念祖撰　清
光緒三十二年(1906)吳閩醫學會石印本　三
冊　存六種二十九卷（神農本草經讀四卷,福
幼編一卷,神農本草經百種錄一卷,金匱要略
淺註十卷,金匱方歌括六卷,長沙方歌括六
卷、首一卷）

350000－2010－0000771　子5－3/5023b

本草萬方鍼線八卷　（清）蔡烈先輯　本草綱
目五十二卷圖三卷　（明）李時珍編輯　清刻
本　三十七冊　存四十五卷（本草萬方鍼線
一至二、五至八,本草綱目一至五、八至十、十
二、十四、十六至十八、二十四至二十九、三十
一至三十三、三十五至四十七、五十至五十
二,圖中）

350000－2010－0000772　子5－3/5023a

本草從新十八卷　（清）吳儀洛撰　清末石印
本　一冊　存九卷（十至十八）

350000－2010－0000773　子5－3/4816

增訂本草備要四卷　（清）汪昂撰　清刻本
一冊　存二卷（三至四）

350000－2010－0000774　子5－3/8073

食物本草會纂十二卷　（清）沈李龍纂輯　清
道光二十三年(1843)文盛堂刻本　一冊　存
二卷（五至六）

350000－2010－0000775　子5－4/0862a甲

診家正眼二卷　（明）李中梓撰　（清）尤乘增
補　清康熙刻本　一冊

350000－2010－0000776　子5－4/0862b

診餘舉隅錄二卷　（清）陳廷儒撰　清光緒二
十四年(1898)鉛印本　一冊

350000－2010－0000777　子5－4/0862c甲

診宗三昧一卷　（清）張璐撰　（清）張登輯
清刻本　一冊

350000－2010－0000778　子5－3/2191

重刊經史證類大全本草三十一卷　（宋）唐慎
微撰　（宋）寇宗奭衍義　清光緒刻本　一冊
　存一卷（十四）

350000－2010－0000779　子5－3/3520a

神農本草經讀四卷　（清）陳念祖撰　清刻南
雅堂醫書全集本　一冊　存一卷（四）

350000－2010－0000780　子8－2/1010a

三希堂續刻法帖　（宋）褚遂良等書　清宣統
元年(1909)影印本　一冊　存一冊（四）

350000－2010－0000781　子5－4/1010a

王氏醫案二卷續編八卷　（清）王士雄撰
（清）周鑅　（清）張鴻輯　清光緒刻本　三冊

350000－2010－0000782　子5－4/2291a1

種福堂公選良方四卷　（清）葉桂撰　（清）華
南田校　清刻本　二冊

350000－2010－0000783　子5－4/3118a2

瀕湖脈學一卷脈學考證一卷奇經八脈考一卷
　（明）李時珍撰　清刻本　一冊　存一卷
（奇經八脈考一卷）

350000－2010－0000784　子5－4/7223

脈經真本十卷首一卷　（晉）王叔和撰　清刻本　二冊　存六卷（三至五、八至十）

350000－2010－0000785　子5－4/0292甲

新刻校定脈訣指掌病式圖說一卷　（元）朱震亨撰　明刻本　一冊

350000－2010－0000786　子5－4/7240a1

刪註脈訣規正二卷　（清）沈鏡刪註　清康熙三十二年（1693）刻本　一冊　存一卷（上）

350000－2010－0000787　子5－4/7240a2

刪註脈訣規正二卷　（清）沈鏡刪註　清道光二十七年（1847）刻本　二冊

350000－2010－0000788　子5－4/2290

樂只堂人子須知韻語四卷　（清）何夢瑤纂輯　清同治十一年（1872）羊城酌雅齋刻本　二冊

350000－2010－0000789　子5－4/7876

臨證指南醫案十卷　（清）葉桂撰　清刻本　二冊　存二卷（六、八）

350000－2010－0000790　子5－4/7760

醫林改錯二卷　（清）王清任撰　清光緒三十四年（1908）上海理文軒石印本　一冊

350000－2010－0000791　子5－4/8010

全體新論一卷　（英國）合信著　（清）陳修堂撰　清咸豐元年（1851）羊城惠愛醫館刻本　一冊

350000－2010－0000792　子5－1/9060

當歸草堂醫學叢書初編十種附二種　（清）丁丙輯　清光緒四年（1878）錢塘丁氏當歸草堂刻本　七冊　存六種二十五卷（產寶諸方一卷、急救仙方六卷、濟生方八卷、衛濟寶書二卷、產育寶慶集方二卷、太醫局諸科程文四至九）

350000－2010－0000793　子5－5/4894

救急良方二卷　（清）黃翼升輯　清同治十一年（1872）長江水師軍署刻本　二冊

350000－2010－0000794　子5－5/0028

［廣壽編］□□卷　（□）□□撰　清光緒刻本　一冊　存一卷（一）

350000－2010－0000795　子5－5/0292

新編救急奇方六卷　（清）徐文弼輯　清刻本　二冊　存二卷（一至二）

350000－2010－0000796　子5－5/0044

辨證奇聞十卷　（清）錢松撰　清道光三年（1823）醉吟榮堂刻本　二冊　存二卷（九至十）

350000－2010－0000797　子5－5/0365a2

誠敬集六集十五卷　（清）魏景文增訂　（清）謝明谷校定　清刻本　一冊　存三卷（三至五）

350000－2010－0000798　子5－5/0365a1

誠敬集六集十五卷　（清）魏景文增訂　（清）謝明谷校定　清刻本　一冊　存三卷（九至十一）

350000－2010－0000799　子5－5/1010b

玉歷鈔方濟世□□卷　（清）□□輯　清刻本　一冊

350000－2010－0000800　子5－5/1010a

靈蘭抒見集□□卷　題（清）芳蘭道人纂　清光緒二十五年（1899）刻本　一冊　存一卷（一）

350000－2010－0000801　子5－5/1090

不藥良方二卷續集十卷　（清）王站柱輯　清刻本　一冊　存一卷（不藥良方下）

350000－2010－0000802　子5－5/1611a

理瀹駢文（外治醫說）不分卷　（清）吳師機撰　清同治三年（1864）刻本　二冊

350000－2010－0000803　子5－5/1611b

理瀹駢文二十一種膏藥一卷附錄應驗諸方一卷　（清）吳師機撰　清光緒三年（1877）吳縣潘氏刻本　一冊

350000－2010－0000804　子5－5/1010c

三朝名醫方論三種二十三卷　（清）□□輯　清光緒石印本　二冊　存二種八卷（重訂駱龍吉內經拾遺方論四卷、名醫方論四卷）

350000 – 2010 – 0000805　子 5 – 5/2026

**信驗方一卷續一卷**　（清）盧陰長輯　清道光十年(1830)刻本　一冊　存一卷(信驗方一卷)

350000 – 2010 – 0000806　子 5 – 5/2191a

**經驗良方二卷**　（清）□□編輯　清光緒三十三年(1907)上海校經山房石印本　一冊

350000 – 2010 – 0000807　子 5 – 5/2191b

**經驗良方一卷**　（□）□□輯　清光緒二十六年(1900)邵氏刻本　一冊

350000 – 2010 – 0000808　子 5 – 5/0026

**唐王燾先生外臺秘要方四十卷**　（唐）王燾撰　清光緒二十四年(1898)上海圖書集成印書局鉛印本　十五冊　存三十八卷(一至三十三、三十六至四十)

350000 – 2010 – 0000809　子 5 – 5/2320

**外治壽世方初編四卷續編二卷**　（清）鄒存淦輯　清光緒三年(1877)杭州勤執堂刻本　三冊　存三卷(初編一、三至四)

350000 – 2010 – 0000810　子 5 – 5/2422

**備急千金要方三十卷考異一卷**　（唐）孫思邈撰　（宋）林億等校　（日本）多紀元堅等考異　清光緒四年(1878)影印本　一冊　存三卷(備急千金要方二十九至三十、考異一卷)

350000 – 2010 – 0000811　子 5 – 5/2629

**保生集一卷**　（清）鎮海公善醫局輯　清光緒十五年(1889)刻本　一冊

350000 – 2010 – 0000812　子 5 – 5/2733a1

**急救應驗良方不分卷**　（清）費山壽纂輯　清刻本　一冊

350000 – 2010 – 0000813　子 5 – 5/2733a2

**急救應驗良方不分卷**　（清）費山壽纂輯　清光緒七年(1881)江右樹德書屋刻本　一冊

350000 – 2010 – 0000814　子 5 – 5/2733a3

**急救應驗良方不分卷**　（清）費山壽纂輯　清光緒元年(1875)皖城左集文刻本　一冊

350000 – 2010 – 0000815　子 5 – 5/2733b

**急救時症經驗良方一卷**　（清）俞成甫撰　清咸豐六年(1856)刻本　一冊

350000 – 2010 – 0000816　子 5 – 4/2291a2

**種福堂公選良方四卷**　（清）葉桂撰　清刻本　一冊　存二卷(三至四)

350000 – 2010 – 0000817　子 5 – 5/2290D

**樂素齋醫學滙粂十卷**　（清）林楓輯　清同治十一年(1872)葉文瀾刻本　四冊　存四卷(庚、辛、壬、癸)

350000 – 2010 – 0000818　子 5 – 5/3860

**启矇真諦二種**　（清）胡崧輯　清光緒三十年(1904)刻本　一冊　存一種一卷(異授眼科一卷)

350000 – 2010 – 0000819　子 5 – 5/3012

**濟世養生集一卷便易經驗集一卷養生經驗補遺一卷**　（清）毛世洪輯　**續刻經驗集一卷**　（清）鮑國儁　（清）汪瑜增訂　清同治十一年(1872)刻本　一冊

350000 – 2010 – 0000820　子 5 – 5/5034

**專治內外科妙方一卷**　（□）□□撰　清光緒十八年(1892)抄本　一冊

350000 – 2010 – 0000821　子 5 – 5/4064

**壽世簡便集一卷**　（清）林清標撰　清嘉慶十三年(1808)武陵同心堂刻本　一冊

350000 – 2010 – 0000822　子 5 – 5/4490

**葉氏醫案存真三卷**　（清）葉桂撰　（清）葉萬青校刊　**馬氏醫案並附祁案王案一卷**　（清）馬元儀等撰　清光緒九年(1883)刻本　四冊

350000 – 2010 – 0000823　子 5 – 5/5204

**援生四書四種**　（清）田綿淮輯　（清）田裕堂校刊　清同治十二年(1873)刻本　四冊

350000 – 2010 – 0000824　子 5 – 5/6021

**四科簡效方四卷**　（清）王士雄選　（清）徐樹蘭校刊　清光緒十一年(1885)越州徐氏刻本　四冊　存三卷(甲、乙、丙)

350000 – 2010 – 0000825　子 5 – 4/1010b

**三指禪三卷**　（清）周學霆撰　（清）南坡居士

評注　清抄本　四冊

350000－2010－0000826　子5－5/5000
**串雅内編四卷**　(清)趙學敏纂輯　(清)吳庚
生補注　清光緒十四年(1888)刻本　一冊
存二卷(三至四)

350000－2010－0000827　子5－5/5000＝1
**串雅内編四卷**　(清)趙學敏纂輯　(清)吳庚
生補注　清光緒十四年(1888)刻本　一冊
存二卷(三至四)

350000－2010－0000828　子5－5/6022a
**易簡方一卷**　(宋)王碩撰　清光緒二十四年
(1898)刻本　一冊

350000－2010－0000829　子5－5/6060
**回生集二卷續集二卷**　(清)陳杰集　清刻本
二冊　存二卷(回生集二卷)

350000－2010－0000830　子5－5/7838a
**驗方新編二十四卷**　(清)鮑相璈編輯　(清)
李龍訂說　清光緒十九年(1893)上海同文書
局石印本　三冊　存十三卷(一至十一、二十
至二十一)

350000－2010－0000831　子5－5/4480
**黃帝素問宣明論方十五卷**　(金)劉完素撰
清宣統石印本　一冊　存九卷(七至十五)

350000－2010－0000832　子5－5/6022b
**吊腳痧方論一卷**　(清)徐子默撰　清光緒十
三年(1887)啟秀堂刻本　一冊

350000－2010－0000833　子5－5/4003
**太醫院增補醫方捷徑九卷**　(明)太醫院編
(明)羅必煒參訂　**四言舉要一卷**　(宋)崔嘉
彥撰　(明)李言聞刪補　清刻本　二冊　存
四卷(醫方捷徑七至九、四言舉要一卷)

350000－2010－0000834　子5－5/7760a1
**醫方易簡新編六卷**　(清)龔自璋輯　(清)黃
統編　清同治五年(1866)刻本　四冊

350000－2010－0000835　子5－5/7760b
**醫方擇要二卷續集二卷**　(清)汪廷楷等輯
清道光十六年(1836)刻本　三冊　存三卷

(醫方擇要二卷、續集上)

350000－2010－0000836　子5－5/7760c
**醫學實在易八卷**　(清)陳念祖撰　(清)陳犀
靈參訂　清道光二十四年(1844)刻本　四冊

350000－2010－0000837　子5－5/7760d
**醫方湯頭歌括一卷經絡歌訣一卷**　(清)汪昂
編輯　清光緒五年(1879)刻本　一冊

350000－2010－0000838　子5－5/7760e
**醫要便讀湯頭歌括二卷珍珠囊指掌附刊一卷**
(清)胡德凝纂輯　**溫病忌汗辨一卷**　(清)
胡春田撰　清道光刻本　二冊

350000－2010－0000839　子5－5/2643甲
**吳氏醫學述第五種傷寒分經十卷**　(漢)張機
撰　(清)喻昌註　(清)吳儀洛訂　清乾隆三
十一年(1766)硤川利濟堂刻本　十二冊　存
七卷(一至七)

350000－2010－0000840　子5－5/8822
**簡便良方六卷**　(清)游光斗輯　清刻本　二
冊　存二卷(三至四)

350000－2010－0000841　子5－5/7760a2
**醫方易簡新編六卷**　(清)龔自璋輯　(清)黃
統編　清光緒十五年(1889)刻本　三冊　存
五卷(一至五)

350000－2010－0000842　子5－5/9701
**怪疾奇方一卷**　(清)費伯雄編　清光緒十年
(1884)刻本　一冊

350000－2010－0000843　子5－5/7760f
**醫方論四卷**　(清)費伯雄撰　清光緒三年
(1877)刻本　一冊　存二卷(一至二)

350000－2010－0000844　子5－5/8010
**全生指迷方四卷**　(宋)王貺撰　清刻本　一
冊

350000－2010－0000845　子5－5/7838b1＝1
**驗方新編十八卷**　(清)鮑相璈編輯　(清)丁
雨生增訂　清光緒十七年(1891)鉛印本　一
冊

350000－2010－0000846　子5－5/7838b1＝3

177

驗方新編十八卷 （清）鮑相璈編輯 （清）丁雨生增訂 清光緒十七年（1891）鉛印本 一冊

350000－2010－0000847 子5－5/7838b1

驗方新編十八卷 （清）鮑相璈編輯 （清）丁雨生增訂 清光緒十七年（1891）鉛印本 一冊

350000－2010－0000848 子5－5/7838b1＝2

驗方新編十八卷 （清）鮑相璈編輯 （清）丁雨生增訂 清光緒十七年（1891）鉛印本 一冊

350000－2010－0000849 子5－5/7838b2

驗方新編十八卷 （清）鮑相璈編輯 （清）丁雨生增訂 清光緒三十一年（1905）鉛印本 一冊

350000－2010－0000850 子5－5/7838c

驗方新編二十四卷 （清）鮑相璈編輯 清刻本 三冊 存四卷（十二至十三、十九至二十）

350000－2010－0000851 子5－5/3520

神授急救異痧奇方一卷時疫結喉經驗良方一卷 （清）□□撰 清同治十三年（1874）刻本 一冊

350000－2010－0000852 子5－6/0011a

痘疹精詳十卷 （清）周冠編輯 清嘉慶十年（1805）刻本 三冊 存五卷（一、三、六至八）

350000－2010－0000853 子5－6/0011b

瘋門全書二卷 （清）蕭曉亭撰 清嘉慶二十五年（1820）刻本 一冊

350000－2010－0000854 子5－6/0011c

症治備覽二卷 （清）盧思誠編輯 清光緒九年（1883）刻本 一冊

350000－2010－0000855 子5－6/0011d

痘疹心法歌訣一卷附麻疹一卷 （□）□□撰 清刻本 一冊

350000－2010－0000856 子5－6/0011e

痘疹輯要二卷 （清）陳奇纂輯 清道光十一年（1831）同善堂刻本 一冊

350000－2010－0000857 子5－6/0011f

瘟疫條辨摘要一卷 （清）呂田集錄 清光緒十八年（1892）聚珍書樓鉛印本 一冊

350000－2010－0000858 子5－6/0012a

痢證滙參十卷 （清）吳道源纂輯 清刻本 三冊 存六卷（一至四、九至十）

350000－2010－0000859 子5－6/0012b

痧症發微二卷 （清）□□撰 清同治十一年（1872）刻本 一冊

350000－2010－0000860 子5－6/0012c1

痧症全書三卷 （清）林森撰 （清）王凱編輯 清同治十二年（1873）俞敬義堂刻本 一冊

350000－2010－0000861 子5－6/0012c2

痧症全書三卷 （清）林森撰 （清）王凱編輯 清道光五年（1825）刻本 一冊

350000－2010－0000862 子5－6/0012d

痧癥度針二卷 （清）胡鳳昌輯 清光緒十九年（1893）石印本 一冊

350000－2010－0000863 子5－6/0012e

疹科真傳一卷 （明）□□撰 清道光二十八年（1848）汲綆齋刻本 一冊

350000－2010－0000864 子5－6/0014

疫痧草辨論章三卷 （清）陳耕道撰 清光緒十四年（1888）刻本 一冊

350000－2010－0000865 子5－6/0014＝1

疫痧草辨論章三卷 （清）陳耕道撰 清光緒十四年（1888）刻本 一冊

350000－2010－0000866 子5－6/0292a

新編張仲景註解傷寒百證歌五卷 （宋）許叔微撰 清光緒七年（1881）藏修書屋刻本 一冊 存三卷（三至五）

350000－2010－0000867 子5－6/7423

隨息居重訂霍亂論四卷 （清）王士雄撰 霍亂括要一卷 （清）岳晉昌撰 清光緒鉛印本 一冊

350000－2010－0000868　子5－6/0029

麻疹約要一卷　（清）任中彪撰　清咸豐九年(1859)積慶堂刻本　一冊

350000－2010－0000869　子5－6/1021a

霍亂審證舉要一卷　（清）連文沖撰　清光緒二十五年(1899)刻本　一冊

350000－2010－0000870　子5－6/1021b

霍亂論二卷　（清）王士雄撰　清咸豐元年(1851)吟春書屋刻本　一冊

350000－2010－0000871　子5－6/1060

西醫內科全書五種　（清）孔慶高譯　清光緒刻本　五冊

350000－2010－0000872　子5－6/2122

衛生雜錄一卷　（清）澹然居士審定　清光緒九年(1883)新安余氏刻本　一冊

350000－2010－0000873　子5－6/0292b

新刊外科正宗六卷　（清）陳實功撰　清刻本　六冊

350000－2010－0000874　子5－6/2320a

外科正宗十二卷　（明）陳實功撰　（清）徐大椿評　清光緒三十三年(1907)上洋海左書局石印本　二冊

350000－2010－0000875　子5－6/2320b

外科症治全生前集三卷後集三卷　（清）王維德纂輯　清嘉慶七年(1802)刻本　一冊　存三卷(外科症治全生前集三卷)

350000－2010－0000876　子5－6/2320c

外科症治全書五卷末一卷　（清）許克昌(清)畢法輯　清同治六年(1867)刻本　五冊

350000－2010－0000877　子5－6/2822

傷寒明理論四卷　（宋）成無已撰　清刻本二冊

350000－2010－0000878　子5－6/3260

割症全書不分卷　（美國）嘉約翰譯　清光緒刻本　一冊

350000－2010－0000879　子5－1/3411

沈氏尊生書五種　（清）沈金鰲撰　清同治十

三年(1874)湖北崇文書局刻本　二十六冊

350000－2010－0000880　子5－6/3611a

溫熱經緯五卷　（清）王士雄纂　（清）楊照藜　（清）汪曰楨評　清光緒鉛印本　二冊　存二卷(四至五)

350000－2010－0000881　子5－6/3611b

溫熱贅言一卷　（清）寄瓢子撰　清道光十一年(1831)刻本　一冊

350000－2010－0000882　子5－1/2829a

徐靈胎醫學全書十六種　（清）徐大椿撰　清光緒三十三年(1907)上海六藝書局石印本　一冊　存二種三卷(內經全釋一卷、難經經釋二卷)

350000－2010－0000883　子5－6/4024

皮膚新編一卷　（美國）嘉約翰譯　（清）林湘東筆述　清光緒十四年(1888)刻本　一冊

350000－2010－0000884　子5－6/0292c

新刊醫林狀元壽世保元十卷　（清）龔廷賢編　清經元堂刻本　五冊　存五卷(一至二、四至五、七)

350000－2010－0000885　子5－6/4816a

增補秘傳痘疹玉髓金鏡錄真本四卷　（清）翁仲仁撰　清嘉慶二十一年(1816)姑蘇講德齋刻本　二冊

350000－2010－0000886　子5－6/4816b

增訂治疔彙要三卷　（清）過鑄撰　清光緒二十四年(1898)刻本　二冊　存二卷(上、下)

350000－2010－0000887　子5－6/6021

四時病機十四卷　（清）邵登瀛輯　清宣統元年(1909)江南醫學會石印本　三冊

350000－2010－0000888　子5－6/7771

鼠疫抉微四卷　（清）余德塤輯　清宣統二年(1910)滬瀆素盦鉛印本　一冊

350000－2010－0000889　子5－7/0014

疫喉淺論二卷　（清）夏春農撰　清光緒五年(1879)刻本　一冊

350000－2010－0000890　類叢/4422

荔牆叢刻十四種 （清）汪曰楨輯 清同治至
光緒間烏程汪氏刻本 一冊 存五種五卷
（葉氏眼科方一卷、慎疾芻言一卷、嫏嬛堂詩
話一卷、養素局畫學鉤深一卷、隨山宇方鈔一
卷）

350000－2010－0000891 子5－7/6600
咽喉脈證通論一卷 （□）□□撰 清同治十
三年(1874)川東刻本 一冊

350000－2010－0000892 子5－7/6404
時疫白喉捷要合編一卷 （清）張紹修撰 清
光緒十二年(1886)刻本 一冊

350000－2010－0000893 子5－7/6704
眼科啟蒙集一卷 （清）鄭鑄撰 清道光七年
(1827)抄本 二冊

350000－2010－0000894 子5－7/8714
銀海精微四卷 （唐）孫思邈輯 （清）周亮節
校正 清聚錦堂刻本 二冊

350000－2010－0000895 子5－8/0011
痘疹慈航二卷 （明）聶尚恒撰 清光緒四年
(1878)杭州竹簡齋刻本 一冊

350000－2010－0000896 類叢/1077a1
函海四十函一百五十二種 （清）李調元輯
清刻本 三冊 存三種六卷（產育寶慶集二
卷、芻言三卷、古今諺一卷）

350000－2010－0000897 子10/2772
鄉約新編一卷 （清）余孝惠輯 清光緒二十
五年(1899)刻本 一冊

350000－2010－0000898 子5－8/0028D
廣生寶鑑三種 題（清）閩漳愚道人輯 清光
緒三年(1877)廈門芸成齋刻本 一冊

350000－2010－0000899 子5－8/0028
廣生編一卷十劑表二卷 （清）包誠編 清同
治七年(1868)刻本 一冊

350000－2010－0000900 子5－8/1043
孩童衛生編一卷十二章 （英國）傅蘭雅譯
清光緒十九年(1893)上海格致書室鉛印本
一冊

350000－2010－0000901 子5－8/5725
靜觀堂較正家傳幼科發揮秘方二卷 （明）萬
全撰 （清）鄭壽校正 清刻本 一冊 存一
卷(下)

350000－2010－0000902 子5－8/5725甲
靜觀堂較正家傳幼科發揮秘方四卷 （明）萬
全撰 （清）鄭壽校正 （清）張子謙訂刊 清
康熙刻本 一冊

350000－2010－0000903 子5－8/2629
保赤要言五卷首一卷 （清）王德森編輯 清
宣統二年(1910)刻本 一冊

350000－2010－0000904 子5－8/2629甲
保嬰撮要二十卷 （明）薛鎧編集 明刻本
十冊

350000－2010－0000905 子5－8/3430aD
達生編二卷 題（清）亟齋居士撰 胎前產後
嬰兒雜症一卷 （□）□□撰 清咸豐廈門文
德堂刻本 一冊

350000－2010－0000906 子5－8/3430b
達生編二卷補遺一卷 題（清）亟齋居士撰
清光緒二十八年(1902)刻本 一冊

350000－2010－0000907 子5－8/3430c
達生編三卷 題（清）亟齋居士撰 清光緒四
年(1878)刻本 一冊

350000－2010－0000908 子5－8/3430d
達生驗方合編一卷 （□）□□撰 清道光二
十二年(1842)漳城文林堂刻本 一冊

350000－2010－0000909 子5－8/3430e
達生編韻言一卷 題（清）亟齋居士撰 （清）
李遂賢韻 清光緒二十七年(1901)東甌官廨
刻本 一冊

350000－2010－0000910 子5－8/3830
遂生福幼合編二種 （清）莊一夔撰 清光緒
十年(1884)刻本 一冊

350000－2010－0000911 子5－8/4040
女科二卷產後編二卷 （清）傅山撰 清刻本
二冊

350000－2010－0000912　子5－1/7326

**胎產新書三種二十卷** （清）竹林寺僧傳　清光緒十二年(1886)刻本　四冊

350000－2010－0000913　子5－1/3411甲

**沈氏尊生書五種** （清）沈金鰲撰　清乾隆抄本　二冊　存一種六卷(婦科玉尺六卷)

350000－2010－0000914　子5－8/4442

**萬氏婦人科三卷** （明）萬全撰　清刻本　一冊

350000－2010－0000915　子5－8/4742甲

**婦人良方二十四卷** （宋）陳自明編　（明）薛己注　明萬曆刻本　十二冊

350000－2010－0000916　子5－6/4816c

**增注類證活人書二十二卷辨誤一卷釋音一卷傷寒藥性一卷** （宋）朱肱撰　（明）吳勉學校　清刻本　四冊

350000－2010－0000917　子5－8/4832

**驚風辨證必讀書二種** （清）劉德馨輯　清光緒二十七年(1901)上元江氏刻本　一冊

350000－2010－0000918　子5－8/6640甲

**嬰童百問十卷** （明）魯伯嗣撰　**產寶百問五卷** （元）朱震亨纂輯　明刻本　六冊

350000－2010－0000919　子5－8/8315

**錢氏小兒藥證直訣三卷附方一卷** （宋）錢乙撰　（宋）閻孝忠集　清光緒十八年(1892)刻本　二冊

350000－2010－0000920　子5－8/9000

**小兒月內出痘彙刻經驗神效良方一卷** （□）□□編　清光緒二十一年(1895)刻本　一冊

350000－2010－0000921　子5－9/0012

**痧症指微一卷** （□）□□撰　清光緒十三年(1887)上海文元書局石印本　一冊

350000－2010－0000922　子5－9/2422

**備急灸法一卷** （宋）聞人耆年撰　**鍼灸擇日編集一卷** （明）金循義等撰　清光緒十七年(1891)江寧藩署刻本　二冊

350000－2010－0000923　子5－9/2816

**繪圖痧驚合璧四卷** （□）□□撰　（清）陳修園校　（清）王士雄評點　清宣統三年(1911)明大書莊石印本　一冊　存一卷(二)

350000－2010－0000924　子5－9/5001

**推拿廣意三卷** （清）熊應雄輯　（清）陳世凱重訂　清刻本　二冊

350000－2010－0000925　子5－9/8712a

**銅人腧穴鍼灸圖經四卷** （宋）王惟一編　清刻本　一冊

350000－2010－0000926　子5－9/8712b

**銅人腧穴鍼灸圖經三卷** （宋）王惟一編　清刻本　三冊

350000－2010－0000927　子5－10/2725

**解毒編一卷** （清）汪汲輯　清刻本　一冊

350000－2010－0000928　子5－1/2829b

**徐氏醫書八種** （清）徐大椿撰　清光緒四年(1878)刻本　十冊

350000－2010－0000929　子5－10/3306

**心身藥四卷** 題(清)靜緣子尚清虛輯　清光緒刻本　二冊

350000－2010－0000930　子5－10/3411

**洗冤錄歌訣一卷** （清）剛毅編　清光緒五年(1879)湖北書局刻本　一冊

350000－2010－0000931　子5－10/4471a1

**老老恒言五卷** （清）曹庭棟撰　（清）孫福清校刊　清光緒四年(1878)秀水孫福清望雲仙館刻本　六冊

350000－2010－0000932　子5－10/4471a2

**老老恒言五卷** （清）曹庭棟撰　清道光五年(1825)刻本　二冊

350000－2010－0000933　子5－10/4890a

**檢骨圖說一卷** （清）陳任暘撰　清光緒十六年(1890)味腴書屋刻本　一冊

350000－2010－0000934　子5－10/4890b

**檢驗新知識一卷** （清）吉林檢驗學習所學生述錄　清宣統二年(1910)利福印刷有限公司鉛印本　一冊

350000－2010－0000935　子 5－10/6022

**易筋經二卷**　（西竺）達摩祖師撰　（唐）般刺密帝譯義　清光緒二十年(1894)刻本　一冊

350000－2010－0000936　子 5－10/7064

**鼠疫彙編一卷**　（清）吳宣崇輯　清光緒十七年(1891)羊城吉祥刻本　一冊

350000－2010－0000937　子 6－1/8033a3

**兼濟堂纂刻梅勿菴先生曆算全書二十八種**　（清）梅文鼎撰　清刻本　十冊　存七種二十九卷(三角法舉要五卷、弧三角舉要五卷、塹堵測量二卷、環中黍尺六卷、曆學駢技四卷、交食蒙求訂補一至二、筆算五卷)

350000－2010－0000938　子 6－1/0080

**六經天文編二卷**　（宋）王應麟撰　清光緒刻本　一冊

350000－2010－0000939　子 6－1/0292D

**新儀象法要三卷首一卷**　（宋）蘇頌撰　清道光二十三年(1843)同安蘇廷玉刻本　一冊　存三卷(上中、首一卷)

350000－2010－0000940　子 6－1/8033a2

**兼濟堂纂刻梅勿菴先生曆算全書二十八種**　（清）梅文鼎撰　（清）魏荔彤輯　清刻本　二十五冊　存二十四種六十五卷(三角法舉要五卷，勾股闡微四卷，弧三角舉要五卷，塹堵測量二卷，五星紀要一卷，火星本法一卷，冬至攷一卷，諸方節氣加時日軌高度表一卷，方程論六卷，環中黍尺六卷，曆學駢技四卷，方圓冪積一卷，幾何補編四卷、補遺一卷，解八線割圓之根一卷，曆學疑問三卷、補二卷，交會管見一卷，交食蒙求三卷，揆日候星紀要一卷，歲周地度合考一卷，七政細草補注一卷，授時平立定三差詳說一卷，筆算五卷，籌算一、度算釋例二卷，少廣拾遺一卷)

350000－2010－0000941　子 6－1/1043b

**天文揭要二卷**　（美國）赫士譯　（清）周文源筆述　清光緒十七年(1891)上海美華書館鉛印本　二冊

350000－2010－0000942　子 6－1/1043c 甲

**天元曆理全書十二卷首一卷**　（清）徐發撰　清康熙刻本　一冊　存六卷(七至十二)

350000－2010－0000943　子 6－1/1740

**翠微山房數學十六種**　（清）張作楠撰　清光緒刻本　二十七冊　存九種二十六卷(量倉通法五卷，方田通法補例六卷，倉田通法續編三卷，八線類編三卷，八線對數類編二卷，更漏中星表三卷，高弧細草一卷，弧三角舉隅一卷，揣籥小錄一卷、續錄三)

350000－2010－0000944　集 2－7/4424

**蔣詩二卷**　（清）蔣智由撰　清宣統二年(1910)上海文明書局鉛印本　一冊

350000－2010－0000945　子 6－1/6010b

**星算補遺八集八種附胡氏宕田算稿一卷**　（清）董毓琦撰　清同治五年(1866)刻本　一冊　存四種四卷(笠寫壺金一卷、髀矩測營一卷、視徑舉隅一卷、胡氏宕田算稿一卷)

350000－2010－0000946　子 6－1/6010a

**星算補遺八集八種**　（清）董毓琦撰　清光緒十二年(1886)刻本　一冊　存三種三卷(笠寫壺金一卷、全輿分野釋略一卷、交食南車一卷)

350000－2010－0000947　子 15/4477g

**舊約□□註釋不分卷**　（□）□□撰　清光緒中國聖教書會鉛印本　一冊

350000－2010－0000948　子 6－2/2324a

**代數通藝錄十六卷**　（清）方愷撰　清光緒十六年(1890)刻本　二冊　存八卷(一至四、十三至十六)

350000－2010－0000949　子 6－2/2324b

**代數學十三卷首一卷**　（英國）棣麼甘撰　（英國）偉烈亞力口譯　（清）李善蘭筆受　清光緒二十四年(1898)刻本　八冊

350000－2010－0000950　子 6－2/2998

**秋水堂算法六卷**　（清）莊亨陽撰　清光緒十五年(1889)刻本　一冊　存一卷(四)

350000－2010－0000951　子 6－2/4001

九數通考十一卷首一卷末一卷　（清）屈曾發
撰　清光緒二十二年（1896）上海鴻寶齋影印
本　十六冊

350000－2010－0000952　子6－2/2722a2
御製數理精蘊上編五卷下編四十卷表八卷
（清）聖祖玄燁撰　清光緒十九年（1893）江南
製造局鉛印本　二十二冊　存四十八卷（下
編四十卷、表八卷）

350000－2010－0000953　子6－2/2722a1
御製數理精蘊上編五卷下編四十卷表八卷
（清）聖祖玄燁撰　清光緒八年（1882）大同書
局石印本　二十三冊

350000－2010－0000954　新學/4796a
格致須知□□種　（英國）傅蘭雅撰　清光緒
刻本　三冊　存三種三卷（量法須知一卷、算
法須知一卷、重學須知一卷）

350000－2010－0000955　子6－2/3210
測海山房中西算學叢刻初編二十七種　（清）
測海山房主人輯　清光緒二十二年（1896）上
海璣衡堂石印本　六冊　存二種四卷（四元
玉鑒細草三卷、四元釋例一卷）

350000－2010－0000956　子6－2/8000
八線備旨四卷　（美國）羅密士撰　（美國）潘
慎文譯　清光緒二十年（1894）上海美華書館
鉛印本　一冊

350000－2010－0000957　子7－2/0292
新鐫曆法便覽象吉備要通書二十九卷　（清）
魏鑑撰　清刻本　一冊　存三卷（十八至二
十）

350000－2010－0000958　子7－2/8877
管蠡匯占十二卷　（清）周人甲編輯　清道光
十九年（1839）刻本　一冊　存一卷（一）

350000－2010－0000959　子7－4/2121
仁孝必讀六卷　（清）周梅梁輯　清光緒三年
（1877）刻本　四冊

350000－2010－0000960　子6－1/8033a1
兼濟堂纂刻梅勿菴先生曆算全書二十八種

（清）梅文鼎撰　（清）魏荔彤輯　清雍正刻咸
豐九年（1859）梅體萱補刻本　十冊　存四種
七卷（曆學駢技四卷、授時平立定三差詳說一
卷、曆學答問一卷、古算衍略一卷）

350000－2010－0000961　子2/2791
紀效新書十八卷首一卷　（明）戚繼光撰　清
道光二十一年（1841）刻本　十冊

350000－2010－0000962　子7－2/0292甲
新刊合併官板音義評注淵海子平六卷　（宋）
徐升編　明崇禎七年（1634）余氏刻本　一冊
　存二卷（一至二）

350000－2010－0000963　子7－3/4080
大六壬大全十三卷　（清）郭載騋輯　清刻本
　一冊　存一卷（八）

350000－2010－0000964　子7－3/1010
靈棋經二卷　（漢）東方朔撰　（晉）顏幼明
（南朝宋）何承天注　清道光三年（1823）刻本
　一冊　存一卷（一）

350000－2010－0000965　子7－3/6022
易隱八卷首一卷　（清）曹九錫輯　清刻本
四冊

350000－2010－0000966　子7－3/0292a2
新刻增定邵康節先生梅花觀梅拆字數全集五
卷　（宋）邵雍撰　清刻本　二冊

350000－2010－0000967　子7－3/0292a1
新刻增定邵康節先生梅花觀梅拆字數全集五
卷　（宋）邵雍撰　清刻本　二冊

350000－2010－0000968　子7－3/8810
筮學斷驗四卷　題（清）賀湖散人編　清刻本
　二冊　存二卷（一至二）

350000－2010－0000969　子7－4/1010甲
三才發秘三部九卷　（清）陳雯撰　清康熙刻
本　三冊　存六卷（天部二、地部三、人部四
卷）

350000－2010－0000970　子7－4/0292
新刻羅經解三卷　（明）熊汝嶽編　清刻本
一冊　存二卷（中下）

350000－2010－0000971　子7－4/4410a1

董公選要覽一卷附錄一卷　（清）董潛撰　清
光緒二十三年(1897)疆恕齋刻本　一冊

350000－2010－0000972　子7－4/4410a2

董公選要覽一卷附錄一卷　（清）董潛撰　清
光緒二十四年(1898)刻本　一冊

350000－2010－0000973　子7－4/4411

堪輿一覽二集不分卷　（清）孫稚玉撰　清道
光三年(1823)刻本　四冊

350000－2010－0000974　子7－4/7173

長歷鈎元(綈袞寶書)一卷　（明）董銀峰撰
清同治十一年(1872)刻本　一冊

350000－2010－0000975　子7－4/7622

陽宅都天發用全書一卷　（清）瞿天賫校　清
同治元年(1862)刻本　一冊

350000－2010－0000976　子7－4/8718a2

欽定協紀辨方書三十六卷　（清）允祿等纂
清光緒三十二年(1906)江左書林石印本　五
冊　存二十卷(一至十六、三十三至三十六)

350000－2010－0000977　子7－4/8718a1 甲

欽定協紀辨方書三十六卷　（清）允祿等纂
清乾隆刻本　十五冊

350000－2010－0000978　子7－5/0292

增補星平會海命學全書十卷首一卷　（清）水
中龍編集　（清）汪其重訂　清刻本　十二冊

350000－2010－0000979　子10/0365a1

誠是錄一卷　（清）孟超然撰　清嘉慶二十年
(1815)刻本　一冊

350000－2010－0000980　子10/0365a2

誠是錄一卷　（清）孟超然撰　清嘉慶二十年
(1815)刻重印本　一冊

350000－2010－0000981　子7－6/1017a1

雪心賦正解四卷　（唐）卜應天撰　（清）孟浩
注　辯論一卷三十篇　（清）孟浩撰　清四教
堂刻本　三冊　存三卷(雪心賦正解二至三、
辯論一卷)

350000－2010－0000982　子7－6/1017a2

雪心賦正解四卷　（唐）卜應天撰　（清）孟浩
注　辯論一卷三十篇　（清）孟浩撰　清刻本
一冊　存二卷(雪心賦正解一、辯論一卷)

350000－2010－0000983　子7－6/1043

天玉經內傳三卷　（唐）楊筠松撰　天玉經外
傳(吳公教子書)一卷　（宋）吳克誠集　清抄
本　一冊

350000－2010－0000984　子7－6/2277 甲

山洋指迷原本四卷　（明）周景一撰　（清）俞
歸璞　（清）吳卿瞻增注　清乾隆五十二年
(1787)刻本　四冊

350000－2010－0000985　子7－6/3300

心得要旨一卷　（明）金星橋撰　清光緒刻本
一冊

350000－2010－0000986　子7－6/4411a

地理全成連環記不分卷　（清）張丙琳撰　清
刻本　一冊

350000－2010－0000987　子7－6/4411b

地理錄要四卷　（明）蔣平階撰　清同治十一
年(1872)刻本　二冊　存二卷(一至二)

350000－2010－0000988　子7－6/4411c

地理辨正疏五卷首一卷末一卷　（清）張心言
撰　清同治十一年(1872)刻本　二冊　存三
卷(三至四、末一卷)

350000－2010－0000989　子7－6/4411d

地理精義五卷　（唐）陸龜蒙撰　清光緒二十
三年(1897)閩南興化府刻本　一冊

350000－2010－0000990　子7－6/4411e

地理辨正五卷　（明）蔣平階補傳　（清）無心
道人增補直解　清刻本　一冊　存二卷(四
至五)

350000－2010－0000991　子7－6/4816

增補地理直指原真大全十卷　（清）釋如玉撰
清刻本　一冊　存四卷(一至四)

350000－2010－0000992　子7－6/6624

嚴陵張九儀地理穿山透地真傳不分卷　（清）
張鳳藻撰　清刻本　二冊

350000－2010－0000993　史 7/5000a3 甲

**史緯三百三十卷首一卷**　（漢）司馬遷撰
（清）陳允錫刪修　清康熙刻本　三冊　存八
卷（二百六十三至二百六十五、三百二十二至
三百二十六）

350000－2010－0000994　子 5－10/9408

**慎疾芻言一卷**　（清）徐大椿撰　清光緒七年
（1881）刻咫進齋叢書本　一冊

350000－2010－0000995　子 7－6/6091a

**羅經解定七卷附錄一卷**　（清）胡國楨撰　清
刻本　一冊　存二卷（五至六）

350000－2010－0000996　子 7－6/7721

**風水一書七卷**　（清）歐陽純補傳　清嘉慶十
九年（1814）刻本　三冊　存五卷（一至三、六
至七）

350000－2010－0000997　子 7－6/7622b

**陽宅三要四卷**　（清）趙廷棟撰　清光緒十年
（1884）刻本　四冊

350000－2010－0000998　子 7－6/7622a

**陽宅愛眾篇四卷附陰陽望門斷合編一卷**
（清）張覺正撰　清光緒二十一年（1895）書業
德刻本　四冊

350000－2010－0000999　子 7－6/7764

**闤徑集二卷**　（明）李默齋撰　清道光十四年
（1834）刻本　一冊

350000－2010－0001000　子 7－6/1010

**三元三要八宅救害明鏡二卷**　題（清）箬冠道
人撰　清刻本　二冊

350000－2010－0001001　子 14/4003d

**太上感應篇纘義二卷**　（清）俞樾撰　清光緒
刻本　一冊

350000－2010－0001002　子 7－6/8000

**入地眼全書十卷**　（宋）釋靜道撰　（清）萬樹
華編　清光緒九年（1883）刻本　一冊　存二
卷（七至八）

350000－2010－0001003　史 9－1/4390

**求可堂自記一卷家訓一卷**　（清）廖冀亨撰

清光緒永定廖氏刻求可堂兩世遺書本　一冊

350000－2010－0001004　子 8－2/1760

**習苦齋畫絮十卷**　（清）戴熙撰　（清）惠年編
輯　清光緒十九年（1893）刻本　三冊　存七
卷（一至七）

350000－2010－0001005　子 8－2/2277

**山谷題跋三卷**　（宋）黃庭堅撰　（清）溫一貞
錄　清同治十一年（1872）刻本　一冊　存一
卷（上）

350000－2010－0001006　子 8－2/3080

**寶真齋法書贊二十八卷**　（宋）岳珂撰　清刻
本　八冊　存十九卷（十至二十八）

350000－2010－0001007　子 8－5/3422

**衲蘇集二卷**　（清）何栻纂　清同治元年
（1862）刻本　二冊

350000－2010－0001008　子 8－2/4410a

**董思白先生書法闡宗五卷**　（清）吳荃纂輯
清道光二十年（1840）味古書室刻本　二冊

350000－2010－0001009　子 8－2/5090

**東坡題跋二卷**　（宋）蘇軾撰　（清）溫一貞錄
清同治十一年（1872）刻本　一冊　存一卷
（上）

350000－2010－0001010　子 8－2/4422

**芥子園畫傳三集二十一卷**　（清）王槩等摹並
編　清光緒十九年（1893）上海點石齋石印本
二冊　存三卷（初集一至三）

350000－2010－0001011　子 8－2/3032

**寫真秘訣一卷**　（清）丁皋撰　清刻本　一冊

350000－2010－0001012　子 8－2/5060a

**書法正傳十卷**　（清）馮武編輯　清同治十一
年（1872）嘉興大魁堂刻本　四冊

350000－2010－0001013　子 8－2/8812

**筠清館法帖六卷**　（清）吳榮光書　清宣統元
年（1909）上海文明書局影印本　三冊　存三
卷（四至六）

350000－2010－0001014　子 1/9401

**怵行錄一卷**　（清）邵懿辰撰　清同治五年

(1866)刻本　一冊

350000－2010－0001015　子7－6/6091b

羅經指南撥霧集三卷　（清）葉泰撰　清刻本　一冊　存一卷（上）

350000－2010－0001016　子8－5/4291甲

桃花泉弈譜二卷　（清）范世勳撰　清乾隆三十年（1765）刻本　二冊

350000－2010－0001017　子8－5/4791a

楹聯集林一卷　（清）錢楳溪撰　清光緒十年（1884）李氏刻本　一冊

350000－2010－0001018　子8－5/4791b

楹聯叢話十二卷續話四卷　（清）梁章鉅編輯　清咸豐元年（1851）邵州雨栗山房刻本　二冊　存四卷（續話四卷）

350000－2010－0001019　子8－5/4791c

楹聯叢話十二卷　（清）梁章鉅編輯　清咸豐八年（1858）刻本　四冊

350000－2010－0001020　新學/8414

鑄金論略六卷圖一卷　（英國）司布勒村撰　（英國）傅蘭雅口譯　（清）汪振聲筆述　清末刻本　四冊　存四卷（四至六、圖一卷）

350000－2010－0001021　史15－2/3010

宣德鼎彝譜八卷　（明）吳中　（明）呂震編撰　清光緒九年（1883）鉛印本　二冊

350000－2010－0001022　子9－1/0466

諸珍美備一卷　□□編　清道光二十五年（1845）刻本　一冊

350000－2010－0001023　子9－2/5000

中饋錄一卷　（清）曾懿撰　清光緒三十三年（1907）長沙刻本　一冊

350000－2010－0001024　史11－1/3090甲

宋宰輔編年錄二十卷　（宋）徐自明撰　明刻本　一冊　存一卷（十）

350000－2010－0001025　史10－7/0292

新刻京板工師雕斫正式魯班經匠家鏡二卷　（明）午榮編　（明）章嚴集　靈驅解法洞明真言秘書一卷　□□撰　清刻本　一冊

350000－2010－0001026　子10/8060

普通博物問答八章　（清）商務印書館編　清光緒三十二年（1906）上海商務印書館鉛印本　一冊

350000－2010－0001027　子9－3/4491

植物圖說四卷　（英國）傅蘭雅撰　清光緒二十一年（1895）刻本　一冊

350000－2010－0001028　新學/9304

博物新編三集三卷　（英國）合信撰　清咸豐五年（1855）上海墨海書館刻本　一冊

350000－2010－0001029　新學/9304＝1

博物新編三集三卷　（英國）合信撰　清咸豐五年（1855）上海墨海書館刻本　一冊

350000－2010－0001030　新學/7744

開煤要法十二卷　（英國）士密德輯　（英國）傅蘭雅口譯　（清）王德均筆述　清光緒刻本　二冊

350000－2010－0001031　新學/5013

泰西藝學通攷十六卷　（清）何良棟編輯　清光緒石印本　十七冊

350000－2010－0001032　新學/4796b

格物入門七卷　（美國）丁韙良撰　清同治七年（1868）刻本　七冊

350000－2010－0001033　新學/4796b＝1

格物入門七卷　（美國）丁韙良撰　清同治七年（1868）刻本　七冊

350000－2010－0001034　新學/4414

萍鑛土法煉焦詳說一卷　（清）俞變堃撰　清光緒三十三年（1907）刻本　一冊

350000－2010－0001035　新學/4414＝1

萍鑛土法煉焦詳說一卷　（清）俞變堃撰　清光緒三十三年（1907）刻本　一冊

350000－2010－0001036　新學/2273

制機理法八卷圖一卷　（英國）覺顯祿斯撰　（英國）傅蘭雅口譯　（清）華備鈺筆述　清光緒二十五年（1899）江南製造局刻本　四冊

350000－2010－0001037　新學/1043

天演論二卷　（英國）赫胥黎造論　嚴復達恉
　　清光緒二十七年(1901)富文書局石印本
　　一冊

350000－2010－0001038　子8－5/4791d
楹帖採腴七卷　（清）羅昌基撰　清同治四年
　　(1865)刻本　三冊　存五卷(一至二、五至
　　七)

350000－2010－0001039　子5－5/7838b1＝4
驗方新編十八卷　（清）鮑相璈編輯　（清）丁
　　雨生增訂　清光緒十七年(1891)鉛印本　一
　　冊　存十七卷(一至十七)

350000－2010－0001040　子11/0021b
座右銘一卷　（□）□□撰　清刻本　一冊

350000－2010－0001041　集2－7/0022c1
庸書內篇二卷外篇二卷　（清）陳熾撰　清光
　　緒二十三年(1897)文瑞樓石印本　一冊　存
　　二卷(內編二卷)

350000－2010－0001042　集2－7/0022c2
庸書內篇二卷外篇二卷　（清）陳熾撰　清光
　　緒石印本　二冊　存二卷(外編二卷)

350000－2010－0001043　子10/0033
意林五卷　（唐）馬總撰　清光緒三年(1877)
　　湖北崇文書局刻本　二冊

350000－2010－0001044　類叢/1010c
玉函山房輯佚書五百九十四種附一種　（清）
　　馬國翰輯　清光緒九年(1883)長沙嫏嬛館刻
　　本　二冊　存十六種十七卷(廣志二卷、古今
　　善言一卷、文釋一卷、青史子一卷、宋子一卷、
　　陸氏要覽一卷、元中記一卷、泰階六符經一
　　卷、默記一卷、裴氏新言一卷、新義一卷、時務
　　論一卷、秦子一卷、五殘雜變星書一卷、請雨
　　止雨書一卷、靈憲一卷)

350000－2010－0001045　史9－2/0040
辛酉記一卷　（清）張光烈撰　清光緒十六年
　　(1890)刻本　一冊

350000－2010－0001046　子10/0040甲
文家稽古編十卷首一卷　（清）劉旂錫　（清）

程夢元纂　清乾隆刻本　三冊　存四卷(一
　　至二、七,首一卷)

350000－2010－0001047　子10/0128甲
顏氏家訓二卷　（北齊）顏之推撰　（清）朱軾
　　評點　清康熙五十八年(1719)刻本　一冊

350000－2010－0001048　子10/2191b
經餘必讀八卷續編八卷　（清）雷琳等輯　清
　　刻本　二冊　存四卷(續編一至四)

350000－2010－0001049　子10/0166
語珍切要錄二卷　（清）許立陞編　清同治八
　　年(1869)刻本　一冊　存一卷(下)

350000－2010－0001050　子10/0260
訓學集語初冊　（□）□□撰　清末刻本　一
　　冊

350000－2010－0001051　子10/0292a
新增愿體集四卷　（清）李仲麟輯　清刻本
　　四冊

350000－2010－0001052　子10/4816a
增訂愿體集四卷首一卷　（清）李仲麟輯
　　（清）于鍠增校　清光緒刻本　二冊　存三卷
　　(一至二、首一卷)

350000－2010－0001053　子10/0062
謫星文三編六卷名山文改二卷　錢振鍠撰
　　清刻本　一冊　存七卷(謫星文三編六卷、名
　　山文改一)

350000－2010－0001054　子10/0460
謝華啟秀集八卷　（明）楊慎撰　（清）吳藹人
　　（清）董琴涵鑒定　清道光六年(1826)刻本
　　五冊　存五卷(一至二、五至六、八)

350000－2010－0001055　子10/1740
子史粹言二卷　（清）丁晏撰　清道光二十六
　　年(1846)頤志齋刻後印本　一冊

350000－2010－0001056　子10/1740＝1
子史粹言二卷　（清）丁晏撰　清道光二十六
　　年(1846)頤志齋刻後印本　一冊

350000－2010－0001057　子10/0466甲
諸子彙函二十六卷九十四種　（明）歸有光輯

187

（明）文震孟參訂　明天啟刻本（卷一至二、十四至十六有抄配）　五十四冊

350000－2010－0001058　子10/0468a

讀書樂趣八卷　（清）伍涵芬撰　清嘉慶十六年（1811）刻本　四冊

350000－2010－0001059　子10/0468b

薛文清公讀書錄鈔一卷續一卷　（明）薛瑄撰　（清）紀大奎輯　清嘉慶二十一年（1816）刻本　一冊

350000－2010－0001060　子10/0468c

讀書雜釋十四卷　（清）徐鼒撰　清咸豐十一年（1861）刻本　一冊　存七卷（一至七）

350000－2010－0001061　子10/0468d1

讀書樂八卷　（清）鍾天緯編輯　（清）上海三等學堂編輯　清光緒二十五年（1899）上海華洋印書局鉛印本　一冊　存一卷（一）

350000－2010－0001062　子10/0468d2

讀書樂八卷　（清）鍾天緯編輯　（清）上海三等學堂編輯　清光緒二十六年（1900）上海著易書坊刻本　一冊　存一卷（三）

350000－2010－0001063　子10/0844甲

敦行錄直解二卷　（清）張鵬翩輯　（清）方允獻注　清康熙刻本　四冊

350000－2010－0001064　子10/2122

衛濟餘編五卷增附江湖切口要訣一卷　（清）王纕堂編　清光緒三十二年（1906）上海書局石印本　三冊

350000－2010－0001065　集4/0862b

論說入門四集十六卷　（清）彪蒙編譯所編輯　清光緒三十四年（1908）上海彪蒙書室石印本　四冊　存四卷（初集三，二集一至二、四）

350000－2010－0001066　子10/4001

九天開化主宰元皇司錄宏仁文昌帝君陰隲文註案四卷首一卷末一卷　（明）顏正注釋　（清）顏文瑞補案　清刻本　一冊　存二卷（三至四）

350000－2010－0001067　子10/1010a1

二十二史感應錄二卷　（清）彭希涑輯　清咸豐十年（1860）刻本　二冊

350000－2010－0001068　子10/1010a2

二十二史感應錄二卷　（清）彭希涑輯　清同治元年（1862）刻本　二冊

350000－2010－0001069　子10/1010b

至寶錄內篇二卷外篇二卷　題（清）凝瑞堂主人輯　清道光二十九年（1849）刻本　四冊

350000－2010－0001070　子10/1010c

玉局功過格正宗二卷　（清）彭定求撰　清光緒十五年（1889）古夾谷梅壇刻本　一冊

350000－2010－0001071　子10/1014

聶氏重編家政學二卷　（清）曾紀芬編　清光緒三十年（1904）浙江官書局刻本　二冊

350000－2010－0001072　子10/1021

元宰必讀書一卷彭凝祉先生雜說一卷　（清）彭定求撰　柞溪沈氏經驗良方一卷　（清）沈氏輯　清光緒十五年（1889）沈善居刻本　一冊

350000－2010－0001073　子10/0292b

新鐫分類評注文武合編百子金丹十卷　（明）郭偉選注　（明）郭仲吉編次　清刻本　一冊　存一卷（七）

350000－2010－0001074　子10/1090

粟香隨筆八卷二筆八卷三筆八卷四筆八卷五筆八卷　金武祥撰　清光緒九年（1883）刻本　二冊　存四卷（二筆一至四）

350000－2010－0001075　集2－7/1121

彊園課蒙草初編一卷二編一卷　（清）童琮編訂　（清）童鎔評注　清光緒二十九年（1903）刻本　一冊　存一卷（二編一卷）

350000－2010－0001076　子10/1412a

功過格輯要十六卷　（清）李士達輯　清光緒三年（1877）隨鶴居刻本　四冊　存十卷（一至六、九至十、十五至十六）

350000－2010－0001077　子10/1413

聽彝錄一卷　（清）王廷銓輯　清光緒十六年

（1890）刻本　一冊

350000－2010－0001078　子10/1613

聰訓齋語二卷　（清）張英撰　清光緒二年（1876）刻本　一冊

350000－2010－0001079　子10/1611

理學齋導言一卷　（清）馬用錫撰　清光緒養新精舍所刻本　一冊

350000－2010－0001080　子10/1661

醒齋閒話一卷　（清）姚大勳撰　清刻本　一冊

350000－2010－0001081　子1/2762

醒世要言四卷　（清）和素輯　（清）孟保譯　清刻本　四冊

350000－2010－0001082　子10/1720

了凡四訓一卷　（明）袁黃撰　清同治九年（1870）耐齋刻本　一冊

350000－2010－0001083　子0/1740

子書百家五百十一卷　（清）崇文書局輯　清光緒元年（1875）湖北崇文書局刻本　三十三冊　存三十二種一百六十七卷（尹文子一卷，慎子一卷，公孫龍子一卷，鬼谷子一卷，顏氏家訓二卷，論衡三十卷，叔苴子內編六卷、外編二卷，牟子一卷，古今注三卷，郁離子一卷，空同子一卷，海沂子一卷，鶡冠子三卷，呂氏春秋二十六卷，金樓子六卷，劉子二卷，風俗通義十卷，聲隅子歔欷瑣微論二卷，嬾真子五卷，燕丹子三卷，玉泉子一卷，金華子雜編二卷，山海經十八卷，山海經圖讚一卷，山海經補註一卷，神異經一卷，海內十洲記一卷，別國洞冥記四卷，穆天子傳六卷，拾遺記十卷，搜神後記十卷，白虎通德論四卷）

350000－2010－0001084　史8－2/2191

經世史鏡二十卷　（清）宋宗元撰　清光緒二十八年（1902）鉛印本　一冊　存四卷（一至四）

350000－2010－0001085　類叢/2010

重編留青新集二十四卷　（清）馮善長編　清光緒十六年（1890）鉛印本　四冊　存六卷

（一至二、五、七、二十三至二十四）

350000－2010－0001086　子10/2040

千百年眼十二卷　（明）張燧纂　清光緒十四年（1888）四明王氏銅活字印本　一冊　存六卷（一至六）

350000－2010－0001087　子10/2290

崇儉編一卷四十六則　題（清）聽月軒主人輯　清光緒二十二年（1896）刻本　一冊

350000－2010－0001088　子10/2191a

經世通考傳家寶二卷　（清）劉靜陽纂　清刻本　一冊　存一卷（下）

350000－2010－0001089　子10/2194

稱謂錄三十二卷　（清）梁章鉅撰　清光緒十年（1884）福州梁氏刻本　七冊　存二十八卷（一至四、九至三十二）

350000－2010－0001090　子10/2245

幾希錄續刻一卷佐治藥言一卷　（清）汪輝祖撰　清光緒元年（1875）刻本　一冊

350000－2010－0001091　子10/2324a

傳家寶四集三十二卷　（清）石成金訂集　清刻本　六冊　存十四卷（二集五至六，三集一至二、五至八，四集一至六）

350000－2010－0001092　子1/2421d2

先正遺規四卷　（清）汪正集錄　清道光二十四年（1844）刻本　四冊

350000－2010－0001093　子1/2421d1

先正遺規四卷　（清）汪正集錄　清刻本　八冊

350000－2010－0001094　子10/3826

裕後須知一卷　（清）王孟英輯　清道光五年（1825）刻本　一冊

350000－2010－0001095　子10/2424

待隱堂遺稿四卷　（清）陳翼撰　清刻本　一冊　存一卷（四）

350000－2010－0001096　子10/2324b

傳家寶訓節要六卷　（清）吳詩庭撰　清光緒二十二年（1896）上海鴻寶齋書局石印本　一

册

350000－2010－0001097　子10/2622

**偶存齋本分語四卷**　（清）俞懋泰撰　（清）俞懋益參論　清同治三年（1864）刻本　四册

350000－2010－0001098　子10/2624

**得一錄十六卷**　（清）余治編　清同治八年（1869）刻本　八册

350000－2010－0001099　子10/2672

**鼠疫彙編一卷**　（清）吳宣崇　（清）羅汝蘭撰　**應驗雜症藥方一卷**　（清）守平盦主侗輯　清光緒二十六年（1900）刻本　一册

350000－2010－0001100　子10/4422b

**勸戒類言二卷**　題（清）求黽主人輯　清宣統二年（1910）集成公司鉛印本　一册　存一卷（上）

350000－2010－0001101　子1/4692d

**楊園先生訓子語二卷**　（清）張履祥撰　清刻本　一册

350000－2010－0001102　子10/5090

**東軒晚語一卷**　（清）吳震方輯　清刻本　一册

350000－2010－0001103　子1/2722

**修身約言一卷**　（清）胡元俠輯　清宣統元年（1909）南洋印刷官廠鉛印本　一册

350000－2010－0001104　子10/2722

**御製勸善要言一卷**　（清）世祖福臨撰　清刻本　一册

350000－2010－0001105　子10/2740b

**身心切要錄□□卷**　（□）□□撰　清刻本　一册　存一卷（下）

350000－2010－0001106　子10/2740a

**身世準繩二卷**　（清）李迪光纂輯　清光緒十四年（1888）鉛印本　二册

350000－2010－0001107　子10/2740c

**身世金丹四卷**　（清）楊奎輯　清同治十三年（1874）刻本　三册　存二卷（元、亨）

350000－2010－0001108　子10/2740d

**身世繩規四卷**　（清）朱潮增輯　清同治四年（1865）刻本　二册

350000－2010－0001109　子14/8033

**慈尊老人十六條規一卷**　釋東初注　清光緒十八年（1892）聚賢堂刻本　一册

350000－2010－0001110　子10/2791

**紀氏嘉言四卷**　（清）紀昀撰　（清）徐珣摘錄　清道光二十六年（1846）刻本　三册　存三卷（一至三）

350000－2010－0001111　子10/4439

**蘇氏演義二卷**　（唐）蘇鶚撰　（清）李調元校　清刻本　一册

350000－2010－0001112　子10/3022

**寡過編一卷**　（清）宋梅輯　清光緒十年（1884）刻本　一册

350000－2010－0001113　子10/3023a1

**家庭講話三卷**　（清）陸一亭撰　（清）陸韜輯　清光緒三十三年（1907）鉛印本　一册

350000－2010－0001114　子10/3023a2

**家庭講話三卷**　（清）陸一亭撰　（清）陸韜輯　清同治十年（1871）刻本　一册

350000－2010－0001115　子10/3023b

**家塾蒙求五卷**　（清）康基淵纂輯　清嘉慶十六年（1811）刻本　二册

350000－2010－0001116　子10/3023c

**家言隨記四卷**　（清）王賢儀撰　清同治九年（1870）刻本　四册

350000－2010－0001117　子10/3300

**心影集四卷**　（清）李士麟輯　清同治十三年（1874）長沙劉培元刻本　一册　存二卷（一至二）

350000－2010－0001118　子10/3313

**浪跡三談六卷**　（清）梁章鉅撰　清咸豐七年（1857）福州梁氏刻本　四册

350000－2010－0001119　子10/3410

**對策六卷**　（清）陳鱣撰　清石印本　一册

350000－2010－0001120　子10/3430

**遠色編二卷**　（清）沈惇復重校　**真見集一卷**
（清）孫士雲撰　清道光十八年（1838）錢塘
項爾康刻本　二冊

350000－2010－0001121　子10/3530

**迪幼錄三卷**　（清）程基撰　清光緒二十八年
（1902）翰元齋刻本　三冊

350000－2010－0001122　子10/3712

**泖東草堂筆記二十卷**　（清）沈宗祉撰　清宣
統二年（1910）上海時中書局鉛印本　三冊
存十五卷（六至二十）

350000－2010－0001123　類叢/3712

**鴻雪軒紀豔四種四卷**　（清）藝蘭生輯　清同
治十三年（1874）申報館鉛印本　一冊

350000－2010－0001124　子10/3722

**初學宜讀諸書要略一卷稍進讀書要略一卷讀
譯書須知一卷論格致理法綱要一卷**　葉瀚撰
清光緒二十三年（1897）仁和葉氏刻本　一
冊

350000－2010－0001125　子10/3730a

**過庭錄一卷**　（清）傅寰初撰　清光緒二十七
年（1901）刻本　一冊

350000－2010－0001126　子10/3730b

**退菴隨筆二十二卷**　（清）梁章鉅編　清道光
至光緒間刻本　五冊　存十七卷（一至五、九
至二十）

350000－2010－0001127　子10/1023

**弦雪居重訂遵生八牋十九卷總目一卷**　（明）
高濂撰　（明）鍾惺校閱　清道光十二年
（1832）刻本　十六冊　存十六卷（一、三至
五、七至十、十二至十八，總目一卷）

350000－2010－0001128　子10/4010

**直筆良言一卷附錄一卷**　（清）魯守正編纂
（清）曹純修手錄　清光緒刻本　一冊

350000－2010－0001129　子10/4021

**克復要言一卷**　（清）張與齡　（清）張益齡選
刻　清同治七年（1868）刻本　一冊

350000－2010－0001130　子10/4046 甲

**嘉懿集初鈔四卷續鈔四卷**　（清）高嵋編輯
清乾隆五十四年（1789）刻本　八冊

350000－2010－0001131　子10/2010D

**重訂吉人遺鐸一卷**　題（□）醒菴居士原抄
（清）劉先登評訂　清道光二十八年（1848）刻
本　一冊

350000－2010－0001132　子10/2010D＝1

**重訂吉人遺鐸一卷**　題（□）醒菴居士原抄
（清）劉先登評訂　清道光二十八年（1848）刻
本　一冊

350000－2010－0001133　子10/2010D＝2

**重訂吉人遺鐸一卷**　題（□）醒菴居士原抄
（清）劉先登評訂　清道光二十八年（1848）刻
本　一冊

350000－2010－0001134　子10/2010D＝3

**重訂吉人遺鐸一卷**　題（□）醒菴居士原抄
（清）劉先登評訂　清道光二十八年（1848）刻
本　一冊

350000－2010－0001135　史13/4060

**古今類傳四卷**　（清）董穀士　（清）董炳文輯
清刻本　四冊

350000－2010－0001136　子10/4060b

**古格言十二卷**　（清）梁章鉅輯　清刻本　一
冊

350000－2010－0001137　子10/1412b

**功過格分類彙編一卷**　（□）□□編　清光緒
十八年（1892）寧波道署刻本　一冊

350000－2010－0001138　子10/4313a

**求己錄三卷**　陶葆廉編　清光緒二十五年
（1899）石印本　三冊

350000－2010－0001139　子10/4313b

**求是於古齋三種**　（清）周耿光撰　清同治五
年（1866）善化楊氏問竹軒刻本　三冊

350000－2010－0001140　子10/4313c

**求闕齋讀書錄十卷**　（清）曾國藩撰　（清）王
啟原編輯　清光緒二年（1876）傳忠書局刻本

三冊　存八卷(一至八)

350000－2010－0001141　子10/4422a
**蘭閨必讀四卷首一卷**　(清)何慎修纂輯
(清)崔廉舫繪圖　清同治十年(1871)刻本
一冊　存三卷(一至二、首一卷)

350000－2010－0001142　子10/4440
**孝弟忠義圖說四卷**　金陵編譯官書局編　清
光緒三十二年(1906)金陵編譯官書局石印本
二冊

350000－2010－0001143　子14/4471
**老子臆注二卷**　(清)王定柱注解　清嘉慶十
五年(1810)刻本　二冊

350000－2010－0001144　子10/4473
**藝林珠玉□□卷**　(清)玉玲瓏山館主人輯
清刻本　三冊　存六卷(中庸四卷、下論六至
七)

350000－2010－0001145　子10/4796a
**格言聯璧節要一卷**　(清)馮文蔚節錄　清光
緒十七年(1891)南林金承德堂石印本　一冊

350000－2010－0001146　子10/4796b
**格言聯璧一卷**　(清)金纓輯　清光緒六年
(1880)刻本　一冊

350000－2010－0001147　子10/4796c
**格言類纂三卷**　(清)楊廷鑑輯　(清)鄒祖培
重訂　清刻本　一冊　存一卷(下)

350000－2010－0001148　史9－1/4780
**趨庭記述二卷**　(清)經元善輯　清光緒二十
三年(1897)上虞經氏刻暨石印本　二冊

350000－2010－0001149　子10/6006a
**暗室燈二卷**　題(清)深山居士輯　清道光二
十二年(1842)刻本　一冊　存一卷(上)

350000－2010－0001150　子10/6006b
**暗室燈註解二卷**　題(清)深山居士輯　(清)
胡仙卿注解　清光緒三十年(1904)刻本　二
冊

350000－2010－0001151　子10/4816b
**增訂身世金箴一卷**　(清)□□撰　清光緒十

七年(1891)刻本　一冊

350000－2010－0001152　集3－1/4816
**增廣留青新集二十四卷**　(□)□□輯　清光
緒二十五年(1899)石印本　八冊　存十六卷
(三至十四、十七至二十)

350000－2010－0001153　子10/4816c
**增補儒林寶筏不分卷**　(□)□□輯　清光緒
元年(1875)刻本　一冊

350000－2010－0001154　子10/4844
**教學繩墨三卷**　(清)車鼎豐編　清刻本　一
冊

350000－2010－0001155　子10/4860a
**警世要言一卷附經驗良方一卷**　(清)王夢泉
輯　清同治十二年(1873)刻本　一冊

350000－2010－0001156　子10/4860b
**警心錄十卷**　(清)錢枝桂　(清)林逸輯　清
光緒九年(1883)刻本　一冊　存五卷(一至
五)

350000－2010－0001157　子10/5000
**中虛寶全集一卷**　(清)霞谷道人撰　清光緒
三十三年(1907)松郡陳槿源刻朱墨套印本
一冊

350000－2010－0001158　子10/5033
**惠迪書六卷**　(□)□□撰　清光緒十年
(1884)刻本　一冊　存四卷(一至四)

350000－2010－0001159　子13/5106
**指路寶筏註釋三卷**　(□)□□撰　清刻本
一冊　存一卷(中)

350000－2010－0001160　子10/5340a
**戒淫功過格一卷戒色良言一卷**　題(清)敬畏
齋主人輯　清光緒五年(1879)刻本　一冊

350000－2010－0001161　子10/5340b
**戒淫登科錄一卷**　(□)□□撰　清光緒十七
年(1891)刻本　一冊

350000－2010－0001162　子10/5340c
**戒淫寶錄二卷**　(□)□□撰　清宣統三年
(1911)觀禮堂刻本　一冊　存一卷(上)

350000－2010－0001163　類叢/5060

**春在堂全書三十五種**　(清)俞樾撰　清光緒二十五年(1899)刻本　十三冊　存九種六十九卷(曲園雜纂十至五十、賓萌集一至五、春在堂詩編一至六、春在堂尺牘一至四、太上感應篇纘義二卷、游藝錄六卷、袖中書二卷、楹聯錄存二卷、四書文一卷)

350000－2010－0001164　史 16/5806a2

**輶軒語一卷**　(清)張之洞撰　清光緒二十一年(1895)福建學署刻本　一冊

350000－2010－0001165　子 1/2421c1

**先正讀書訣一卷**　(清)周永年輯　清光緒七年(1881)刻本　一冊

350000－2010－0001166　子 10/6010a

**日知錄集釋三十二卷刊誤二卷續刊誤二卷**　(清)顧炎武撰　(清)黃汝成集釋　清同治十一年(1872)湖北崇文書局刻本　一冊　存四卷(刊誤二卷、續刊誤二卷)

350000－2010－0001167　子 10/6010b

**墨子閒詁十五卷目錄一卷附錄一卷後語二卷**　(戰國)墨翟撰　(清)孫詒讓詁　清宣統二年(1910)木活字印本　七冊

350000－2010－0001168　類叢/6015

**國朝名人著述叢編十三種**　(清)□□輯　清光緒五年(1879)上海淞隱閣鉛印本　六冊

350000－2010－0001169　經 7－5/6021t2

**四書人物類典串珠四十卷**　(清)臧志仁輯　清刻本　一冊　存六卷(二十八至三十三)

350000－2010－0001170　子 10/6090b

**景行集二卷**　(□)□□撰　清刻本　一冊

350000－2010－0001171　子 10/6090a

**困學紀聞二十卷**　(宋)王應麟撰　清嘉慶五年(1800)刻本　七冊　存十八卷(一至二、五至二十)

350000－2010－0001172　子 10/6090c

**景仰撮書一卷**　(明)王達撰　清光緒二十三年(1897)刻朱印本　一冊

350000－2010－0001173　子 10/6702b

**嘐嘐言六卷**　(清)郭伯蔭撰　清道光三十年(1850)刻本　一冊

350000－2010－0001174　子 10/6702b＝1

**嘐嘐言六卷**　(清)郭伯蔭撰　清道光三十年(1850)刻本　一冊

350000－2010－0001175　子 10/7064

**辟火珠一卷**　(清)高宗元撰　清道光刻本　一冊

350000－2010－0001176　子 10/7121

**阮氏筆訓一卷**　(清)阮應韶撰　清同治七年(1868)職思堂刻本　一冊

350000－2010－0001177　子 10/7423a

**隨園瑣記二卷**　(清)袁祖志撰　清光緒五年(1879)刻本　一冊　存序跋至目錄

350000－2010－0001178　子 10/7423b

**隨園隨筆二十八卷**　(清)袁枚撰　清末石印本　一冊　存六卷(十五至二十)

350000－2010－0001179　子 10/7710

**閨門學史不分卷**　(清)書銘輯　清末石印本　四冊

350000－2010－0001180　子 10/7721a

**覺後錄一卷**　(清)張亮撰　清光緒五年(1879)刻本　一冊

350000－2010－0001181　子 10/7721b

**覺宦晨鐘一卷**　(清)孫原湘撰　清刻本　一冊

350000－2010－0001182　子 10/7722a

**開卷偶得十卷**　(清)林春溥撰　清道光二十九年(1849)竹柏山房刻本　三冊　存七卷(一至七)

350000－2010－0001183　子 10/4060a

**古佛應驗明聖經三卷**　(□)□□撰　清光緒二十年(1894)石印本　一冊

350000－2010－0001184　史 9－1/7733

**熙朝人鑒二集八卷首二卷**　(清)丁承祐編　清光緒二十四年(1898)刻本　四冊

350000 – 2010 – 0001185　子10/7740a

學林十卷　（宋）王觀國撰　清光緒福建刻本
八冊

350000 – 2010 – 0001186　子10/7740b

學廬自鏡語一卷續刻一卷　（清）陳錦撰　清
光緒五年(1879)刻本　一冊

350000 – 2010 – 0001187　子10/7744

丹桂籍四卷首一卷末一卷　（明）顏正輯注
清刻本　一冊　存一卷(末一卷)

350000 – 2010 – 0001188　子10/7755

毋不敬編三卷　（清）汪文煥輯　清同治十二
年(1873)長沙書局刻本　一冊

350000 – 2010 – 0001189　子10/8000a

人範須知六卷　（清）盛隆編輯　清同治二年
(1863)晉陵盛隆石竹山房刻本　六冊

350000 – 2010 – 0001190　子1/8000b2

人範六卷　（清）蔣元編　清光緒吳江沈氏鉛
印本　一冊

350000 – 2010 – 0001191　子10/8000b

人同錄四卷首一卷　（明）毛昇輯　清光緒二
十二年(1896)刻本　二冊

350000 – 2010 – 0001192　史9 – 2/0560

誥封恭人知府銜兩浙鹽運使副使季佑申之元
配金恭人墓誌銘一卷　（清）楊沂孫撰　清末
石印本　一冊

350000 – 2010 – 0001193　子10/8010

金屑一撮一卷　題（清）圓明居士錄　清宣統
三年(1911)常州天寧寺刻本　一冊

350000 – 2010 – 0001194　類叢/3418

洪北江全集二十三種　（清）洪亮吉撰　清光
緒授經堂刻本　一冊　存二種三卷(弟子職
箋釋一卷、史目表二卷)

350000 – 2010 – 0001195　子10/8073a

公餘隨錄一卷　（清）楊廷理輯　清光緒十八
年(1892)刻本　一冊

350000 – 2010 – 0001196　子10/8073b1

養源詩備六卷附編一卷　（清）馬近光輯　清

光緒二年(1876)潮城文在堂木活字印本　一
冊　存三卷(一至三)

350000 – 2010 – 0001197　子10/8811

鑑古人儀輯略一卷　（清）履巽齋編纂　清光
緒刻本　一冊

350000 – 2010 – 0001198　經9 – 3/9101

恒言錄六卷　（清）錢大昕纂　清光緒二十八
年(1902)鉛印本　二冊

350000 – 2010 – 0001199　子10/9406

惜字良規一卷　題（清）慎獨齋主人輯　清光
緒刻本　一冊

350000 – 2010 – 0001200　子11/0018

癡人說夢四卷　（清）王寶畬輯　清同治十年
(1871)刻本　二冊

350000 – 2010 – 0001201　子11/0026

唐代叢書二十卷　（清）王文誥輯　清刻本
二冊　存二卷(八、十三)

350000 – 2010 – 0001202　集3 – 4/0040

文章游戲初編八卷二編八卷三編八卷四編八
卷　（清）繆艮輯　清嘉慶至同治間刻本　九
冊　存十二卷(初編三至四,二編一至二,三
編三至四、七,四編二至三、六至八)

350000 – 2010 – 0001203　子11/0292

新齊諧二十四卷續十卷　（清）袁枚撰　清末
石印本　一冊　存一卷(新齊諧二)

350000 – 2010 – 0001204　子11/6021a5

四大奇書第一種六十卷一百二十回　（明）羅
本撰　（清）毛宗崗評　清刻本　五冊　存十
五卷(四至八、十六至二十、四十七至五十一)

350000 – 2010 – 0001205　子11/4816a

增像全圖三國演義六十卷　（明）羅本撰
（清）毛宗崗評　清末錦章書局石印本　一冊
存十五卷(十六至三十)

350000 – 2010 – 0001206　子11/1010

二百冊孝圖四卷　（清）胡文炳輯　（清）謝仁
澍書　清光緒刻本　一冊　存一卷(二)

350000 – 2010 – 0001207　子11/1022

兩般秋雨盦隨筆八卷　（清）梁紹壬撰　清刻本　一冊　存一卷（二）

350000－2010－0001208　集3－2/1043

天花亂墜八卷　（清）寅半生輯　清光緒二十九年（1903）刻本　一冊　存二卷（一至二）

350000－2010－0001209　集6/1043

天雨花三十回　（清）陶貞懷撰　清道光二十一年（1841）刻本　二十二冊　存二十二回（一、六至十一、十三、十五至二十八）

350000－2010－0001210　子14/1060

西游原旨讀法一卷詩結一卷　（清）劉一明撰　清嘉慶刻本　一冊

350000－2010－0001211　子11/1712

聊齋志異新評十六卷　（清）蒲松齡撰　（清）王士正評　（清）但明倫新評　（清）呂湛恩注　清光緒十二年（1886）石印本　八冊

350000－2010－0001212　子11/2040

千人鏡□□卷　題（□）南屏老衲　（宋）姜夔撰　清光緒三十一年（1905）杭州萃利公司石印本　一冊　存一卷（一）

350000－2010－0001213　子11/2277a2

山海經十八卷　（晉）郭璞傳　清光緒三年（1877）浙江書局刻本　三冊

350000－2010－0001214　子11/2277a1

山海經十八卷　（晉）郭璞傳　清光緒二十三年（1897）文瑞樓鉛印本　三冊　存十六卷（一至二、五至十八）

350000－2010－0001215　子11/2633

息影偶錄八卷　（清）張埏輯　清嘉慶九年（1804）刻本　一冊　存一卷（三）

350000－2010－0001216　子10/3010

宣講博聞錄不分卷　（清）調元善社輯　清光緒十四年（1888）刻本　八冊

350000－2010－0001217　子11/3060

客窗偶筆四卷　（清）金捧閶撰　清咸豐、同治刻本　一冊　存一卷（三）

350000－2010－0001218　子11/3219

灤陽消夏錄六卷　（清）紀昀撰　清道光二十七年（1847）刻本　三冊

350000－2010－0001219　子10/4422c

勸戒近錄六卷續錄六卷三錄六卷四錄六卷　（清）梁恭辰撰　清光緒二十年（1894）歸安施氏刻本　四冊　存十二卷（勸戒近錄六卷、四錄六卷）

350000－2010－0001220　子11/4816b

增評補像全圖金玉緣十五卷首一卷　（清）曹雪芹　（清）高鶚撰　清光緒二十五年（1899）上海書局石印本　十二冊　存十二卷（二至三、五至十二、十五，首一卷）

350000－2010－0001221　子11/4816c

增評補圖石頭記一百二十卷首一卷　（清）曹雪芹　（清）高鶚撰　（清）護花主人　（清）大某山民評　清光緒鉛印本　二冊　存十一卷（八至十七、首一卷）

350000－2010－0001222　子11/4816d

增像全圖東周列國志二十七卷一百八回　（清）蔡昇評點　清末石印本　一冊　存四卷（十六至十九）

350000－2010－0001223　子11/4816e

增補齊省堂儒林外史六十回　（清）吳敬梓撰　清光緒十四年（1888）鴻寶齋石印本　一冊　存十回（五十一至六十）

350000－2010－0001224　子11/5090

東周列國全志二十三卷一百八回　（清）蔡昇評點　清刻本　四冊　存八卷（二至三、八至十一、十八至十九）

350000－2010－0001225　子11/7721

閱微草堂筆記二十四卷　（清）紀昀撰　清光緒十四年（1888）石印本　八冊

350000－2010－0001226　子11/7823

陰隲果報圖注不分卷　（清）彭啟豐編　（清）吳友如繪圖　清光緒十七年（1891）點石齋石印本　一冊

350000－2010－0001227　子11/2592

繡像雲合奇蹤五卷八十回　（明）徐渭編
（明）玉茗堂評點　清刻本　一冊

350000－2010－0001228　子11/4816f

增訂精忠演義說本全傳二十卷八十回　（清）
錢彩編　（清）金豐增訂　清刻本　二冊　存
七卷(二至八)

350000－2010－0001229　子11/6021a1

四大奇書第一種六十卷一百二十回　（明）羅
本撰　（清）毛宗崗評　清刻本　一冊　存五
卷(四十五至四十九)

350000－2010－0001230　子11/6021a2

四大奇書第一種六十卷一百二十回　（明）羅
本撰　（清）毛宗崗評　清刻本　一冊　存五
卷(四十九至五十三)

350000－2010－0001231　子11/6021a3

四大奇書第一種六十卷一百二十回　（明）羅
本撰　（清）毛宗崗評　清刻本　一冊　存二
卷(四十七至四十八)

350000－2010－0001232　子11/6021a4

四大奇書第一種六十卷一百二十回　（明）羅
本撰　（清）毛宗崗評　清刻本　一冊　存四
卷(十一至十四)

350000－2010－0001233　子11/8822

第一才子書六十卷一百二十回　（明）羅本撰
（清）毛宗崗評　清光緒八年(1882)點石齋
石印本　一冊　存五卷(一至五)

350000－2010－0001234　子10/7829

除欲究本五卷　（清）董清奇撰　清光緒三十
四年(1908)鉛印本　五冊

350000－2010－0001235　類叢/0028

廣事類賦四十卷　（清）華希閔撰　清刻本
二冊　存十三卷(四至八、三十三至四十)

350000－2010－0001236　類叢/0040

文料大成四十卷　（清）冷香子編　清光緒五
年(1879)刻本　三冊　存二十卷(一至十六、
二十五至二十八)

350000－2010－0001237　子12/0023

亦陶書室新增幼學故事羣芳□□卷　（清）程
允升撰　（清）周達用增訂　清刻本　二冊
存二卷(三至四)

350000－2010－0001238　子10/0292c

新增日用便覽一卷　（清）朱竹庵撰　清光緒
十四年(1888)刻本　一冊

350000－2010－0001239　經9－3/0292

新增致正俗言智燈難字二卷　（清）范寅撰
清光緒二十四年(1898)會文堂石印本　一冊

350000－2010－0001240　集4/0464b

詩學含英十四卷　（清）劉文蔚輯　清刻本
一冊　存三卷(一至三)

350000－2010－0001241　類叢/0292a1甲

新增說文韻府羣玉二十卷　（元）陰時夫編輯
（元）陰中夫編注　清乾隆三十年(1765)刻
本　十八冊　存十八卷(一、三至十八、二十)

350000－2010－0001242　子4/3624b

農學考一卷　（清）黃文浩譯　清光緒三十年
(1904)湖北洋務局編譯科鉛印本　一冊

350000－2010－0001243　類叢/1740a

子史精華一百六十卷　（清）張廷玉等編　清
光緒十二年(1886)上海同文書局石印本　八
冊

350000－2010－0001244　類叢/1740b

子史輯要詩賦題解四卷後集四卷　（清）胡本
淵輯　清嘉慶四年(1799)刻本　四冊　存四
卷(後集四卷)

350000－2010－0001245　子12/2472

幼學瓊林羣芳句解四卷　（明）程允升撰
（清）周達用增訂　清南洋公學堂刻本　一冊
存二卷(一至二)

350000－2010－0001246　類叢/2721

佩文韻府一百六卷韻府拾遺一百六卷　（清）
張玉書等編　（清）張廷玉等拾遺　清光緒十
八年(1892)上海同文書局石印本　五十九冊
存二百十卷(佩文韻府一至九十六、九十九
至一百六,韻府拾遺一百六卷)

350000 - 2010 - 0001247　類叢/4060

**古香齋新刻袖珍淵鑑類函四百五十卷目錄四卷**　（清）王士禎等編　清光緒南海孔氏刻本　十四冊　存四十卷(三百三十二至三百四十三、三百四十七至三百六十三、三百七十六至三百八十六)

350000 - 2010 - 0001248　類叢/1010b 甲

**王先生十七史蒙求十六卷**　（宋）王令撰　清康熙五十二年(1713)海陽程宗珌刻本　一冊　存六卷(一至六)

350000 - 2010 - 0001249　類叢/4796 甲

**格致鏡原一百卷**　（清）陳元龍撰　清雍正刻本　九冊　存三十三卷(一至二十七、六十五至六十七、七十七至七十九)

350000 - 2010 - 0001250　類叢/4816b

**增補萬寶全書二十卷新增繪圖萬寶全書續編五卷**　（明）陳繼儒纂輯　清光緒石印本　六冊　存二十一卷(增補萬寶全書三至二十、新增繪圖萬寶全書續編三至五)

350000 - 2010 - 0001251　子 12/4060

**古渝善成堂新刻增訂釋義經書便用通考雜字二卷外卷一卷**　（清）徐三省編　（清）戴啟達增訂　清同治九年(1870)善成堂刻本　二冊

350000 - 2010 - 0001252　子 10/8073c

**公門果報錄一卷續錄一卷附錄一卷**　（清）宋楚望編　清光緒二十一年(1895)刻本　一冊

350000 - 2010 - 0001253　子 12/5013

**蠹存二卷**　（清）方旭撰　清光緒二十四年(1898)刻本　三冊

350000 - 2010 - 0001254　子 12/3722

**初等小學簡明國文教科書八冊**　蔣維喬等編　清宣統三年(1911)商務印書館石印本　一冊　存一冊(八)

350000 - 2010 - 0001255　經 7 - 5/6021t1

**四書人物類典串珠四十卷**　（清）臧志仁撰　清光緒三年(1877)刻本　二冊　存十一卷(一至五、十三至十八)

350000 - 2010 - 0001256　類叢/0292a2

**新增說文韻府羣玉二十卷**　（元）陰時夫編輯　（元）陰中夫編注　清刻本　十九冊　存十九卷(一至十九)

350000 - 2010 - 0001257　類叢/0292b 甲

**新編古今事文類聚前集六十卷後集五十卷續集二十八卷別集三十二卷新集三十六卷外集十五卷遺集十五卷**　（宋）祝穆編　明萬曆三十二年(1604)唐富春德壽堂刻本　一冊　存四卷(別集五至八)

350000 - 2010 - 0001258　子 12/9000

**小學教科問答八卷**　（□）□□撰　清光緒二十九年(1903)蒙學書社石印本　四冊

350000 - 2010 - 0001259　類叢/9060 甲

**省軒考古類編十二卷**　（清）柴紹炳纂　（清）姚培謙評　清雍正、乾隆刻本　四冊　存八卷(三至六、九至十二)

350000 - 2010 - 0001260　類叢/9148 甲

**類林新詠三十六卷**　（清）姚之駰撰　清康熙刻本　十二冊

350000 - 2010 - 0001261　子 10/8060 = 1

**普通博物問答一卷**　（清）商務印書館編　清光緒三十二年(1906)上海商務印書館鉛印本　一冊

350000 - 2010 - 0001262　子 12/8060

**普通學歌訣一卷**　（清）張一鵬撰　清光緒二十六年(1900)杭州小學堂刻本　一冊

350000 - 2010 - 0001263　子 12/4003

**大成齋智燈難字二卷**　（□）□□輯　清刻本　一冊

350000 - 2010 - 0001264　子 13/0669

**課誦集註二卷**　（清）釋福宗注　清咸豐十年(1860)刻本　一冊

350000 - 2010 - 0001265　子 13/1000

**一切經音義二十五卷**　（唐）釋玄應撰　補訂新釋大方廣佛華嚴經音義二卷**　（唐）釋慧苑撰　清同治八年(1869)刻本　三冊　存二十

卷(一切經音義八至二十五、補訂新釋大方廣佛華嚴經音義二卷)

350000－2010－0001266　子13/1060

西方要訣科註二卷　（唐）釋窺基撰　清刻本
一冊

350000－2010－0001267　子13/2722

御選語錄十九卷　（清）世宗胤禛選　清光緒刻本　一冊　存一卷(十三)

350000－2010－0001268　子13/1122

彌勒尊經一卷　（□）□□撰　清光緒三十二年(1906)刻本　一冊

350000－2010－0001269　子13/0040

文昌帝君親解陰騭全文一卷　（□）□□撰
清道光刻本　一冊

350000－2010－0001270　子13/1661

醒世又新一卷　（□）福安壇撰　清石印本
一冊

350000－2010－0001271　子13/1610b

聖訓摘鈔二卷　（□）□□撰　清刻本　二冊

350000－2010－0001272　子13/2010

重訂西方公據二卷　（清）彭際清集　清光緒十四年(1888)金陵刻經處刻本　一冊

350000－2010－0001273　子13/2091

維摩詰所說經(不可思議解脫經)三卷　（後秦）釋鳩摩羅什譯　清同治九年(1870)刻本
一冊

350000－2010－0001274　子13/2110

上品資糧一卷　（清）釋古崑集　清末刻本
一冊

350000－2010－0001275　子13/2121

仁王護國般若波羅密多經二卷　（唐）釋不空譯　清同治九年(1870)金陵刻經處刻本　一冊

350000－2010－0001276　子13/2421

化世金丹九卷　（清）吳南濱編　濟世良方二卷　（清）趙誠輯　清同治五年(1866)刻本
八冊　存九卷(化世金丹二至六、八至九,濟世良方二卷)

350000－2010－0001277　子13/2522eD

佛說大乘金剛經論一卷　（北魏）釋菩提留支譯　清光緒十年(1884)刻本　一冊

350000－2010－0001278　子13/2522a

佛說金剛般若波羅密經一卷　（後秦）釋鳩摩羅什譯　清光緒十年(1884)刻本　一冊

350000－2010－0001279　子13/2522b

佛說觀無量壽佛經附圖頌一卷附錄一卷
(南朝宋)釋畺良耶舍譯　（明）釋傳燈撰頌
清刻本　一冊

350000－2010－0001280　子13/2522c

佛說無量壽經(大阿彌陀經)二卷　（三國魏）釋康僧鎧譯　佛說觀無量壽佛經一卷　（南朝宋）釋畺良耶舍譯　佛說阿彌陀經一卷
(後秦)釋鳩摩羅什譯　清刻本　一冊

350000－2010－0001281　子13/2522d

佛祖心髓三卷　（清）釋達如輯　清光緒十七年(1891)刻本　三冊

350000－2010－0001282　子13/2694

釋教三子經一卷　題(明)吹萬老人撰　（明）敏修注　清潮鳴寺淨三刻本　一冊

350000－2010－0001283　子13/2722＝1

御選語錄十九卷　（清）世宗胤禛選　清光緒金陵刻經處刻本　一冊　存一卷(十三)

350000－2010－0001284　子13/2723

修習止觀坐禪法要二卷六妙法門一卷　（隋）釋智顗撰　清光緒十八年(1892)金陵刻經處刻本　一冊

350000－2010－0001285　子13/1010

靈峰蕅益大師選定淨土十要十卷　（明）釋智旭輯　（明）釋成時評點節要　清同治十一年(1872)刻本　四冊

350000－2010－0001286　子13/3520

神訓旁註便讀一卷　（清）陳鴻儒　（清）陳明章校　真西山先生衛生歌一卷　（宋）真德秀撰　清光緒二十二年(1896)刻本　一冊

350000－2010－0001287　子10/2010D＝4

重訂吉人遺鐸一卷　題(□)醒菴居士原抄
(清)劉先登評訂　清道光二十八年(1848)刻
本　一冊

350000－2010－0001288　子13/3625

禪林重刻寶訓筆說三卷　(清)釋智祥撰　清
同治十年(1871)鄂城正覺寺刻本　一冊　存
一卷(上)

350000－2010－0001289　子13/3815

海南一勺合編內函十卷首二卷外函三十二卷
　(清)鶴洞子纂輯　清光緒十一年(1885)奎
照樓書坊刻本　十冊

350000－2010－0001290　子13/3850

肇論略注六卷　(明)釋德清撰　清光緒十四
年(1888)金陵刻經處刻本　二冊

350000－2010－0001291　子13/4000

十二門論宗致義記三卷　(唐)釋法藏撰　清
光緒二十一年(1895)金陵刻經處刻本　一冊

350000－2010－0001292　子14/4003a1

太上寶筏圖說八卷　(□)□□撰　清光緒十
八年(1892)上海宏大善書局石印本　八冊

350000－2010－0001293　子14/4003a1＝1

太上寶筏圖說八卷　(□)□□撰　清光緒十
八年(1892)上海宏大善書局石印本　八冊

350000－2010－0001294　子14/4003a2

太上寶筏圖說八卷　(□)□□撰　清光緒十
八年(1892)竹簡齋書局石印本　五冊　存五
卷(孝、弟、忠、禮、恥)

350000－2010－0001295　子13/4003a

大明太宗文皇帝御製序讚文一卷御製感應序
一卷諸佛世尊如來菩薩尊者名稱歌曲感應五
十一卷　(明)太宗朱棣撰　清末刻本　一冊
　存二卷(大明太宗文皇帝御製序讚文一卷、
諸佛世尊如來菩薩尊者名稱歌曲感應五十
一)

350000－2010－0001296　子13/4003b

大佛頂如來密因修證了義諸菩薩萬行首楞嚴

經文句十卷　(唐)釋般剌密諦譯　(明)釋智
旭文句　(明)釋道昉參訂　大佛頂如來密因
修證了義諸菩薩萬行首楞嚴經玄義二卷
(明)釋智旭撰　(明)釋道昉參訂　清同治十
三年(1874)金陵刻經處刻本　九冊　存十一
卷(楞嚴經文句一至七、九至十,楞嚴經玄義
二卷)

350000－2010－0001297　子13/2040

千手眼大悲心咒行法一卷　(宋)釋知禮集
清光緒十一年(1885)刻本　一冊

350000－2010－0001298　子13/4010

直指觀心十界一卷　(□)□□撰　清同治六
年(1867)王普映刻本　一冊

350000－2010－0001299　子13/4003c

大方廣圓覺修多羅了義經直解二卷　(唐)釋
佛陀多羅譯　(明)釋德清解　清光緒十年
(1884)刻本　二冊

350000－2010－0001300　子13/4690a1

相宗八要直解八卷　(唐)釋玄奘等譯　(明)
釋智旭解　清同治九年(1870)金陵刻經處刻
本　二冊

350000－2010－0001301　子13/4690a2

相宗八要直解八卷　(唐)釋玄奘等譯　(明)
釋智旭解　清刻本　一冊　存二卷(大乘百
法明門論直解一卷、八識規矩直解一卷)

350000－2010－0001302　子13/4814a2

救生船四卷末一卷　(清)誼雲壇眾弟子編
清光緒二年(1876)養玉齋弟子普迪吉刻本
四冊

350000－2010－0001303　子13/4814a1

救生船四卷末一卷　(清)誼雲壇眾弟子編
清宣統三年(1911)鉛印本　四冊

350000－2010－0001304　子13/4844

教觀綱宗(一代時教權實綱要圖)一卷釋義一
卷　(明)釋智旭撰　清光緒刻本　一冊

350000－2010－0001305　子13/4864

增補敬信錄不分卷　(□)□□撰　清刻本

一冊

350000－2010－0001306　子13/5202

折疑論集註二卷　(元)釋子成撰　(明)釋師子注　清光緒十三年(1887)西湖慧空經房刻本　二冊

350000－2010－0001307　子13/5320甲

成唯識論自考十卷　(明)釋大惠撰　明崇禎元年(1628)刻本　十冊

350000－2010－0001308　子13/5533

慧命經一卷　(清)柳華陽撰并注　清光緒八年(1882)刻本　一冊

350000－2010－0001309　子13/4003d

大方廣圓覺修多羅了義經集註二卷　(唐)釋宗密疏鈔　(宋)釋元粹集注　清刻本　一冊　存一卷(上)

350000－2010－0001310　子13/7121

歷朝金剛經持驗紀不分卷　(清)沈明哉編　清刻本　二冊

350000－2010－0001311　子13/7122

佛說阿彌陀經疏鈔四卷　(清)釋袾宏撰　清同治五年(1866)刻本　四冊

350000－2010－0001312　子13/0061

註解鐵銚錉不分卷　(明)屠根注　清光緒三十二年(1906)刻本　一冊

350000－2010－0001313　子13/8010c

金剛經註解二卷　(後秦)釋鳩摩羅什譯　(明)明成祖集注　清刻本　二冊　存一卷(上)

350000－2010－0001314　子13/8010a

金剛經解義二卷　(清)徐槐廷注　清咸豐八年(1858)正文堂刻本　一冊

350000－2010－0001315　子13/8010d

金剛般若波羅密經心印疏二卷　(清)釋溥畹撰　清宣統二年(1910)刻本　二冊

350000－2010－0001316　子13/8010e

金剛般若波羅蜜經一卷　(後秦)釋鳩摩羅什譯　(唐)釋惠能注　般若波羅蜜多心經一卷

(唐)釋玄奘譯　金剛經考異一卷　(清)楊浚　(清)孫雲鴻校補　金剛經感應事蹟一卷　(清)黃捷選集　(清)楊浚　(清)孫雲鴻編　清咸豐五年(1855)刻本　一冊

350000－2010－0001317　子13/9501

性相通說一卷　(明)釋德清撰　清同治十二年(1873)金陵刻經處刻本　一冊

350000－2010－0001318　子14/8060

善宗鑑八卷　(清)余涪之輯　清光緒六年(1880)刻本　八冊

350000－2010－0001319　子14/0040

文昌帝君孝經一卷　(明)邱濬注　(清)吳雲莊補注　(清)徐餌珊旁注　清光緒三年(1877)刻本　一冊

350000－2010－0001320　子10/7028甲

陔餘叢考四十三卷　(清)趙翼撰　清乾隆五十五年(1790)湛貽堂刻本　十二冊

350000－2010－0001321　子14/0280

刻天仙正理直論增注二卷　(明)伍守陽撰并注　(明)伍守虛注　清刻本　一冊　存一卷(淺說篇)

350000－2010－0001322　子14/1010

玉皇心印妙經真解一卷　(□)覺真子注　清咸豐三年(1853)李元虛刻本　一冊

350000－2010－0001323　子14/2320

參同契注一卷九歌注一卷　(清)李光地注　清刻本　一冊

350000－2010－0001324　子14/4003b

太微仙君功過格一卷　(□)□□撰　清光緒二十年(1894)刻本　一冊

350000－2010－0001325　子14/2010

重鐫清靜經圖註一卷附五聖傳道寶卷一卷附觀音二十四籤一卷　(春秋)李耳撰　(清)混然子列圖　(清)水精子注解　清光緒三十年(1904)古繡吳玉泉刻本　一冊

350000－2010－0001326　子14/4003c

太上感應篇集註一卷　(清)□□撰　清光緒

二年(1876)蕭山夢鈴書屋刻本　一冊

350000－2010－0001327　子14/4003gD

**太上感應篇直講一卷**　（□）□□撰　清光緒
二年(1876)廈門文德堂楊氏刻本　一冊

350000－2010－0001328　子14/4003e

**太上感應篇引經箋註纘義不分卷**　（清）羅敦
衍引經　（清）惠棟箋註　（清）俞樾纘義　清
光緒二十三年(1897)石印本　一冊

350000－2010－0001329　子14/4421甲

**莊子獨見三十三卷**　（戰國）莊周撰　（清）胡
文英評釋　清乾隆刻本　六冊

350000－2010－0001330　子6－2/0292

**新刻萬法歸宗五卷**　（唐）李淳風撰　（唐）袁
天罡補　清光緒上海書局石印本　三冊　存
四卷(一至三、五)

350000－2010－0001331　子14/5333

**感應篇韻語一卷**　（清）劉鴻典撰　清光緒七
年(1881)刻本　一冊

350000－2010－0001332　子14/4003f

**太上感應篇直講一卷**　（□）□□撰　清光緒
七年(1881)刻本　一冊

350000－2010－0001333　子14/6606

**唱道真言五卷**　（清）鶴臞子錄　清光緒刻本
　一冊

350000－2010－0001334　子14/7722

**周易參同契發揮三卷釋疑一卷**　（宋）俞琰撰
　清同治十年(1871)錢江王詒燕堂刻本　二
冊　存三卷(周易參同契發揮上下、釋疑一
卷)

350000－2010－0001335　子14/7823

**陰隲文圖註三卷**　（明）顏正注釋　（清）黃正
元圖說　清刻本　一冊　存一卷(下)

350000－2010－0001336　子13/7823

**陰超陽奉一卷**　念佛蓮社集　清宣統元年
(1909)刻朱印本　一冊

350000－2010－0001337　子15/1610a

**聖神三法一卷**　（清）更新子譯　清光緒三十

三年(1907)鉛印本　一冊

350000－2010－0001338　子15/1610b

**聖書衍義一卷**　（美國）哈巴氏譯　清光緒二
十五年(1899)上海美華書館鉛印本　一冊

350000－2010－0001339　子15/1610c

**聖經典林二卷**　（美國）范約翰等輯　清宣統
二年(1910)中國聖教書會鉛印本　一冊

350000－2010－0001340　子15/2121

**仁義要詮三卷**　（瑞士）韶波撰　清光緒十七
年(1891)羊城真寶堂書局鉛印本　三冊

350000－2010－0001341　子15/2510

**生道闡詳四卷**　（瑞士）韶波撰　清光緒十年
(1884)刻本　二冊

350000－2010－0001342　子15/3010

**宣道津梁四卷**　（美國）紀好弼撰　（清）陳覺
民述　清光緒五年(1879)鉛印本　一冊

350000－2010－0001343　子15/4410

**基督傳不分卷**　（英國）聶格理撰　（英國）季
理斐譯　清光緒三十四年(1908)鉛印本　一
冊

350000－2010－0001344　子15/4477a

**舊約註釋耶利米書不分卷**　（美國）那夏禮注
　清光緒二十九年(1903)中國聖教書會鉛印
本　一冊

350000－2010－0001345　子15/4477b

**舊約以西結註釋不分卷**　（美國）那夏禮注
清光緒二十九年(1903)中國聖教書會鉛印本
　一冊

350000－2010－0001346　子15/4477c

**舊約約百註解不分卷**　（英國）羅約翰譯
（清）陳今台筆述　清光緒二十九年(1903)中
國聖教書會鉛印本　一冊

350000－2010－0001347　子15/4477d

**舊約出埃及記註釋不分卷**　（英國）翟雅各注
　清光緒二十九年(1903)中國聖教書會鉛印
本　一冊

350000－2010－0001348　子15/4477e

舊約創世記註釋不分卷 （英國）翟雅各注
清光緒三十四年（1908）中國聖教書會鉛印本
　一冊

350000－2010－0001349　子15/4477f
雅歌註釋一卷 （清）杜步西注 **傳道書釋義**
**一卷** （英國）翟雅各譯 **舊約耶利米哀歌註**
**釋一卷** （美國）那夏禮注 清光緒二十九年
（1903）中國聖教書會鉛印本 　一冊

350000－2010－0001350　子15/4844a
教會異同六卷 （瑞士）韶波撰 清光緒十四
年（1888）刻本 　一冊 存五卷（一至五）

350000－2010－0001351　子15/4844b
教會史記三卷 （瑞士）韶波撰 清光緒二十
二年（1896）刻本 　一冊 存一卷（三）

350000－2010－0001352　史10－2/4864
敬竈全書一卷 （□）□□編 清光緒九年
（1883）永盛齋刻本 　一冊

350000－2010－0001353　子15/2514
傳道之法不分卷 （清）武夫子譯 （清）黃曉
臣譯 清光緒三十四年（1908）華美書局鉛印
本 　一冊

350000－2010－0001354　子15/6716
路加福音傳不分卷 （德國）花之安等輯 清
光緒二十年（1894）羊城真寶堂書局鉛印本
三冊

350000－2010－0001355　子14/7777
關帝明聖真經一卷 （□）□□撰 清光緒二
十四年（1898）石印本 　一冊

350000－2010－0001356　子15/9000
小先知書註釋十二卷 （英國）霍約瑟輯著
清光緒二十七年（1901）上海美華書館鉛印本
　一冊

350000－2010－0001357　子5－8/0029
麻科活人全書四卷 （清）謝玉瓊纂輯 清咸
豐刻本 　二冊 存二卷（三至四）

350000－2010－0001358　類叢/0861a 甲
說郛一百二十卷 （明）陶宗儀輯 清順治刻

本 五十七冊 存五十卷（三、五、八、十、十
七、二十至二十一、二十四、二十七至二十八、
三十二至三十三、三十五、三十九、四十四至
四十五、四十八、五十一、五十五至五十九、六
十二、七十一、七十三至八十、八十二至八十
五、九十二、九十四、一百三至一百五、一百十
至一百十二、一百十六至一百二十）

350000－2010－0001359　類叢/0861b 甲
說郛續四十六卷 （明）陶珽纂 清順治刻本
　三十四冊 存三十二卷（一至八、十至十
一、十四至十七、十九、二十三至二十六、二十
八、三十、三十二、三十四至三十五、三十八至
四十四、四十六）

350000－2010－0001360　集2－6/4490
蔡文莊公集八卷 （明）蔡清撰 （清）徐居敬
重編 清光緒二十三年（1897）刻本 　五冊

350000－2010－0001361　集2/0464
[詩集]一卷 （□）□□撰 清抄本 　一冊

350000－2010－0001362　集2－1/0512
靖節先生集十卷首一卷末一卷 （晉）陶淵明
撰 （清）陶澍注 清光緒九年（1883）江蘇書
局刻本 　四冊

350000－2010－0001363　集2－7/2600 甲
白華前稿六十卷 （清）吳省欽撰 清乾隆刻
本 　二冊 存九卷（一至九）

350000－2010－0001364　集2－7/4445
韓文故十三卷首一卷 （清）高樹然撰 清道
光刻本 　五冊 存六卷（五至十）

350000－2010－0001365　集3－1/4071 甲
七十二家集三百四十六卷附錄七十二卷
（明）張燮編 明天啟至崇禎間刻本 　二十冊
　存二十家九十五卷（孔少府集二卷，附錄一
卷，潘黃門集六卷、附錄一卷，孫馮翊集二卷、
附錄一卷，郭弘農集二卷、附錄一卷，鮑条軍
集六卷、附錄一卷，顏光錄集五卷、附錄一卷，
謝宣城集六卷、附錄一卷，江令君集五卷、附
錄一卷，陳後主集三卷、附錄一卷，庾開府集
五至八、楊侍郎集五卷、附錄一卷，阮步兵集

五卷、附錄一卷,傅鶉觚集六卷、附錄一卷,陸平原集四卷、附錄一卷,陶彭澤集五卷、附錄一卷,陸太常集二卷、附錄一卷,劉戶曹集二卷、附錄一卷,隋煬帝集五至八、附錄一卷,沈侍中集二至三、附錄一卷,張散騎集一)

350000－2010－0001366　集3－1/3418甲

**漢魏六朝百三名家集一百十八卷**　(明)張溥輯　明婁東張氏刻本　二冊　存四種四卷(謝宣城集一卷、齊張長史集一卷、南齊孔詹事集一卷、梁元帝集一卷)

350000－2010－0001367　集2－1/7722b

**陶淵明文集十卷**　(晉)陶淵明撰　清宣統元年(1909)著易堂石印本　四冊

350000－2010－0001368　集2－3/4439D＝1

**蘇魏公文集七十二卷附錄一卷目錄二卷**　(宋)蘇頌撰　清道光二十二年(1842)蘇廷玉刻本　二十冊

350000－2010－0001369　集2－2/4050

**韋蘇州集十卷**　(唐)韋應物撰　清宣統三年(1911)石印本　六冊

350000－2010－0001370　集2－2/4050＝1

**韋蘇州集十卷**　(唐)韋應物撰　清宣統三年(1911)石印本　二冊　存三卷(一至二、五)

350000－2010－0001371　集2－2/4439D

**蘇許公文集十二卷首一卷附錄一卷**　(唐)蘇環　(唐)蘇頲撰　**壟上記一卷**　(唐)蘇頲纂　清道光二十三年(1843)同安蘇氏刻本　一冊　存六卷(文集八至十二、附錄一卷)

350000－2010－0001372　集2－3/0121

**龍川文集三十卷首一卷補遺一卷附錄二卷**　(宋)陳亮撰　**龍川文集辨訛考異二卷**　(清)胡鳳丹纂輯　清同治七年(1868)永康胡氏退補齋刻本　十三冊　存二十七卷(一至十九、二十四至二十八,首一卷,辨訛考異二卷)

350000－2010－0001373　類叢/1111

**北溪先生全集八種五十四卷**　(宋)陳淳撰　清光緒七年(1881)薌江鄭圭海種香別業刻本　十五冊

350000－2010－0001374　集2－2/1010

**王子安集註二十卷首一卷末一卷**　(唐)王勃撰　(清)蔣清翊注　清光緒九年(1883)吳縣蔣氏雙唐碑館刻本　六冊

350000－2010－0001375　集2－2/0026

**唐黃御史集八卷附錄一卷**　(唐)黃滔撰　(宋)黃公度等編輯　清刻本　四冊

350000－2010－0001376　集2－2/2600

**白香山詩長慶集二十卷後集十七卷別集一卷補遺二卷**　(唐)白居易撰　(清)汪立名編訂　清康熙汪氏一隅草堂刻本　三冊　存八卷(長慶集十至十三,後集一至三、十五)

350000－2010－0001377　集2－2/4040

**李義山詩集三卷**　(唐)李商隱撰　(清)朱鶴齡箋注　清刻本　二冊　存二卷(中下)

350000－2010－0001378　集3－1/8000甲

**唐宋八大家文鈔一百四十四卷**　(明)茅坤輯　明崇禎元年(1628)刻本　十三冊　存六十七卷(唐大家柳柳州文抄十二卷,宋大家歐陽文忠公文抄一至二十、二十八至三十二,宋大家蘇文忠公文抄六至十,宋大家蘇文定公文抄一至十五,宋大家王文公文抄一至十)

350000－2010－0001379　集2－3/3090a

**宋岳鄂王文集三卷**　(宋)岳飛撰　(清)錢汝雯編　清光緒二十九年(1903)鉛印本　二冊

350000－2010－0001380　集2－3/3390

**梁溪先生文集一百八十卷附錄六卷**　(宋)李綱撰　清刻本　四冊　存十四卷(十三至十六、四十四至四十九、一百十九至一百二十二)

350000－2010－0001381　類叢/3312

**浦城遺書(浦城宋元明儒遺書)十四種**　(清)祝昌泰輯　清嘉慶浦城祝氏留香室刻本　一冊　存二種三卷(真山民集一卷、謝參軍詩鈔二卷)

350000－2010－0001382　集2－3/4093

**樵川二家詩六卷**　(宋)嚴羽撰　(清)徐幹輯　清光緒七年(1881)刻本　二冊

203

350000－2010－0001383　集2－3/4439D

**蘇魏公文集七十二卷附錄一卷目錄二卷**
(宋)蘇頌撰　清道光二十二年(1842)蘇廷玉刻本　二十冊

350000－2010－0001384　集2－3/4895甲

**梅溪先生廷試策一卷奏議四卷文集二十卷後集二十九卷附錄一卷**　(宋)王十朋撰　明天順六年(1462)刻本　八冊　存二十三卷(奏議三至四、後集一至二十一)

350000－2010－0001385　集2－3/3090b甲

**宋詩鈔初集一百六卷**　(清)吳之振等輯　清康熙十年(1671)吳氏鑑古堂刻本　三冊　存十四種十四卷(農歌集鈔一卷、秋崖小稿鈔一卷、清雋集鈔一卷、睎髮集鈔一卷、近稿鈔一卷、附天地間集一卷、文山詩鈔一卷、先天集鈔一卷、白石樵唱鈔一卷、山民詩鈔一卷、水雲詩鈔一卷、隆吉詩鈔一卷、潛齋詩鈔一卷、參寥詩鈔一卷)

350000－2010－0001386　集2－3/8280甲

**劍南詩鈔一卷**　(宋)陸游撰　清康熙十年(1671)吳氏鑑古堂刻宋詩鈔初集本　一冊

350000－2010－0001387　集2－3/8712D

**釣磯詩集四卷**　(宋)邱葵撰　清同治十三年(1874)同安邱炳忠刻本　二冊

350000－2010－0001388　集2－3/8060

**曾南豐文集四卷**　(宋)曾鞏撰　清宣統二年(1910)上海會文堂書局石印本　二冊

350000－2010－0001389　集2－3/7724

**屏山全集二十卷**　(宋)劉子翬撰　清道光十八年(1838)刻本　五冊　存十六卷(一至十、十五至二十)

350000－2010－0001390　子8－5/1762

**邵子擊壤集摘聯六卷**　(宋)邵雍撰　(清)邵同珩輯　清光緒二十三年(1897)經世山房刻本　一冊

350000－2010－0001391　集2－5/7121

**雁門集六卷附一卷**　(元)薩都剌撰　清宣統二年(1910)湖北刷印局鉛印本　四冊

350000－2010－0001392　集2－6/3830甲

**遵巖先生文集四十二卷**　(明)王慎中撰　(清)李光墺　(清)李光型編　清康熙五十年(1711)刻本　二冊　存四卷(六至八、二十九)

350000－2010－0001393　集2－6/1023

**震川先生集三十卷別集十卷附錄一卷**　(明)歸有光撰　清光緒刻本　十二冊

350000－2010－0001394　類叢/1314c

**武林往哲遺著六十六種**　(清)丁丙輯　清光緒錢塘丁氏嘉惠堂刻本　一冊　存二種七卷(王節愍公遺集二卷、附錄一卷,臥月軒稿三卷、附錄一卷)

350000－2010－0001395　集2－6/4003甲

**太師誠意伯劉文成公集二十卷首一卷**　(明)劉基撰　(明)何鏜編校　明隆慶刻本　二冊　存三卷(一至二、首一卷)

350000－2010－0001396　集2－6/2120

**步天集二卷唾心集二卷英雄失路集二卷**　(明)傅汝舟撰　清刻本　一冊

350000－2010－0001397　集2－6/2610甲

**皇明五先生文雋二百四卷目錄五卷**　(明)蘇文韓編　明天啟刻本　一冊　存七卷(一至七)

350000－2010－0001398　集2－6/5880

**贅言錄八卷附錄一卷**　(明)戴豪撰　清宣統三年(1911)太平陳氏志澄閣鉛印本　二冊

350000－2010－0001399　集2－6/4692b

**楊忠愍公全集四卷**　(明)楊繼盛撰　(清)章鈺輯　清道光八年(1828)刻本　四冊

350000－2010－0001400　集2－6/4692a

**楊忠愍公集一卷**　(明)楊繼盛撰　清咸豐元年(1851)刻本　一冊

350000－2010－0001401　集2－6/4480b甲

**黃石齋先生文集十三卷**　(明)黃道周撰　(清)鄭玫編　清康熙五十三年(1714)刻本　六冊

350000－2010－0001402　集2－6/4433甲

慕蓼王先生樗全集八卷　（明）王畿撰　清乾隆二十四年(1759)王宗敏刻本　七冊　存六卷(一至六)

350000－2010－0001403　集2－3/5090a

東坡先生全集七十五卷　（宋）蘇軾撰　清刻本　十六冊　存四十七卷(一至六、十四至十七、二十五至三十二、三十九至四十八、五十四至七十二)

350000－2010－0001404　集2－3/5090b

東坡詩選十二卷　（宋）蘇軾撰　（明）譚元春選　清刻本　二冊　存七卷(三至九)

350000－2010－0001405　集2－3/5090c

東坡全集四十卷　（宋）蘇軾撰　清石印本　二冊　存二卷(續集六、八)

350000－2010－0001406　集3－2/0026b

唐詩三百首註疏六卷　題(清)蘅塘退士編　（清）章燮注　清刻本　一冊　存二卷(五至六)

350000－2010－0001407　集2－7/0021

贏得一囊詩草一卷　（清）周道鴻等撰　清光緒四年(1878)石印本　一冊

350000－2010－0001408　集2－7/0060

音註小倉山房尺牘八卷　（清）袁枚撰　（清）胡光斗箋釋　清光緒二十一年(1895)上海煥文書局石印本　一冊　存四卷(一至四)

350000－2010－0001409　集2－7/0260

訓蒙覺路二卷　（清）李閬北選注　清道光二十七年(1847)鷺江王晴巖刻本　一冊

350000－2010－0001410　集2－7/0261

託素齋詩集四卷文集六卷　（清）黎士弘撰　清道光二十五年(1845)刻本　七冊　存七卷(詩集一、文集六卷)

350000－2010－0001411　集2－7/0292

新安遊草二卷　（清）戴啟文撰　清光緒二十一年(1895)刻本　一冊

350000－2010－0001412　集2－7/0292＝1

新安遊草二卷　（清）戴啟文撰　清光緒二十一年(1895)刻本　一冊

350000－2010－0001413　集2－7/0464

[詩集]一卷　（清）□□撰　清石印本　一冊

350000－2010－0001414　集2－7/0669甲

課士直解七卷　（清）陳弘謀撰　清乾隆四十六年(1781)刻本　四冊

350000－2010－0001415　集2－7/1010a

二十四弟圖詩合刊一卷　（清）蕭培元撰　（清）李錫彤繪圖　清同治八年(1869)刻本　一冊

350000－2010－0001416　集2－7/1010c1

二勿齋文集六卷首一卷　（清）謝金鑾撰　清木活字印本　二冊

350000－2010－0001417　集2－7/1010c2

二勿齋文集六卷首一卷　（清）謝金鑾撰　清木活字印本　二冊

350000－2010－0001418　集2－7/1010d1甲

二希堂文集十一卷首一卷　（清）蔡世遠撰　清乾隆四十八年(1783)漳浦蔡本崇刻本　六冊

350000－2010－0001419　集2－7/1010d2

二希堂文集十一卷首一卷　（清）蔡世遠撰　清刻本　四冊

350000－2010－0001420　類叢/1010d

王船山先生經史論八種　（清）王夫之撰　清光緒二十五年(1899)公記書莊石印本　十六冊

350000－2010－0001421　集2－7/1010e

正始堂詩鈔一卷　（清）翁時農撰　清光緒三十三年(1907)南洋官報局鉛印本　一冊

350000－2010－0001422　集2－7/1020

丁心齋時文一卷續一卷　（清）丁守存撰　清道光二十二年(1842)敦本堂刻本　二冊

350000－2010－0001423　集2－7/1060b

石泉集四卷末一卷　（清）郭柏蔭撰　清刻本　一冊

350000－2010－0001424　集2－7/1017

雪峰如幻禪師瘦松集八卷　（清）釋如幻撰
（清）釋海印重編　清光緒十八年(1892)刻本
三冊　存七卷(一至四、五上、七下、八)

350000－2010－0001425　集2－7/1090

不巳言集二十卷　（清）方翀撰　清刻本　十
冊

350000－2010－0001426　史16－3/1150＝1

摯經室經進書錄四卷　（清）傅以禮重編　清
光緒八年(1882)大興傅氏七林書堂刻本　二
冊

350000－2010－0001427　集2－7/2010

知愧軒尺牘十六卷　（清）管斯俊撰　（清）姚
印詮注　清光緒十一年(1885)申江文海堂書
局刻朱墨套印本　四冊

350000－2010－0001428　集2－7/2090甲

采菽堂古詩選三十八卷補遺四卷　（清）陳祚
明評選　清康熙至乾隆間刻本　十一冊　存
三十二卷(二至二十六、三十二至三十四、三
十七至三十八,補遺一至二)

350000－2010－0001429　集2－7/1022甲

兩當軒詩鈔十四卷悔存詞鈔二卷　（清）黃景
仁撰　清乾隆刻本　一冊　存六卷(詩鈔一
至六)

350000－2010－0001430　子1/2121

仁書二篇　（清）易佩紳撰　清光緒十年
(1884)刻本　一冊

350000－2010－0001431　類叢/2128

頻羅庵遺集七種十六卷　（清）梁同書撰　清
嘉慶二十二年(1817)刻本　八冊

350000－2010－0001432　集2－7/2172

師竹堂文集十四卷補遺一卷　（清）莫樹椿撰
清道光二十八年(1848)刻本　四冊　存十
四卷(文集十四卷)

350000－2010－0001433　集2－7/2024甲

愛日堂文集八卷詩集二卷外集一卷　（清）孫
宗彞撰　清乾隆刻本　六冊

350000－2010－0001434　集2－7/2421

先得月樓遺詩(繡餘集)一卷　（清）朱蘭撰
清道光二十四年(1844)刻本　一冊

350000－2010－0001435　集2－7/2422

倚香閣詩鈔一卷　（清）俞鏡秋撰　浣薇軒夢
餘吟草一卷　（清）李恆撰　清光緒三十一年
(1905)石印本　一冊

350000－2010－0001436　集2－7/2424

待隱堂遺稿四卷　（清）陳翼撰　清光緒十九
年(1893)陳秉中刻本　二冊　存二卷(一、
三)

350000－2010－0001437　集3－7/5060

書啟合璧四種十三卷　（清）汪孝鍾　（清）張
宗壽校訂　清嘉慶元年(1796)刻本　六冊

350000－2010－0001438　集3－2/2395

織雲樓詩合刻五卷　（清）葉琴柯編　清嘉慶
二十二年(1817)刻本　一冊　存二卷(梅笑
集一卷、縈香詩草一卷)

350000－2010－0001439　集2－7/2624a

得所得盦詩鈔八卷　（清）劉淮焌撰　清鉛印
本　三冊

350000－2010－0001440　集2－7/2624b

得所得盦詩虆一卷　（清）劉淮焌撰　清光緒
十二年(1886)刻本　一冊

350000－2010－0001441　集2－7/2641

魏叔子文集外篇二十二卷目錄三卷詩集八卷
（清）魏禧撰　清刻本　五冊　存八卷(外
篇一、三、八、十、十九至二十二)

350000－2010－0001442　集2－7/2643甲

吳詩集覽二十卷　（清）吳偉業撰　（清）靳榮
藩輯　談藪二卷　（清）靳榮藩輯　清乾隆刻
本　十冊　存十一卷(吳詩集覽十一至二十、
談藪上)

350000－2010－0001443　集2－7/2694

緝齋詩稿八卷首一卷文集八卷首一卷附錄二
卷　（清）蔡新撰　清刻本　六冊

350000－2010－0001444　集2－7/2712甲

歸愚文鈔二十卷 （清）沈德潛撰 清乾隆刻本 一冊 存三卷（十至十二）

350000－2010－0001445 集2－7/2600

自怡集八卷 （清）林象撰 清嘉慶十五年（1810）刻本 一冊 存三卷（一至三）

350000－2010－0001446 集2－7/2713

蠹城吟草四卷 （清）傅崇黻撰 清宣統元年（1909）鉛印本 一冊

350000－2010－0001447 集2－7/2760

魯山木先生文集十二卷首一卷外集二卷 （清）魯九皋撰 清道光十一年（1831）陳用光刻本 三冊 存七卷（文集一至六、首一卷）

350000－2010－0001448 集2－7/2773a

餐花室詩稿十卷末一卷 （清）嚴錫康撰 清咸豐十一年（1861）刻本 一冊 存六卷（一至六）

350000－2010－0001449 集2－7/2791

繩武齋遺稿一卷 （清）陳成侯撰 清末刻本 一冊

350000－2010－0001450 集2－7/2793

綠陰亭集二卷 （清）陳奕禧撰 清道光二十八年（1848）刻本 一冊

350000－2010－0001451 集2－7/2795

絳跗草堂詩集六卷 （清）陳壽祺撰 清刻本 二冊

350000－2010－0001452 集2－7/2998

秋來堂詩二卷 （清）林澧撰 清光緒六年（1880）鄂跗草堂刻本 一冊 存一卷（一）

350000－2010－0001453 集2－7/2998a

秋影庵遺詩一卷 （清）王景撰 清光緒二十二年（1896）鉛印本 一冊

350000－2010－0001454 集2－7/2998a＝1

秋影庵遺詩一卷 （清）王景撰 清光緒二十二年（1896）鉛印本 一冊

350000－2010－0001455 集2－7/3211

澄懷堂詩選一卷詩外五卷文鈔一卷 （清）陳裳之撰 清道光三年（1823）刻本 一冊 存

一卷（詩選一卷）

350000－2010－0001456 集2－7/3230甲

近道齋文集六卷詩集四卷附錄一卷 （清）陳萬策撰 清乾隆刻本 三冊 存四卷（文集一至二、五至六）

350000－2010－0001457 集2－7/3300

心盦詩存十二卷 （清）何兆瀛撰 清光緒五年（1879）刻本 一冊 存一卷（戊寅）

350000－2010－0001458 集2－7/3310

沁清詩集□□卷 （清）徐輝撰 清刻本 二冊 存二卷（五至六）

350000－2010－0001459 集2－7/3712b

湖東第一山詩鈔五卷 （清）宋棠撰 清同治十二年（1873）刻本 一冊

350000－2010－0001460 集2－7/3512

清風堂詩二卷 （清）彭啟豐撰 清光緒二十七年（1901）刻本 一冊

350000－2010－0001461 集2－7/3521

禮闈郵齋詩鈔二卷 （清）袁思永撰 清光緒三十三年（1907）西冷石印本 一冊

350000－2010－0001462 集2－7/3612

濁泉二編四卷 （清）林鑑中撰 清光緒二十六年（1900）安陵官舍刻本 四冊

350000－2010－0001463 集2－7/3712a

鴻雪偶留不分卷 （清）季綸全輯 清光緒十二年（1886）栩栩園刻本 一冊

350000－2010－0001464 集2－7/3721

冠悔堂詩鈔八卷賦鈔四卷駢體文鈔六卷楹語三卷楹語附錄一卷 （清）楊浚撰 清光緒刻本 四冊 存四卷（詩鈔七至八，賦鈔二、四）

350000－2010－0001465 類叢/4421

花雨樓叢鈔十一種續鈔十一種 （清）張壽榮輯 清光緒蛟川張氏花雨樓刻本 八冊 存四種二十卷（茗柯文初編一卷、二編二卷、三編一卷、四編一卷，初月樓文鈔三至十、續鈔五至八，初月樓古文緒論一卷，程子香文鈔二卷）

350000－2010－0001466　史 16－3/3730

**退菴題跋二卷**　（清）梁章鉅撰　清刻本　二冊

350000－2010－0001467　集 2－7/3730

**退補齋文存二編五卷**　（清）胡鳳丹撰　清光緒七年（1881）刻本　三冊

350000－2010－0001468　集 2－7/3815a

**海國勝遊草一卷**　（清）斌椿撰　清同治七年（1868）刻本　一冊

350000－2010－0001469　集 2－7/3815b

**海雲山人詩集四卷**　（清）楊瀚撰　清光緒三十三年（1907）刻本　一冊　存二卷（一至二）

350000－2010－0001470　集 2－7/4010

**壺園詩鈔選十卷五代新樂府一卷**　（清）徐寶善撰　清道光十一年（1831）刻本　二冊

350000－2010－0001471　集 2－7/4016

**培遠堂手札節存三卷**　（清）陳弘謀撰　清同治十三年（1874）刻本　三冊

350000－2010－0001472　集 2－7/4022a

**內自訟齋文集十卷［周凱］年譜一卷**　（清）周凱撰　清道光二十年（1840）泉州施唐培刻本　七冊　存十卷（一至六、八至十，年譜一卷）

350000－2010－0001473　集 2－7/4022a＝1

**內自訟齋文集十卷［周凱］年譜一卷**　（清）周凱撰　清道光二十年（1840）泉州施唐培刻本　三冊　存六卷（一、五至六、九、十上，年譜一卷）

350000－2010－0001474　集 2－7/4022b

**有正味齋全集七十三卷**　（清）吳錫麒撰　清嘉慶十三年（1808）刻本　三冊　存二種十一卷（詩集八至十、駢體文一至八）

350000－2010－0001475　集 2－7/4022c

**有正味齋駢文十六卷補注一卷**　（清）吳錫麒撰　（清）葉聯芬箋注　清光緒十七年（1891）羊城文寶閣刻本　九冊

350000－2010－0001476　集 2－7/4022d

**有正味齋試帖詳注四卷**　（清）吳錫麒撰　（清）吳掄　（清）吳敬恒注　清嘉慶至同治一經堂刻本　一冊　存一卷（四）

350000－2010－0001477　集 2－7/4033

**志矩齋讀書圖一卷**　（清）彭定求編　**南畇續稿一卷**　（清）彭定求撰　清光緒三年（1877）刻本　一冊

350000－2010－0001478　集 2－7/4073

**袁文箋正十六卷補注一卷**　（清）袁枚撰　（清）石韞玉箋　清同治八年（1869）刻本　四冊

350000－2010－0001479　集 2－7/4073＝1

**袁文箋正十六卷補注一卷**　（清）袁枚撰　（清）石韞玉箋　清同治八年（1869）刻本　一冊　存二卷（十三至十四）

350000－2010－0001480　集 2－7/4080

**真意齋遺著二種二卷**　（清）許楣撰　清宣統三年（1911）鉛印本　一冊

350000－2010－0001481　集 2－7/4212a1

**彭剛直公詩集八卷**　（清）彭玉麟撰　（清）俞樾編　清光緒十九年（1893）上海管可壽齋鉛印本　一冊

350000－2010－0001482　集 2－7/4212a2

**彭剛直公詩集八卷**　（清）彭玉麟撰　（清）俞樾編　清光緒十七年（1891）吳下刻本　一冊

350000－2010－0001483　集 2－7/4304

**博約堂文鈔十一卷**　（清）楊琪光撰　清光緒刻本　四冊　存六卷（一至四、七、九）

350000－2010－0001484　集 2－7/4292

**杉蔭橋邊舊草堂詩鈔二卷**　（清）翁壽麐撰　清咸豐刻本　二冊

350000－2010－0001485　集 3/4380

**越中三子詩三卷**　（清）郭毓選　清乾隆刻本　二冊　存一卷（抱影廬詩一卷）

350000－2010－0001486　集 2－7/4413

**蟄庵詩鈔一卷**　（清）計燮鈞撰　清宣統二年（1910）木活字印本　一冊

350000－2010－0001487　集 2－7/4420 甲

夢樓詩集二十四卷 （清）王文治撰 清乾隆
六十年(1795)刻本 二冊 存七卷(十至十
六)

350000－2010－0001488 集2－7/4422b

芳草堂試帖一卷 （清）王芑孫撰 清刻本
一冊

350000－2010－0001489 子14/4429

葆真山人養性編一卷 （清）柯懷經撰 清光
緒刻本 一冊

350000－2010－0001490 集2－7/4471

老學後盦自訂詩二集六卷詞二集二卷 （清）
何兆瀛撰 清光緒十三年(1887)武林刻本
一冊 存二卷(詞二集二卷)

350000－2010－0001491 集2－7/0022a

庸盦文別集六卷 （清）薛福成撰 清光緒二
十九年(1903)石印本 一冊 存一卷(一)

350000－2010－0001492 集2－6/4480a

黃漳浦集五十卷首一卷目錄二卷 （明）黃道
周撰 （清）陳壽祺重編 漳浦黃先生[道周]
年譜二卷 （清）莊起儔編 （清）陳壽祺補
清光緒至宣統鉛印本 十五冊 存五十三卷
(一至二十八、三十一至五十,首一卷,目錄二
卷;漳浦黃先生年譜二卷)

350000－2010－0001493 集2－7/4499 甲

林蕙堂文集十二卷 （清）吳綺撰 清乾隆刻
本 三冊 存六卷(一至四、九至十)

350000－2010－0001494 集2－7/4893a

松風仙館詩外別集二卷 （清）良谷道人撰
清咸豐十一年(1861)刻本 一冊

350000－2010－0001495 集2－7/4893b

松風仙館詩外集二卷課餘詩存一卷 （清）林
鴻年撰 清刻本 二冊

350000－2010－0001496 集2－7/8376

館課詩存一卷賦存一卷 （清）林鴻年撰 清
同治二年(1863)刻本 一冊

350000－2010－0001497 集2－7/4762

胡文忠公遺集八十六卷首一卷 （清）胡林翼

撰 （清）鄭敦謹 （清）曾國荃纂輯 （清）
胡鳳丹重編 清光緒十四年(1888)上海著易
堂鉛印本 八冊

350000－2010－0001498 集2－7/4793aD

椽筆樓初集二卷 （清）胡鉉撰 清光緒三十
三年(1907)上海國粹學報社鉛印本 一冊
存一卷(上)

350000－2010－0001499 集2－7/4816

增訂寄嶽雲齋試體詩選四卷 （清）聶銑敏撰
（清）朱兆鳳評 清文林堂刻本 二冊 存
二卷(一、三)

350000－2010－0001500 集2－7/4793bD

椽筆樓初集二卷 （清）胡鉉撰 清宣統三年
(1911)國光書局鉛印本 二冊

350000－2010－0001501 集2－7/4793bD＝1

椽筆樓初集二卷 （清）胡鉉撰 清宣統三年
(1911)國光書局鉛印本 二冊

350000－2010－0001502 集2－7/4793bD＝2

椽筆樓初集二卷 （清）胡鉉撰 清宣統三年
(1911)國光書局鉛印本 二冊

350000－2010－0001503 集2－7/4793bD＝3

椽筆樓初集二卷 （清）胡鉉撰 清宣統三年
(1911)國光書局鉛印本 一冊 存一卷(下)

350000－2010－0001504 史14－7/1111b

北上雜記五卷 （琉球）蔡大鼎記 清光緒十
年(1884)刻本 四冊

350000－2010－0001505 集2－7/5022

青墅詩鈔一卷 （清）鄭大模撰 清咸豐三年
(1853)刻本 一冊

350000－2010－0001506 集2－7/5111

虹玉樓時文不分卷 （清）徐宗幹撰 清同治
四年(1865)刻本 一冊 存大學、論語

350000－2010－0001507 集2－7/5340

戒淫詩一卷 （清）戴蘭芬撰 清同治十三年
(1874)刻本 一冊

350000－2010－0001508 集2－7/4895b 甲

梅崖居士文集三十八卷外集二卷 （清）朱仕

琇撰　清乾隆刻本　七冊　存三十二卷（文集一至三十、外集二卷）

350000－2010－0001509　集2－7/4895a

**梅崖居士文集三十卷首一卷外集八卷**　（清）朱仕琇撰　清刻本　十二冊

350000－2010－0001510　集2－7/6008

**曠視山房制藝四卷**　（清）丁守存撰　清同治九年（1870）敦本堂刻本　一冊　存一卷（一）

350000－2010－0001511　集2－7/6021a

**冕山初集二卷**　（清）楊際會撰　清刻本　一冊

350000－2010－0001512　集2－7/6180

**題蘭槀一卷**　（清）繆公恩撰　清光緒十二年（1886）石印本　一冊

350000－2010－0001513　集2－7/6386

**貽思齋爐後錄二卷**　（清）饒拱辰撰　清光緒十年（1884）榕城刻本　一冊

350000－2010－0001514　集2－7/6401

**曉瀛遺稿二卷**　（清）蔣繼伯撰　清刻本　一冊

350000－2010－0001515　子1/8000b3

**人範六卷**　（清）蔣元輯　清光緒二十七年（1901）刻廣雅書局叢書本　二冊

350000－2010－0001516　子1/0364

**誡子書一卷**　（清）聶繼模撰　清光緒二十三年（1897）刻本　一冊

350000－2010－0001517　集5/5500

**井華詞二卷**　（清）沈景脩撰　清光緒二十五年（1899）刻本　一冊

350000－2010－0001518　集3－2/2277

**山滿樓箋註唐詩七言律六卷**　（清）趙臣瑗輯　清刻本　四冊　存五卷（一至二、四至六）

350000－2010－0001519　子8－5/6021

**四書成語對聯彙編一卷**　（清）王廷學輯　清光緒八年（1882）上海王氏刻本　一冊

350000－2010－0001520　類叢/6021甲

**四六纂組十卷**　（清）胡吉豫輯　清康熙十八年（1679）刻本　七冊　存七卷（一至四、七至九）

350000－2010－0001521　集2－6/4022

**布衣陳先生遺集四卷**　（明）陳晟撰　（清）游光繹重訂　清道光六年（1826）龍溪郭基刻本　一冊

350000－2010－0001522　集3－2/7240a

**刪訂唐詩解二十四卷**　（明）唐汝詢選釋　（清）吳昌祺評定　清康熙刻本　二冊　存五卷（八至十、十五至十六）

350000－2010－0001523　集2－7/7420

**附鮚軒詩八卷**　（清）洪亮吉撰　清刻本　一冊　存四卷（五至八）

350000－2010－0001524　集2－7/7529a2甲

**陳檢討集二十卷**　（清）陳維崧撰　（清）程師恭注　清康熙三十二年（1693）素味堂刻本　六冊

350000－2010－0001525　集2－7/7529a1甲

**陳檢討集二十卷**　（清）陳維崧撰　（清）程師恭注　清康熙刻本　六冊

350000－2010－0001526　集2－7/7529a3

**陳檢討集二十卷**　（清）陳維崧撰　（清）程師恭注　清刻本　一冊　存五卷（十六至二十）

350000－2010－0001527　集2－7/7529b甲

**陳檢討四六二十卷**　（清）陳維崧撰　（清）程師恭注　清乾隆三十五年（1770）刻本　七冊　存十七卷（一至十三、十七至二十）

350000－2010－0001528　集2－7/7713

**閩中新樂府一卷**　林紓撰　清光緒二十三年（1897）刻本　一冊

350000－2010－0001529　集2－7/7740

**聞妙香室律賦選註三卷**　（清）胡光瑩選評　（清）胡鍾芳等注釋　清刻本　二冊　存二卷（一、三）

350000－2010－0001530　集2－7/8010

**金壺浪墨真本一卷**　（清）潘德輿撰　清光緒

上海著易堂鉛印本　一冊

350000－2010－0001531　經 8/7760
問字堂集六卷　（清）孫星衍撰　閔問字堂集
贈言一卷　（清）錢大昕等撰　清光緒十年
（1884）四明是亦軒刻本　二冊

350000－2010－0001532　集 2－7/8060a
全韻梅花詩一卷　（清）王士禛撰　清末昌明
書局石印本　一冊

350000－2010－0001533　集 2－7/8060b
曾文正公家書十卷　（清）曾國藩撰　清末石
印本　一冊　存二卷（五至六）

350000－2010－0001534　史 9－3/8060
曾文正公手書日記不分卷（清道光二十一年
至同治七年）　（清）曾國藩撰　清末石印本
　七冊　存七冊（一、四至七、十三、十五）

350000－2010－0001535　集 2－7/8060d
曾文正公文鈔四卷　（清）曾國藩撰　清同治
十二年（1873）刻本　四冊

350000－2010－0001536　集 2－7/8060c
善卷堂四六十卷　（清）陸繁弨撰　（清）吳自
高注　清刻本　四冊　存八卷（一至三、六至
十）

350000－2010－0001537　集 2－7/8640
知非齋詩鈔一卷　（清）陳鍾英撰　清刻本
一冊

350000－2010－0001538　集 2－7/8834
等閒集詩鈔一卷　（清）張敬謂撰　清光緒十
九年（1893）長沙學院刻本　一冊

350000－2010－0001539　集 2－7/8856
籀經堂集十四卷補遺二卷　（清）陳慶鏞撰
（清）何秋濤編訂　清同治十三年（1874）晉江
龔氏刻木活字印本　三冊　存十二卷（一至
八、十三至十四,補遺二卷）

350000－2010－0001540　集 2－7/9000a
小酉腴山館詩鈔二卷補錄一卷續編二卷文鈔
五卷集外文二卷　（清）吳大廷撰　清同治刻
本　五冊

350000－2010－0001541　集 2－7/9000a＝1
小酉腴山館詩鈔二卷補錄一卷續編二卷文鈔
五卷集外文二卷　（清）吳大廷撰　清同治刻
本　一冊　存三卷（詩鈔二卷、補錄一卷）

350000－2010－0001542　集 2－7/9000bD
小蘭雪堂唫稾十一卷　（清）王步蟾撰　清光
緒石印本　四冊

350000－2010－0001543　集 2－7/9000cD
小梅詩存四卷試帖一卷　（清）吳兆荃撰　清
刻本　二冊

350000－2010－0001544　集 2－6/2496D
結蓼堂遺藁八卷首一卷　（明）劉存德撰　清
刻本　四冊

350000－2010－0001545　集 2－7/0292D
新增尺牘便覽二卷　（清）廈門倍文齋編輯
清光緒三十年（1904）廈門倍文齋鉛印本　一
冊　存一卷（一）

350000－2010－0001546　集 2－7/4040D
李忠毅公遺詩一卷附錄一卷　（清）李長庚撰
　（清）李廷鈺編輯　附刊國朝詩人徵略一卷
　（清）張維屏輯　清同治五年（1866）李氏刻
本　一冊

350000－2010－0001547　集 2－7/0033a1D
亦佳室文鈔四卷詩鈔四卷　（清）蘇廷玉撰
清咸豐六年（1856）刻本　三冊　存四卷（文
鈔四卷）

350000－2010－0001548　集 2－7/0033a1D＝1
亦佳室文鈔四卷詩鈔四卷　（清）蘇廷玉撰
清咸豐六年（1856）刻本　一冊　存一卷（文
鈔一）

350000－2010－0001549　集 2－7/0033a2D
亦佳室文鈔四卷詩鈔四卷　（清）蘇廷玉撰
清咸豐六年（1856）刻本　二冊　存六卷（文
鈔二至三、詩鈔四卷）

350000－2010－0001550　集 2－7/0033a3D
亦佳室文鈔四卷詩鈔四卷　（清）蘇廷玉撰
清咸豐六年（1856）刻本　一冊　存二卷（詩

鈔一至二)

350000－2010－0001551　類叢/9406

**惜抱軒全集十種** (清)姚鼐撰　清同治五年(1866)省心閣刻本　十四冊　存五種八十一卷(惜抱軒文集十六卷、文後集十卷、詩集十卷、詩後集一卷、詩外集一卷,惜抱軒筆記八卷,惜抱軒九經說十七卷,五言今體詩鈔九卷,七言今體詩鈔九卷)

350000－2010－0001552　集2－7/9805

**悔餘菴樂府四卷** (清)何栻撰　清同治四年(1865)刻本　三冊　存三卷(一至三)

350000－2010－0001553　集2－7/1010b

**二十四孝弟輯註二卷** (清)蕭培元撰　(清)王壽三撰　清光緒十九年(1893)山東書局刻本　一冊

350000－2010－0001554　集2－7/4480

**楚望閣集六卷** 程頌萬撰　清光緒二十一年(1895)長沙棫園刻本　一冊　存三卷(一至三)

350000－2010－0001555　集2－7/3060

**容膝軒文稿七卷** (清)王榮商撰　清光緒二十一年(1895)刻本　一冊

350000－2010－0001556　集3－2/4060j

**古文辭類纂七十五卷** (清)姚鼐編　**續古文辭類纂十卷** 王先謙纂　清光緒十六年(1890)上海文瑞樓鉛印本　八冊　存十九卷(古文辭類纂一至十五、續古文辭類纂三至六)

350000－2010－0001557　集3－1/0021

**塵海妙品十二種** (清)陳琰編　清宣統三年(1911)上海六藝書局石印本　三冊　存七種九卷(燕支評二卷、吳三桂軼聞一卷、陳園園豔史一卷、發逆小史一卷、綺恨一卷、香畹樓憶語一卷、杭俗新年百詠二卷)

350000－2010－0001558　集3－1/0026

**唐宋四家詩鈔十八卷** (清)張懷溥輯　清刻本　六冊

350000－2010－0001559　集3－2/0040a1

**文選六十卷** (南朝梁)蕭統撰　(唐)李善注　清宣統三年(1911)上海會文堂石印本　八冊　存三十三卷(一至三十三)

350000－2010－0001560　集3－2/0040a2

**文選六十卷** (南朝梁)蕭統撰　(唐)李善注　清末石印本　六冊　存二十六卷(五至八、十三至二十、二十五至三十三、五十六至六十)

350000－2010－0001561　集3－2/0040a3

**文選六十卷附考異十卷** (南朝梁)蕭統撰　(唐)李善注　(清)胡克家考異　清光緒至宣統石印本　六冊　存二十六卷(文選三十九至六十、考異一至四)

350000－2010－0001562　集3－2/0040b

**文選課虛四卷** (清)杭世駿類次　(清)孫宗濂等審　清光緒十年(1884)上海同文書局石印本　一冊

350000－2010－0001563　史9－1/3212

**浙江忠義錄十卷續編二卷表八卷續表八卷** (清)浙江採訪忠義總局編　清光緒元年(1875)浙江採訪忠義總局刻本　一冊　存四卷(表一至四)

350000－2010－0001564　集3－2/2722a1 甲

**御選唐宋詩醇四十七卷目錄二卷** (清)高宗弘曆選　清乾隆二十五年(1760)刻本　二十冊

350000－2010－0001565　集3－2/2722a2

**御選唐宋詩醇四十七卷目錄二卷** (清)高宗弘曆選　清刻本　六冊　存十六卷(一至四、十五至二十一、三十三至三十四、三十九至四十一)

350000－2010－0001566　集3－2/2760

**名人尺牘小品四卷** (清)王元勳　(清)程化駿輯　清光緒七年(1881)常熟抱芳閣刻本　四冊

350000－2010－0001567　集3－2/1017

**雪巘經濟編□□卷** (□)□□編　清抄本

二冊　存二卷(五、七)

350000－2010－0001568　集3－1/3230甲
**近科房行書菁華二集不分卷**　(清)紀昀
(清)殷兆燕評選　清乾隆刻本　三冊　存大
學、論語下、孟子下、補編

350000－2010－0001569　集3－1/3210
**後邨周氏淵源錄十三卷**　(清)周源輯　清咸
豐引碧齋刻本　十冊

350000－2010－0001570　集3－2/4060a1
**古文析義十六卷**　(清)林雲銘評注　清刻本
九冊　存九卷(四至五、七至八、十一至十
五)

350000－2010－0001571　集3－2/4060a1＝1
**古文析義十六卷**　(清)林雲銘評注　清刻本
一冊　存一卷(四)

350000－2010－0001572　集3－2/4722a2
**郁郁齋古文析義詳解十六卷**　(清)林雲銘評
注　(清)吳乘權附注　清刻本　十冊　存十
一卷(二至三、五至九、十一、十三、十五至十
六)

350000－2010－0001573　集3－2/4060b2
**古唐詩合解十二卷**　(清)王堯衢注　清刻本
一冊　存三卷(一至三)

350000－2010－0001574　集3－2/4060b1
**古唐詩合解十二卷**　(清)王堯衢注　清刻本
一冊　存三卷(七至九)

350000－2010－0001575　集3－2/4060b3
**古唐詩合解十二卷**　(清)王堯衢注　清刻本
四冊

350000－2010－0001576　集3－2/4060c
**古文近道集八卷**　(清)王贊元編　清同治七
年(1868)刻本　二冊

350000－2010－0001577　集6/4060
**古文講授談(古文魂)二編**　尚秉和輯　清宣
統二年(1910)北京官書局鉛印本　二冊

350000－2010－0001578　集3－2/4060d
**古詩歸十五卷唐詩歸三十六卷**　(明)鍾惺

(明)譚元春選定　(清)王錫琛重訂　清刻本
四冊　存三十三卷(古詩歸十五卷,唐詩歸
一至十二、二十至二十五)

350000－2010－0001579　集3－2/4816
**增訂昭明文選集成詳註六十卷首二卷**　(南
朝梁)蕭統纂　(清)方廷珪評點　(清)于光
華輯并評注　(清)陳雲程補訂　清同治七年
(1868)吳天爵龍江書屋刻本　三冊　存六卷
(二十二至二十三、四十至四十一、五十六至
五十七)

350000－2010－0001580　集3－2/7121b
**歷朝制帖詩選同聲集十二卷**　(清)胡浚選注
　**玉堂清課一卷**　(清)張麟錫撰　(清)胡浚
注　清刻本　二冊　存四卷(同聲集三至四、
十二,玉堂清課一卷)

350000－2010－0001581　集3－2/9592
**精選韓柳歐蘇文鈔八卷**　江起鵬輯　清宣統
三年(1911)上海新學會社鉛印本　七冊　存
七卷(一至六、八)

350000－2010－0001582　集3－2/2722b甲
**御定全唐詩錄一百卷**　(清)徐倬　(清)徐元
正輯　清康熙刻本　一冊　存四卷(四十六
至四十九)

350000－2010－0001583　子10/8073b2
**養源詩備六卷附編一卷**　(清)馬近光輯　清
光緒刻本　一冊　存四卷(四至六、附編一
卷)

350000－2010－0001584　集3－2/0026a
**唐宋八家文讀本三十卷**　(清)沈德潛評點
清石印本　二冊　存十卷(六至十、二十一至
二十五)

350000－2010－0001585　集3－2/0026c
**唐人萬首絕句選七卷**　(宋)洪邁元本　(清)
王士禛選　清光緒二十三年(1897)金陵書局
刻本　二冊

350000－2010－0001586　集3－2/0460
**謝疊山先生文章軌範七卷**　(宋)謝枋得輯
清光緒八年(1882)青簡齋刻朱墨套印本　二

冊

350000－2010－0001587　集3－2/0080

**六朝文絜四卷**　（清）許槤評選　清光緒李光
明莊刻本　一冊

350000－2010－0001588　集3－9/0364a

**試帖紫雲仙琯八卷二集八卷三集八卷**　（清）
高敏輯　清刻本　一冊　存二卷（試帖紫雲
仙琯三至四）

350000－2010－0001589　集3－2/1022

**丙午春正唱和詩二卷**　（清）延清撰　清宣統
三年（1911）京師崇文坊錦官堂石印本　二冊

350000－2010－0001590　集3－2/2191

**經史百家雜鈔二十六卷**　（清）曾國藩撰　清
光緒十四年（1888）鴻文書局鉛印本　六冊

350000－2010－0001591　集3－2/4722a1

**郁郁齋古文析義詳解十六卷**　（清）林雲銘評
注　（清）吳乘權附注　清光緒四年（1878）刻
本　四冊　存六卷（一至二、四至六、十）

350000－2010－0001592　子1/4000

**十家語錄摘要二卷詠梅軒搭記一卷剩稿一卷
增訂一卷**　（清）謝蘭生輯　清同治刻本　二
冊　存二卷（十家語錄摘要下、詠梅軒搭記一
卷）

350000－2010－0001593　集3－2/4060e

**古文關鍵二卷**　（宋）呂祖謙編　清同治十年
（1871）退補齋刻本　二冊

350000－2010－0001594　集3－2/4060f

**古文資鏡不分卷**　（清）王壽康編　清咸豐刻
本　二冊

350000－2010－0001595　集3－2/4060g

**古文經訓一卷**　（清）江皋居士編　清刻本
二冊

350000－2010－0001596　集3－2/4060h

**古文雅正十四卷**　（清）蔡世遠評選　清同治
七年（1868）湘鄉曾氏刻本　八冊

350000－2010－0001597　集3－2/4060i

**古今詩選無邪集十六卷**　（清）薛紹文集解評

注　清刻本　十四冊

350000－2010－0001598　集3－2/4060a2

**古文析義六卷二編八卷**　（清）林雲銘評注
清宣統元年（1909）石印本　四冊　存六卷
（古文析義六卷）

350000－2010－0001599　集3－2/4060a3

**古文析義六卷二編八卷**　（清）林雲銘評注
清刻本　十三冊　存十三卷（初編二至六、二
編八卷）

350000－2010－0001600　集3－2/2722a3

**御選唐宋詩醇四十七卷目錄二卷**　（清）高宗
弘曆選　清刻本　十一冊　存二十五卷（一
至十、十三至十四、二十二至二十六、三十三
至三十四、四十至四十三、四十六至四十七）

350000－2010－0001601　集3－2/2722a4

**御選唐宋詩醇四十七卷目錄二卷**　（清）高宗
弘曆選　清刻本　十冊　存二十一卷（二十
三至四十三）

350000－2010－0001602　集3－2/7529

**陳太僕批選八家文抄九卷**　（清）陳兆崙輯
清光緒二十六年（1900）天津文美齋石印本
六冊　存五種六卷（韓文選二卷、柳文選一
卷、王文選一卷、歐文選一卷、老蘇文選一卷）

350000－2010－0001603　集2－7/5750

**擊鉢吟存稿四卷末一卷**　（清）郭柏蔭撰　清
刻本　一冊

350000－2010－0001604　集3－5/5750a1

**擊鉢吟全集□□卷偶存二卷**　（清）曾元海等
輯　清刻本　十四冊　存十六卷（二集二卷、
三集二卷、四集二卷、五集二卷、六集二卷、七
集上、八集下、鄂集二卷,偶存二卷）

350000－2010－0001605　集3－4/1010

**三蘇策論十二卷**　（宋）蘇洵等撰　清光緒二
十七年（1901）上海書局石印本　四冊　存八
卷（一至四、九至十二）

350000－2010－0001606　集6/4060＝1

**古文講授談（古文魂）二編**　尚秉和輯　清宣

統二年(1910)北京官書局鉛印本　一冊　存一編(上編)

350000－2010－0001607　集3－2/4060k
古文啽鳳新編八卷　(清)汪基輯　清刻本四冊

350000－2010－0001608　集3－2/4060l
古文苑二十一卷　(宋)章樵注　清光緒十四年(1888)惜陰書局刻本　三冊

350000－2010－0001609　集3－2/3815
海峰先生精選八家文鈔不分卷　(清)劉大櫆輯　清光緒二年(1876)孫繼刻本　二冊

350000－2010－0001610　集3－2/5023a
本朝應制和聲集六卷首三卷玉堂詩四卷御製詩二卷首一卷　(清)沈德潛評定　(清)王居正評定　清刻本　四冊　存七卷(和聲集一至二,玉堂詩一至二,御製詩二卷、首一卷)

350000－2010－0001611　集3－2/1073
雲葉吟一卷　(□)□□撰　清刻本　一冊

350000－2010－0001612　子1/2610
皇朝經世文編一百二十卷姓名總目二卷　(清)賀長齡輯　清光緒二十二年(1896)掃葉山房鉛印本　二十二冊　存一百十二卷(九至一百二十)

350000－2010－0001613　子1/0026
唐詩便讀四卷　(宋)保甫先生校正　清刻本　一冊　存二卷(一至二)

350000－2010－0001614　集3－3/3611
溫陵先正文藏□□卷　(清)尤垂青輯　清刻本　二冊　存論語上、孟子下

350000－2010－0001615　集3－2/3712
湖海詩傳四十六卷　(清)王昶輯　清嘉慶至同治間刻本　十五冊　存四十三卷(一至四十三)

350000－2010－0001616　集3－6/4893
松風堂讀書圖題辭姓氏小傳一卷　(清)曹咸熙撰　松風堂讀書圖題辭一卷　(清)曹咸熙編　清光緒八年(1882)刻本　一冊

350000－2010－0001617　集3－2/5333甲
感舊集十六卷　(清)王士禎選　(清)盧見曾補傳　清乾隆刻本　二冊　存二卷(六至七)

350000－2010－0001618　集3－3/5320
感發集五卷　(清)黃振均等撰　清光緒二十五年(1899)刻本　一冊　存二卷(一至二)

350000－2010－0001619　集3－7/6015
國朝名人小簡二卷　(清)吳增祺編　清宣統元年(1909)上海商務印書館鉛印本　一冊　存一卷(上)

350000－2010－0001620　集3－2/6015a
國朝二十四家文鈔二十四卷　(清)徐斐然輯評　清道光十年(1830)三餘堂刻本　十冊

350000－2010－0001621　集3－2/6706
昭明文選集成六十卷首二卷　(南朝梁)蕭統撰　(清)方廷珪評點　清乾隆三十二年(1767)刻本　二十六冊　存五十三卷(一、四至四十九、五十四至五十七,首二卷)

350000－2010－0001622　集3－9/6384
賦海測蠡四卷　(清)倪珖編次　清咸豐十年(1860)刻本　一冊　存一卷(一)

350000－2010－0001623　子8－2/6702
明十五完人手帖不分卷　(明)黃道周等撰并書　清光緒三十二年(1906)上海國學保存會影印本　一冊

350000－2010－0001624　集3－3/7713
閩詩錄甲集六卷乙集四卷丙集二十三卷丁集一卷戊集七卷　(清)鄭杰輯　(清)陳衍補訂　清宣統三年(1911)刻本　十冊

350000－2010－0001625　集3－2/7121a
歷朝賦楷八卷首一卷　(清)王修玉選注　清刻本　一冊　存二卷(六至七)

350000－2010－0001626　集4/8022b
分類文腋八卷　(清)李楨選　(清)李煒批註　清嘉慶刻本　六冊　存六卷(一至四、六至七)

350000－2010－0001627　集3－2/9000

215

小學千家詩二卷 （清）□□輯 清同治七年
(1868)刻本 一冊

350000－2010－0001628 集3－2/5023b

本朝應制和聲集六卷首三卷 （清）沈德潛評
定 （清）王居正評定 清刻本 一冊 存一
卷(六)

350000－2010－0001629 集3－9/0164

[光緒癸卯恩科]評選直省闈藝大全八卷
（清）久敬齋主人輯 清光緒三十一年(1905)
上海書局石印本 四冊 存四卷(一至四)

350000－2010－0001630 集3－6/1314

武林新年雜詠一卷 （清）舒紹言撰 清光緒
刻本 一冊

350000－2010－0001631 集3－9/0364b

試藝不分卷 （清）陶自悅等撰 清抄本 二
冊

350000－2010－0001632 集3－9/1010a

三朝玉尺文式三編 （清）魏茂林等輯 清道
光十五年(1835)刻本 八冊 存二編(初編、
二編)

350000－2010－0001633 集3－9/1010bD

玉屏書院課藝不分卷 （清）曾兆鼇編 清光
緒七年(1881)刻本 三冊 存大學、中庸、論
語上、孟子一至三

350000－2010－0001634 集3－9/1010c2

正誼書院課選不分卷 （清）馮中允輯 清刻
本 二冊

350000－2010－0001635 集3－3/1022

兩浙輶軒續錄五十四卷補遺六卷 （清）潘衍
桐輯 清刻本 十冊 存十二卷(十九至三
十)

350000－2010－0001636 史9－2/1240

延禧堂壽言六卷首一卷附崇祀鄉賢錄 （清）
蔡本俊輯 清嘉慶五年(1800)刻本 二冊

350000－2010－0001637 集3－9/6015

國朝制藝精英□□卷 （□）□□撰 清刻本
四冊 存四卷(中庸一卷、論語上下、孟子
上)

350000－2010－0001638 集3－2/6015b 甲

國朝律賦偶箋四卷 （清）沈豐岐箋 清乾隆
刻本 二冊 存二卷(二至三)

350000－2010－0001639 子8－5/0292

新鐫名聯類選二卷 （□）宋竹亭輯 清刻本
一冊

350000－2010－0001640 史9－5/3126b

[同治癸酉科]福建鄉試第拾壹房同門硃卷一
卷 （清）程鵬等撰 清末刻本 一冊

350000－2010－0001641 集3－3/3126b

[光緒癸卯科]福建闈墨一卷 （清）林志烜等
撰 清光緒上海緯文閣刻本 一冊

350000－2010－0001642 集3－3/3126a

福建試藝不分卷 （清）林廣颺等撰 清光緒
二十九年(1903)刻本 一冊

350000－2010－0001643 集2－7/4422a

蘭社詩略六卷 （清）林滋秀輯 （清）吳枚庵
評選 清道光元年(1821)刻本 一冊 存三
卷(一至三)

350000－2010－0001644 史9－2/4440

艾年雅頌不分卷 （□）□□撰 清光緒二十
五年(1899)石印本 二冊

350000－2010－0001645 史9－2/4762

胡氏三烈誌言二卷續錄一卷 （清）王琴堂編
清光緒二十八年(1902)刻朱墨印本 一冊

350000－2010－0001646 集3－5/5750a2

擊鉢吟全集□□卷偶存二卷 （清）曾元海等
輯 清刻本 六冊 存十二卷(二集二卷、三
集二卷、四集二卷、五集二卷、六集二卷,偶存
二卷)

350000－2010－0001647 集3－5/5750b

擊鉢吟全集□□卷 （清）郭柏蔭等撰 清刻
本 二冊 存四卷(八集二卷、鄂集二卷)

350000－2010－0001648 集3－5/5750c

擊鉢吟七集二卷 （清）郭柏蔭等撰 清刻本
二冊

350000－2010－0001649　集3－1/6021

**四眾弟子淨土詩六種**　（□）□□撰輯　清刻本　一冊

350000－2010－0001650　子10/6023

**晨鐘錄一卷**　（清）閔裕堂等輯　清光緒三年（1877）刻本　一冊

350000－2010－0001651　集3－5/6050

**甲午大吉詩編一卷續編一卷**　（清）許郊等輯　清光緒二十年（1894）刻本　一冊

350000－2010－0001652　集3－5/6050＝1

**甲午大吉詩編一卷續編一卷**　（清）許郊等輯　清光緒二十年（1894）刻本　一冊

350000－2010－0001653　集3－9/6404

**時敏學堂課藝二卷**　（清）鄧家讓等撰　清光緒二十八年（1902）時敏書局鉛印本　一冊　存一卷（上）

350000－2010－0001654　集3－9/7713

**閩中校士錄不分卷**　（清）孫毓汶編　清同治至光緒間刻本　七冊

350000－2010－0001655　集3－2/7240b

**刪正二馮評閱才調集二卷**　（清）紀昀編　清刻本　一冊

350000－2010－0001656　集3－7/7780

**尺牘合璧四卷**　（清）李鍾沖　（清）李輔材訂　清刻本　一冊

350000－2010－0001657　集4/0865

**詳註分類飲香尺牘四卷**　題（清）飲香居士編　（清）慵隱子箋釋　清光緒九年（1883）刻本　一冊　存二卷（一至二）

350000－2010－0001658　集3－2/4060m

**古今文致十卷**　（明）劉士鏻選　（明）王宇增訂　清光緒刻朱墨套印本　十六冊

350000－2010－0001659　集3－2/1024

**霞府元詮初集一卷二集一卷**　（清）王正穎編　清光緒十八年（1892）刻本　一冊

350000－2010－0001660　集3－2/1024＝1

**霞府元詮初集一卷二集一卷**　（清）王正穎編　清光緒十八年（1892）刻本　一冊

350000－2010－0001661　新學/7480

**貿易須知一卷**　（清）王秉元撰　清光緒十八年（1892）刻本　一冊

350000－2010－0001662　子4/8073

**養蠶新編一卷**　（清）沈光遠撰　清宣統三年（1911）鉛印本　一冊

350000－2010－0001663　經6/4440b

**孝經一卷**　（唐）玄宗李隆基注　（宋）司馬光指解　（宋）范祖禹說　清光緒三十一年（1905）廣州城麟書閣刻本　一冊

350000－2010－0001664　集3－7/9050a1

**半園尺牘二十五卷補遺六卷**　（清）靜福山人撰　清同治四年（1865）刻本　九冊　存二十九卷（一至二十、二十三至二十五，補遺六卷）

350000－2010－0001665　集3－7/9050a2

**半園尺牘二十五卷補遺六卷**　（清）靜福山人撰　清刻本　一冊　存二卷（十至十一）

350000－2010－0001666　集3－9/9000b

**小題秘訣不分卷**　（□）□□撰　清刻本　三冊

350000－2010－0001667　集3－6/9503

**快閣餞別圖題詠二卷夢蕉堂癸巳闈中草□□卷**　（清）謝若潮撰　清光緒十九年（1893）刻本　一冊　存三卷（別圖題詠二卷、闈中草一）

350000－2010－0001668　史14－4/3212

**浙江沿海圖說一卷海島表一卷**　（清）朱正元撰　清光緒二十五年（1899）上海鉛印本　一冊

350000－2010－0001669　集5/1043

**天籟軒詞譜五卷詞韻一卷**　（清）葉申薌編　清道光刻本　三冊　存三卷（詞譜二至三、詞韻一卷）

350000－2010－0001670　集5/0762a

**詞名集解六卷續編二卷**　（清）汪汲撰　清刻本　一冊　存二卷（續編二卷）

217

350000－2010－0001671　集5/0762b

詞律二十卷　（清）萬樹論次　（清）吳興祚鑒定　清刻本　十冊

350000－2010－0001672　史9－2/2610D

皇清誥授建威將軍福建水師提督前浙江水陸提督世襲三等壯烈伯顯考潤堂[李廷鈺]府君行述一卷　（清）李逢時等撰　清末刻本　一冊

350000－2010－0001673　集3－2/1212

聯經堂詳訂古文評註全集十卷　（清）過珙　（清）黃越評選　清咸豐八年(1858)刻本　一冊　存一卷(一)

350000－2010－0001674　史10－1/2498

續文獻通考二百五十四卷　（明）王圻撰　清刻本　六冊　存十三卷(二至四、三十七至四十、六十一、六十三、九十五至九十七、一百七十一)

350000－2010－0001675　集4/8022a

分類詩腋八卷　（清）李禎編　清刻本　一冊　存二卷(五至六)

350000－2010－0001676　集4/2010

重訂全唐詩話八卷　（宋）尤袤輯　（清）孫濤訂　清宣統三年(1911)上海朝記書莊石印本　三冊　存六卷(一至六)

350000－2010－0001677　集4/7423甲

隨園詩話十六卷補遺十卷　（清）袁枚撰　清乾隆五十七年(1792)刻本　九冊　存九卷(一至六、十三至十四，補遺一)

350000－2010－0001678　集3－2/4060n

古文筆法百篇八卷　（清）李扶九編輯　清光緒三十年(1904)上海書局石印本　二冊　存四卷(一、六至八)

350000－2010－0001679　集6/8033

無弦琴譜二卷　（清）仇遠撰　清光緒十一年(1885)刻本　一冊

350000－2010－0001680　集3－9/2121

仁在堂約選不分卷　（清）路德等撰　清刻本

一冊

350000－2010－0001681　集4/2290

樂府古題要解一卷　（唐）吳競撰　清道光四年(1824)刻本　一冊

350000－2010－0001682　集4/3713甲

漁洋詩話三卷　（清）王士禛撰　清雍正刻本　一冊

350000－2010－0001683　集4/9000

小石帆亭著錄六卷　（清）翁方綱撰　清道光二十年(1840)龍溪孫雲鴻味古書室刻本　一冊　存四卷(一至四)

350000－2010－0001684　類叢/6015＝1

國朝名人著述叢編十三種　（清）□□輯　清光緒五年(1879)上海淞隱閣鉛印本　五冊　存十種十二卷(然燈記聞一卷、附律詩定體一卷，聲調譜一卷，談龍錄一卷，說詩晬語二卷，詩學纂聞一卷，唐人詩律說一卷，讀賦卮言一卷，漫堂說詩一卷，論學三說一卷，詞統源流一卷)

350000－2010－0001685　集4/0862a

論文要言一卷　（清）鄒壽祺編　清光緒三十一年(1905)蘇州刻本　一冊

350000－2010－0001686　集4/5002

摘錄文法一撰一卷　（清）魏茂林輯　（清）萬立鈞刪本　清光緒十六年(1890)刻本　一冊

350000－2010－0001687　集3－2/3830D

道咸同光四朝詩史一斑錄十六編（道咸以來所見詩）　孫雄輯　清宣統二年(1910)油印本　一冊　存一編(十三上)

350000－2010－0001688　集4/4460

漁隱叢話前集六十卷後集四十卷　（宋）胡仔撰　清刻本　六冊　存七十五卷(前集十六至六十、後集十一至四十)

350000－2010－0001689　集6/0762

誦荻齋曲二種　（清）徐鄂撰　清光緒石印本　三冊　存九折(梨花雪七至十二、白頭新一至三)

350000 - 2010 - 0001690　集 6/0023

**庶幾堂今樂四十種**　（清）余治撰　清末刻本
　一冊　存二種二卷（後勤農一卷、活佛圖一
卷）

350000 - 2010 - 0001691　史 9 - 2/5701

**輓聯一卷**　（清）李翰章等撰　清末刻本　一
冊

350000 - 2010 - 0001692　集 4/7713

**閩川閨秀詩話四卷**　（清）梁章鉅撰　清光緒
刻本　一冊　存二卷（三至四）

350000 - 2010 - 0001693　類叢/4473a

**藝苑捃華四十八種**　（清）顧之逵輯　清同治
七年(1868)刻本　一冊　存三種三卷（二十
四詩品一卷、本事詩一卷、雲溪友議一卷）

350000 - 2010 - 0001694　集 4/0121 甲

**龍性堂詩話初集二卷續集二卷**　（清）葉矯然
撰　清乾隆慕陶軒刻本　一冊　存一卷（初
集上）

350000 - 2010 - 0001695　集 4/2220b

**制義叢話二十四卷題名一卷**　（清）梁章鉅撰
　清咸豐九年(1859)刻本　八冊

350000 - 2010 - 0001696　集 4/1022

**雨村詩話十六卷**　（清）李調元撰　清嘉慶元
年(1796)刻本　七冊　存十四卷（一至十、十
三至十六）

350000 - 2010 - 0001697　集 2 - 7/6740

**嚶求集四卷**　（清）繆艮撰　清同治八年
(1869)刻本　二冊　存二卷（三至四）

350000 - 2010 - 0001698　集 3 - 9/7722

**同治四年梅月自脩堂精選課一卷四十篇**
（清）□□輯編　清同治四年(1865)抄本　一
冊

350000 - 2010 - 0001699　集 4/0040

**文說一卷**　（元）陳繹曾撰　清刻本　一冊

350000 - 2010 - 0001700　類叢/3512 = 1

**清馨榭顧氏校刊叢書□□種**　（□）□□輯
清光緒十八年(1892)清馨榭顧氏刻本　一冊

存六種六卷（孝經一卷、周子太極圖說一
卷、程子定性書一卷、篤志齋文鈔一卷、杜子
美傳一卷、損庵詩鈔一卷）

350000 - 2010 - 0001701　類叢/3512 = 2

**清馨榭顧氏校刊叢書□□種**　（□）□□輯
清光緒十八年(1892)清馨榭顧氏刻本　一冊
　存六種六卷（孝經一卷、周子太極圖說一
卷、程子定性書一卷、篤志齋文鈔一卷、杜子
美傳一卷、損庵詩鈔一卷）

350000 - 2010 - 0001702　集 2 - 7/2773b

**餐鞠軒詩草一卷**　（清）伍淡如撰　清光緒十
四年(1888)刻本　一冊

350000 - 2010 - 0001703　集 4/4473

**藝槩六卷**　（清）劉熙載撰　清末刻本　二冊

350000 - 2010 - 0001704　子 8 - 5/4791e

**楹聯叢話十二卷續話四卷巧對錄八卷**　（清）
梁章鉅輯　清道光刻本　七冊　存二十卷
（楹聯叢話十二卷、續話四卷、巧對錄一至四）

350000 - 2010 - 0001705　集 2 - 7/0030

**適軒尺牘八卷**　（清）徐菊生撰　清光緒元年
(1875)刻本　三冊　存三卷（一、七至八）

350000 - 2010 - 0001706　類叢/9000a

**小嫏嬛山館彙刻類書十二種**　（清）□□輯
清咸豐元年(1851)刻本　六冊　存十種十九
卷（經腴類纂二卷、史腴下、六經蒙求一卷、十
七史蒙求一卷、爾雅貫珠一卷、山海經腴詞一
卷、竹書紀年雋句一卷、均藻五卷、謝華啟秀
四卷、文選集腴二卷）

350000 - 2010 - 0001707　類叢/9000a = 1

**小嫏嬛山館彙刻類書十二種**　（清）□□輯
清咸豐元年(1851)刻本　二冊　存六種七卷
（六經蒙求一卷、十七史蒙求一卷、爾雅貫珠
一卷、山海經腴詞一卷、竹書紀年雋句一卷、
文選集腴二卷）

350000 - 2010 - 0001708　類叢/0742

**郭氏叢刻十三種**　（清）郭柏蒼輯　清光緒刻
本　四冊　存二種九卷（海錯百一錄三至五、
閩產錄異六卷）

350000－2010－0001709　類叢/1060a2 甲

**百川學海十集一百二種** （明）左圭輯　（明）
□□重輯　明刻本　四冊　存二十五種二十
五卷（傳道正統一卷、次柳氏舊聞一卷、錢氏
私誌一卷、家世舊聞一卷、默記一卷、卓異記
一卷、艮嶽記一卷、善誘文一卷、西疇老人常
言一卷、欒城先生遺言一卷、東谷所見一卷、
漁樵對問一卷、雞肋一卷、後山居士詩話一
卷、許彥周詩話一卷、司馬溫公詩話一卷、竹
坡老人詩話一卷、滄浪詩話一卷、大學石經一
卷、論語筆解一卷、李氏刊誤一卷、九經補韵
一卷、王文正筆錄一卷、傳信記一卷、尚書故
實一卷）

350000－2010－0001710　類叢/1060a1 甲

**百川學海十集一百一種** （明）左圭輯　明弘
治無錫華氏刻本　三冊　存九種二十二卷
（燕翼貽謀錄五卷、丁晉公談錄一卷、春明退
朝錄三卷、玉堂雜記三卷、揮塵錄二卷、石林
詩話三卷、六一居士詩話一卷、珊瑚鈎詩話三
卷、劉攽貢父詩話一卷）

350000－2010－0001711　類叢/4473b

**藝海珠塵八集一百六十三種** （清）吳省蘭輯
清嘉慶刻本　十冊　存三十種五十卷（中
文孝經一卷、皇朝武功紀盛四卷，淞故述一
卷、南華經傳釋一卷、經天該一卷、地理古鏡
歌一卷、雲仙散錄一卷、燕魏雜記一卷，叩舷
憑軾錄一卷，交行摘稿一卷，貞蕤藁略文一
卷、詩一卷、孝經外傳一卷、拜經樓詩話四卷，
小兒語一卷、續小兒語一卷、捕蝗考一卷、滇
南新語一卷、松江䘞歌一卷、淞南樂府一卷、
遠鏡說一卷、滇南憶舊錄一卷、紀聽松菴竹鑪
始末一卷、箴膏盲一卷、起廢疾一卷、發墨守
一卷、雜詠二卷、恥言二卷、修慝餘編一卷、太
元解一卷、潛虛解一卷、素履子三卷、匡謬正
俗八卷）

350000－2010－0001712　子 1/9000i

**小學集註六卷** （宋）朱熹撰　（明）陳選集註
清同治至光緒刻本　一冊

350000－2010－0001713　集 3－2/4420

**夢綠草堂詩鈔(采蘭集)十二卷附鳳簫集二卷**

（清）蔡壽祺撰　清咸豐至同治間刻本　二
冊　存四卷(采蘭集十至十一、鳳簫集二卷)

350000－2010－0001714　集 3－2/2833

**悠巖公雜錄不分卷** （清）栢芬編　清光緒十
四年(1888)抄本　一冊

350000－2010－0001715　集 2－7/1111

**北山詩存一卷含山語錄一卷** （清）林廣運輯
清同治九年(1870)刻本　一冊

350000－2010－0001716　集 2－7/2510D

**生芝草堂詩存八卷** （清）劉逢升撰　清刻本
一冊　存二卷(七至八)

350000－2010－0001717　集 2－7/2510D＝1

**生芝草堂詩存八卷** （清）劉逢升撰　清刻本
一冊　存二卷(七至八)

350000－2010－0001718　集 3－5/6712

**鷺門同詠集一卷** （清）周揆源輯　清同治二
年(1863)刻本　一冊

350000－2010－0001719　集 2－6/7722D

**同安林次崖先生文集十八卷** （明）林希元撰
清光緒三十二年(1906)刻本　十冊

350000－2010－0001720　子 1/1123a

**張百川先生訓子三十篇** （清）張江撰　清光
緒八年(1882)刻本　一冊

350000－2010－0001721　子 15/2091

**維摩詰所說經折衷疏六卷** （明）釋大賢撰
清光緒金陵刻經處刻本　一冊　存二卷(一
至二)

350000－2010－0001722　子 10/6702a

**明心寶鑑一卷** （明）范立本輯　清道光二十
年(1840)刻本　一冊

350000－2010－0001723　子 1/7421

**陸清獻公治嘉格言一卷** （清）陸隴其撰　清
同治七年(1868)上海衙署刻本　一冊

350000－2010－0001724　集 2－6/4292aD

**橋東劉氏家稿不分卷** （明）劉夢潮撰　清刻
本　一冊

350000－2010－0001725　集 2－6/4292bD

**橋東劉氏家稿不分卷**　（明）劉夢潮撰　清抄本　一冊

350000－2010－0001726　集 3－9/2042D

**舫山書院課藝二集不分卷**　（清）蘇奎　（清）鄭錦文等撰　清光緒元年(1875)刻本　二冊

350000－2010－0001727　史 14－2/2690 甲 D

**[乾隆]泉州府志七十六卷首一卷**　（清）懷陰布修　（清）黃任　（清）郭賡武纂　清乾隆二十八年(1763)刻本　三十八冊　存六十卷（一至二十一、二十三至三十、三十三至三十六、三十八至四十四、四十八至五十五、五十七至五十八、六十一至六十三、六十六至六十七、七十至七十一、七十五至七十六,首一卷）

350000－2010－0001728　史 14－2/7722D

**[嘉慶]同安縣志三十卷首一卷**　（清）吳堂修　（清）劉光鼎纂　清嘉慶刻本　四冊　存七卷（十四至十九、三十）

350000－2010－0001729　史 14－2/7722D＝1

**[嘉慶]同安縣志三十卷首一卷**　（清）吳堂修　（清）劉光鼎纂　清嘉慶刻本　一冊　存二卷（十四至十五）

350000－2010－0001730　史 14－2/2010

**[光緒]重纂邵武府志三十卷首一卷**　（清）張景祁等纂　（清）王琛　（清）徐兆豐等修　清光緒二十三年(1897)刻本　二十冊

350000－2010－0001731　史 9－1/6071

**毘陵二十四孝圖說一卷**　（清）壽安堂編　清同治十二年(1873)韓文煥齋刻本　一冊

350000－2010－0001732　史 10－6/3411

**洗冤錄集證彙纂五卷**　（宋）宋慈撰　（清）王又槐增輯　（清）李觀瀾補輯　清刻本　二冊　存三卷（一、四至五）

350000－2010－0001733　史 10－2/0040b

**文廟丁祭譜□□卷**　（清）藍鍾瑞等纂　清刻本　一冊

350000－2010－0001734　史 10－2/1610

**聖門禮誌一卷樂誌一卷**　（清）孔令貽輯　清光緒十三年(1887)刻本　一冊

350000－2010－0001735　子 15/7123

**馬可講義五卷**　（德國）花之安撰　清光緒鉛印本　一冊　存第四十三至六十條

350000－2010－0001736　史 2－1/2792a1

**綱鑑擇語十卷**　（清）司徒修輯　清刻本　一冊　存二卷（二至三）

350000－2010－0001737　史 4－2/5000

**中倭戰守始末記四卷附中法交涉一卷中俄交涉一卷**　（清）思復恢生輯　清光緒石印本　一冊　存一卷（中倭戰守始末記二）

350000－2010－0001738　子 12/0060

**音釋坐花誌果八卷**　（清）汪道鼎撰　（清）鷲峰樵者音釋　清光緒二十一年(1895)抄本　二冊

350000－2010－0001739　史 14/1241 甲

**孔紀攝要一卷**　（清）孔貞魯輯　清康熙十六年(1677)孔尚古抄本　一冊

350000－2010－0001740　經 9－2/4816

**增補彙音六卷**　題（清）壺麓主人撰　清光緒八年(1882)刻本　一冊　存二卷（五至六）

350000－2010－0001741　經 9－1/1212

**聯字析義一卷分韻集句一卷**　（清）陳景蕃輯　清刻本　一冊

350000－2010－0001742　史 9－1/4094

**校正尚友錄二十二卷**　（明）廖用賢編纂　（清）張伯琮補輯　清光緒石印本　一冊　存五卷（十八至二十二）

350000－2010－0001743　集 4/0464a

**詩觸五卷**　（清）朱琰輯　清嘉慶至道光間刻本　一冊　存一卷（五）

350000－2010－0001744　集 4/0010b

**童子問路四卷**　（清）鄭之琮輯　清光緒刻本　二冊　存二卷（二、四）

350000－2010－0001745　經 9－1/0861h

**說文通檢十四卷首一卷末一卷**　（清）黎永椿

編　清光緒刻本　一冊　存九卷(一至八、首一卷)

350000－2010－0001746　經4－3/3521a1

禮記十卷　(元)陳澔集說　清刻本　二冊　存二卷(七、十)

350000－2010－0001747　經2/5060d

書經體註大全合纂六卷　(清)錢希祥纂輯　清刻本　一冊　存一卷(一)

350000－2010－0001748　類叢/1762a2

邵武徐氏叢書二集二十三種　(清)徐榦輯　清光緒刻本　二冊　存三種七卷(琴操二卷、補一卷,支遁集二卷、補遺一卷,文章緣起一卷)

350000－2010－0001749　史1－2/4040

李忠定公別集十卷　(宋)李綱撰　清光緒刻邵武徐氏叢書本　三冊

350000－2010－0001750　史1－1/8022

前漢書一百卷　(漢)班固撰　(唐)顏師古注　清光緒二十八年(1902)竢實齋石印本　七冊　存七十八卷(一至三十、五十三至一百)

350000－2010－0001751　史1－1/2224c

後漢書一百二十卷　(南朝宋)范曄撰　(唐)李賢注　清光緒二十八年(1902)竢實齋石印本　六冊　存八十卷(四十一至一百二十)

350000－2010－0001752　類叢/4816c

增補詩句題解韻編□□卷　(清)陳維屏輯　(清)朱春舫增輯　清刻本　一冊　存一卷(十七)

350000－2010－0001753　子5－3/5023c

本草綱目五十二卷圖三卷　(明)李時珍撰　清宣統元年(1909)鴻寶齋石印本　三冊　存六卷(十五至十六、三十五至三十七,圖上)

350000－2010－0001754　子5－5/1033

惡核良方釋疑一卷紀慎齋易學求雨圖說一卷蠱脹腳氣兩症經驗良方一卷　(清)勞守慎輯　清光緒二十九年至三十二年(1903－1906)刻本　一冊

350000－2010－0001755　子7－4/8062

命理輯要一卷　(清)陳之遴撰　清刻本　一冊

350000－2010－0001756　類叢/1077a3

函海四十函　(清)李調元輯　清刻本　一冊　存二種二卷(法帖神品目一卷、名畫神品目一卷)

350000－2010－0001757　子6－1/1043a

天文歌略一卷　葉瀾撰　清末刻本　一冊

350000－2010－0001758　子11/0021a

座右銘續鈔一卷類鈔一卷　(清)汪汲撰　(清)顧景濂選　清末刻本　一冊

350000－2010－0001759　子8－5/4060

古今集聯□□種　(清)雙魚罌齋輯　清同治至光緒間刻本　二冊　存八種九卷(何子貞紹基集爭坐位稿字一卷,何子貞紹基集爭坐位稿字聯一卷,唐詩甫李杜集爭坐位稿字聯一卷,唐詩甫李杜集多寶塔字聯一卷,張鹿仙炳堃集聖教序字七言聯一卷、八言聯一卷,唐詩甫李杜集襖敘字聯一卷,何子貞紹基集襖帖聯一卷,周荇農壽昌集襖敘字聯一卷)

350000－2010－0001760　子1/6702

明本釋三卷　(宋)劉荀撰　清刻本　三冊

350000－2010－0001761　集2－7/2290

樂研田齋遺詩一卷　邵希堂撰　清光緒十五年(1889)石印本　一冊

350000－2010－0001762　類叢/1314a=1

武英殿聚珍版書一百四十八種　(清)高宗弘曆敕輯　清乾隆四十二年(1777)福建布政使司刻道光、同治遞修光緒二十一年(1895)增補本　三冊　存三種九卷(鄴中記一卷、麟臺故事五卷、浩然齋雅談三卷)

350000－2010－0001763　史10－6/3512

清代福建省例不分卷　(□)□□輯　清抄本　十八冊

350000－2010－0001764　集2－7/4096

楊園先生未刻稿十二卷　(清)張履祥撰

（清）陳敬璋輯　清抄本　三冊

350000－2010－0001765　集2－3/0040
**章泉稿五卷**　（宋）趙蕃撰　清福建刻武英殿聚珍版書本　二冊

350000－2010－0001766　集2－7/1060a
**西堂雜組一集八卷**　（清）尤侗撰　清刻本二冊　存七卷（二至八）

350000－2010－0001767　子5－8/5290
**刺痘要法一卷**　（清）余楙撰　清光緒十年（1884）刻本　一冊

350000－2010－0001768　子10/7722b
**用作霖雨一卷**　（清）姚孟起書　（清）田琳繪圖　清光緒五年（1879）桃花塢晉賑公寓刻本　一冊

350000－2010－0001769　子4/5302＝1
**捕蝗要訣一卷除蝻八要一卷**　（清）顧彥撰清同治八年（1869）楚北崇文書局刻本　一冊

350000－2010－0001770　子10/7726
**居易金箴二卷**　（清）潘亦雋輯　清同治七年（1868）刻本　一冊

350000－2010－0001771　集2－7/3111
**江南春時文□□卷**　（清）江璧撰　清光緒元年（1875）刻本　一冊　存一卷（一）

350000－2010－0001772　史2－1/2396
**司馬溫公稽古錄二十卷**　（宋）司馬光撰　清光緒五年（1879）江蘇書局刻本　四冊

350000－2010－0001773　類叢/8640
**知不足齋叢書三十集二百六種**　（清）鮑廷博（清）鮑志祖輯　清同治長塘鮑氏知不足齋刻本　一百九冊　存八十四種三百九十八卷（寓簡十卷、附錄一卷，客杭日記一卷，兩漢刊誤補遺十卷、附錄一卷，榕城詩話三卷，清虛雜著一卷、補闕一卷，臨漢隱居詩話一卷，潏南詩話三卷，黃孝子紀程二卷、附一卷，虎口餘生記一卷，澹生堂藏書約一卷、附流通古書約一卷，苦瓜和尚畫語錄一卷，玉壺清話十卷，愧郯錄十五卷，碧雞漫志五卷，樂府補題

一卷，蛻巖詞二卷，論語集解義疏一至八，宦紀聞十卷，張丘建算經三卷，默記一卷，南湖集十卷、附錄一卷，涉史隨筆一卷，金樓子六卷，鐵圍山業談一至三，農書三卷，蠶書一卷，於潛令樓公進耕織二圖詩一卷、附錄一卷，湛淵靜語一卷，續孟子二卷，麟角集一卷、附錄一卷，蘭亭考十二卷、附晷公帖跋一卷，石刻鋪敘一卷、附錄一卷，江西詩社宗派圖錄一卷、附江西詩派小序一卷，顏氏家訓七卷、附攷證一卷，梁溪漫志十卷、附錄一卷，江南餘載二卷，洞霄詩集十四卷，昌武段氏詩義指南一卷，離騷集傳一卷，慶元黨禁一卷，酒經三卷，山居新話一卷，墨史三卷，今水經一卷、表一卷，相臺書塾刊正九經三傳沿革例一卷，諸史然疑一卷，翰苑羣書二卷，朝野類要五卷，碧血錄二卷、附周端孝先生血疏貼黃冊一卷，逍遙集一卷，百正集三卷，籀紀一卷，袁氏世範三卷、附集事詩鑒一卷，天水冰山錄不分卷、附錄一卷、附鈐山堂書記一卷，新唐書糾繆二十卷、附錄一卷，洞霄圖志六卷，歸田詩話三卷，世緯二卷、附錄一卷，皇宋書錄三卷，宣和奉使高麗圖經四十卷、附錄一卷，武林舊事十卷、附錄一卷，嶺外代答十卷，蘇沈內翰良方四至六，浦陽人物記二卷，清波別志三卷，蜀難敘略一卷，灊山集一至二，聞見近錄一卷，文苑英華辨證十卷，詩紀匡謬一卷，西塘集耆舊續聞十卷，勿菴歷算書目一卷，黃山領要錄二卷，益古演段三卷，五總志一卷，丙寅北行日譜一卷，粵行紀事三卷，滇黔土司婚禮記一卷，補漢兵志一卷，所南翁一百二十圖詩集一卷、附錦錢餘笑一卷、附錄一卷，鄭所南先生文集一卷，重彫足本鑒誡錄十卷，書墁集八卷、補遺一卷，歸潛志十四卷、附錄一卷）

350000－2010－0001774　史10－3/8315b
**錢穀存查□□卷**　（清）□□輯　清末抄本一冊　存一卷（二）

350000－2010－0001775　集3－2/4060o
**古文辭類纂七十五卷**　（清）姚鼐纂　清光緒三十年（1904）上海商務印書館鉛印本　一冊存七卷（一至七）

350000 – 2010 – 0001776　集2 – 7/6021b

**四十五歲著直史述小像賦一卷**　□□撰　題

**著直史述圖一卷**　（清）馮秀瑩撰　清末刻本
　一冊

350000 – 2010 – 0001777　集2 – 7/9000d

**小倉山房往還書扎全集十八卷**　（清）袁枚撰
　清光緒石印本　一冊　存九卷（十至十八）

350000 – 2010 – 0001778　史9 – 1/4440d

**二十四孝圖說一卷**　（□）□□編　清刻本
　一冊

350000 – 2010 – 0001779　集2 – 7/4060a

**古懽齋文錄四卷**　（清）朱齡撰　清光緒十一
年（1885）古唐朱氏刻本　一冊　存二卷（一
至二）

350000 – 2010 – 0001780　子10/4450

**華佗乩諭果報一卷首一卷續刻一卷**　（□）
□□撰　清光緒刻本　一冊　存一卷（續刻
一卷）

350000 – 2010 – 0001781　集2 – 8/4443

**樊山集二十四卷**　樊增祥撰　清光緒十九年
（1893）渭南縣署刻本　二冊　存四卷（二十
至二十三）

350000 – 2010 – 0001782　子10/1750

**羣書拾補初編三十九卷**　（清）盧文弨撰　清
刻本　一冊　存二卷（宋史藝文志補一卷、補
遼金元藝文志一卷）

350000 – 2010 – 0001783　集3 – 9/8376

**館律分韻初編六卷**　（清）延清輯　清光緒石
印本　三冊　存三卷（四至六）

350000 – 2010 – 0001784　集7/0061

**註釋第六才子書六卷**　（元）王實甫撰　（清）
金人瑞評　清刻本　一冊　存一卷（二）

350000 – 2010 – 0001785　史9 – 5/0364

**試律註釋青雲集四卷**　（清）楊逢春輯　（清）
沈品華等注　清刻本　一冊　存一卷（三）

350000 – 2010 – 0001786　經5 – 1/4001b3 = 1

**左繡三十卷首一卷**　（清）馮李驊　（清）陸浩

評輯　**春秋經傳集解三十卷**　（晉）杜預撰
（唐）陸元明音釋　（宋）林堯叟附注　清刻本
　一冊　存二卷（左繡十二、春秋經傳集解十
二）

350000 – 2010 – 0001787　子10/6006a = 1

**暗室燈二卷**　（清）深山居士輯　清道光二十
二年（1842）刻本　一冊　存一卷（上）

350000 – 2010 – 0001788　子1/6060eD = 1

**呂新吾先生省心紀一卷**　（明）呂坤撰　（清）
劉宗成錄　清道光二十八年（1848）刻本　一
冊

350000 – 2010 – 0001789　集4/8022c

**分體試帖法程二十卷**　（清）鄭錫瀛輯　清末
刻本　一冊　存四卷（十至十三）

350000 – 2010 – 0001790　子1/4040a

**女學六卷**　（清）藍鼎元編　清刻本　一冊
存三卷（四至六）

350000 – 2010 – 0001791　史9 – 1/5033

**忠孝節義錄一卷**　（清）蕭雨春編　清宣統二
年（1910）石印本　一冊

350000 – 2010 – 0001792　集3 – 9/1010c1

**正誼書院課選不分卷**　（清）馮中允輯　清刻
本　一冊

350000 – 2010 – 0001793　經9 – 1/2010甲

**重刊詳校篇海五卷**　（明）李登校編　明萬曆
三十六年（1608）李登刻本　四冊　存三卷
（一至二、五）

350000 – 2010 – 0001794　史16 – 2/5060

**書目答問四卷**　（清）張之洞撰　清光緒二十
一年（1895）上海蜚英館石印本　一冊　存二
卷（經部、史部）

350000 – 2010 – 0001795　集6/2122

**儒酸福傳奇二卷**　（清）魏熙元撰　（清）汪繩
武正譜　（清）倪星垣評文　清光緒十年
（1884）刻本　一冊

350000 – 2010 – 0001796　子13/4814a3

**救生船四卷末一卷**　誼雲壇眾弟子編　清末

刻本　四册　存四卷(救生船四卷)

350000－2010－0001797　子13/1043
**天道講臺三卷**　（美國）杜步西撰　清宣統元年(1909)上海美華書館鉛印本　一册

350000－2010－0001798　子8－2/5060b
**書法約言一卷**　（清）宋曹撰　**孟子提要總敘一卷講義輯要一卷**　（□）□□撰　**歷代名將事略一卷**　（□）□□撰　清末油印本　一册

350000－2010－0001799　子5－6/1010
**王洪緒先生外科證治全生不分卷**　（清）王維德撰　清同治至光緒間刻本　一册

350000－2010－0001800　經9－3/1240
**刊謬正俗八卷**　（唐）顏師古撰　清光緒三年(1877)湖北崇文書局刻本　一册

350000－2010－0001801　子5－8/3126a
**福幼編遂生編合刻二種二卷**　（清）莊一夔撰　清末刻本　一册

350000－2010－0001802　子5－8/3126a＝1
**福幼編遂生編合刻二種二卷**　（清）莊一夔撰　清末刻本　一册

350000－2010－0001803　集6/4003
**太華山紫金鎮兩世修行劉香寶卷全集二卷**　（□）□□輯　清刻本　一册

350000－2010－0001804　子10/8073b3
**養源詩備六卷附編一卷**　（清）馬近光輯　清刻本　二册　存三卷(三下、四,附編一卷)

350000－2010－0001805　集3－2/3090
**宋四六選二十四卷**　（清）曹振鏞編　清刻本　二册　存四卷(七至八、十九至二十)

350000－2010－0001806　子5－5/2791
**絕妙好辭一卷**　（清）王道民記　清咸豐抄本　一册

350000－2010－0001807　子1/3211
**澄懷園語四卷**　（清）張廷玉撰　清光緒二年(1876)仁和葛氏嘯園叢書本　一册

350000－2010－0001808　集3－2/8011

**鍾伯敬先生訂補千家詩圖註二卷**　（明）鍾惺訂補　清刻本　一册

350000－2010－0001809　類叢/9000b
**小嬛嬛山館彙刻類書十二種**　（清）□□輯　清咸豐元年(1851)小嬛嬛山館刻本　三册　存五種六卷(爾雅貫珠一卷、山海經腴詞一卷、竹書紀年雋句一卷、六經蒙求一卷、經腴類纂二卷)

350000－2010－0001810　子5－8/3126b
**福幼遂生合編二種二卷**　（清）莊一夔撰　清同治五年(1866)刻本　一册

350000－2010－0001811　集2－3/1060
**石屏詩集十卷**　（宋）戴復古撰　清嘉慶至道光間臨海宋氏刻本　一册　存四卷(三至六)

350000－2010－0001812　經9－2/0464b＝1
**詩韻合璧五卷**　（清）湯文潞編　**虛字韻藪一卷**　（清）潘維城輯　清光緒十二年(1886)鉛印本　一册　存四卷(詩韻合璧三至五、虛字韻藪一卷)

350000－2010－0001813　集2－7/3411D
**池上草初集十二卷**　（清）張錫麟撰　清刻本　一册　存七卷(六至十二)

350000－2010－0001814　集2－7/2592
**繡虎軒尺牘一集八卷二集八卷三集八卷**　（清）曹煜撰　清康熙刻本　三册　存六卷(一集三至六、三集三至四)

350000－2010－0001815　經9－2/4000a1
**十五韻不分卷**　（□）□□撰　清光緒至宣統間抄本　一册

350000－2010－0001816　集3－2/6015c
**國初文選續集□□卷**　（□）□□撰　清刻本　一册　存一卷(三)

350000－2010－0001817　經2/5060b3
**書經精華六卷**　（清）薛嘉穎撰　清道光二十三年(1843)光韡堂刻七經精華本　三册　存四卷(一至二、五至六)

350000－2010－0001818　經2/5060b4

書經精華十卷 （清）王巨源編 清古香閣刻本 三冊 存五卷（一至三、七至八）

350000－2010－0001819 集2－7/3722

初桃齋詩集一卷 （清）程梯功撰 清同治刻本 一冊

350000－2010－0001820 經7－5/6021h

四書集注十九卷 （宋）朱熹集註 清春秀堂刻本 二冊 存四卷（孟子四至七）

350000－2010－0001821 史4－2/2277

山鍾集二卷 蘇紹柄輯 清光緒三十二年（1906）鉛印本 一冊 存一卷（上）

350000－2010－0001822 子4/3080

實驗鼠病消毒法一卷 黃湄西編著 林在南校訂 清光緒三十四年（1908）新學會社鉛印本 一冊

350000－2010－0001823 集2－7/3029

褾錄錦囊一卷 陳玉光編 清光緒十三年（1887）抄本 一冊

350000－2010－0001824 史9－4/4030

寸陰是競一卷 流霞醉記 清光緒二十七年（1901）稿本 一冊

350000－2010－0001825 子5－3/1812

珍珠囊指掌補遺藥性賦四卷 （清）李杲編輯 清光緒二十六年（1900）文宜書局石印本 一冊

350000－2010－0001826 子4/4460

漁業考略一卷 （清）鄭貞來譯 清光緒三十年（1904）湖北洋務局編譯科鉛印本 一冊

350000－2010－0001827 子10/6732D

鷺門雜鈔一卷 （□）□□撰 清咸豐抄本 一冊

350000－2010－0001828 史8－2/5000b

史筏論略一卷 （□）□□撰 清同治九年（1870）抄本 一冊

350000－2010－0001829 史16－2/8718

欽定四庫全書簡明目錄二十卷 （清）紀昀等編 四庫未收書目提要五卷 （清）阮元撰 清光緒石印本 一冊 存八卷（欽定四庫全書簡明目錄十八至二十、四庫未收書目提要五卷）

350000－2010－0001830 集3－9/8010

金臺書院課士錄□□卷 （清）張集馨輯 清刻本 一冊 存一卷（三）

350000－2010－0001831 子10/7529

陳氏遺規摘鈔□□卷 （□）□□撰 清刻本 二冊 存二卷（三至四）

350000－2010－0001832 子5－5/4062

奇方備檢一卷 （清）梁元輝輯 清光緒十年（1884）刻本 一冊

350000－2010－0001833 子5－8/1010

三科輯要三卷附方三卷 （清）何夢瑤輯 清光緒二十一年（1895）刻本 一冊 存三卷（三科輯要三卷）

# 集美圖書館古籍普查登記目錄

全國古籍普查登記目錄

國家圖書館出版社
National Library of China Publishing House

350000－2017－0000001　G000005

**書目答問四卷**　（清）張之洞撰　清光緒刻本
一冊

350000－2017－0000002　G000010、G000012－
G000013、G000180、G000182－G000183、
G000187

**觀古堂書目叢刊十五種**　葉德輝輯　清光緒
至民國間湘潭葉氏刻本　七冊　存六種十二
卷(萬卷堂書目四卷、古今書刻二卷、竹崦盦
傳鈔書目一卷、絳雲樓書目補遺一卷、秘書省
續編到四庫闕書目二卷、南廱志經籍考二卷)

350000－2017－0000003　G000018

**經籍訪古志六卷補遺一卷**　（日本）澀江全善
（日本）森立之撰　清鉛印本　一冊

350000－2017－0000004　G000056－G000161

**欽定四庫全書總目二百卷首一卷**　（清）紀昀
等編　清同治七年(1868)刻本　一百六冊

350000－2017－0000005　G000162－G000167

**欽定四庫全書附存目錄十卷**　（清）胡虔編
清光緒十年(1884)學海堂刻本　六冊

350000－2017－0000006　G000168－G000179

**欽定四庫全書簡明目錄二十卷**　（清）紀昀等
編　清刻本　十二冊

350000－2017－0000007　G000188

**藝風藏書記八卷**　繆荃孫著　清光緒二十六
年至二十七年(1900－1901)江陰繆荃孫刻本
一冊

350000－2017－0000008　G003150－G003269

**船山遺書五十六種附校勘記二卷**　（清）王夫
之撰　清同治四年(1865)湘鄉曾國荃金陵刻
本　一百二十冊

350000－2017－0000009　G007089－G007170

**槐軒全書二十一種附九種**　（清）劉沅撰　清
咸豐至民國間刻本　八十二冊

350000－2017－0000010　G013371－G013373

**易憲四卷卦歌一卷圖說一卷**　（明）沈泓疏
(清)沈權之等增訂　（清）許王猷　（清）張

仕遇校正　清光緒十四年(1888)卓氏刻本
三冊

350000　－　2017　－　0000011　G013374－
G013383、G014222－G014281、G017839－
G017850、G017883　－　G017906、G017917－
G017936、G024169－G024184

**御纂七經五種**　清同治浙江書局刻本　一百
四十二冊

350000－2017－0000012　G014549－G014554

**律例便覽八卷附諸圖一卷處分則例圖要六卷**
（清）蔡逢年　（清）蔡嵩年輯　清同治九年
(1870)江蘇書局刻本　四冊

350000－2017－0000013　G024136－G024139

**監本詩經八卷**　（宋）朱熹集傳　清嘉慶十六
年(1811)多文堂刻本　四冊

350000－2017－0000014　G024141－G024160

**欽定詩經傳說彙纂二十一卷首二卷詩序二卷**
（清）王鴻緒等纂　清雍正五年(1727)刻本
二十冊

350000－2017－0000015　G024227－G024232

**御纂詩義折中二十卷**　（清）傅恒等纂　清光
緒刻本　六冊

350000－2017－0000016　G024233

**詩經精華十卷**　（清）薛嘉穎輯　清光緒十三
年(1887)廈門會文堂刻七經精華本　一冊

350000－2017－0000017　G017035－G017064

**讀禮通考一百二十卷**　（清）徐乾學撰　清光
緒七年(1881)江蘇書局刻本　三十冊

350000－2017－0000018　G016485－G016584

**五禮通考二百六十二卷首四卷總目二卷**
(清)秦蕙田編輯　（清）方觀承訂　清光緒六
年(1880)江蘇書局刻本　一百冊

350000－2017－0000019　G011774－G011821

**經籍纂詁一百六卷首一卷附補遺**　（清）阮元
撰　清刻光緒六年(1880)淮南書局補刻本
四十八冊

350000－2017－0000020　G022301－G022304

集漢隸分韻七卷　(□)□□□纂　清乾隆三十
七年(1772)辨志堂刻本　四冊

350000－2017－0000021　G022201

讀說文雜識一卷　(清)許棫撰　清光緒七年
(1881)刻本　一冊

350000－2017－0000022　G022223

爾雅正郭三卷　(清)潘衍桐撰　清光緒十七
年(1891)刻本　一冊

350000－2017－0000023　G025873

八家四六文注八卷首一卷　(清)許貞幹註
補註一卷　陳衍撰　清光緒十八年(1892)上
海圖書集成印書局鉛印本　一冊

350000－2017－0000024　G022424－G022431

文心雕龍十卷　(南朝梁)劉勰撰　(清)黃叔
琳注　(清)紀昀評點　清道光十三年(1833)
兩廣節署刻朱墨套印本　八冊

350000－2017－0000025　G017569

評選船山史論二卷　林紓評　清宣統三年
(1911)上海商務書館鉛印本　一冊

350000－2017－0000026　G017545－G017568

欽定歷代職官表七十二卷首一卷　(清)紀昀
等纂　清光緒二十二年(1896)刻廣雅書局叢
書本　二十四冊

350000－2017－0000027　G017275－G017473

欽定續通志六百四十卷　(清)嵇璜等纂　清
光緒十二年(1886)浙江書局刻本　一百九十
九冊

350000－2017－0000028　G022432－G022463

宋詩紀事一百卷　(清)厲鶚　(清)馬曰琯輯
清刻本　三十二冊

350000－2017－0000029　G022464－G022487

宋詩紀事補遺一百卷小傳補正四卷　(清)陸
心源輯　清光緒十九年(1893)刻本　二十四
冊

350000－2017－0000030　G017513－G017544

欽定歷代職官表七十二卷首一卷　(清)紀昀
等纂　清光緒二十二年(1896)刻廣雅書局叢

書本　三十二冊

350000－2017－0000031　G017474－G017512

皇朝通志一百二十六卷　(清)嵇璜等纂　清
光緒八年(1882)浙江書局刻本　三十九冊

350000－2017－0000032　G022607－G022622

重訂文選集評十五卷首一卷末一卷　(清)于
光華編　清同治十一年(1872)江蘇書局刻本
十六冊

350000－2017－0000033　G022787－G022794

古文翼八卷　(清)唐德宜編　清光緒十九年
(1893)湖南經國書局刻本　八冊

350000－2017－0000034　G022795－G022804

螺陽文獻二十卷十八峯傳墨二卷　(清)陳澍
纂輯　(清)張大河　(清)張大江校補　清光
緒九年(1883)泉州張大川刻宣統元年(1909)
張大河補修本　十冊

350000－2017－0000035　G022838－G022861

文選六十卷　(南朝梁)蕭統撰　(唐)李善注
清同治八年(1869)尋陽萬氏刻本　二十四
冊

350000－2017－0000036　G022862－G022865

古文苑二十一卷　(宋)章樵注　清光緒十二
年(1886)江蘇書局刻本　四冊

350000－2017－0000037　G022866－G022871

續古文苑二十卷　(清)孫星衍撰　清光緒九
年(1883)江蘇書局刻本　六冊

350000－2017－0000038　G017630－G017643

讀通鑑論三十卷末一卷　(清)王夫之撰　清
光緒二十五年(1899)鳳池書院刻王船山遺書
本　十四冊

350000－2017－0000039　G022948－G022951

唐陸宣公集二十二卷　(唐)陸贄撰　(清)年
羹堯重訂　(清)王汝驤　(清)張泰基校　清
光緒二十四年(1898)上海著易堂石印本　四
冊

350000－2017－0000040　G017658－G017661

評史管窺四卷　(清)王步蟾著　清光緒十九

年(1893)槐蔭書室刻本　四冊

350000 - 2017 - 0000041　G017665 - G017670
**史略八十七卷**　（清）朱坤輯　清光緒二十八年(1902)上海文盛書局石印本　六冊

350000 - 2017 - 0000042　G017672
**史通削繁四卷**　（清）紀昀撰　清道光十三年(1833)兩廣節署刻朱墨套印本　一冊

350000 - 2017 - 0000043　G017673 - G017676
**諸史拾遺五卷三史拾遺五卷**　（清）錢大昕撰　清嘉慶十二年(1807)嘉興郡齋刻本　四冊

350000 - 2017 - 0000044　G017679
**史通通釋二十卷附錄一卷**　（清）浦起龍釋　清光緒十九年(1893)上海文瑞樓石印本　一冊

350000 - 2017 - 0000045　G023168 - G023171
**王臨川全集一百卷目錄二卷**　（宋）王安石撰　清光緒九年(1883)聽香館刻本　四冊

350000 - 2017 - 0000046　G023172 - G023177
**司馬溫公文集十四卷首一卷**　（宋）司馬光撰　（清）張伯行重訂　清光緒七年(1881)紅杏山房刻本　六冊

350000 - 2017 - 0000047　G023178 - G023185
**渭南文集五十卷**　（宋）陸游撰　明海虞毛氏汲古閣刻陸放翁全集本　八冊

350000 - 2017 - 0000048　G023206 - G023242、G023276
**三蘇全集四種**　（清）弓翊清校　清道光七年至十三年(1827 - 1833)眉州三蘇祠刻本　三十八冊

350000 - 2017 - 0000049　G023277 - G023316
**歐陽文忠公全集一百五十三卷首一卷附錄五卷**　（宋）歐陽修著　清光緒十九年(1893)澹雅書局刻本　四十冊

350000 - 2017 - 0000050　G023596 - G023675
**隨園三十種**　（清）袁枚撰　清光緒十七年(1891)浙江經綸堂刻本　八十冊

350000 - 2017 - 0000051　G023333 - G023342

**元文類七十卷目錄三卷**　（元）蘇天爵編　清光緒十五年(1889)江蘇書局刻本　十冊

350000 - 2017 - 0000052　G023349 - G023351
**史忠正公集四卷首一卷末一卷**　（明）史可法撰　（清）史山清輯　清道光三十年(1850)刻本　三冊

350000 - 2017 - 0000053　G017682 - G017691
**歷代史論十二卷宋史論三卷元史論一卷**（明）張溥撰　**明史論四卷**　（清）谷應泰撰　**左傳史論二卷**　（清）高士奇撰　清光緒九年(1883)都城蒼松山房刻朱墨套印本　十冊

350000 - 2017 - 0000054　G017692 - G017703
**歷代史論十二卷宋史論三卷元史論一卷**（明）張溥撰　**明史論四卷**　（清）谷應泰撰　**左傳史論二卷**　（清）高士奇撰　清光緒五年(1879)西江裴氏刻本　十二冊

350000 - 2017 - 0000055　G017704 - G017705
**歷代史論十二卷宋史論三卷元史論一卷**（明）張溥撰　**明史論四卷**　（清）谷應泰撰　**左傳史論二卷**　（清）高士奇撰　清光緒九年(1883)上海簡玉山房刻本　二冊　存四卷（歷代史論一至四）

350000 - 2017 - 0000056　G017706 - G017713
**歷代史論十二卷宋史論三卷元史論一卷**（明）張溥撰　**明史論四卷**　（清）谷應泰撰　**左傳史論二卷**　（清）高士奇撰　清光緒十三年(1887)上海埽葉山房刻本　八冊

350000 - 2017 - 0000057　G017714 - G017733
**十七史商榷一百卷**　（清）王鳴盛撰　清光緒十九年(1893)刻廣雅書局叢書本　二十冊

350000 - 2017 - 0000058　G017734 - G017745
**廿二史劄記三十六卷首一卷**　（清）趙翼撰　清光緒二十年(1894)刻廣雅書局叢書本　十二冊

350000 - 2017 - 0000059　G017746 - G017747
**日知錄之餘四卷**　（清）顧炎武撰　清宣統二年(1910)吳中鄒福保刻本　二冊

350000－2017－0000060　G023466－G023471

**清閟閣全集十二卷**　（元）倪瓚著　（清）曹培廉校　清康熙五十二年（1713）曹氏城書室刻本　六冊

350000－2017－0000061　G017748－G017767

**繹史一百六十卷世系圖一卷年表一卷**　（清）馬驌撰　清光緒三十年（1904）浙江書局刻本　二十冊　存七十九卷（一至七十七、世系圖一卷、年表一卷）

350000－2017－0000062　G017798－G017813

**重訂路史全本五種**　（宋）羅泌輯　清刻本　十六冊

350000－2017－0000063　G017819－G017834

**重訂路史全本五種**　（宋）羅泌纂　（宋）羅蘋註　（明）喬可傳校　清道光二十八年（1848）刻本　十六冊

350000－2017－0000064　G017835－G017838

**歸方評點史記合筆六卷**　（清）王拯編　清光緒元年（1875）錦城節署刻本　四冊

350000－2017－0000065　G017873－G017875

**王會篇箋釋三卷**　（清）何秋濤撰　清光緒十七年（1891）江蘇書局刻本　三冊

350000－2017－0000066　013388－G013395、G013422、G013479－G013486、G014154－G014221、G017863－G017872、G017907－G017916、G018188－G018219、G018246－G018251、G022162－G022167

**重刊宋本十三經注疏**　（□）□□輯　**附校勘記**　（清）阮元撰　（清）盧宣旬摘錄　清同治十二年（1873）江西書局刻本　一百四十九冊　存十一種六百七十四卷（附釋音尚書注疏二十卷、校勘記二十卷，附釋音周禮注疏四十二卷、校勘記四十二卷，儀禮注疏五十卷、校勘記五十卷，附釋音禮記注疏六十三卷、校勘記六十三卷，附釋音春秋左傳注疏六十卷、校勘記六十卷，監本附音春秋公羊注疏二十八卷、校勘記二十八卷，監本附音春秋穀梁注疏二十卷、校勘記二十卷，論語注疏解經二十卷、附校勘記二十卷，爾雅注疏十卷、附校勘記十卷，孟子注疏解經十四卷、附校勘記十四卷，周易兼義九卷、附音義一卷、注疏校勘記九卷、釋文校勘記一卷）

350000－2017－0000067　G017947－G017970

**漢書疏證三十六卷**　（清）沈欽韓撰　清光緒二十六年（1900）浙江官書局刻本　二十四冊

350000－2017－0000068　G017971

**漢書蒙拾三卷**　（清）杭世駿撰　清咸豐元年（1851）長沙小嫏嬛山館刻杭氏七種本　一冊

350000－2017－0000069　G021459－G021460

**孔孟編年三種**　（清）狄子奇輯　清光緒十三年（1887）浙江書局刻本　二冊　存二種八卷（孔子編年四卷、孟子編年四卷）

350000－2017－0000070　G017972－G017981

**西漢會要七十卷**　（宋）徐天麟撰　清光緒十年（1884）江蘇書局刻本　十冊

350000－2017－0000071　G017982－G018013

**漢書評林一百卷**　（明）凌稚隆輯校　清同治十三年（1874）長沙魏氏養翩書屋刻本　三十二冊

350000－2017－0000072　G018060

**補後漢書藝文志一卷考十卷**　（清）曾樸纂　清光緒二十一年（1895）刻常熟曾氏叢書本　一冊

350000－2017－0000073　G018061－G018076

**後漢書疏證三十卷**　（清）沈欽韓撰　清光緒二十六年（1900）浙江官書局刻本　十六冊

350000－2017－0000074　G018077－G018084

**東漢會要四十卷**　（宋）徐天麟撰　清光緒十年（1884）江蘇書局刻本　八冊

350000－2017－0000075　G018095－G018102

**三國志六十五卷**　（晉）陳壽撰　（南朝宋）裴松之注　清光緒十三年（1887）江南書局刻本　八冊

350000－2017－0000076　G023528－G023543

**湖海文傳七十五卷**　（清）王昶輯　清道光十七年（1837）經訓堂刻本　十六冊

350000 - 2017 - 0000077　G001779 - G001783

**章氏遺書二種**　（清）章學誠著　清道光十二年至十三年（1832 - 1833）章華紱刻本　五冊

350000 - 2017 - 0000078　G001812 - G001821

**儆季雜著五種附二種**　（清）黃以周著　清光緒二十年（1894）江蘇南菁講舍刻本　十冊

350000 - 2017 - 0000079　G018154 - G018157

**十六國春秋一百卷**　（北魏）崔鴻撰　（清）汪日桂重訂　清會稽徐氏述史樓刻本　四冊

350000 - 2017 - 0000080　G018232 - G018233

**左氏蒙求註解二卷**　（元）吳化龍纂　（清）倪陳疇注　清光緒十九年（1893）樂東倪氏刻本　二冊

350000 - 2017 - 0000081　G018234 - G018245、G018407 - G018426、G018433 - G018436、G018479 - G018498

**紀事本末五種**　（清）□□撰　清光緒二十四年（1898）思賢書局刻本　五十六冊　存四種二百六十九卷（左傳紀事本末五十三卷、宋史紀事本末一百九卷、元史紀事本末二十七卷、明史紀事本末八十卷）

350000 - 2017 - 0000082　G023550 - G023561

**增廣留青新集二十四卷**　（清）陳枚原輯（清）伊奇勳增輯　清光緒二十五年（1899）石印本　十二冊

350000 - 2017 - 0000083　G023580 - G023583

**朱九江先生集十卷首四卷**　（清）朱次琦撰　清光緒二十三年（1897）讀書草堂刻本　四冊

350000 - 2017 - 0000084　G026347 - G026358

**古今說海一百三十五種**　（明）陸楫輯　清宣統元年（1909）上海集成圖書公司鉛印本　十二冊

350000 - 2017 - 0000085　G023584 - G023595

**紀文達公遺集三十二卷**　（清）紀昀撰　（清）紀樹馨編校　清嘉慶十七年（1812）刻本　十二冊

350000 - 2017 - 0000086　G023745 - G023746

**隨園三十八種**　（清）袁枚撰　清光緒十八年（1892）勤裕堂鉛印本　二冊　存二種四十三卷（小倉山房文集三十五卷、外集八卷）

350000 - 2017 - 0000087　G014060、G018270

**朱氏羣書六種**　（清）朱駿聲輯　清光緒八年（1882）刻本　二冊　存三種五卷（夏小正補傳一卷、儀禮經注一隅二卷、春秋左傳識小錄二卷）

350000 - 2017 - 0000088　G018293 - G018294

**兩漢刊誤補遺十卷**　（宋）吳仁杰撰　清同治七年（1868）金陵書局木活字印本　二冊

350000 - 2017 - 0000089　G018355 - G018378

**唐會要一百卷**　（宋）王溥撰　清光緒十年（1884）江蘇書局刻本　二十四冊

350000 - 2017 - 0000090　G018379 - G018390

**鄂國金佗稡編二十八卷續編三十卷**　（宋）岳珂編　清光緒九年（1883）浙江書局刻本　十二冊

350000 - 2017 - 0000091　G018391 - G018396

**五代會要三十卷**　（宋）王溥纂　（宋）宋璋校　清光緒十二年（1886）江蘇書局刻本　六冊

350000 - 2017 - 0000092　G018399 - G018402

**十國春秋一百十四卷**　（清）吳任臣撰　清康熙十七年（1678）彙賢齋刻本　四冊

350000 - 2017 - 0000093　G027390 - G027533、G027742 - G027792

**二十四史**　（□）□□編　清光緒十年（1884）上海同文書局石印本　一百九十五冊　存四種五百九十六卷（遼史一百十六卷、金史一百三十五卷、元史二百十卷、明史一百三十五卷）

350000 - 2017 - 0000094　G027889 - G027904、G027931 - G027962、G027977 - G028000、G028031 - G028122、G028171 - G028397

**二十四史**　（□）□□編　清光緒三十三年（1907）上海華商集成圖書公司鉛印本　三百九十一冊

233

350000－2017－0000095　G018427－G018430

岳廟志略十卷首一卷　（清）馮培輯　清嘉慶十二年(1807)刻本　四冊

350000－2017－0000096　G018431－G018432

岳忠武王文集八卷　（清）梁玉繩輯　清嘉慶十二年(1807)刻本　二冊

350000－2017－0000097　G018437－G018442

元朝秘史十卷續集二卷　（□）□□撰　清光緒三十三年(1907)長沙葉德輝觀古堂刻本　六冊

350000－2017－0000098　G018443－G018448

欽定元史語解二十卷　（□）□□編　清光緒四年(1878)江蘇書局刻本　六冊

350000－2017－0000099　G018449－G018461

明季稗史彙編十六種　題（清）留雲居士輯　清刻本　十三冊

350000－2017－0000100　G018465

綏寇紀略十二卷補遺三卷　（清）吳偉業纂輯　（清）張海鵬重校　清嘉慶九年至十四年(1804－1809)虞山張氏照曠閣刻學津討原本　一冊

350000－2017－0000101　G026335－G026340

澹靜齋文鈔八卷　（清）龔景瀚著　清同治八年(1869)龔氏濟南郡署刻澹靜齋全集本　六冊

350000－2017－0000102　G018509－G018516

明通鑑九十卷首一卷前編四卷附編六卷目錄二十卷　（清）夏燮編　清光緒二十三年(1897)湖北官書處刻本　八冊　存二十卷（明通鑑目錄二十卷）

350000－2017－0000103　G018517－G018556

明通鑑九十卷首一卷前編四卷附編六卷目錄二十卷　（清）夏燮編　清光緒二十三年(1897)湖北官書處刻本　四十冊

350000－2017－0000104　G023795－G023796

錢南園先生遺集五卷　（清）錢灃撰　清光緒十九年(1893)浙江書局刻本　二冊

350000－2017－0000105　G023797－G023800

尺岡草堂遺集十二卷　（清）陳璞著　清光緒十五年(1889)刻本　四冊

350000－2017－0000106　G018557－G018562

明季稗史正編十六種　題（清）留雲居士輯　清光緒二十九年(1903)鉛印本　六冊

350000－2017－0000107　G018503－G018508

南天痕二十六卷附錄一卷　（清）凌雪纂修　（清）汪成教　（清）江鏡清校訂　清宣統二年(1910)復古社鉛印本　六冊

350000－2017－0000108　G023801－G023806

存悔齋集二十八卷外集四卷　（清）劉鳳誥著　清道光十年至十七年(1830－1837)刻本　六冊

350000－2017－0000109　G023807－G023818

遜學齋文鈔十二卷首一卷末一卷文續鈔五卷詩鈔十卷詩續鈔五卷　（清）孫衣言撰　清同治三年至十二年(1864－1873)刻光緒增補本　十二冊

350000－2017－0000110　G018563

御撰資治通鑑明紀綱目三編二十卷　（清）張廷玉編　清光緒二十八年(1902)上海富強齋石印本　一冊

350000－2017－0000111　G018564－G018567

御撰資治通鑑明紀綱目三編二十卷　（清）張廷玉撰　清宣統三年(1911)澹雅書局刻本　四冊

350000－2017－0000112　G018584

三藩紀事本末四卷　（清）楊陸榮撰　清刻本　一冊

350000－2017－0000113　G022287

殷商貞卜文字考一卷　（清）羅振玉撰　清宣統二年(1910)玉簡齋石印蟫隱廬叢書本　一冊

350000－2017－0000114　G018621－G018677

痛史二十一種附九種　題樂天居士輯　清宣統三年(1911)上海商務印書館鉛印本　五十

七冊

350000－2017－0000115　G018678

烈皇小識八卷　（明）文秉撰　清刻本　一冊

350000－2017－0000116　G018681－G018688

南巡盛典一百二十卷　（清）高晉等纂　清光緒八年(1882)上海點石齋石印本　八冊

350000－2017－0000117　G018689－G018692

趙恭毅公賸稿八卷　（清）趙申喬撰　（清）趙侗教編　清光緒十八年(1892)浙江書局刻本　四冊

350000－2017－0000118　G018693－G018702

欽定大清會典一百卷首一卷　（清）崑岡等纂修　清宣統三年(1911)上海商務印書館石印本　十冊

350000－2017－0000119　G018703－G018714

聖武記十四卷　（清）魏源撰　清道光二十四年(1844)古微堂刻本　十二冊

350000－2017－0000120　G022314－G022331

楷法溯源十四卷目錄一卷　（清）潘存輯　楊守敬編　清光緒三年至四年(1877－1878)宜都楊氏刻本　十八冊

350000－2017－0000121　G025944－G025955

綠蘿山莊文集二十四卷　（清）胡浚撰注　清乾隆二十一年(1756)刻本　十二冊

350000－2017－0000122　G026575－G026580

鄉詩摭譚正集十卷首一卷續集十卷　（清）楊希閔撰　清宣統二年(1910)刻本　六冊

350000－2017－0000123　G028438－G028595

東華錄一百九十五卷（天命朝至雍正朝）續錄四百三十卷（乾隆朝至道光朝）　王先謙編　清光緒十三年(1887)上海圖書集成印刷局鉛印本　一百五十八冊

350000－2017－0000124　G025920

凝香室鴻雪因緣圖記三集　（清）麟慶撰　清光緒二十二年(1896)上海點石齋石印本　一冊

350000－2017－0000125　G025987－G025998

廣東新語二十八卷　（清）屈大均撰　清刻本　十二冊

350000－2017－0000126　G029471－G029482、G029483－G029494

金石索十二卷首一卷　（清）馮雲鵬　（清）馮雲鷞輯　清光緒三十二年(1906)上海文新書局石印本　二十四冊

350000－2017－0000127　G019089－G019206、G026949－G026960

曾文正公全集十六種　（清）曾國藩撰　清同治、光緒湖南傳忠書局刻本　一百三十冊

350000－2017－0000128　G018715－G018720

四此堂稿十卷　（清）魏際瑞著　清同治二年(1863)寧都謝氏刻本　六冊

350000－2017－0000129　G022389－G022392

寄傲山房塾課新增幼學故事瓊林四卷首一卷　（清）程允升撰　（清）鄒聖脈補　清光緒二年(1876)刻本　四冊

350000－2017－0000130　G018731－G018754

鹿洲全集八種　（清）藍鼎元撰　（清）曠敏本評　清光緒六年(1880)閩漳素位堂刻本　二十四冊

350000－2017－0000131　G022401－G022406

輶軒使者絕代語釋別國方言箋疏十三卷　（清）錢繹撰　清光緒十六年(1890)紅蝠山房刻本　六冊

350000－2017－0000132　G018755－G018814

皇朝掌故彙編內編六十卷首一卷外編四十卷首一卷　（清）張壽鏞　（清）宋文蔚等輯　清光緒二十八年(1902)求實書社鉛印本　六十冊

350000－2017－0000133　G022623－G022650

駢文類纂四十六卷　王先謙輯　清光緒二十八年(1902)湖南思賢書局刻本　二十八冊

350000－2017－0000134　G019247－G019253

曾忠襄公全集四種附二種　（清）曾國荃撰　清光緒二十九年(1903)長沙許寅軒刻本　七

冊　存六種五十七卷（曾忠襄公文集二卷、曾忠襄公奏議三十二卷、曾忠襄公書劄一至十二、曾忠襄公批牘五卷、曾忠襄公年譜四卷、曾忠襄公榮哀錄二卷）

350000－2017－0000135　G023513－G023517
**雙楳景闇叢書十六種附一種**　葉德輝輯　清光緒、宣統間長沙葉氏郎園刻本　五冊　存十一種十九卷（青樓集一卷、板橋雜記三卷、吳門畫舫錄一卷、燕蘭小譜五卷、海漚小譜一卷、觀劇絕句三卷、木皮散人鼓詞一卷、附萬古愁曲一卷、乾嘉詩壇點將錄一卷、東林點將錄一卷、重刻足本乾嘉詩壇點將錄一卷）

350000－2017－0000136　G023747－G023750、G023759－G023786
**張南山全集十二種**　（清）張維屏撰　清嘉慶十六年（1811）聽松廬刻本　三十二冊

350000－2017－0000137　G014555
**不用刑審判書六卷**　（清）魏息園輯　清光緒三十三年（1907）上海商務印書館刻本　一冊

350000－2017－0000138　G018944－G018959
**林文忠公政書三集三十七卷**　（清）林則徐撰　清刻本　十六冊

350000－2017－0000139　G018960－G018969
**胡文忠公遺集十卷首一卷**　（清）胡林翼撰　清光緒八年（1882）紅杏山房刻本　十冊

350000－2017－0000140　G018970－G019001
**胡文忠公遺集八十六卷首一卷**　（清）胡林翼撰　（清）鄭敦謹　（清）曾國荃輯　清同治六年（1867）刻本　三十二冊

350000－2017－0000141　G019002－G019057
**項城袁氏家集七種**　丁振鐸輯　清宣統三年（1911）清芬閣鉛印本　五十六冊

350000－2017－0000142　G024618－G024647
**明詩綜一百卷**　（清）朱彝尊錄　（清）汪森輯　清康熙四十四年（1705）刻本　三十冊

350000－2017－0000143　G022885－G022895
**庾子山集十六卷附年譜一卷總釋一卷**　（北

周）庾信撰　（清）倪璠注釋　清刻本　十一冊

350000－2017－0000144　G026228－G026231
**越縵堂駢體文四卷散體文一卷**　（清）李慈銘撰　（清）曾之撰輯　清光緒二十三年（1897）刻虛霩居叢書本　四冊

350000－2017－0000145　G022898
**靖節先生集十卷首一卷**　（晉）陶潛撰　（清）陶澍集注　**靖節先生年譜考異二卷**　（清）陶澍撰　清光緒九年（1883）江蘇書局刻本　一冊

350000－2017－0000146　G022901－G022904
**初唐四杰文集二十一卷**　（清）項家達輯　清光緒五年（1879）淮南書局刻本　四冊

350000－2017－0000147　G022905－G022920
**唐文粹一百卷**　（宋）姚鉉纂　清光緒九年（1883）江蘇書局刻本　十六冊

350000－2017－0000148　G026019－G026026
**札樸十卷**　（清）桂馥撰　清光緒九年（1883）長洲蔣氏刻心矩齋叢書本　八冊

350000－2017－0000149　G022921－G022924
**唐文粹補遺二十六卷**　（清）郭麐纂　（清）金勇校　清光緒十一年（1885）江蘇書局刻本　四冊

350000－2017－0000150　G022954－G022964
**昌黎先生集四十卷外集十卷遺文一卷**　（唐）韓愈撰　**朱子校昌黎先生集傳一卷**　（宋）朱熹撰　**韓集點勘四卷**　（清）陳景雲撰　清同治八年（1869）江蘇書局刻本　十一冊

350000－2017－0000151　G021667－G021674
**水經注釋四十卷首一卷附錄二卷水經注箋刊誤十二卷**　（漢）桑欽撰　（北魏）酈道元注　（清）趙一清釋　清光緒六年（1880）湖北蛟川張氏花雨樓刻本　八冊　存十二卷（水經注箋刊誤十二卷）

350000－2017－0000152　G023821－G023828
**小謨觴館詩集八卷詩續集二卷詩餘附錄二卷**

文集四卷文續集二卷　（清）彭兆蓀撰　（清）蓀元培注　清嘉慶十一年（1806）韓江寓舍刻本　八冊

350000－2017－0000153　G023855
趙裒尊公賸藁四卷　（清）趙熊詔撰　清光緒二十三年（1897）浙江書局刻本　一冊

350000－2017－0000154　G023857－G023860
彭剛直公奏稿八卷　（清）彭玉麟撰　清光緒十七年（1891）吳下鉛印本　四冊

350000－2017－0000155　G023878－G023879
棣垞集四卷外集三卷　（清）朱啓連撰　清光緒二十六年（1900）刻本　二冊

350000－2017－0000156　G023880－G023883
攜雪堂文集四卷　（清）吳可讀著　（清）楊慶生箋注　清光緒二十六年（1900）浙江書局刻本　四冊

350000－2017－0000157　G023886－G023889
天問堂課藝四卷　（清）楊兆鋆輯　清光緒二十一年（1895）金陵同文館刻本　四冊

350000－2017－0000158　G023924－G023929
說劍堂集不分卷　（清）潘飛聲撰　清光緒二十三年（1897）刻本　六冊

350000－2017－0000159　G024031
西河詩話一卷詞話一卷雜箋一卷　（清）毛奇齡撰　清宣統三年（1911）上海文瑞樓石印本　一冊

350000－2017－0000160　G024254－G024261
八代詩選二十卷　王闓運撰　清光緒十六年（1890）江蘇書局刻本　八冊

350000－2017－0000161　G024266
詩比興箋四卷　（清）陳沆撰　清光緒九年（1883）刻本　一冊

350000－2017－0000162　G026964
名賢手札八卷　（清）郭嵩燾編　清光緒十一年（1885）同文書局石印本　一冊

350000－2017－0000163　G024297－G024300
才調集補註十卷　（清）馮默庵　（清）馮鈍吟評閱　（清）殷元勳箋註　（清）宋邦綏補註　清光緒二十年（1894）江蘇書局刻本　四冊

350000－2017－0000164　G024372－G024403
全唐詩三十二卷　（清）聖祖玄燁選　清光緒十三年（1887）上海同文書局石印本　三十二冊

350000－2017－0000165　G024466－G024469
李義山詩集三卷李義山詩譜一卷附錄諸家詩評一卷　（唐）李商隱撰　（清）朱鶴齡箋注　（清）沈厚塽輯評　清同治九年（1870）廣州倅署刻三色套印本　四冊

350000－2017－0000166　G024612－G024617
蘇文忠公詩編注集成四十六卷總案四十五卷首一卷目錄一卷附雜綴酌存一卷蘇海識餘四卷賤詩圖一卷　（清）王文誥輯訂　清光緒十四年（1888）浙江書局刻本　六冊　存四十六卷（蘇文忠公詩編注集成四十六卷）

350000－2017－0000167　G024715－G024718
嶺南三大家詩選二十四卷　（清）王隼選　清同治七年（1868）南海陳氏刻本　四冊

350000－2017－0000168　G024719－G024722
西庵集八卷首一卷　（明）孫蕡撰　清刻本　四冊

350000－2017－0000169　G024734－G024749
湖海詩傳四十六卷　（清）王昶輯　清同治四年（1865）江蘇綠蔭堂刻本　十六冊

350000－2017－0000170　G026968
春在堂尺牘六卷　（清）俞樾撰　清宣統三年（1911）上海文瑞樓石印本　一冊

350000－2017－0000171　G024836－G024840
問山文集八卷詩集十卷紫雲詞一卷　（清）丁煒撰　清咸豐四年（1854）晉江丁拱辰刻光緒補刻民國十年（1921）重印本　五冊

350000－2017－0000172　G024841－G024868
李穆堂詩文全集初稿五十卷別稿五十卷　（清）李紱著　清道光十一年（1831）刻本　二十八冊　存五十卷（李穆堂詩文全集初稿五

十卷）

350000－2017－0000173　G026970

張文襄公手札不分卷　（清）張之洞撰　清宣統二年(1910)教藝廬影印本　一冊

350000－2017－0000174　G024888－G024891

兩當軒詩鈔十四卷竹眠詞鈔二卷　（清）黃景仁著　清道光十三年(1833)廣州黎兆棠刻本　四冊

350000－2017－0000175　G024892－G024893

海峰詩集十卷　（清）劉大櫆著　（清）姚鼐校定　清光緒二十五年(1899)刻本　二冊

350000－2017－0000176　G024902－G024909

五百四峰堂詩鈔二十五卷　（清）黎簡著　清嘉慶元年(1796)刻本　八冊

350000－2017－0000177　G024910－G024915

太鶴山人集十三卷　（清）端木國瑚撰　清道光二十年(1840)洪坤刻本　六冊

350000－2017－0000178　G024920－G024921

靈洲山人詩錄六卷　（清）徐灝撰　清同治三年(1864)廣州萃文堂刻本　二冊

350000－2017－0000179　G024926－G024929

烏石山房詩存十二卷　（清）龔易圖著　清光緒龔氏雙驂園刻本　四冊

350000－2017－0000180　G024952

陶龕詩鈔八卷　（清）羅信南撰　清光緒十八年(1892)刻本　一冊

350000－2017－0000181　G024970

韻山堂詩集七卷補遺一卷　（清）王文誥撰　清光緒十四年(1888)浙江書局刻本　一冊

350000－2017－0000182　G019207－G019246

曾文正公手書日記不分卷　（清）曾國藩撰　清宣統元年(1909)上海中國圖書公司石印本　四十冊

350000－2017－0000183　G025000

半巖廬遺詩二卷　（清）邵懿辰撰　清同治十年(1871)刻本　一冊

350000－2017－0000184　G025030－G025034

七十家賦鈔六卷　（清）張惠言輯　札記六卷　（清）朱錦綬等撰　清光緒二十三年(1897)江蘇書局刻本　五冊

350000－2017－0000185　G026015－G026018

浪跡叢談十一卷續談八卷　（清）梁章鉅撰　清道光二十七年至二十八年(1847－1848)刻本　四冊

350000－2017－0000186　G026012－G026014

蒿菴集三卷拾遺一卷附錄一卷蒿菴閒話二卷　（清）張爾岐撰　清光緒十五年(1889)山東書局刻本　三冊

350000－2017－0000187　G026004－G026011

袁文箋正十六卷補注一卷　（清）袁枚撰　（清）石韞玉注　清嘉慶十七年(1812)刻本　八冊

350000－2017－0000188　G025928－G025930

西青散記四卷　（清）史震林撰　清嘉慶十年(1805)刻本　三冊

350000－2017－0000189　G025979－G025986

壯悔堂文集十卷遺稿一卷四憶堂詩集六卷　（清）侯方域著　（清）賈開宗等評點　侯朝宗公子傳一卷　（清）胡介祉譔　本傳一卷　（清）賈開宗撰　侯朝宗先生傳一卷　（清）田蘭芳撰　年譜一卷　（清）侯洵輯　清宣統元年(1909)上海掃葉山房石印本　八冊

350000－2017－0000190　G026001

刻鵠集三卷　（清）沈同芳撰　清宣統三年(1911)中國圖書公司鉛印本　一冊

350000－2017－0000191　G026003

湖唐林館駢體文二卷　（清）李慈銘著　清光緒十年(1884)刻本　一冊

350000－2017－0000192　G027070－G027081

清河書畫舫十二卷　（清）張丑撰　清光緒元年(1875)新民書社刻本　十二冊

350000－2017－0000193　G019257－G019260

劉中丞奏議二十卷　（清）劉蓉著　清光緒十

一年(1885)思賢講舍刻本　四冊

350000－2017－0000194　G025101－G025104
楚辭集注八卷後語六卷辯證二卷　（宋）朱熹
集注　清光緒八年(1882)江蘇書局刻本　四
冊

350000－2017－0000195　G019261－G019262
養晦堂文集十卷詩集二卷思辨錄疑義一卷
（清）劉蓉著　清光緒三年(1877)思賢講舍刻
本　二冊

350000－2017－0000196　G023165－G023167
水心先生文集二十九卷補遺一卷　（宋）葉適
撰　清光緒八年(1882)瑞安孫氏刻永嘉叢書
本　三冊

350000－2017－0000197　G019263－G019270
中西紀事二十四卷　（清）夏燮撰　清同治七
年(1868)刻本　八冊

350000－2017－0000198　G019271－G019278
曾惠敏公遺集四種　（清）曾紀澤撰　清光緒
十九年(1893)江南製造總局鉛印本　八冊

350000－2017－0000199　G025125－G025324
欽定全唐文一千卷目錄三卷　（清）董誥等輯
　清光緒二十七年(1901)刻廣雅書局叢書本
　二百冊

350000－2017－0000200　G019279－G019304
萬國公報不分卷　（清）萬國公報館編　清光
緒二十四年至三十一年(1898－1905)上海美
華書館鉛印本　二十六冊

350000－2017－0000201　G019305－G019312
湘軍記二十卷　（清）王定安撰　清光緒十五
年(1889)江南書局刻本　八冊

350000－2017－0000202　G025325－G025331
曝書亭集詞註七卷　（清）李富孫纂　清刻本
　七冊

350000－2017－0000203　G025332－G025335
曝書亭集詞註七卷　（清）李富孫纂　清刻本
　四冊

350000－2017－0000204　G019343－G019344

古今戰事圖說平定粵匪之部六卷　（清）陳曾
壽纂　清光緒二十五年(1899)商務印書館鉛
印本　二冊

350000－2017－0000205　G019345－G019348
平浙紀略十六卷　（清）秦緗業　（清）陳鍾英
撰　清同治十二年(1873)浙江書局刻本　四
冊

350000－2017－0000206　G019349－G019452
欽定剿平撚匪方略三百二十卷首一卷　（清）
奕訢等撰　清同治十一年(1872)鉛印本　一
百四冊

350000－2017－0000207　G019453－G019464
新民叢報彙編不分卷　梁啓超編　清光緒三
十三年(1907)上海普新端記書局石印本　十
二冊

350000－2017－0000208　G019465－G019476
中東戰紀本末八卷首一卷末一卷續編四卷首一
卷末一卷三編四卷　（美國）林樂知譯　蔡爾
康纂輯　清光緒二十二年至二十三年(1896－
1897)上海圖書集成局鉛印本　十二冊

350000－2017－0000209　G019488－G019493
金史紀事本末五十二卷首一卷　（清）李有棠
撰　清光緒二十七年(1901)廣東廣雅書局刻
紀事本末彙刻本　六冊

350000－2017－0000210　G025336－G025359
歷代詞綜一百六卷　（清）王昶纂輯　清光緒
二十八年(1902)金匱浦氏刻本　二十四冊

350000－2017－0000211　G025931－G025934
定香亭筆談四卷　（清）阮元撰　（清）吳文溥
錄　清嘉慶五年(1800)揚州阮元琅嬛仙館刻
本　四冊

350000－2017－0000212　G025935
定香亭筆談四卷　（清）阮元撰　（清）吳文溥
錄　清光緒二十五年(1899)浙江書局刻本
一冊

350000－2017－0000213　G025936－G025939
定香亭筆談四卷　（清）阮元撰　（清）吳文溥

錄　清光緒二十五年(1899)浙江書局刻本
四冊

350000－2017－0000214　G025940－G025943
娛園叢刻十一種　(清)許增輯　清光緒十五
年(1889)仁和許氏刻本　四冊

350000－2017－0000215　G025975－G025978
浮邱子十二卷　(清)湯鵬著　清同治四年
(1865)刻本　四冊

350000－2017－0000216　G019494－G019497
遼金元三史語解三種　(清)高宗弘曆敕撰
清光緒四年(1878)江蘇書局刻本　四冊　存
二種二十二卷(欽定遼史語解十卷、欽定金史
語解十二卷)

350000－2017－0000217　G019498－G019501
遼史紀事本末四十卷首一卷　(清)李有棠撰
　清光緒二十六年(1900)廣雅書局刻紀事本
末彙刻本　四冊

350000－2017－0000218　G023162－G023164
水心先生別集十六卷　(宋)葉適撰　清光緒
八年(1882)瑞安孫氏刻永嘉叢書本　三冊

350000－2017－0000219　G019915－G020034
[雍正]浙江通志二百八十卷首三卷　(清)嵇
曾筠等修　(清)沈翼機　(清)傅王露纂　清
光緒二十五年(1899)浙江書局刻本　一百二
十冊

350000－2017－0000220　G025587－G025596
閨秀詞鈔十六卷補遺一卷續補遺四卷　徐乃
昌編　清宣統元年(1909)南陵徐氏小檀欒室
刻本　十冊

350000－2017－0000221　G020101
齊乘六卷　(元)于欽纂　考證六卷　(清)周
嘉猷撰　釋音一卷　(元)于潛撰　清乾隆四
十六年(1781)胡德琳刻本　一冊

350000－2017－0000222　G020724
章實齋先生原定湖北通志凡例不分卷　(清)
章學誠纂　清光緒八年(1882)刻木活字印本
一冊

350000－2017－0000223　G025597－G025600
詞苑叢談十二卷　(清)徐釚輯　清道光二十
七年(1847)刻海山仙館叢書本　四冊

350000－2017－0000224　G020725
羅景山臺灣海防並開山日記不分卷　(清)羅
大春撰　清光緒石印本　一冊

350000－2017－0000225　G025629
國朝七家詞選一卷　(清)孫麟趾輯　國朝詞
續選一卷　(清)張鳴珂輯　清光緒二十四年
(1898)刻本　一冊

350000－2017－0000226　G021004－G021015
日本國志四十卷首一卷　(清)黃遵憲撰　清
光緒二十八年(1902)蔚華書局刻本　十二冊

350000－2017－0000227　G021032－G021033
二林居集二卷　(清)彭紹升撰　清光緒六年
(1880)合肥李瀚章刻本　二冊

350000－2017－0000228　G023352－G023356
洪芳洲先生歸田稿三卷續稿二卷栢莊忠孝乘
一卷讀禮稿三卷續稿三卷摘稿四卷　(明)洪
朝選撰　清光緒十八年(1892)同安洪氏刻本
五冊　存十卷(洪芳洲先生歸田稿三卷、續
稿二卷、栢莊忠孝乘一卷、摘稿四卷)

350000－2017－0000229　G021037
文廟通考六卷首一卷　(清)牛樹梅編　清同
治十一年(1872)浙江書局刻本　一冊

350000－2017－0000230　G021038－G021047
歷代名人年譜十卷　(清)吳榮光撰　清咸豐
京師晉華書局刻本　十冊

350000－2017－0000231　G021048
新刊古列女傳八卷　(漢)劉向撰　(晉)顧凱
之繪　清道光五年(1825)阮氏刻文選樓叢書
本　一冊

350000－2017－0000232　G025645
新蘅詞十卷外集一卷　(清)張景祁撰　清光
緒九年(1883)百億梅花仙館刻本　一冊　存
三卷(一至三)

350000－2017－0000233　G025649

比竹餘音四卷　鄭文焯撰　清光緒二十八年
（1902）刻本　一冊

350000－2017－0000234　G021049－G021052
典故列女全傳四卷　題（清）曉星樵人校刊
清李光明莊刻本　四冊

350000－2017－0000235　G021053－G021346
國朝耆獻類徵初編四百八十四卷首二百四卷
目錄二十卷通檢十卷　（清）李桓輯　清光緒
十年至十六年（1884－1890）湘陰李氏刻本
二百九十四冊　存五百十四卷（初編四百八
十四卷、目錄二十卷、通檢十卷）

350000－2017－0000236　G021363－G021422
碑傳集一百六十卷首二卷末二卷　（清）錢儀
吉纂錄　清光緒十九年（1893）江蘇書局刻本
六十冊

350000－2017－0000237　G021423－G021446
續碑傳集八十六卷首二卷　繆荃孫纂錄　清
宣統二年（1910）江楚編譯書局刻本　二十四
冊

350000－2017－0000238　G025655
宋六十一家詞選十二卷　（清）馮煦輯　清宣
統二年（1910）上海掃葉山房石印本　一冊

350000－2017－0000239　G025728－G025737
輟畊錄三十卷　（明）陶宗儀著　清光緒十一
年（1885）上海福瀛書局刻本　十冊

350000－2017－0000240　G025738－G025747
輟畊錄三十卷　（明）陶宗儀著　清光緒十一
年（1885）上海福瀛書局刻本　十冊

350000－2017－0000241　G021450
崇禎五十宰相傳一卷　（清）曹溶重訂　清宣
統三年（1911）國學扶輪社鉛印張氏適園叢書
本　一冊

350000－2017－0000242　G025857－G025872
國朝文錄八十二卷　（清）姚椿輯　清光緒二
十六年（1900）掃葉山房石印本　十六冊

350000－2017－0000243　G021457－G021458
孔子編年五卷　（宋）胡仔編　清同治九年

（1870）京都墨文齋刻本　二冊

350000－2017－0000244　G026003
湖唐林館駢體文二卷　（清）李慈銘著　清光
緒十年（1884）刻本　一冊

350000－2017－0000245　G018817－G018832、
G018835 － G018843、G019073、G019254 －
G019256
左文襄公全集七種附二種　（清）左宗棠撰
清光緒刻本　二十九冊　存八種一百二十卷
（左文襄公全集首一卷，左文襄公奏稿六十四
卷，左文襄公書牘二十六卷，說帖一卷，左文
襄公批札七卷，左文襄公咨札一卷、告示一
卷，左文襄公謝摺二卷，左文襄公文集五卷、
詩集一卷、聯語一卷，駱文忠公奏稿十卷）

350000－2017－0000246　G021461－G021464
岳廟志略十卷首一卷　（清）馮培編輯　清光
緒五年（1879）浙江書局刻本　四冊

350000－2017－0000247　G021465
吳山伍公廟志六卷首一卷　（清）金文淳纂修
（清）沈永青增輯　清光緒二年（1876）刻本
一冊

350000－2017－0000248　G021466－G021481
疇人傳四十六卷　（清）阮元撰　補傳六卷
（清）羅士琳續編　清道光二十年（1840）蛟川
張氏花雨樓刻本　十六冊

350000－2017－0000249　G021566
傳道模範倪公維思事畧四卷　（美國）倪戈氏
撰　清光緒二十四年（1898）上海美華書局鉛
印本　一冊

350000－2017－0000250　G021578－G021582
海國圖志六十卷　（清）魏源撰　清道光二十
九年（1849）刻本　五冊

350000－2017－0000251　G021583
左文襄公［宗棠］年譜十卷　（清）羅正鈞編
清光緒二十三年（1897）湘陰左氏刻本　一冊

350000－2017－0000252　G021584
補三國疆域志二卷　（清）洪亮吉撰　清光緒

十七年（1891）刻廣雅書局叢書本　一冊

350000－2017－0000253　G021585－G021588
**環游地球新錄四卷**　（清）李圭撰　清光緒鉛
印本　四冊

350000－2017－0000254　G021589－G021598
**歷代地理志韻編今釋二十卷**　（清）李兆洛輯
　**附皇朝輿地韻編校勘記一卷**　（清）馬貞榆
撰　清光緒元年（1875）羊城馬氏集益堂刻本
　十冊

350000－2017－0000255　G021599－G021606
**元和郡縣圖志四十卷**　（唐）李吉甫撰　**闕卷
逸文一卷**　（清）孫星衍輯　**補志九卷**　（清）
嚴觀輯　清光緒六年至八年（1880－1882）金
陵書局刻本　八冊　存四十四卷（元和郡縣
圖志一至十八、二十一至二十二、二十五至三
十四、三十七至四十，闕卷逸文一卷，補志九
卷）

350000－2017－0000256　G021621－G021644
**歷代地理沿革表四十七卷**　（清）陳芳績撰
清光緒二十一年（1895）刻廣雅書局叢書本
二十四冊

350000－2017－0000257　G021611－G021620
**問影樓輿地叢書第一集十五種**　胡思敬輯
清光緒三十四年（1908）新昌胡氏京師鉛印本
　十冊

350000－2017－0000258　G021645－G021650
**水經注疏要刪四十卷補遺一卷**　楊守敬撰
清光緒三十一年（1905）宜都楊守敬觀海堂刻
本　六冊

350000－2017－0000259　G022228－G022229
**班馬字類二卷**　（宋）婁機撰　清光緒九年
（1883）常熟鮑氏刻後知不足齋叢書本　二冊

350000－2017－0000260　G021651－G021666
**水經注釋四十卷首一卷附錄二卷刊誤十二卷**
　（清）趙一清釋　清光緒六年（1880）蛟川張
氏花雨樓刻本　十六冊

350000－2017－0000261　G021675－G021676

李氏歷代輿地沿革圖校勘記一卷　（清）惲毓
嘉等撰　清光緒十四年（1888）毗陵惲氏家塾
刻本　二冊

350000－2017－0000262　G021677－G021684
**水道提綱二十八卷**　（清）齊召南編錄　清光
緒四年（1878）津門徐士鑾霞城精舍刻本　八
冊

350000－2017－0000263　G021685
**水經注圖四十卷補一卷**　（清）汪士鐸撰　清
光緒三十一年（1905）觀海堂刻朱墨套印本
一冊　存二十五卷（北四卷、中一卷、南二十
卷）

350000－2017－0000264　G021686－G021701
**合校水經注四十卷首一卷**　（北魏）酈道元撰
　王先謙合校　**附錄二卷**　（清）趙一清錄
清光緒十八年（1892）思賢講舍刻本　十六冊

350000－2017－0000265　G021702－G021707
**水經注疏要刪補遺四十卷**　楊守敬撰　清宣
統元年（1909）刻本　六冊

350000－2017－0000266　G021708－G021713
**水經注疏要刪四十卷補遺一卷**　楊守敬撰
清光緒三十一年（1905）宜都楊守敬觀海堂刻
本　六冊

350000－2017－0000267　G021714－G021729
**水經注四十卷補遺一卷**　（北魏）酈道元撰
（明）全祖望校　**附錄二卷**　（清）薛福成校
清光緒十四年（1888）薛氏刻本　十六冊

350000－2017－0000268　G022242－G022245
**字林考逸八卷附錄一卷**　（清）任大椿撰　**補
遺一卷**　（清）陶方琦輯　（清）龔道耕補訂
**說郛字林附錄一卷**　（宋）呂忱撰　**校誤一卷**
　清光緒二十三年（1897）成都龔氏襄馨精舍
刻本　四冊

350000－2017－0000269　G021730－G021769
**皇朝輿地通考二十三卷**　題（清）通文主人輯
　清光緒二十九年（1903）上海通文書局石印
本　四十冊

350000－2017－0000270　G021771

**黔書二卷**　（清）田雯撰　清嘉慶十三年(1808)刻本　一冊

350000－2017－0000271　G021789－G021791

**欽定新疆識畧十二卷首一卷**　（清）松筠纂　清道光元年(1821)刻本　三冊

350000－2017－0000272　G022248

**古籀拾遺三卷宋政和禮器文字考一卷**　（清）孫詒讓撰　清光緒十六年(1890)刻本　一冊

350000－2017－0000273　G021806－G021807

**韻補五卷**　（宋）吳棫撰　**韻補正一卷**　（清）顧炎武撰　（清）徐幹校勘　清光緒九年(1883)刻邵武徐氏叢書本　二冊

350000－2017－0000274　G021810－G021820

**唐韻正二十卷**　（清）顧炎武撰　清光緒十六年(1890)長沙思賢講舍刻音學五書本　十一冊

350000－2017－0000275　G021821－G021825

**音學五書五種**　（清）顧炎武撰　清光緒十六年(1890)長沙思賢講舍刻本　五冊

350000－2017－0000276　G021838－G021857

**小學考五十卷**　（清）謝啓昆錄　清光緒十四年(1888)浙江書局刻本　二十冊

350000－2017－0000277　G021858－G021873

**詞律二十卷**　（清）萬樹撰　**拾遺八卷**　（清）徐本立纂　**補遺一卷**　（清）杜文瀾編　清光緒二年(1876)江蘇吳下刻本　十六冊

350000－2017－0000278　G022731

**禁扁二卷**　（元）王士點纂　清光緒十二年(1886)上海古書流通處影印本　一冊

350000－2017－0000279　G022752－G022763

**古文辭類纂七十四卷**　（清）姚鼐纂　清同治八年(1869)江蘇書局刻本　十二冊

350000－2017－0000280　G022767－G022778

**續古文辭類纂二十八卷**　（清）黎庶昌輯　清光緒二十一年(1895)金陵狀元閣刻本　十二冊

350000－2017－0000281　G022779－G022786

**懷幽雜俎十二種**　徐乃昌輯　清光緒、宣統間南陵徐氏刻本　八冊

350000－2017－0000282　G023081－G023090

**沈氏三先生文集三種附錄一卷**　（宋）□□輯　清光緒二十二年(1896)浙江書局刻本　十冊

350000－2017－0000283　G023095－G023110

**金文最六十卷首一卷**　（清）張金吾輯　清光緒二十一年(1895)蘇州書局刻本　十六冊

350000－2017－0000284　G023127－G023132

**南宋文錄錄二十四卷**　（清）董兆熊輯　清光緒十七年(1891)蘇州書局刻本　六冊

350000－2017－0000285　G023133－G023156

**宋文鑑一百五十卷目錄三卷**　（宋）呂祖謙輯　清光緒十二年(1886)江蘇書局刻本　二十四冊

350000－2017－0000286　G021874－G021875

**文字蒙求四卷**　（清）王筠撰　清光緒十三年(1887)梁溪浦氏刻本　二冊

350000－2017－0000287　G021886－G021888

**爾雅十一卷**　（晉）郭璞注　（唐）陸德明音義　清永懷堂刻本　三冊

350000－2017－0000288　G023186－G023187

**南唐書十八卷**　（宋）陸游撰　明崇禎虞山毛氏汲古閣刻陸放翁全集本　二冊

350000－2017－0000289　G021889－G021908

**說文釋例二十卷補正二十卷**　（清）王筠撰　清同治四年(1865)刻本　二十冊

350000－2017－0000290　G021930－G021945

**音學五書五種**　（清）顧炎武撰　清光緒十六年(1890)長沙思賢講舍刻本　十六冊

350000－2017－0000291　G021946－G021961

**詞律二十卷**　（清）萬樹撰　**拾遺八卷**　（清）徐本立纂　**補遺一卷**　（清）杜文瀾編　清光緒二年(1876)吳下刻本　十六冊

350000－2017－0000292　G023357－G023376

震川先生集三十卷別集十卷 （明）歸有光著
清光緒六年(1880)常熟歸氏刻本 二十冊

350000－2017－0000293 G021962
小學鉤沈十九卷 （清）任大椿輯 （清）王念
孫校正 清光緒十年(1884)龍氏刻本 一冊

350000－2017－0000294 G023193
藝苑叢話十六卷 （清）陳琰輯 清宣統三年
(1911)上海六藝書局石印本 一冊

350000－2017－0000295 G021967
佩文詩韻釋要五卷 （清）周兆基 （清）朱蘭
輯 清光緒十八年(1892)浙江書局刻本 一
冊

350000－2017－0000296 G021969 － G021970
說文管見三卷 （清）胡秉虔撰 清光緒貴池
劉氏刻聚學軒叢書本 二冊

350000－2017－0000297 G021987 － G021990
說文解字述誼二卷 （清）毛際盛撰 清光緒
貴池劉氏刻聚學軒叢書本 四冊

350000－2017－0000298 G023194 － G023201
宋端明殿學士蔡忠惠公文集三十六卷首一卷
目錄一卷 （宋）蔡襄撰 （清）蔡仕舢等校
清光緒十八年(1892)刻本 八冊

350000－2017－0000299 G021991 － G022014
說文通訓定聲十八卷分部柬韻一卷說雅一卷
古今韻準一卷 （清）朱駿聲撰 行狀一卷
朱孔彰撰 清道光二十九年(1849)刻同治九
年(1870)補刻本 二十四冊

350000－2017－0000300 G022015 － G022020
集韻考正十卷 （清）方成珪撰 清光緒五年
(1879)刻永嘉叢書本 六冊 存六卷(五至
十)

350000－2017－0000301 G023202 － G023205
謝疊山先生文集五卷外集四卷首一卷詩傳注
疏三卷 （宋）謝枋得撰 清咸豐十年(1860)
刻本 四冊

350000－2017－0000302 G022092 － G022099
說文解字通釋四十卷 （五代）徐鍇傳釋 清

光緒九年(1883)江蘇書局刻本 八冊

350000－2017－0000303 G022132 － G022133
說文通檢十四卷首一卷末一卷 （清）黎永椿
編 清光緒五年(1879)祥符常桂潤刻本 二
冊

350000－2017－0000304 G022134 － G022137
說文解字通正十四卷 （清）潘奕雋述 清光
緒貴池劉氏刻聚學軒叢書本 四冊

350000－2017－0000305 G023267
蘭因集二卷 （清）陳文述輯 清光緒七年
(1881)錢塘丁氏刻本 一冊

350000－2017－0000306 G022138 － G022139
段氏說文注訂八卷 （清）鈕樹玉撰 清同治
十三年(1874)湖北崇文書局刻本 二冊

350000－2017－0000307 G023268 － G023274
寒支初集十卷首一卷 （清）李世熊著 （清）
李向旻編 清同治十三年(1874)刻木活字印
本 七冊

350000－2017－0000308 G022140 － G022141
說文新附考六卷說文續考一卷 （清）鈕樹玉
撰 清同治十三年(1874)湖北崇文書局刻本
二冊

350000－2017－0000309 G022146 － G022147
許氏說文解字雙聲疊韻譜一卷 （清）許嵩筠
撰 清光緒七年(1881)刻後知不足齋叢書本
二冊

350000－2017－0000310 G022148 － G022161
說文解字校錄十五卷 （漢）許慎記 （清）鈕
樹玉校 清光緒十一年(1885)江蘇書局刻本
十四冊

350000－2017－0000311 G022170 － G022173
說文古籀疏證六卷原目一卷 （清）莊述祖撰
清光緒二十年(1894)莊殿華津郡刻本 四
冊

350000－2017－0000312 G022174
說文佚字考四卷 （清）張鳴珂撰 清光緒十
三年(1887)嘉興張氏刻寒松閣集本 一冊

350000－2017－0000313　G022175－G022178
**說文古籀疏證六卷原目一卷**　（清）莊述祖撰
　清光緒二十年（1894）莊殿華津郡刻本　四
冊

350000－2017－0000314　G022179
**說文佚字考四卷**　（清）張鳴珂撰　清光緒十
三年（1887）嘉興張氏刻寒松閣集本　一冊

350000－2017－0000315　G022199－G022200
**說文通檢十四卷首一卷末一卷**　（清）黎永椿
編　清光緒二年（1876）湖北崇文書局刻本
二冊

350000－2017－0000316　G023158－G023161
**陸象山先生文集三十六卷**　（宋）陸九淵撰
附錄少湖徐先生學則辯一卷　（明）徐階撰
清同治十年（1871）大儒家廟刻本　四冊

350000－2017－0000317　G023377－G023384
**歸震川先生別集十卷**　（明）歸有光著　清刻
本　八冊

350000－2017－0000318　G023482－G023485
**嶠雅二卷**　（明）鄺露撰　清海雪堂刻本　四
冊

350000－2017－0000319　G023497－G023512
**道古堂文集四十八卷詩集二十六卷集外文一**
**卷集外詩一卷軼事一卷**　（清）杭世駿撰　清
光緒十四年（1888）泉唐汪氏振綺堂刻本　十
六冊

350000－2017－0000320　G026283－G026288
**古微堂內集二卷外集八卷**　（清）魏源著　清
宣統元年（1909）上海國學扶輪社鉛印本　六
冊

350000－2017－0000321　G026090－G026157
**稗海十函七十種**　（清）李孝源重訂　（明）商
維濬輯　清刻本　六十八冊

350000－2017－0000322　G022512－G022549
**明詩紀事十籤一百八十七卷**　（清）陳田輯
清光緒二十三年至宣統三年（1897－1911）貴
陽陳氏聽詩齋刻本　三十八冊

350000－2017－0000323　G023395－G023434
**寧都三魏全集三種附三種**　（清）林時益輯
清江西易堂刻本　四十冊

350000－2017－0000324　G023435－G023461
**寧都三魏全集三種附三種**　（清）林時益輯
清道光二十五年（1845）寧都謝庭綬綏園書塾
刻本　二十七冊　存二種四十卷（魏伯子文
集十卷,魏叔子文集外篇二十二卷、詩集八
卷）

350000－2017－0000325　G023472－G023477
**張楊園先生集十六種**　（清）張履祥撰　（清）
李文耕輯　清同治九年（1870）山東尚志堂刻
本　六冊

350000－2017－0000326　G023518－G023527
**西泠五布衣遺著十四種**　（清）丁丙輯　清同
治、光緒間錢塘丁氏當歸草堂刻本　十冊

350000－2017－0000327　G023896－G023903
**羅忠節公遺集八種**　（清）羅澤南撰　清咸
豐、同治間刻本　八冊　存六種十七卷（羅忠
節公遺集八卷、首一卷、羅忠節公年譜二卷,
讀孟子劄記二卷,姚江學辯二卷,西銘講義一
卷,小學韻語一卷）

350000－2017－0000328　G023904－G023907
**鐵橋漫稿八卷**　（清）嚴可均撰　清光緒十一
年（1885）長洲蔣氏刻本　四冊

350000－2017－0000329　G024273－G024296
**全唐詩鈔八十卷補遺十六卷**　（清）吳成儀編
次　（清）張熙純參　清乾隆二十四年（1759）
元和吳氏璜川書屋刻本　二十四冊

350000－2017－0000330　G024352－G024371
**御選唐宋詩醇四十七卷目錄二卷**　（清）高宗
弘曆選　清光緒七年（1881）浙江書局刻本
二十冊

350000－2017－0000331　G024782－G024821
**兩浙輶軒續錄五十四卷**　（清）潘衍桐訂　清
光緒十七年（1891）浙江書局刻本　四十冊

350000－2017－0000332　G024822－G024827

綿津山人詩集十八卷筠廊偶筆二卷怪石贊一
卷楓香詞一卷 （清）宋犖撰 雪堂墨品一卷
（清）張仁熙撰 緯蕭草堂詩二卷 （清）宋
至撰 清康熙刻本 六冊 存二十二卷（綿
津山人詩集十八卷、楓香詞一卷、雪堂墨品一
卷、緯蕭草堂詩二卷）

350000－2017－0000333 G024981
劉淡齋詩存一卷 （宋）劉尚文著 清光緒三
十四年（1908）鉛印本 一冊

350000－2017－0000334 G025646
二雲詞一卷 （清）況周頤撰 清刻本 一冊

350000－2017－0000335 G025648
詠花詞一卷 （清）潘曾瑋撰 清光緒十三年
（1887）刻本 一冊

350000－2017－0000336 G025654
荊楚歲時記一卷 （南朝梁）宗懍撰 清乾隆
五十六年（1791）金溪王氏刻增訂漢魏叢書本
一冊

350000－2017－0000337 G025756－G025856
國朝文匯甲前集二十卷甲集六十卷乙集七十
卷丙集三十卷丁集二十卷姓氏目錄一卷
（清）上海國學扶輪社輯 清宣統元年（1909）
上海國學扶輪社石印本 一百一冊

350000－2017－0000338 G025708－G025727
容齋隨筆十六卷續筆十六卷三筆十六卷四筆
十六卷五筆十卷 （宋）洪邁撰 明崇禎三年
（1630）馬元調刻清康熙三十九年（1700）重修
本 二十冊

350000－2017－0000339 G024954
懶雪窩詩草前集二卷內集四卷外集二卷
（清）陳濬荃撰 清宣統三年（1911）泉郡聖教
書局石印本 一冊

350000－2017－0000340 G027165－G027168
習苦齋畫絮十卷 （清）戴熙撰 （清）惠年編
輯 清光緒十九年（1893）刻本 四冊

350000－2017－0000341 G000227－G000258
皕宋樓藏書志一百二十卷續志四卷 （清）陸

心源撰 清光緒八年（1882）歸安陸氏十萬卷
樓刻潛園總集本 三十二冊

350000－2017－0000342 G000259
程氏家塾讀書分年日程三卷綱領一卷 （元）
程端禮編 清同治八年（1869）江蘇書局刻本
一冊

350000－2017－0000343 G024688－G024703
弘正四傑詩集四種附一種 （明）李夢陽等撰
（清）張祖同輯 清光緒二十一年（1895）長
沙張氏湘雨樓刻本 十六冊

350000－2017－0000344 G000197－G000212
欽定四庫全書簡明目錄二十卷首一卷 （清）
紀昀等纂 清同治七年（1868）廣東書局刻本
十六冊

350000－2017－0000345 G028596－G028655
大清一統志四百二十四卷 （清）和珅等纂修
清光緒二十八年（1902）上海寶善齋石印本
六十冊

350000－2017－0000346 G000299－G000384
子史精華一百六十卷 （清）允祿等監修
（清）吳士玉 （清）吳襄等輯 清刻本 八十
六冊

350000－2017－0000347 G000385－G000392
稱謂錄三十二卷 （清）梁章鉅撰 清光緒元
年至十年（1875－1884）刻本 八冊

350000－2017－0000348 G000393－G000404
增補事類統編九十三卷首一卷 （清）黃葆真
輯 清光緒十四年（1888）上海積山書局石印
本 十二冊

350000－2017－0000349 G026305－G026323
震川先生全集三十卷 （明）歸有光著 清刻
本 十九冊

350000－2017－0000350 G028817－G028824
皇朝藩部要略十八卷世系表四卷 （清）祁韻
士纂 （清）毛岳生編次 （清）宋景昌校寫
（清）張穆覆審 清光緒十年（1884）浙江書局
刻本 八冊

350000－2017－0000351　G029037－G029156
**二十一史緯三百三十卷首一卷**　（清）陳允錫刪修　清同治九年（1870）溫陵輔仁堂刻本　一百二十冊

350000－2017－0000352　G029271－G029470
**佩文韻府一百六卷**　（清）張玉書等纂　清光緒十八年（1892）上海鴻寶齋石印本　二百冊

350000－2017－0000353　G029750－G029809
**天下郡國利病書一百二十卷**　（清）顧炎武輯　（清）龍萬育訂　清光緒二十七年（1901）圖書集成局鉛印本　二十八冊

350000－2017－0000354　G030083－G030130
**御定駢字類編二百四十卷**　（清）聖祖玄燁纂　（清）沈宗敬等編　清光緒十三年（1887）上海同文書局石印本　四十八冊

350000－2017－0000355　G000412－G000423
**藝文類聚一百卷**　（唐）歐陽詢撰　（明）王元貞校　明嘉靖六年（1527）王元貞刻本　十二冊

350000－2017－0000356　G000440－G000447
**壹是紀始二十二卷補遺一卷**　（清）魏崧撰　清刻本　八冊

350000－2017－0000357　G000448－G000471
**時務通考三十一卷**　題（清）杞廬主人等編輯　清光緒二十三年（1897）上海點石齋石印本　二十四冊

350000－2017－0000358　G000472－G000571
**太平御覽一千卷目錄十五卷**　（宋）李昉纂　清嘉慶刻本　一百冊

350000－2017－0000359　G000572－G000693
**玉海二百卷附刻辭學指南四卷詩考一卷詩地理考六卷漢藝文志考證十卷通鑑地理通釋十四卷漢制考四卷踐阼篇集解一卷急就篇補注四卷姓氏急就篇二卷小學紺珠十卷六經天文編二卷周易鄭康成注一卷周書王會補注一卷通鑑答問五卷**　（宋）王應麟撰　**王深寧先生[應麟]年譜一卷**　（清）張大昌撰　清光緒九年（1883）浙江書局刻本　一百二十二冊　存六十二卷（詩考一卷、詩地理考六卷、漢藝文志考證十卷、通鑑地理通釋十四卷、漢制考四卷、踐阼篇集解一卷、急就篇補注四卷、姓氏急就篇二卷、小學紺珠十卷、六經天文編二卷、周易鄭康成注一卷、周書王會補注一卷、通鑑答問五卷、王深寧先生年譜一卷）

350000－2017－0000360　G026941－G026948
**曾文正公四種**　（清）曾國藩撰　清光緒三十一年（1905）上海商務印書館鉛印本　八冊

350000－2017－0000361　G000694－G001692
**欽定古今圖書集成一萬卷目錄三十二卷**　（清）聖祖玄燁定　（清）蔣廷錫校勘　清光緒十年（1884）上海圖書集成局鉛印本　九百九十九冊

350000－2017－0000362　G001693－G001700
**繹志十九卷**　（明）胡承諾撰　清同治十一年（1872）浙江書局刻本　八冊

350000－2017－0000363　G001701－G001704
**困學紀聞二十卷**　（宋）王應麟撰　清同治九年（1870）刻本　四冊

350000－2017－0000364　G001705－G001752
**讀書雜志八十二卷餘編二卷**　（清）王念孫撰　清同治九年（1870）金陵書局刻本　四十八冊

350000－2017－0000365　G001773－G001778
**劬書室遺集十六卷**　（清）金錫齡撰　清光緒二十一年（1895）刻本　六冊

350000－2017－0000366　G001804－G001811
**儆居集二十二卷**　（清）黃式三撰　清光緒十四年（1888）刻儆居遺書本　八冊

350000－2017－0000367　G027109－G027120
**自遠堂琴譜十二卷**　（清）吳灯彙輯　清嘉慶六年（1801）自遠堂刻本　十二冊

350000－2017－0000368　G026972－G026974
**昭代名人尺牘小傳二十四卷**　（清）吳修采輯　清光緒三十四年（1908）上海集古齋石印本　三冊

350000 – 2017 – 0000369　G025874 – G025889
**望溪先生文集十八卷集外文十卷補遺二卷**
(清)方苞撰　方望溪先生[苞]年譜一卷附錄
一卷　(清)蘇惇元輯　清咸豐元年(1851)桐
城戴鈞衡刻本　十六冊

350000 – 2017 – 0000370　G029005 – G029036
**東華續錄光緒朝二百二十卷**　(清)朱壽朋編
清宣統元年(1909)上海集成圖書公司鉛印
本　三十二冊

350000 – 2017 – 0000371　G026527 – G026542
**繡像批點紅樓夢一百二十回**　(清)曹雪芹
(清)高鶚著　清經元升記刻本　十六冊

350000 – 2017 – 0000372　G026505 – G026524
**第一才子書六十卷一百二十回**　(明)羅貫中
撰　(清)毛宗崗評　清同治十三年(1874)繡
穀漁古山房刻本　二十冊

350000 – 2017 – 0000373　G001954 – G001977
**皇朝經世文編一百二十卷**　(清)賀長齡輯
清光緒十六年(1890)上海廣百宋齋鉛印本
二十四冊

350000 – 2017 – 0000374　G001902 – G001933
**皇朝經世文三編八十卷**　(清)陳忠倚輯　清
光緒二十七年(1901)上海書局石印本　三十
二冊

350000 – 2017 – 0000375　G001978 – G002001
**皇朝經世文續編一百二十卷**　(清)葛士濬輯
清光緒十六年(1890)上海廣百宋齋鉛印本
二十四冊

350000 – 2017 – 0000376　G001934 – G001953
**皇朝經世文續編一百二十卷**　(清)葛士濬輯
清光緒二十二年(1896)寶善書局石印本
二十冊　存一百十四卷(一至一百十四)

350000 – 2017 – 0000377　G001822 – G001901
**皇朝經世文編一百二十卷**　(清)賀長齡輯
清刻本　八十冊

350000 – 2017 – 0000378　G002002 – G002013
**甌北全集七種**　(清)趙翼撰　清乾隆至嘉慶

湛貽堂刻本　十二冊

350000 – 2017 – 0000379　G002237 – G002359
**海山仙館叢書五十六種**　(清)潘仕成輯　清
道光、咸豐間番禺潘氏刻光緒補刻本　一百
二十三冊

350000 – 2017 – 0000380　G002360 – G002363
**輶軒語一卷**　(清)張之洞撰　清光緒三年
(1877)濠上書齋刻本　四冊

350000 – 2017 – 0000381　G002364 – G002463
**玉函山房輯佚書五百九十四種附一種**　(清)
馬國翰輯　清光緒九年(1883)長沙琅嬛館刻
本　一百冊

350000 – 2017 – 0000382　G002464 – G002547
**嘯園叢書五十七種**　(清)葛元煦輯　清光緒
仁和葛氏刻本　八十四冊

350000 – 2017 – 0000383　G020593 – G020712
**[光緒]江西通志一百八十卷首五卷**　(清)劉
坤一修　(清)劉繹　(清)趙之謙纂　清光緒
七年(1881)刻本　一百二十冊

350000 – 2017 – 0000384　G020726 – G020728
**[乾隆]普寧縣志十卷首一卷**　(清)蕭麟趾修
(清)梅奕紹纂　清乾隆十年(1745)刻本
三冊

350000 – 2017 – 0000385　G020742 – G020749
**兩浙名賢錄五十四卷外錄八卷**　(明)徐象梅
纂　清光緒二十六年(1900)浙江書局刻本
八冊

350000 – 2017 – 0000386　G020785 – G020904
**[道光]廣東通志三百三十四卷首一卷**　(清)
阮元等修　(清)陳昌齊等纂　清同治三年
(1864)刻本　一百二十冊

350000 – 2017 – 0000387　G020905 – G020964
**[光緒]廣州府志一百六十三卷**　(清)戴肇辰
修　(清)史澄　(清)李光廷纂　清光緒五年
(1879)羊城粵秀書院刻本　六十冊

350000 – 2017 – 0000388　G020965 – G020985
**[光緒]廣西通志輯要十七卷首一卷**　(清)蘇

宗經原輯　（清）羊復禮增輯　**廣西昭忠錄八卷首一卷平桂紀略四卷股匪總錄三卷黨匪總錄十二卷廣西道里表一卷**　（清）蘇鳳文撰　清光緒十五年(1889)廣西省署刻本　二十一冊　存四十六卷(廣西通志輯要十七卷、首一卷,廣西昭忠錄八卷、首一卷,平桂紀略四卷,股匪總錄三卷,黨匪總錄十二卷)

350000－2017－0000389　G002698－G002761

**藝海珠塵八集一百六十三種**　（清）吳省蘭輯　清嘉慶南滙吳氏聽彝堂刻本　六十四冊

350000－2017－0000390　G002762－G002809

**靈鶼閣叢書六集五十六種**　（清）江標輯　清光緒元和江氏湖南使院刻本　四十八冊

350000－2017－0000391　G003130－G003149、G010007－G010020

**邵武徐氏叢書二集二十三種**　（清）徐榦輯　清光緒刻本　三十四冊

350000－2017－0000392　G003382－G003461

**槐廬叢書四十六種**　（清）朱記榮輯　清光緒吳縣朱氏槐廬家塾刻本　八十冊

350000－2017－0000393　G003462－G003580

**增訂漢魏叢書八十六種**　（清）王謨輯　清光緒二年(1876)紅杏山房刻民國四年(1915)屬南馬湖樹柟補修本　一百十九冊

350000－2017－0000394　G020242－G020249

**武夷山志二十四卷首一卷**　（清）董天工編　清道光二十六年(1846)五夫尺木軒刻本　八冊

350000－2017－0000395　G020252－G020267

**[嘉慶]新修浦城縣志四十卷首一卷**　（清）黃恬主修　（清）祖之望纂修　（清）梁章鉅協裁　（清）朱秉鑑總修　清嘉慶刻本　十六冊

350000－2017－0000396　G020425－G020592

**[光緒]湖南通志二百八十八卷首八卷末十九卷**　（清）李瀚章修　（清）曾國荃等纂　清光緒十一年(1885)刻本　一百六十八冊

350000－2017－0000397　G003581－G003739

**正誼堂全書六十八種**　（清）張伯行輯　（清）楊浚重輯　清同治五年(1866)福州正誼書院刻八年至九年(1869－1870)續刻本　一百五十九冊　缺五種四十八卷(諸葛武侯文集四卷、唐宋八大家文鈔十九卷、范文正公文集九卷、海剛峰先生集二卷、續近思錄十四卷)

350000－2017－0000398　G003756－G003771

**榆園叢刻十六種**　（清）許增輯　清光緒十年至十九年(1884－1893)仁和許氏刻本　十六冊

350000－2017－0000399　G005190－G005205

**鄦齋叢書二十種**　徐乃昌輯　清光緒二十六年(1900)南陵徐氏刻本　十六冊　存十八種四十一卷(周易諸卦合象考一卷,周易互體卦變考一卷,易經象類一卷,盧氏禮記解詁一卷、補遺一卷、附錄一卷,蔡氏月令章句二卷,爾雅小箋三卷,鄭氏六藝論一卷,經考五卷,說文諧聲孳生述不分卷,隸通二卷,續方言又補二卷,後漢儒林傳補逸一卷、附續增一卷,唐折衝府考四卷,中州金石目錄八卷,讀書小記二卷,漢氾勝之遺書一卷,焦里堂先生軼文一卷,區田圖說一卷)

350000－2017－0000400　G005230－G005253

**峭帆樓叢書十八種**　趙詒琛輯　清宣統至民國新陽趙氏刻本　二十四冊

350000－2017－0000401　G005254－G005264

**求實齋叢書十五種**　（清）蔣德鈞輯　清光緒湘鄉蔣氏龍安郡署刻本　十一冊　存十二種二十二卷(經史百家簡編一卷,六書說一卷,轉注古義考一卷,聲調前譜一卷、後譜一卷、續譜一卷,三通序一卷,三才署三卷,尸子二卷,羣書治要子鈔二卷,水經注西南諸水考三卷,摹印述一卷,篤素堂集鈔三卷,曾文正公雜著鈔一卷)

350000－2017－0000402　G005297－G005320

**咫進齋叢書三集三十七種**　（清）姚覲元輯　清光緒九年(1883)歸安姚氏刻本　二十四冊

350000－2017－0000403　G005321－G005334

**學海堂叢刻十三種**　（清）□□輯　清光緒刻

本　十四冊　存十種二十六卷(石畫記五卷、
聽松廬詩略二卷、續三十五舉一卷、讀律提綱
一卷、桐花閣詞鈔一卷、周禮注疏小箋五卷、
面城樓集鈔四卷、磨敵齋文存一卷、止齋文鈔
二卷、樂志堂文略四卷)

350000－2017－0000404　G005335－G005364
士禮居黃氏叢書十八種附二種　(清)黃丕烈
輯　清光緒十三年(1887)上海蜚英館石印本
　三十冊

350000－2017－0000405　G020149－G020156
[康熙]寧化縣志七卷　(清)祝文郁修
(清)李世熊纂　清同治八年(1869)蔣澤沄刻
本　八冊

350000－2017－0000406　G020195
烏石山志九卷首一卷　(清)郭柏蒼　(清)劉
永松纂　清道光二十二年(1842)于麓古天開
圖畫樓刻本　一冊

350000－2017－0000407　G020206－G020217
[乾隆]福清縣志二十卷　(清)饒安鼎等修
(清)林昂　(清)李修卿纂　清光緒二十四年
(1898)劉玉璋刻本　十二冊

350000－2017－0000408　G020234－G020241
[乾隆]海澄縣志二十四卷首一卷　(清)陳瑛
等修　(清)葉廷推等纂　清乾隆二十七年
(1762)刻本　八冊

350000－2017－0000409　G005525－G006331
武英殿聚珍版書一百三十七種　(清)高宗弘
曆敕纂　清乾隆四十二年(1777)福建布政司
刻道光、同治遞修本　八百七冊

350000－2017－0000410　G007171－G007242
湖北叢書三十種　(清)趙尚輔輯　清光緒十
七年(1891)三餘草堂刻本　七十二冊

350000－2017－0000411　G007428－G007447
積學齋叢書二十種　徐乃昌輯　清光緒南陵
徐氏刻本　二十冊

350000－2017－0000412　G007395－G007410
積學齋叢書二十種　徐乃昌輯　清光緒南陵

徐氏刻本　十六冊

350000－2017－0000413　G007411－G007427
二思堂叢書六種　(清)梁章鉅編　清光緒元
年(1875)浙江書局刻本　十七冊

350000－2017－0000414　G007448－G007527
嶺南遺書六集五十九種　(清)伍元薇　(清)
伍崇曜輯　清道光、同治間南海伍氏粵雅堂
文字歡娛室刻本　八十冊

350000－2017－0000415　G007528－G007551
亭林先生遺書彙輯二十三種附錄三種　(清)
顧炎武撰　清光緒十四年(1888)吳縣朱氏校
經山房刻本　二十四冊　缺一卷(亭林先生
神道表一卷)

350000－2017－0000416　G009514－G009556
春在堂全書三十四種　(清)俞樾撰　清光緒
二十五年(1899)刻本　四十三冊

350000－2017－0000417　G013080－G013096
春在堂全書三十四種　(清)俞樾撰　清光緒
二十五年(1899)刻本　十七冊

350000－2017－0000418　G009557
四庫未收書目提要五卷　(清)阮元撰　清光
緒刻本　一冊

350000－2017－0000419　G009558－G009573
晨風閣叢書二十二種　沈宗畸輯　清宣統元
年(1909)番禺沈氏刻本　十六冊

350000－2017－0000420　G009574－G009622
古逸叢書二十六種　(清)黎庶昌輯　清光緒
遵義黎氏日本東京使署刻本　四十九冊

350000－2017－0000421　G009677－G009684
麗廔叢書九種　葉德輝輯　清光緒長沙葉氏
刻本　八冊

350000－2017－0000422　G009685－G009804
榕村全書三十二種附十種　(清)李光地撰
清道光九年(1829)安溪李維迪刻本　一百二
十冊

350000－2017－0000423　G009805－G009834
觀古堂所刊書十八種　葉德輝輯　清光緒長

沙葉氏刻本 三十冊

350000 - 2017 - 0000424　G009835 - G009866
**滂喜齋叢書四函五十種**　（清）潘祖蔭輯　清同治、光緒吳縣潘氏刻本　三十二冊

350000 - 2017 - 0000425　G009965 - G009996
**藕香零拾三十九種**　繆荃孫輯　清光緒二十二年至宣統二年(1896 - 1910)江陰繆荃孫刻本　三十二冊

350000 - 2017 - 0000426　G009997 - G010006
**重刊拜經樓叢書七種**　（清）吳騫輯　清光緒十一年(1885)會稽章氏刻本　十冊

350000 - 2017 - 0000427　G010899 - G010918
**玉簡齋叢書二十二種**　羅振玉輯　清宣統二年(1910)上虞羅振玉刻本　二十冊

350000 - 2017 - 0000428　G011383 - G011717
**古香齋袖珍十種**　（□）□□撰　清同治十三年至光緒十年(1874 - 1884)南海孔廣陶刻本　三百三十五冊

350000 - 2017 - 0000429　G011739 - G011746
**宋本十三經注疏　校勘記四百十六卷**　（清）阮元撰　（清）盧宣旬摘錄　清光緒十三年(1887)脈望仙館石印本　八冊

350000 - 2017 - 0000430　G011748 - G011753
**監本四書十九卷**　（宋）朱熹撰　清光緒刻本　六冊

350000 - 2017 - 0000431　G011754 - G011759
**四書集註十九卷**　（宋）朱熹撰　清刻本　六冊　存三卷(一至三)

350000 - 2017 - 0000432　G011760 - G011773
**皮氏經學叢書九種**　（清）皮錫瑞撰　清光緒思賢書局刻本　十四冊

350000 - 2017 - 0000433　G011822 - G011871
**經義考三百卷目錄二卷**　（清）朱彝尊錄　（清）李濤校　**總目二卷**　（清）盧見曾編　清光緒二十三年(1897)浙江書局刻本　五十冊　存二百九十八卷(一至二百九十八)

350000 - 2017 - 0000434　G011874 - G012227

**皇清經解一千四百八卷**　（清）阮元輯　清道光九年(1829)廣東學海堂刻咸豐十一年(1861)補刻本　三百五十四冊

350000 - 2017 - 0000435　G012228 - G012538、G013071 - G013079
**皇清經解續編二百七種**　王先謙輯　清光緒十四年(1888)南菁書院刻本　三百二十冊

350000 - 2017 - 0000436　G012539
**一鐙精舍甲部薆五卷**　（清）何秋濤撰　清光緒五年(1879)淮南書局刻本　一冊

350000 - 2017 - 0000437　G012540 - G012559
**周禮正義八十六卷**　（清）孫詒讓著　清光緒三十一年(1905)鉛印本　二十冊

350000 - 2017 - 0000438　G012565 - G012572
**四書摭餘說七卷**　（清）曹之升撰　清嘉慶三年(1798)曹氏家塾刻本　八冊

350000 - 2017 - 0000439　G012573 - G012580
**新學偽經考十四卷**　康有為撰　清光緒二十八年(1902)上海書局鉛印本　八冊

350000 - 2017 - 0000440　G012581 - G012590
**鄭氏佚書二十三種**　（漢）鄭玄撰　（清）袁鈞輯　清光緒十四年(1888)浙江書局刻本　十冊

350000 - 2017 - 0000441　G012591 - G013070
**通志堂經解一百四十四種**　（清）納蘭性德輯　清同治十二年(1873)粵東書局刻本　四百八十冊

350000 - 2017 - 0000442　G020047 - G020058
**[道光]廈門志十六卷**　（清）周凱纂修　清道光十九年(1839)刻本　十二冊　存十五卷(二至十六)

350000 - 2017 - 0000443　G020102 - G020105
**揚州畫舫錄十八卷**　（清）李斗撰　清乾隆六十年(1795)刻同治十一年(1872)重修本　四冊

350000 - 2017 - 0000444　G020110 - G020115
**[乾隆]興化府莆田縣志三十六卷首一卷**

（清）宮兆麟 （清）汪大經等修 （清）廖必琦 （清）林蠒纂 清乾隆二十三年（1758）刻光緒五年（1879）潘文鳳補修民國十五年（1926）遞修本 六冊

350000－2017－0000445 G020116－G020135
**西湖志四十八卷** （清）李衛修 （清）傅王露等纂 清光緒四年（1878）浙江書局刻本 二十冊

350000－2017－0000446 G013122－G013133
**理學宗傳二十六卷** （清）孫奇逢輯 （清）魏一鰲 （清）孫立雅編 清光緒六年（1880）浙江書局刻本 十二冊

350000－2017－0000447 G013155
**儒林宗派十六卷** （清）萬斯同撰 清宣統三年（1911）浙江圖書館刻本 一冊

350000－2017－0000448 G013211－G013282
**十子全書十種** （清）王子興輯 清光緒元年至二年（1875－1876）浙江書局刻本 七十二冊

350000－2017－0000449 G013283－G013365
**[二十二子全書]二十二種** （清）浙江書局輯 清光緒浙江書局刻本 八十三冊

350000－2017－0000450 G020083－G020088
**[道光]長清縣志十六卷首一卷末一卷** （清）舒化民修 （清）徐德城纂 清道光十五年（1835）刻本 六冊

350000－2017－0000451 G013396－G013410
**四書朱子本義匯參四十三卷首四卷** （清）王步青輯 清乾隆十年（1745）敦復堂刻本 十五冊 存三十二卷（大學章句本義匯參三卷、首一卷，中庸章句本義匯參六卷、首一卷，論語集註本義匯參二十卷、首一卷）

350000－2017－0000452 G013425
**列子八卷** （戰國）列禦寇撰 （晉）張湛注 清光緒二年（1876）浙江書局刻本 一冊 存四卷（一至四）

350000－2017－0000453 G013427－G013428

**墨商三卷補遺一卷** （清）王景羲撰 清宣統二年（1910）刻本 二冊

350000－2017－0000454 G013429－G013434
**論語古注集箋十卷附論語考一卷** （清）潘維城箋 清光緒七年（1881）江蘇書局刻本 六冊

350000－2017－0000455 G013469
**論語發隱一卷孟子發隱一卷** （清）楊文會注 清光緒刻經處刻本 一冊

350000－2017－0000456 G013479－G013486
**孟子注疏解經十四卷** （漢）趙歧注 （宋）孫奭疏並撰音義 **校勘記十四卷** （清）阮元撰 清嘉慶二十年（1815）刻同治十二年（1873）南昌府學重修重刊宋本十三經注疏本 八冊

350000－2017－0000457 G013627－G013630
**近思錄十四卷** （宋）朱熹撰 清光緒二十五年（1899）浙江官書局刻本 四冊

350000－2017－0000458 G013631－G013636
**皇極經世易知八卷首一卷** （宋）邵雍撰 （清）何夢瑤輯 清道光十三年（1833）刻咸豐九年（1859）南海孔氏滾雪樓重修本 六冊

350000－2017－0000459 G013637－G013646
**龍川文集三十卷補遺一卷附錄二卷劄記一卷** （宋）陳亮撰 清同治八年（1869）刻本 十冊

350000－2017－0000460 G013647－G013662
**二程全書六種** （宋）程顥 （宋）程頤撰 （宋）朱熹輯 清光緒三十四年（1908）澹雅局刻本 十六冊

350000－2017－0000461 G013663－G013686
**王文成公全書三十八卷** （明）王守仁撰 清刻本 二十四冊

350000－2017－0000462 G013724－G013733
**五種遺規** （清）陳弘謀輯 清光緒二十一年（1895）浙江書局刻本 十冊

350000－2017－0000463 G013735
**谷盈子十二篇** （清）龔易圖撰 清光緒五年

(1879)刻本　一冊

350000－2017－0000464　G013739
**劉禮部集十一卷**　（清）劉逢祿撰　**麟石文抄
一卷**　（清）劉承寵撰　清光緒十八年（1892）
延暉承慶堂刻本　一冊

350000－2017－0000465　G013740－G013741
**小學六卷文公朱夫子年譜一卷**　（清）高愈纂
　清同治十一年（1872）浙江書局刻本　二冊

350000－2017－0000466　G013797
**緇門崇行錄一卷**　（明）釋袾宏輯　清光緒二
十四年（1898）金陵刻經處刻本　一冊

350000－2017－0000467　G013862－G013863
**大佛頂如來密因修證了義諸菩薩萬行首楞嚴
經十卷**　（唐）釋般剌密帝譯　（唐）釋彌伽釋
迦譯語　（清）吳芝瑛寫　清光緒三十四年
（1908）文寶書局石印本　二冊

350000－2017－0000468　G013926－G013958
**白芙堂算學叢書二十一種**　（清）丁取忠輯
清同治、光緒長沙古荷花池精舍刻本　三十
三冊

350000－2017－0000469　G014036－G014059
**兼濟堂纂刻梅勿菴先生曆算全書二十九種**
（清）梅文鼎撰　清光緒十一年（1885）敦懷書
屋刻本　二十四冊

350000－2017－0000470　G014061
**夏小正通釋一卷**　（清）梁章鉅撰　清光緒十
三年（1887）浙江書局刻本　一冊

350000－2017－0000471　G014083－G014102
**農政全書六十卷**　（明）徐光啓纂輯　清同治
十三年（1874）山東書局刻本　二十冊

350000－2017－0000472　G014103－G014108
**籌餉事例不分卷**　（清）戶部編　清光緒刻本
　六冊

350000－2017－0000473　G014109－G014118
**通商各國條約不分卷**　（清）總理各國事務衙
門編　清光緒二十八年（1902）浙江官書局刻
本　十冊

350000－2017－0000474　G014119
**經濟原論不分卷**　（美國）麥喀梵撰　（清）朱
寶綬譯　清光緒三十四年（1908）中國圖書公
司鉛印本　一冊

350000－2017－0000475　G014120－G014127
**原富五部**　（英國）斯密亞丹撰　嚴復譯　清
光緒二十八年（1902）南洋公學譯書院鉛印本
　八冊

350000－2017－0000476　G014134－G014141
**蠶桑萃編十五卷首一卷**　（清）衛杰編　清光
緒二十六年（1900）浙江書局刻本　八冊

350000－2017－0000477　G014588－G014597
**普法戰紀二十卷**　（清）張宗良譯　（清）王韜
撰　清光緒二十三年（1897）弢園王氏鉛印本
　十冊

350000－2017－0000478　G014602－G014603
**古金待問錄五卷補遺一卷**　（清）朱楓撰　清
光緒十六年（1890）常熟鮑氏刻後知不足齋叢
書本　二冊

350000－2017－0000479　G014607－G014609
**積古齋鐘鼎彝器款識十卷**　（清）阮元編錄
（清）朱為弼編　清嘉慶九年（1804）刻文選樓
叢書本　三冊　存四卷（一至四）

350000－2017－0000480　G014638－G014640
**匋齋臧石記四十四卷首一卷匋齋臧甎記二卷**
　（清）端方編　清宣統元年（1909）上海商務
印書館石印本　三冊

350000－2017－0000481　G014282－G014306
**禮記註疏六十三卷**　（漢）鄭玄注　（唐）陸德
明音義　（唐）孔穎達疏　清四友堂刻本　二
十五冊

350000－2017－0000482　G014307－G014312
**實政錄七卷**　（明）呂坤著　清同治十一年
（1872）浙江書局刻本　六冊

350000－2017－0000483　G014331－G014332
**沈文肅公政書七卷首一卷**　（清）沈葆楨撰
清光緒六年（1880）吳門節署木活字印本　二

冊

350000－2017－0000484　G014333－G014338
**韓非子集解二十卷首一卷**　（戰國）韓非撰
（清）王先慎集解　王先謙注　清光緒二十二
年(1896)刻本　六冊

350000－2017－0000485　G014346
**歐美政治要義十八章**　（清）戴鴻慈　（清）端
方撰　清光緒三十四年(1908)上海商務印書
館石印本　一冊

350000－2017－0000486　G014348
**校邠廬抗議二卷**　（清）馮桂芬著　清光緒十
八年(1892)潘氏敏德堂刻本　一冊

350000－2017－0000487　G014351－G014362
**忠武侯諸葛孔明先生全集五種**　（清）張澍編
輯　清同治元年(1862)聚珍齋刻木活字印本
十二冊

350000－2017－0000488　G014363－G014374
**列國政要正編一百三十二卷首一卷續編九十
四卷首一卷**　（清）戴鴻慈　（清）端方輯　清
光緒三十三年(1907)上海商務印書館石印本
十二冊

350000－2017－0000489　G014375－G014394
**自強軍西法類編十八卷首一卷**　（清）沈敦和

纂輯　清光緒二十四年(1898)上海順成書局
石印本　二十冊

350000－2017－0000490　G014395－G014410
**讀史兵略四十六卷**　（清）胡林翼纂　清光緒
元年(1875)湖北崇文書局刻本　十六冊

350000－2017－0000491　G014465－G014472
**吾學錄初編二十四卷**　（清）吳榮光撰　（清）
黃本驥編　清道光十二年(1832)刻本　八冊

350000－2017－0000492　G014473
**大清光緒新法令分類總目不分卷**　（清）上海
商務印書館編譯所編　清宣統二年(1910)上
海商務印書館鉛印本　一冊

350000－2017－0000493　G014474－G014493
**大清光緒新法令不分卷**　（清）商務印書館編
譯所編　清宣統二年(1910)上海商務印書館
鉛印本　二十冊

350000－2017－0000494　G014494－G014528
**大清宣統新法令不分卷**　（清）商務印書館編
譯所編　清宣統三年(1911)上海商務印書館
鉛印本　三十五冊

350000－2017－0000495　G014529－G014548
**大清現行刑律案語不分卷**　沈家本編　清宣
統三年(1911)普政社鉛印本　二十冊

集美大學圖書館
古籍普查登記目錄

全國古籍普查登記目錄

國家圖書館出版社
National Library of China Publishing House

350000－2054－0000001　G0000025－G0000036

**古文辭類纂七十四卷**　（清）姚鼐纂集　**續古文辭類纂三十四卷**　王先謙纂集　清光緒三十三年（1907）上海商務印書館鉛印本　十二冊

350000－2054－0000002　G0000037－G0000044

**三國志六十五卷**　（晉）陳壽撰　（南朝宋）裴松之注　清光緒十三年（1887）江南書局刻本　八冊

350000－2054－0000003　G0000001－G0000006

**［道光］廈門志十六卷**　（清）周凱纂修　清道光十九年（1839）刻本　六冊

350000－2054－0000004　G0000007－G0000024、G0000161－G0000174

**藏修堂叢書六集三十六種**　（清）劉晚榮輯　清光緒十六年（1890）新會劉氏藏修堂刻本　三十二冊　存十七種九十八卷（南唐書合刻四十八卷，玉臺書史一卷，藏書紀要一卷，裝潢志一卷，畫筌析覽一卷，廣川畫跋校勘記六卷，芳堅館題跋四卷，無聲詩史七卷，玉臺畫史五卷、別錄一卷，壽親養老新書四卷，藥症忌宜一卷，經絡歌訣一卷，傷寒六經定法一卷、問答一卷，靈棋經二卷，月波洞中記一卷，詁晉齋集八卷、後集一卷、隨筆一卷，遼詩話二卷）

350000－2054－0000005　G0000052－G0000160

**百子全書一百一種**　（清）崇文書局輯　清光緒元年（1875）湖北崇文書局刻本　一百八冊

350000－2054－0000006　G0000175－G0000210

**翠琅玕館叢書四集五十一種**　（清）馮兆年輯　清光緒羊城馮氏刻本　三十六冊　存四集三十六種一百十八卷（飛鴻堂印人傳八卷，南漢金石志二卷，九曜石刻錄一卷，錢譜一卷，漫堂墨品一卷，水坑石記一卷，琴學八則一卷，觀石錄一卷，紅术軒紫泥法定本一卷，陽羡茗壺一卷，洞山岕茶一卷，南村觴政一卷，桐堦副墨一卷，陶說六卷，小山畫譜二卷，苦瓜和尚畫語錄一卷，冬心畫題記五卷，獸經一卷，虎苑二卷；夏小正傳二卷，大誓答問一

卷，小學鉤沈十九卷，歷代世系紀年編一卷，顏書編年錄四卷，南海百詠續編四卷，藝舟雙楫六卷；說文辨疑一卷、條記一卷，說文釋例二卷，周櫟園印人傳三卷，丹溪朱氏脈因證治二卷，惲南田畫跋四卷；詩氏族考六卷，兩漢刊誤補遺十卷，曉菴新法六卷，脈藥聯珠四卷，脈藥聯珠古方考四卷）

350000－2054－0000007　G0000211－G0000243

**宋本十三經註疏**　（□）□□輯　**校勘記四百十六卷**　（清）阮元撰　（清）盧宣旬摘錄　清光緒十三年（1887）上海脈望仙館石印本　三十三冊

350000－2054－0000008　G0000244－G0000263

**文獻通攷二十四卷首一卷**　（元）馬端臨撰　清光緒十一年（1885）上海點石齋石印本　二十冊

350000－2054－0000009　G0000264－G0000272、G0000672－G0000678

**山谷詩集註二十卷外集詩註十七卷別集詩註二卷**　（宋）黃庭堅撰　清光緒刻本　十六冊

350000－2054－0000010　G0000275－G0000276

**陸平原集二卷**　（晉）陸機撰　清光緒十八年（1892）刻本　二冊

350000－2054－0000011　G0000273－G0000274

**莫愁湖志六卷首一卷**　（清）馬士圖輯　清光緒刻本　二冊

350000－2054－0000012　G0000279、G0000741－G0000749

**御批增補了凡綱鑑四十卷首一卷**　（宋）司馬光通鑑　（明）袁黃編纂　（宋）朱熹綱目　清光緒二十五年（1899）上海著易堂石印本　十冊

350000－2054－0000013　G0000280－G0000671

**欽定二十四史**　清光緒三十三年（1907）上海華商集成圖書公司鉛印本　三百九十二冊

350000－2054－0000014　G0000679－G0000702

**御選唐宋詩醇四十七卷目錄二卷**　（清）高宗弘曆選　（清）梁詩正等校對　清刻本　二十

四冊

350000－2054－0000015　G0000703－G0000718

**郁郁齋古文析義詳解十六卷** （清）林雲銘評註　（清）吳乘權附註　清郁郁齋刻本　十六冊

350000－2054－0000016　G0000719－G0000725、G0000797

**內自訟齋文集十卷附年譜** （清）周凱撰　清道光二十年（1840）刻本　八冊

350000－2054－0000017　G0000726－G0000729

**山海經新校正十八卷篇目考一卷圖五卷** （晉）郭璞注　（清）畢沅校正　清光緒二十三年（1897）上海圖書集成局鉛印子書二十二種本　四冊

350000－2054－0000018　G0000730－G0000737

**劍南詩鈔不分卷** （宋）陸游撰　（清）楊大鶴選　清刻本　八冊　存八冊

350000－2054－0000019　G0000738－G0000739

**鄭板橋全集六編** （清）鄭燮撰　清宣統元年（1909）掃葉山房石印本　二冊

350000－2054－0000020　G0000740、G0000750

**御撰資治通鑑綱目三編二十卷** （清）張廷玉等輯　清光緒二十五年（1899）上海著易堂石印本　二冊　存六卷（一至六）

350000－2054－0000021　G0000751－G0000756

**杜詩鏡銓二十卷附錄一卷** （唐）杜甫撰　（清）楊倫箋　讀書堂杜工部文注解二卷　（清）張溍評註　清光緒十八年（1892）鉛印本　六冊

350000－2054－0000022　G0000758－G0000796

**康熙字典十二集附總目一卷檢字一卷辨似一卷等韻一卷補遺一卷備考一卷** （清）張玉書等纂　清刻本　四十九冊

# 《厦門市圖書館古籍普查登記目録》
## 書名筆畫字頭索引

262

十二畫

## 十三畫

# 《廈門市圖書館古籍普查登記目錄》
# 書名筆畫索引

## 一畫

## 二畫

## 三畫

# 四畫

272

# 五畫

273

# 八畫

# 十畫

# 十二畫

286

## 十三畫

# 十四畫

# 十五畫

## 十六畫

# 十七畫

## 十八畫

## 十九畫

# 《厦門市同安區圖書館古籍普查登記目錄》
## 書名筆畫字頭索引

## 六畫

## 七畫

# 十三畫

# 《厦門市同安區圖書館古籍普查登記目錄》
## 書名筆畫索引

# 四畫

313

# 七畫

# 八畫

# 九畫

# 十畫

# 十一畫

# 十三畫

# 十四畫

## 十七畫

## 十八畫

# 《集美圖書館古籍普查登記目録》
## 書名筆畫字頭索引

## 十二畫

## 十三畫

## 十四畫

# 《集美圖書館古籍普查登記目録》
## 書名筆畫索引

# 五畫

# 六畫

## 十三畫

## 十四畫

## 十六畫

## 十五畫

# 《集美大學圖書館古籍普查登記目録》
## 書名筆畫字頭索引

# 《集美大學圖書館古籍普查登記目錄》
## 書名筆畫索引